불사의 법문
불설아미타경요해
佛說阿彌陀經要解

우익藕益대사 요해

원영圓瑛대사 주석 · 정공淨空법사 강설

허만항 편역

일러두기

1. 《아미타경 요해》의 여러 판본에서 《불설아미타경요해편몽초
   佛說阿彌陀經要解便蒙抄》에 실린 경문을 저본으로 하여 번역하
   되, 과판 부분은 제외하였다.

2. 《아미타경 요해》의 뜻을 잘 드러내기 위해서 첫째 오중현의
   부분은 정공법사의 《아미타경요해강기》 중에서 오중현의
   강설을 번역하였고, 둘째 경문 해석부분은 일부분 원영대사의
   《아미타경요해강의》를 간추려 주석으로(* ( )혹은 [講]이라 표시)
   포함시켜 번역하였으며, 셋째 발문 부분은 정계법사의 《아미
   타경요해강기》 중에서 발문 강설을 그대로 번역하였다.

極樂世界莊嚴圖

七寶池中　華開見佛　不退成佛　乘願再來　　　　　　　國立故宮博物院（臺灣）藏品　　清乾隆丁觀鵬職年歡恭繪

清蓮宗九祖北天目靈峰智旭大師

우익藕益대사 (1599年 - 1655年)

명말 4대 고승의 한 분으로 정토종 제9조로 추앙받고 있다. 천태대사를 사숙私淑하여 천태종을 크게 성취한 분으로 선종, 화엄종, 법상종 등에 두루 융통하였다. 만년의 행지는 정종 미타신앙이었다. 저술로는 《아미타경요해阿彌陀經要解》《범망경현의梵網經玄義》《보살계본전요菩薩戒本箋要》《법화경현의절요法華經玄義節要》《법화경회의法華經會義》《능엄경현의楞嚴經玄義》《능엄경문구楞嚴經文句》《주역선해周易禪解》 등이 있다.

원영圓瑛대사(1878-1953)

중국 근대불교의 지도자. 종문宗門출신 임제臨濟선사의 직계로 선수禪
修에서 심오한 지혜와 견지를 지님. 후에 천태 화엄을 참학하여
깊이 체득함. 36세에 영명연수永明延壽대사와 연지주굉蓮池株宏대사
의 저술을 읽고 정토에 귀의함. 이로써 선정쌍수禪淨雙修와 자력·타
력을 아울러 중시하는 종지를 펼침.

정공淨空법사(1927-)

중국 현대불교의 지도자. 1959년 임제사臨濟寺에서 출가하신 이후
불타교육에 힘쓰는 한편 정종학회를 창립하여 우익대사의《미타요
해》를 중심으로《아미타경》을, 선도대사의《사첩소》를 중심으로《관
무량수경》을, 하련거거사 회집·황념조거사 주해의《대경해》를 중심
으로《무량수경》을 각각 강경 설법해오시면서 전 세계 정토행자들을
이끌고 계신다.

阿彌陀經要解

淨空敬題

목 차

아미타경요해 현의강기

불설아미타경

요진姚秦 삼장법사 구마라즙鳩摩羅什 역

이와 같이 나는 들었다. 한때 부처님께서 사위국 기수급고독원에 머무르사, 큰 비구 대중 1,250명과 함께 계셨으니, 그들은 모두 대중들에게 널리 알려진 대아라한으로 곧 장로 사리불, 마하목건련·마하가섭·마하가전연·마하구치라·리바다·주리반타가·난타·아난타·라후라·교범바제·빈두로파라타·가루타이·마하겁빈나·박구라·아누루타 등의 여러 대제자들이었다. 그리고 문수사리 법왕자·아일다보살·건타하제보살·상정진보살 등의 여러 대보살들과 석제환인 등 무량한 제천들도 함께 하셨다.

그때 부처님께서 장로 사리불에게 이르시길, "여기에서 서쪽으로 십만 억 불국토를 지나가면 「극락」이라 이름하는 세계가 있고, 그 세계에는 명호가 「아미타」인 부처님께서 계시나니, 지금 그곳에서 안온히 주지하시면서 법을 설하시고 계시느니라.

사리불아, 저 국토를 어떤 인연으로 「극락」이라 하는가? 저 국토의 중생들은 어떠한 괴로움도 없고 오직 온갖 즐거움만 누리나니, 이러한 인연으로 「극락」이라 하느니라.

또한 사리불아, 극락국토에는 일곱 겹의 보배 난순과 일곱 겹의 보배 그물과 일곱 겹의 보배 나무가 있나니, 모두 네 가지 보배로 장엄되어 있고 그 주위를 둘러싸고 있느니라. 이러한 인연으로 저 국토를 「극락」이라 하느니라.

또한 사리불아, 극락국토에는 곳곳마다 칠보연못이 있어 그 속에는 팔공덕수가 가득하며, 그 연못의 바닥에는 순금모래가 깔려 있고, 연못 사방으로 계단길이 놓여 있으며, 금ㆍ은ㆍ유리ㆍ파려가 합하여 이루어져 있느니라. 그 길 위에는 누각이 있나니, 그 또한 금ㆍ은ㆍ유리ㆍ파려ㆍ자거ㆍ붉은 진주ㆍ마노로 장식되어 있느니라. 그 연못에는 갖가지 연꽃이 있나니, 그 크기가 수레바퀴만 하고, 푸른 빛깔에는 푸른 광채가 빛나며, 노란 빛깔에는 노란 광채가 빛나며, 붉은 빛깔에는 붉은 광채가 빛나며, 흰 빛깔에는 흰 광채가 빛나서 섬세하고 미묘하며 향기롭고 정결하느니라.

사리불아, 극락국토는 이와 같은 공덕 장엄으로 이루어져 있느니라.

또한 사리불아, 저 불국토에는 천상의 음악이 늘 연주되고, 황금으로 대지가 되어 있으며, 밤낮으로 여섯 때에 천상의 만다라화가 비오듯이 내리느니라. 저 국토의 중생들은 늘 새벽마다 각자 바구니에 온갖 미묘한 꽃을 가득 담아 타방세계 십만 억 부처님께 공양하고, 곧 식사 때에 본래 국토로 돌아와서 함께 식사하고 경행하느니라.

사리불아, 극락국토는 이와 같은 공덕 장엄으로 이루어져 있느니라.

다시 또 사리불아, 저 국토에는 늘 갖가지 기묘한 여러 빛깔의 새들이 있나니, 백학·공작·앵무새·사리새·가릉빈가·공명조 등과 같은 온갖 새들이 밤낮으로 여섯 때에 평안하고 단아한 소리를 내어서 그 소리가 오근·오력·칠보리분·팔정도 등 이와 같은 법을 연설하나니, 그 국토의 중생들은 그 소리를 듣고서 부처님을 생각하고 불법을 생각하며 승가를 생각하느니라. 사리불아, 이 새들이 실제로 죄의 과보로 생겼다고 말하지 말라. 왜 그러한가? 저 불국토에는 삼악도가 없기 때문이니라. 사리불아! 그 불국토에는 삼악도라는 이름조차 없거늘 하물며 실제로 그런 것이 있겠느냐? 이러한 갖가지 새들은 모두 아미타부처님께서 법음을 널리 펴고자 위신력으로 변화하여 이루어진 것이니라.

사리불아, 저 불국토에는 미묘한 바람이 불어와 모든 보배 나무와 보배 그물이 흔들리며 미묘한 소리가 나니, 이는 비유컨대 백천 가지 천상의 음악이 동시에 연주되는 것과 같으니라. 이 소리를 듣는 이는 모두 다 부처님을 생각하고, 불법을 생각하고, 승가를 생각하는 마음이 저절로 생기느니라.

사리불아, 저 불국토는 이와 같은 공덕장엄으로 이루어져 있느니라.

사리불아, 그대 생각에는 어떠한가? 저 부처님은 어떤 인연으로 명호를 「아미타」라 하는가? 사리불아, 저 부처님께서는 무량한 광명을 시방세계 불국토에 두루 비추시어 장애가 없느니라. 이러한 인연으로 명호가 「아미타」이니라.

또한 사리불아, 저 부처님과 그 국토 사람들의 수명이 무량무변 아승지겁이니, 이러한 인연으로 「아미타」라 이름하느니라. 사리불아, 아미타불께서 성불하신지 지금 십겁이 지났느니라. 또한 사리불아, 저 부처님께는 무량무변의 성문 제자들이 있나니, 모두 아라한으로 그 수는 헤아려 알 수 있는 것이 아니고, 모든 보살대중도 또한 이와 같으니라. 사리불아, 저 불국토는 이와 같은 공덕장엄으로 이루어져 있느니라.

또한 사리불아, 극락국토에 태어나는 중생들은 모두 불퇴전지 보살이며, 그 가운데 일생보처 보살들도 매우 많아서 그 수는 헤아려 알 수 없으며, 단지 무량무변 아승지라 비유할 뿐이니라.

사리불아, 저 불국토의 극락장엄을 들은 중생들은 마땅히 저 국토에 태어나길 발원해야 하느니라. 왜 그러한가? 그들은 저 국토에서 이와 같은 수많은 상선인들과 한곳에 모여 살 수 있기 때문이니라.

사리불아, 적은 선근·복덕·인연으로는 저 불국토에 태어날 수 없느니라. 사리불아, 선남자 선여인이 아미타부처님에 대한 설법을 듣고, 그 명호를 집지하여, 하루나 이틀이나 사흘이나 나흘이나 닷새나 엿새나 이레 동안 일심에 이르러 산란하지 않는다면, 그 사람이 목숨을 마치려 할 때에 아미타부처님께서 수많은 성중들과 함께 그 앞에 나타나느니라. 그래서 그 사람은 임종할 때에 마음이 전도되지 아니하고 아미타부처님의 극락국토에 즉시 왕생할 수 있느니라.

사리불아, 나는 이러한 진실한 이익을 보았기에 이러한 말을 하는 것이니, 이 말을 들은 중생들은 마땅히 저 국토에 태어나길 발원해야 하느니라.

사리불아, 내가 지금 아미타불의 불가사의한 공덕 이익을 찬탄하는 것처럼 동방에도 아촉비불·수미상불·대수미불·수미광불, 묘음불 등과 같이 항하의 모래알 수만큼이나 많은 제불께서 계시며 각각 자신의 국토에서 광장설상을 내미시어 삼천대천세계를 두루 덮고 참되고 진실한 말씀으로 이르시길, "너희 중생들은《칭찬불가사의공덕 일체제불소호념경》을 믿을지니라." 하시니라.

사리불아, 남방세계에도 일월등불·명문광불·대염견불·수미등불·무량정진불 등과 같이 항하의 모래알 수만큼이나 많은 제불께서 계시며, 각각 자신의 국토에서 광장설상을 내미시어 삼천대천세계를 두루 덮고 참되고 진실한 말씀으로 이르시길, "너희 중생들은 《칭찬불가사의공덕 일체제불소호념경》을 믿을지니라." 하시니라.

사리불아, 서방세계에도 무량수불·무량상불·무량당불·대광불·대명불·보상불·정광불 등과 같이 항하의 모래알 수만큼이나 많은 제불께서 계시며, 각각 자신의 국토에서 광장설상을 내미시어 삼천대천세계를 두루 덮고 참되고 진실한 말씀으로 이르시길, "너희 중생들은 《칭찬불가사의공덕 일체제불소호념경》을 믿을지니라." 하시니라.

사리불아, 북방세계에도 염견불·최승음불·난저불·일생불·망명불 등과 같이 항하의 모래알 수만큼이나 많은 제불께서 계시며, 각각 자신의 국토에서 광장설상을 내미시어 삼천대천세계를 두루 덮고 참되고 진실한 말씀으로 이르시길, "너희 중생들은 《칭찬불가사의공덕 일체제불소호념경》을 믿을지니라." 하시니라.

사리불아, 하방세계에도 사자불·명문불·명광불·달마불·법당불·지법불 등과 같이 항하의 모래알 수만큼이나 많은 제불께서 계시며, 각각 자신의 국토에서 광장설상을 내미시어 삼천대천세계를 두루 덮고 참되고 진실한 말씀으로 이르시길, "너희 중생들은 《칭찬불가사의공덕 일체제불소호념경》을 믿을지니라." 하시니라.

사리불아, 상방세계에도 범음불·수왕불·향상불·향광불·대염견불·잡색보화엄신불·사라수왕불·보화덕불·견일체의불·여수미산불 등과 같이 항하의 모래알 수만큼이나 많은 제불께서 계시며, 각각 자신의 국토에서 광장설상을 내미시어 삼천대천세계를 두루 덮고 참되고 진실한 말씀으로 이르시길, "너희 중생들은 《칭찬불가사의공덕 일체제불소호념경》을 믿을지니라." 하시니라.

사리불아, 그대 생각에는 어떠한가? 어떤 인연으로 《일체제불소호념경》이라 부르는가? 사리불아, 선남자 선여인이 이 경을 수지하고 제불의 명호를 듣는다면, 이 모든 선남자 선여인은 모두 일체제불의 호념을 받아 아뇩다라삼먁삼보리에서 물러나지 않을 것이니라. 그러므로 사리불아, 너희들은 나의 말과 제불의 말씀을 믿고 받아 지닐지니라.

사리불아, 아미타불 국토에 태어나겠다고 이미 발원

하였거나 지금 발원하거나 당래에 발원하는 이들은 모두 아뇩다라삼먁삼보리에 물러나지 아니하여서 저 국토에 벌써 태어났거나 지금 태어나거나 당래에 태어날 것이니라. 그러므로 사리불아, 모든 선남자 선여인이 믿음을 내었다면 응당 저 국토에 태어나길 발원할지니라.

사리불아, 내가 지금 제불의 불가사의한 공덕을 칭찬한 것처럼 저 제불께서도 또한 나의 불가사의한 공덕을 찬탄하시며 말씀하시길, "석가모니부처님께서는 참으로 어렵고 희유한 일을 능히 하셨도다. 시대가 흐리고 견해가 흐리고 번뇌가 흐리고 중생이 흐리고 수명이 흐린 이 사바세계 오탁악세에서 아뇩다라삼먁삼보리를 얻으시고, 수많은 중생을 위하여 이 일체 세간이 믿기 어려운 법을 설하셨도다." 하시느니라.

사리불아, 내가 이 오탁악세에서 이 어려운 일을 행하여 아뇩다라삼먁삼보리를 얻었고 일체 세간을 위하여 이 믿기 어려운 법을 설하였으니, 이는 진실로 어려운 일임을 알지니라.

부처님께서 이 경을 말씀하시자, 사리불 등의 모든 비구들과 일체 세간의 천·인·아수라 등이 부처님께서 하신 말씀을 듣고 모두 크게 환희하며 믿고 받아 지녔으며, 부처님께 절을 하고는 물러갔다.

불설아미타경 종終

발일체업장근본득생정토신주

나무아미다바야 다타가다야 다지야타 아미리 도바비 아미리다 싣담바비 아미리다 비가란제 아미리다 비가란다 가미니 가가나 지다가리 사바하

(세 번 칭념)

수미산(須彌山, Mount Kailash, 6,714m)

불설아미타경요해
佛說阿彌陀經要解

요진姚秦 삼장법사 구마라즙鳩摩羅什 역
청淸 서유사문 우익지욱蕅益智旭 해

[요해 서문]

무릇 제불께서는 미혹한 중생을 불쌍히 여기시어 근기에 따라 교화를 베푸시니, 비록 근원으로 돌아감에는 둘이 없으나 방편에는 수많은 문이 있다.

原夫諸佛憫念群迷。隨機施化。雖歸元無二。而方便多門。

그런데 일체 방편 중에서 지극히 곧바로 질러가고, 지극히 원만하고 단박에 뛰어넘는 법문을 구한다면 곧 염불하여 정토에 태어나길 구하는 것 만한 것이 없다.

然於一切方便之中。求其至直捷。至圓頓者。則莫若念佛求生淨土。

또 일체 염불법문 중에서 지극히 간단하고 쉬우며, 지극히 온당한 법문을 구한다면 곧 믿고 발원하여 부처님 명호를 전일하게 수지하는 것 만한 것이 없다.

又於一切念佛法門之中。求其至簡易至穩當者。則莫若信願專持名號。

이런 까닭에 정토삼부경이 세상에 함께 유통되었지만, 고인들께서는 유독 《아미타경》만을 예불 일과로 삼으신 것이다. 어찌 지명 일법이 세 근기를 두루 가피함이 아니겠는가! 사와 이를 모두 거두어 남김이 없으며, 종승과 교승을 모두 어울러서 바깥이 없으니, 더욱 불가사의하도다!

是故淨土三經。並行於世。而古人獨以《阿彌陀經》列爲日課。豈非有見於持名一法。普被三根。攝事理以無遺。統宗教而無外。尤爲不可思議也哉。

예로부터 《아미타경》에 대한 주해서와 해설서가 시대를 거치면서 많았지만, 세월이 오래되어 묻혀버리고 지금 남아있는 것이 얼마 되지 않는다. 그 가운데 운서산雲棲山의 연지대사蓮池大師께서 저술하신 《아미타경소초阿彌陀經疏鈔》는 그 뜻이 광대하고 정미로우며, 유계幽溪의 전등대사傳燈大師께서 저술하신 《아미타경원중초阿彌陀經圓中鈔》는 그 뜻이 높고 깊으며 드넓다. 이 두 저서는 마치 해와 달이 하늘에 떠 있어 눈이 있으면 누구나 볼 수 있는 것처럼 뛰어나다.

古來註疏。代不乏人。世遠就湮。所存無幾。雲棲和尚。著爲《疏鈔》。廣大精微。幽溪師伯。述《圓中鈔》。高深洪博。蓋如日月中天。有目皆覩。

특히 문장이 풍부하고 뜻이 무성하여 그 변제를 헤아릴 수 없어, 혹 처음 배우거나 근기와 식견이 얕은 사람은 믿음과 발원에 오르기 어렵다.

特以文富義繁。邊涯莫測。或致初機淺識。信願難階。

이 때문에 나의 평범하고 우둔한 식견을 생각하지 않고, 다시 《아미타경요해阿彌陀經要解》를 저술하고자 한다. 감히 두 어르신과 우열을 겨루고자 하는 것도 아니고, 또한 두 어른과 억지로 같이 하고자 하는 것도 아니다. 비유하자면 옆으로 보니 봉우리를 이루고, 가로질러 보니 고개를 이루는 것과 같다.

故復弗揣庸愚再述《要解》。不敢與二翁競異。亦不必與二翁強同。

비록 모두 여산盧山의 진경을 다 보지는 못할지라도 각각 여산을 직접 본 것을 잃지 않고자 할 따름이다. [지금부터 천태종의 지의대사智顗大師께서 사용하신, 다섯 단락으로 경의 현묘한 뜻을 드러내는 오중현의五重玄義의 방법을 채택하여 《아미타경》의 경문을 해석하도록 하겠다.]

譬如側看成峰。橫看成嶺。縱皆不盡盧山眞境。要不失爲各各親見盧山而已。〔將釋經文。五重玄義。〕

[요해 오중현의]

첫째, 경의 이름을 해석한다. 이 경은 설법하는 주체와 설해지는 대상을 이름으로 삼았다.

> 第一釋名。此經以能說所說人爲名。

「불佛」이란 이 세상에서 설법하는 교주이시다. 즉 석가모니부처님께서는 대비의 원력을 타고 오탁악세에 태어나셔서, 먼저 깨달으시고 뒤에 깨닫는 중생을 깨닫게 하셨으며, 알지 못하시는 법이 없으시고, 보지 못하는 법이 없으신 분이시다.

> 佛者。此土能說之敎主。卽釋迦牟尼。乘大悲願力。生五濁惡世。以先覺覺後覺。無法不知。無法不見者也。

「설說」이란 마음속에 품은 심원에 기뻐하심을 말한다. 부처님께서는 중생제도를 마음속에 품으시고, 이제 중생들이 성불할 기연이 무르익어, 믿기 어려운 법문을 설하시고 중생들이 구경해탈을 얻도록 하시는 까닭에 기뻐하신다.

> 說者。悅所懷也。佛以度生爲懷。衆生成佛機熟。爲說難信法。令究竟脫。故悅也。

「아미타阿彌陀」는 설해지는 대상으로, 극락세계의 도사이시다. 아미타부처님께서는 48원으로써 믿고 발원하여 염불하는 중생을 접인하시어 극락세계에 왕생하게 하시고, 영원히 불퇴전의 자리에 오르도록 하는 분이시다.

> 阿彌陀。所說彼土之導師。以四十八願。接信願念佛衆生。生極樂世界。永
> 階不退者也。

「아미타」는 범어로 이는 무량수라 하고, 또한 무량광이라 한다.
요컨대 공덕과 지혜, 신통과 도력, 의보·정보의 장엄, 설법과
교화제도 등이 하나하나 무량하다.

> 梵語阿彌陀。此云無量壽。亦云無量光。要之功德智慧神通道力。依正莊
> 嚴。說法化度。一一無量也。

부처님께서 금구로 설하신 일체 설법을 통틀어 「경經」이라 한다.
이상 다섯 글자에 대해 이 공통 제목과 개별 제목을 합쳐 경의
제목으로 삼았다. 교법·행법·도리, 이 세 가지에 대해서도
각각 공통 제목과 개별 제목을 논하고 있는데, 그 자세한 것은
천태의 전적에서 밝힌 것과 같다.

> 一切金口。通名爲經。對上五字。是通別合爲題也。教行理三。各論通別。
> 廣如台藏所明。

둘째, 이 경이 근거하고 있는 이체를 밝힌다. 대승경전은 모두
실상을 이체로 삼는다. 우리들 현전하는 일념의 심성은 안에
있지도 않고, 밖에 있지도 않고, 중간에 있지 도 않다. 과거도
아니고, 현재도 아니고, 미래도 아니다. 푸른 색·노란 색·붉은
색·흰 색도 아니고, 긴 것·짧은 것·네모난 것·둥근 것도 아니
고, 냄새도 아니고, 맛도 아니며, 감촉도 아니고, 법도 아니다.

第二辨體。大乘經皆以實相爲正體。吾人現前一念心性不在內。不在外。不在中間。非過去。非現在。非未來。非靑黃赤白。長短方圓。非香非味。非觸非法。

심성은 찾아도 찾을 수 없지만, 그것이 없다고 말할 수 없다. 일백 법계에 일천 여시를 갖추고 있지만, 그것이 있다고 말할 수 없다.

覓之了不可得。而不可言其無。其造百界千如。而不可言其有。

일체 연려분별과 언어문자 상을 여의지만, 연려분별과 언어문자를 여의고서 따로 자성이 있는 것이 아니다.

離一切緣慮分別。語言文字相。而緣慮分別。語言文字。非離此別有自性。

요컨대 일체 상을 여의지만, 일체 법에 즉해 있다. 여의는 까닭에 상이 없고, 즉한 까닭에 상 아닌 것이 없으므로, 어쩔 수 없이 억지로 이름하여 실상이라 한다.

要之離一切相。卽一切法。離故無相卽故無不相。不得已强名實相。

실상의 본체는 고요함도 아니고 비춤도 아니다. 그러나 또한 고요하면서 항상 비추고, 비추면서 항상 고요하다.

實相之體。非寂非照。而復寂而恆照。照而恆寂。

비추면서 고요함을 억지로 이름하여 상적광토라 하고, 고요하면서 비춤을 억지로 이름하여 청정법신이라 한다.

照而寂。強名常寂光土。寂而照。強名淸淨法身。

또한 비추면서 고요함을 억지로 이름하여 법신이라 하고, 고요하면서 비춤을 억지로 이름하여 보신이라 한다.

又照寂強名法身。寂照強名報身。

또한 성덕이 고요하면서 비춤을 이름하여 법신이라고 하고, 수덕이 고요하면서 비춤을 이름하여 보신이라 한다.

又性德寂照名法身。修德照寂名報身。

또한 수덕이 비추면서 고요함을 이름하여 수용신이라 하고, 수덕이 고요하면서 비춤을 이름하여 응화신이라 한다.

又修德照寂名受用身。修德寂照名應化身。

고요함과 비춤은 둘이 아니며, 몸과 국토도 둘이 아니며, 성덕과 수덕도 둘이 아니며, 진신과 응화신도 둘이 아니어서 실상이 아님이 없다. 따라서 실상은 (심성 능변能變에서) 둘이 아니며, 또한 (십법계 의정장엄 소변所變에서) 둘 아님이 없다.

寂照不二。身土不二。性修不二。眞應不二。無非實相。實相無二。亦無不二。

이런 까닭에 이체를 들어 의보를 짓고 정보를 짓고, 법신을

짓고 보신을 짓고, 자신을 짓고 다른 사람을 짓는다. 내지는
설법하는 주체와 설해지는 대상, 제도하는 주체와 제도 받는
대상, 믿는 마음과 믿는 법문, 자신의 발원과 구하려는 세계,
수지하는 방법과 수지하는 명호, 왕생의 조건과 왕생하려는
정토, 찬탄하는 주체와 찬탄받는 대상이 모두 실상의 정인으로
찍히지 않는 것이 없다.

是故擧體作依作正。作法作報。作自作他。乃至能說所說。能度所度。能
信所信。能願所願。能持所持。能生所生。能讚所讚。無非實相正印之所印
也。

셋째 수행의 종지를 밝히다. 「종宗」은 수행의 중요한 첩경이며,
이체에 계입하는 추기(관건)이며, 모든 행의 강령이다. 그물의
벼리를 들면 모든 그물눈들이 저절로 펼쳐지며, 옷의 깃을 잡으면
옷자락이 저절로 따라 온다. 그러므로 이체를 밝힌 뒤에는 마땅히
종지를 밝혀야 한다.

第三明宗。宗是修行要徑。會體樞機。而萬行之綱領也。提綱則衆目張。
挈領則襟袖至。故體後應須辨宗。

이 경은 믿음·발원·집지명호를 수행의 종요로 삼는다. 믿음이
없으면 간절한 발원이 일어나지 않으며, 발원이 간절하지 않으면
수행으로 옮겨지지 않으며, 집지명호의 묘행이 아니면 구하려는
것을 얻을 수 없고 믿는 법문을 증명할 수 없다.

此經以信願持名爲修行之宗要。非信不足啓願。非願不足導行。非持名
妙行。不足滿所願。而證所信。

따라서 경문에서 먼저 의보와 정보를 설명하심으로써 믿음이 생기도록 하신다. 다음으로 발원을 권하심으로써 수행으로 인도하신다. 그 다음으로 집지명호를 보이심으로써 불퇴전의 자리에 곧바로 오르도록 하신다.

經中先陳依正以生信。次勸發願以導行。次示持名以徑登不退。

「믿음(信)」이란 자기 심성을 믿고·저 부처님을 믿고·성불의 인을 믿고·왕생의 과보를 믿으며·일체 현상을 믿고·이체를 믿는 것을 말한다. 「발원(願)」이란 사바를 싫어해 떠나고 싶어하고, 기쁜 마음으로 극락에 태어나길 구하려고 함을 말한다. 「행(行)」이란 명호를 집지하여 일심에 이르러 산란하지 않음을 말한다.

信則信自。信他。信因。信果。信事。信理。願則厭離娑婆。欣求極樂。行則執持名號。一心不亂。

「자기 심성을 믿음(信自)」이란 나의 현전하는 일념의 마음은 본래 사대오온의 육단심肉團心도 아니고 또한 육진경계에 반연하는 그림자 같은 연영심緣影心도 아니며, 시간상으로 시작도 마침도 없고, 공간상으로 변제가 끊어져, 하루 종일 인연을 따르지만 하루 종일 변하지 않으며, 시방 허공법계의 미진 국토도 그 근원은 나의 일념심 가운데 나타난 사물임을 믿는 것이다. 또한 내가 비록 혼미하여 미혹 전도되어 있지만, 일념으로 마음을 돌리면 자기 심성에 본래 갖추어진 극락에 왕생할 수 있음을 확실히 믿어 다시는 의심하고 염려하지 않는 것을 「자기 심성을 믿음」이라 한다.

信自者。信我現前一念之心。本非肉團。亦非緣影。豎無初後。橫絕邊涯。
終日隨緣。終日不變。十方虛空微塵國土。元我一念心中所現物。我雖昏
迷倒惑。苟一念回心。決定得生。自心本具極樂。更無疑慮。是名信自。

「저 부처님을 믿음(信他)」이란 석가여래께서는 절대로 거짓말을
하시지 않고, 미타 세존께서도 절대로 거짓된 발원을 세우지
않으시며, 육방 제불께서도 광장설로 증명하심에 결코 다른
말씀을 하시지 않음을 믿는 것이다. 제불의 진실한 가르침에
순종하여 서방정토에 왕생하고 말겠다는 굳은 각오를 세우고,
다시는 어떤 의혹도 없음을 「저 부처님을 믿음」이라 한다.

信他者。信釋迦如來決無誑語。彌陀世尊決無虛願。六方諸佛廣長舌決
無二言。隨順諸佛眞實敎誨。決志求生。更無疑惑。是名信他。

「성불의 인을 믿음(信因)」이란 산란하게 부처님 명호를 불러도
오히려 성불할 수 있는 종자가 되는데, 하물며 일심불란하면
어찌 정토에 왕생하지 못하겠는가? 이렇게 깊이 믿는 것을 「성불
의 인을 믿음」이라 한다.

信因者。深信散亂稱名。猶爲成佛種子。況一心不亂。安得不生淨土。是名
信因。

「왕생의 과보를 믿음(信果)」이란 정토에 모여 계시는 모든 상선인
上善人들은 모두 다 염불삼매로부터 왕생하셨나니, 이는 마치
오이를 심으면 오이를 거두고, 콩을 심으면 콩을 거두는 것과
같으며, 또한 그림자는 반드시 형상을 따르고 메아리는 반드시

소리에 응하는 것과 같아서 결코 헛되이 버려지는 것이 아님을 깊이 믿는 것을 「왕생의 과보를 믿음」이라 한다.

信果者。深信淨土。諸善聚會。皆從念佛三昧得生。如種瓜得瓜。種豆得豆。亦如影必隨形。響必應聲。決無虛棄。是名信果。

「일체 현상을 믿음(信事)」이란 다만 지금 현전하는 일념이 다함이 없는 까닭에 마음에 의지하여 나타나는 시방세계도 역시 다함이 없으며, 그래서 십만 억 국토 밖에 실제로 극락세계가 있으며 그 세계는 가장 지극히 청정 장엄하여서 장자에 있는 우화와 다름을 깊이 믿는 것을 「일체 현상을 믿음」이라 한다.

信事者。深信只今現前一念不可盡故。依心所現十方世界亦不可盡。實有極樂國。在十萬億土外。最極淸淨莊嚴。不同莊生寓言。是名信事。

「이체를 믿음(信理)」이란 십만 억 불국토가 실제로 나의 눈앞에 지금 나타나는 일찰나의 일념심에서 벗어나지 않음을 깊이 믿는 것이다. 나의 현전하는 일념의 심성은 실제로 밖이 없는 까닭이다. 또한 서방극락의 의보와 정보, 스승과 제자들은 모두 나의 현전하는 일념의 심성에 나타나는 그림자임을 깊이 믿는 것이다. 일체 현상 전체 그대로가 곧 이체이고, 망념으로 나타난 것 전체 그대로가 곧 진심이며, 수행 전체 그대로가 곧 본성이며, 저 부처님 전체 그대로가 곧 자기 심성이다. 내 마음이 두루 한 까닭에 부처님의 마음도 역시 두루하고, 일체 중생의 심성도 역시 두루하다. 비유하면 방 한 칸에 천 개의 등불이 있어도 각각의 광명이 두루 비추고 겹겹이 교차하며 거두어들여 서로 방해하지 않는 것과 같다. 이를 「이체를 믿음(信理)」이라 한다.

信理者。深信十萬億土。實不出我今現前介爾一念心外。以吾現前一念心
性實無外故。又深信西方依正主伴。皆吾現前一念心中所現影。全事即
理。全妄即眞。全修即性。全他即自。我心遍故。佛心亦遍。一切衆生心性
亦遍。譬如一室千燈。光光互遍。重重交攝。不相妨礙。是名信理。

이미 이와 같이 믿었다면 곧 사바는 곧 자기 심성이 감응하여
나타난 더러운 세계이니 자기 심성의 더러움은 이치상 싫어하여
떠나고 싶어 해야 하고, 극락은 자기 심성이 감응하여 나타난
청정한 세계이니 자기 심성의 청정함은 이치상 기쁜 마음으로
구하려고 해야 한다.

如此信已。則娑婆即自心所感之穢。而自心穢。理應厭離。極樂即自心所
感之淨。而自心淨。理應欣求。

더러움을 싫어하여 모름지기 버려서 구경에 이르면 바야흐로
버릴 것이 없다. 청정함을 기뻐하여 모름지기 취하여 구경에
이르면 바야흐로 취할 것이 없다. 그러므로 사명지례四明知禮대사
께서 《관무량수경묘종초觀無量壽經妙宗鈔》에서 이르시길, "버리고
취함이 만약 극에 이르면 버리지도 취하지도 않는 것 또한 같은
경계이다."고 하셨다.

厭穢須捨至究竟。方無可捨。欣淨須取至究竟。方無可取。故《妙宗》云。取
捨若極。與不取不捨。亦非異轍。

설령 일체 현상을 좇아 취하지도 않고 버리지도 않으면서 단지
취하지도 않고 버리지도 않는 의론만 숭상한다면, 곧 이는 이체에

집착하여 일체 현상을 폐기하는 것이다. 이미 일체 현상을 폐기했다면 이체 또한 원만하지 않게 된다. 만약 일체 현상 전체 그대로가 이체라는 것을 명료하게 알면, 취함도 또한 그대로가 이체이고, 버림도 또한 그대로가 이체이다. 한번 취하고 한번 버림이 일진법계 아님이 없다. 그러므로 믿음 다음으로 발원을 밝히는 것이다.

> 設不從事取捨。但尚不取不捨。卽執理廢事。既廢於事。理亦不圓。若達全事卽理。則取亦卽理。捨亦卽理。一取一捨。無非法界。故次信而明願也。

「집지명호 일심불란」이라 말씀하신 것은 명호로써 덕을 부르는 것인데, 덕이 불가사의한 까닭에 명호 역시 불가사의하다. 명호의 공덕이 불가사의한 까닭에 설사 산란하게 칭명하더라도 성불의 종자가 되며, 아미타부처님 명호를 집지하면 불퇴전의 자리에 오르게 된다.

> 言執持名號。一心不亂者。名以召德。德不可思議故。名號亦不可思議。名號功德不可思議。故使散稱爲佛種。執持登不退也。

그러나 여러 경전에서 보이신 정토행법은 천차만별로 관상觀像·관상觀想·예배·공양·오회五悔·육념六念 등 하나하나 행이 성취되면 모두 다 정토에 태어날 수 있다.

> 然諸經示淨土行。萬別千差。如觀像。觀想。禮拜。供養。五悔。六念等。一一行成。皆生淨土。

오로지 집지명호 일법만이 근기를 거두는 것이 가장 넓고 가장 시작하기 쉽다. 그러므로 석가자존께서는 무문자설無問自說로 특별히 지혜 제일인 사리불을 향하여 이 법문을 집어 드러내셨다. 가히 방편 중에 제일 방편이며, 요의 중에 위없는 요의이며, 원돈 중에 가장 지극한 원돈이다. 그러므로 "물을 맑히는 구슬을 탁한 물에 넣으면 탁한 물이 맑아지지 않을 수 없듯이 부처님의 명호를 산란한 마음에 넣으면 산란한 마음도 부처님의 마음이 되지 않을 수 없다." 하셨다.

> 唯持名一法。收機最廣。下手最易。故釋迦慈尊。無問自說。特向大智舍利弗拈出。可謂方便中第一方便。了義中無上了義。圓頓中最極圓頓。故云淸珠投於濁水。濁水不得不淸。佛號投於亂心。亂心不得不佛也。

믿음·발원·집지명호를 일승의 참된 인으로 삼고, 네 가지 정토를 일승의 미묘한 과로 삼는다. 인을 들면 과는 반드시 인을 따라오는 까닭에 믿음·발원·집지명호를 이 경의 바른 종지로 삼는다. 네 가지 정토의 모습에 대해서는 《묘종초妙宗鈔》와 《범망현의梵網玄義》에 상세히 설명되어 있으므로 여기서는 갖추어 서술하지 않겠다. 나중에 의보와 정보에 대한 경문을 해석할 때 응당 간략히 보일 것이다.

> 信願持名。以爲一乘眞因。四種淨土。以爲一乘妙果。舉因則果必隨之。故以信願持名爲經正宗。其四種淨土之相。詳在《妙宗鈔》。及《梵網玄義》。茲不具述。俟後釋依正文中。當略示耳。

넷째, 이 경을 수학하는 역용을 밝힌다. 이 경은 왕생불퇴를 역용으로 삼는다.

第四明力用。此經以往生不退爲力用。

왕생에는 네 가지 정토가 있는데, 각각 구품으로 논한다. 또한 네 가지 정토에 왕생하는 모습을 간략하게 밝힌다. 만약 부처님 명호를 집지하여도 아직 견사번뇌를 멸단滅斷하지 못하였다면, 그 틈을 내어 염불하는 산념散念이나 빠짐없이 염불하는 정과定課에 따라 (번뇌를 조복하여) 범성동거토에 태어나고 삼배구품으로 나누어진다.

往生有四土。各論九品。且略明得生四土之相。若執持名號。未斷見思。隨其或散或定。於同居土分三輩九品。

만약 명호를 집지하여 사일심에 이르러 산란하지 않고, 견사번뇌를 임운하여 저절로 끊어지게 하면 곧바로 방편유여토에 왕생하게 된다.

若持至事一心不亂。見思任運先落。則生方便有餘淨土。

만약 이일심에 이르러 산란하지 않고, 무명을 일품에서 41품까지 확 트이게 타파하면 곧바로 실보장엄정토에 왕생하게 되고, 또한 상적광토를 부분적으로 증득하게 된다.

若至理一心不亂。豁破無明一品。乃至四十一品。則生實報莊嚴淨土。亦分證常寂光土。

만약 무명을 전부 다 타파하면 곧 이것은 최상의 실보장엄토이고, 구경의 상적광토이다.

若無明斷盡。則是上上實報。究竟寂光也。

불퇴전에는 4가지 의미가 있다. 첫째 「염불퇴念不退」이니, 무명을 타파하고 불성이 드러나 곧바로 실보장엄토에 왕생하고 상적광토를 부분적으로 증득함을 말한다.

不退有四義。一念不退。破無明。顯佛性。徑生實報。分證寂光。

둘째 「행불퇴行不退」이니, 견사번뇌가 이미 떨어져 나가고 진사번뇌까지도 또한 완전히 타파하여 방편유여토에 왕생하고, 궁극적인 불과를 향해 계속 나아감을 말한다.

二行不退。見思既落。塵沙亦破。生方便土。進趨極果。

셋째 「위불퇴位不退」이니, 업을 지닌 채 범성동거토에 왕생하여 극락세계 연꽃에 몸을 의탁해 퇴전하는 인연을 영원히 떠남을 말한다.

三位不退。帶業往生。在同居土。蓮華託質。永離退緣。

넷째는 「필경불퇴畢竟不退」이니, 지극한 마음으로 염불하든 산란한 마음으로 염불하든, 왕생하겠다는 마음으로 염불하든 그런 마음 없이 염불하든, 정토법문을 이해하고 염불하든 모르고 염불하든 상관없이, 아미타부처님의 명호이든 육방제불의 명호이든 이 경의 이름이든 상관없이 귀에 한번 스치기만 하면 가령 천만겁 지난 후라도 필경 이 인연으로 해탈하게 된다. 이는 마치 독을 바른 북 소리를 듣게 되면 가까이 있든 멀리 있든 모두 죽게 되며, 금강석을 조금이라도 삼키면 결코 소화되지 않는 것과 같다.

四畢竟不退。不論至心散心。有心無心。或解不解。但彌陀名號。或六方佛名。此經名字。一經於耳。假使千萬劫後。畢竟因斯度脫。如聞塗毒鼓。遠近皆喪。食少金剛。決定不消也。

또한 업을 지닌 채 동거정토에 왕생하여 위불퇴를 증득하면 모두 다 일생보처一生補處 보살들과 함께 하며, 또한 모두 일생에 반드시 부처의 후보 자리에 오르게 된다.

復次祇帶業生同居淨。證位不退者。皆與補處俱。亦皆一生必補佛處。

무릇 상선인上善人들과 한곳에 모여 산다는 사실로 보아 비록 동거정토에 왕생하긴 했지만, 이는 곧바로 횡으로 상위 세 가지 정토에도 왕생하였음을 알 수 있다. 일생에 부처의 후보에 오르는 보처보살이 된다는 사실로 보아 비록 위불퇴에 해당하지만, 이는 곧바로 세 가지 불퇴를 이미 원만히 증득하였음을 알 수 있다.

夫上善一處。是生同居。即已橫生上三土。一生補佛。是位不退。即已圓證三不退。

이와 같은 불가사의한 역용은 수많은 경전과 논서에서 일찍이 설한 적이 없다. 화두를 참구하여 심성의 정인正因을 단박에 깨닫는다 하더라도 이는 겨우 티끌번뇌를 벗어난 첫 단계일 뿐, 깨닫고 난후 세세생생 물러나지 않고 끊임없이 닦아야만 비로소 부처님의 계위에 오를 수 있음을 기약할 수 있는 저 참선 수행법과 비교하여 보면 어찌 같은 말로 정종의 수행법과 비교할 수 있겠는가? 종승과 교승의 정사들은 어찌 이를 깊이 생각하지 않을 수 있겠는가?

如斯力用。乃千經萬論所未曾有。較彼頓悟正因。僅爲出塵階漸。生生不退。始可期於佛階者。不可同日語矣。宗教之士。如何勿思。

다섯째, 이 경전의 위치를 밝힌다. 이 경은 대승보살장에 속하며, 또한 무문자설無問自說이자 철저한 대자비의 가지加持를 베풀어 말법시대 장애가 많은 유정들에게 이 지름길에 의지하여 불퇴전에 오르게 하는 가장 좋은 법문이다.

第五教相。此大乘菩薩藏攝。又是無問自說。徹底大慈之所加持。能令末法多障有情。依斯徑登不退。

그러므로 《무량수경》에 이르길, "오는 세상에는 경전과 도법이 모두 사라진 후에도 특별히 이 경전을 남겨 백 년 동안 머물게 하여 중생을 널리 제도할 것이니라." 하였다.

故當來經法滅盡。特留此經住世百年。廣度含識。

이 가르침은 아가타약으로 만병을 다스리는 총지이며, 절대 원융하고 불가사의한 법문이며, 화엄의 심오한 법장이자 법화의 비밀스런 정수이며, 일체 제불의 심요이자 보살만행의 나침반으로 모두 이 경전에서 벗어나지 못한다. 그래서 이를 상세히 찬탄하려고 하여도 겁이 궁진하도록 찬탄해도 다하지 못하나니,

지혜가 있는 사람은 자기 스스로 알아야 한다.

阿伽佗藥。萬病總持。絕待圓融。不可思議。華嚴奧藏。法華祕髓。一切諸
佛之心要。菩薩萬行之司南。皆不出於此矣。欲廣歎述。窮劫莫盡。智者自
當知之。

[경문 해석]

경문으로 들어가 셋으로 나누길, 첫째는 서분序分이요, 둘째는 정종분正宗分이요, 셋째는 유통분流通分이라 하니, 이 셋은 처음도 훌륭하고, 중간도 훌륭하며, 나중도 훌륭하다. 비유하자면, 서분은 머리와 같아 다섯 감관을 다 갖추었고, 정종분은 몸통과 같아 오장육부를 빠짐없이 갖추었으며, 유통분은 손발과 같아 운행하는데 걸림이 없다.

入文分三。初序分。二正宗分。三流通分。此三名初善中善後善。序如首。五官具存。正宗如身。腑臟無闕。流通如手足。運行不滯。

그래서 지자대사께서도 《법화경》을 해석하면서 처음 일품을 모두 서분으로 삼으시고, 나중 11품 반을 모두 유통분으로 삼으셨다. 또 한때 법화경 전체를 적문迹門과 본문本門의 두 문을 각각 삼단으로 나누고서, 법사품法師品 등 5품을 모두 적문의 유통분으로 삼으셨다.

故智者釋《法華》。初一品皆爲序。後十一品半皆爲流通。又一時跡本二門。各分三段。則法師等五品。皆爲跡門流通。

대개 서분에서는 한 경전의 강령을 들어 보이고, 유통분에서는 이 법을 베푸는데 장애가 없게 하므로 관계가 적지 않거늘, 후인들이 그것의 중요성을 알지 못하고 경문이 조금이라도 의리와 관계가 있으면 정종분으로 판단하여 넣어버려, 서분과 유통분은 겨우 재래의 관례로 남게 되었으니, 어찌 처음 말도 훌륭하고 나중 말도 훌륭하다고 할 수 있겠는가?

　　蓋序必提一經之綱。流通則法施不壅。關係非小。後人不達。見經文稍涉
　　義理。便判入正宗。致序及流通。僅存故套。安所稱初語亦善。後語亦善也
　　哉。

제1장 서분 序分

이와 같이 나는 들었다. 한때 부처님께서 사위국 기수 급고독원에 머무르사,

如是我聞。一時佛在舍衛國。祇樹給孤獨園。

「여시如是」는 믿고 수순함을 나타내고, 「아문我聞」은 스승으로부터 직접 법을 이어받았음을 나타내며, 「일시一時」는 기연에 감응함을 나타내고, 「불佛」은 경을 설하시는 교주敎主를 나타내며, 「사위국舍衛國」 등은 경을 설한 장소를 나타낸다.

如是。標信順。我聞。標師承。一時。標機感。佛。標敎主。舍衛等。標說經處也。

실상의 미묘한 이치는 고금을 막론하고 변함이 없으니 「여如」라 이름하고, 이 실상의 이치에 의지하여 염불하여 정토에 태어나길 구하는 이 수행법은 결코 그릇됨이 없으니 「시是」라고 한다.

實相妙理。古今不變。名如。依實相理。念佛求生淨土。決定無非。曰是。

실상은 나라는 것(我)도 아니고, 나라고 할 만한 것이 없음(無我)도 아니다. 이에 아난阿羅 존자가 자신의 가명假名을 무너뜨리지 않고 그대로 사용하여 「아我」라고 부른다. 이근耳根에서 이식耳識을 일으켜 부처님의 원음圓音을 직접 듣는 것이 마치 허공에 허공으로 도장을 찍는 것과 같아 「문聞」이라 한다.

> 實相非我。非無我。阿難不壞假名。故仍稱我。耳根發耳識。親聆圓音。如
> 空印空。名聞。

시간이란 개념일 뿐이요 실재하지 않으나, 스승과 제자가 서로 도에 계합하여 법을 설하는 사람과 듣는 사람이 두루 원만하니 「일시一時」라 한다.

> 時無實法。以師資道合。說聽周足。名一時。

자기 스스로 깨닫고, 남도 깨닫게 하여 깨달음과 수행이 원만하여 인간과 제천의 위대한 스승을 「불佛」이라 한다.

> 自覺。覺他。覺行圓滿。人天大師。名佛。

「사위舍衛」는 훌륭한 인물들이 많고 물자가 풍부하여 세상에 널리 알려졌다(聞物)는 뜻을 지닌 중인도에 있는 대국의 이름으로 파사익왕波斯匿王의 수도이다. 파사익왕의 태자는 그 이름이 기타祇陀로 전쟁에서 승리했다(戰勝)는 뜻이며, 파사닉왕의 대신은 그 이름이 수달다須達多로 어렵고 가난한 사람들에게 잘 베풀고 도와주었다(給孤獨)는 뜻이다. 급고독給孤獨 장자가 황금을 땅에 깔아 태자의 정원을 사서 부처님과 출가 비구승들에게 공양하였는데, 이를 본 기타 태자가 감탄하여 황금을 깔지 않은 나머지 땅을 모두 보시하니, 두 사람의 이름을 합하여 「기수급고독원祇樹給孤獨園」이라 이름하였다.

> 舍衛。此云聞物。中印度大國之名。波斯匿王所都也。匿王太子名祇陀。此

云戰勝。匿王大臣名須達多。此云給孤獨。給孤獨長者布金買太子園。供
佛及僧。祇陀感歎。施餘未布少地。故並名祇樹給孤獨園也。

성문聲聞을 제일 먼저 열거한 것은 출세간出世間의 모습을 하고
있기 때문이며, 항상 부처님을 따르기 때문이며, 불법이 승단에
의지해 널리 전해지기 때문이다. 보살菩薩을 중간에 열거한 것은
세간과 출세간의 모습이 일정하지 않기 때문이며, 부처님을
항상 따르는 것이 아니기 때문이며, 중도의 뜻을 나타내기 때문이
다. 제천 인간(天人)을 맨 나중에 열거한 것은 세간의 모습을
하고 있기 때문이며, 범부와 성인이 섞여 있기 때문이며, 불법을
외호하는 소임을 맡고 있기 때문이다.

聲聞居首者。出世相故。常隨從故。佛法賴僧傳故。菩薩居中者。相不定
故。不常隨故。表中道義故。天人列後者。世間相故。凡聖品雜故。外護職
故。

큰 비구 대중 1,250명과 함께 계셨으니,

與大比丘僧。千二百五十人俱。

「대비구大比丘」는 구족계具足戒를 받은 출가인이다. 비구는 범어로
세 가지 뜻을 포함하고 있다. 첫째 걸사乞士이니, 단지 발우鉢盂
하나에 의지해 몸을 지탱해 갈 뿐 소유하거나 쌓아두는 것이
없으며, 전일하게 생사를 벗어나는 중요한 길(出要)을 구한다는
뜻이다. 둘째 파악破惡이니, 바른 지혜로 자기와 세상을 깊이
관찰하여 번뇌와 악을 타파하고 더 이상 애욕이나 견해에 떨어지

지 않는다는 뜻이다. 셋째 포마怖魔이니, 보리심을 일으켜 계를 받아 모든 절차와 형식(羯磨)이 갖추어지면 승단에 들어가 엄숙한 위의를 갖추고 성스러운 출가 수행자가 되는데, 이때 마구니들이 큰 두려움을 느끼게 된다는 뜻이다.

> 大比丘。受具足戒出家人也。比丘。梵語含三義。一乞士。一鉢資身。無所
> 蓄藏。專求出要。二破惡。正慧觀察。破煩惱惡。不墮愛見。三怖魔。發心受
> 戒。羯磨成就。魔卽怖也。

「승僧」은 갖추어 말하면 승가僧伽이니, 이를 번역하면 화합중和合衆이다. 무위해탈無爲解脫을 함께 증득하며 이체에서 화합하며 수행하는 것을 이화理和라 이름하고, 또한 몸으로 화합하여 함께 살며(身和同住), 입으로 화합하여 다투지 않으며(口和無諍), 뜻으로 화합하여 함께 기뻐하며(意和同悅), 견해로 화합하여 함께 이해하며(見和同解), 계행으로 화합하여 함께 닦으며(戒和同修), 이익으로 화합하여 함께 나누며(利和同均), 일체 현상에서 화합하며 수행하는 것을 사화事和라 이름한다.

> 僧者。具云僧伽。此翻和合衆。同證無爲解脫。名理和。身同住。口無諍。
> 意同悅。見同解。戒同修。利同均。名事和也

「천이백오십 인千二百五十人」은 가섭迦葉 삼형제와 그들의 제자 일천 명, 사리불(身子)과 목건련目犍連의 제자 이백 명, 그리고 야사자耶舍子 등 오십 명이니, 이들은 모두 부처님께서 성도하신 후 가장 먼저 제도를 받아 해탈한 사람들로 부처님의 깊은 은혜에 감사하여 항상 따라다니는 대중들이다.

千二百五十人者。三迦葉師資共千人。身子目連師資二百人。耶舍子等五十人。皆佛成道。先得度脫。感佛深恩。常隨從也。

그들은 모두 대중들에게 널리 알려진 대아라한으로

皆是大阿羅漢。衆所知識。

「아라한阿羅漢」에도 역시 세 가지 의미가 있다.

첫째 응공應供이니, 탁발을 하여 육신을 유지하면서 수행을 하여 혜명慧命을 얻었기 때문에 그 결과로 사람들에게 존경과 공양을 받는다는 뜻이다(乞士果).

둘째 살적殺賊이니, 번뇌의 적을 쳐부수어 자재와 적멸을 성취한다는 뜻이다(破惡果).

셋째 무생無生이니, 삼계三界의 모든 번뇌의 마장魔障을 항복시키고 영원히 열반에 들어가 다시는 생사를 받지 않는다는 뜻이다(怖魔果).

또한 수행의 깊고 얕음에 따라 사념처에 의거해 소승법을 닦는 혜해탈慧解脫 나한·선정에 의거해 대승법을 닦는 구해탈俱解脫 나한·원만한 이해가 크게 열려 모든 의난疑難을 해결한 법운지法雲地 보살인 무의해탈無疑解脫 나한 등 세 가지 다른 아라한이 있나니, 지금 이분들은 무의해탈無疑解脫을 얻었기 때문에 「대大」라고 한다.

阿羅漢。亦含三義。一應供。即乞士果。二殺賊。即破惡果。三無生。即怖魔果。復有慧解脫。俱解脫。無疑解脫。三種不同。今是無疑解脫。故名大。

또한 본래 법신대사法身大士이지만, 중생을 잘 제도하기 위해서 성문승聲聞乘이 되어 이 불가사의한 법인 정토법문을 증득함을 보였기 때문에 「대大」라고 이름한다.

又本是法身大士。示作聲聞。證此淨土不思議法。故名大也。

그들은 부처님을 좇아 법륜을 굴려 널리 인간과 제천세계를 이롭게 하기 때문에 인천人天의 대중들에게 널리 알려져 있는 분들이다.

從佛轉輪。廣利人天。故爲衆所知識。

곧 장로 사리불, 마하목건련 · 마하가섭 · 마하가전연 · 마하구치라 · 리바다 · 주리반타가 · 난타 · 아난타 · 라후라 · 교범바제 · 빈두로파라타 · 가루타이 · 마하겁빈나 · 박구라 · 아누루타 등의 여러 대제자들이 었다.

長老舍利弗。摩訶目犍連。摩訶迦葉。摩訶迦旃延。摩訶拘絺羅。離婆多。周利槃陀伽。難陀。阿難陀。羅侯羅。憍梵波提。賓頭盧頗羅墮。迦留陀夷。摩訶劫賓那。薄拘羅。阿㝹樓馱。如是等諸大弟子。

덕망과 법납法臘이 모두 높기 때문에 「장로長老」라 부른다. 사리불(身子) 존자는 성문대중 가운데 지혜가 제일이었고, 목련目連 존자는 신통이 제일이었으며, 가섭(飮光) 존자는 몸이 황금빛으로 빛났고 부처님의 심인心印을 전해 받아 선종의 초조가 되었으며, 두타행頭陀行이 제일이었다.

가전연(文飾) 존자는 바라문 출신으로 논변(論議)이 제일이었고, 구치라(大膝) 존자는 문답(答問)이 제일이었으며, 리바다(星宿) 존자는 전도와 착란이 없기로 제일이었고, 주리반타가(繼道) 존자는 근기가 둔하여 겨우 게송 한 마디를 수지할 정도였는데 나중에 크게 정진하여 변재(辯才)가 다함이 없었으며, 뜻을 수지함에 제일이었다.

난타(喜尊) 존자는 부처님의 친동생으로 위의와 용모가 제일이었고, 아난타(慶喜) 존자는 부처님의 사촌 동생이면서 부처님의 시자(侍者)였고 다문(多聞)으로 제일이었으며, 라후라(覆障) 존자는 부처님의 태자로 밀행(密行)이 제일이었으며, 교범바제(牛呞) 존자는 전생에 지은 구업(口業)으로 인하여 그 과보가 아직도 남아 소처럼 되새김질을 하였고 천인(天人)들의 공양을 받은 것으로 제일이며, 빈두로파라타(不動) 존자는 세간에 오래 머물면서 말세 중생들의 공양을 받아서 복전이 제일이었다.

가류타이(黑光) 존자는 부처님의 사자(使者)로 교화가 제일이었고, 마하겁빈나(房宿) 존자는 별자리를 잘 알아 천문학에 제일이었으며, 박구라(善容) 존자는 수명이 제일이었고, 아나루타(無貧) 존자는 역시 부처님의 사촌 동생으로 천안통을 얻어 천안이 제일이었다. 이들 늘 따라다니는 대중은 본래는 법신대사들이신데, 성문의 모습을 나타내어 법회의 영향중(影響衆)이 되었다. 시방세계 중생을 모두 거두어 극락세계로 인도한다는 이 정토염불법문을 듣고 제일의실단(第一義悉檀 ; 제일의로 모든 중생을 두루 교화하는 방법)의 이익을 얻어 법신을 점차로 증장시키고, 변역생사(變易生死)를 끊으며, 스스로 불토를 청정하게 하신 까닭에 또한 당기중(當機衆)이라고도 한다.

德臘俱尊。故名長老。身子尊者。聲聞衆中。智慧第一。目連尊者。神通第一。飲光尊者。身有金光。傳佛心印爲初祖。頭陀行第一。文飾尊者。婆羅門種。論議第一。大膝尊者。答問第一。星宿尊者。無倒亂第一。繼道尊者。因根鈍僅持一偈。辯才無盡。義持第一。喜尊者。佛之親弟。儀容第一。慶喜尊者。佛之堂弟。復爲侍者。多聞第一。覆障尊者。佛之太子。密行第一。牛司尊者。宿世惡口。感此餘報。受天供養第一。不動尊者。久住世間。應末世供。福田第一。黑光尊者。爲佛使者。教化第一。房宿尊者。知星宿第一。善容尊者。壽命第一。無貧尊者。亦佛堂弟。天眼第一。此等常隨衆。本法身大士。示作聲聞。爲影響衆。今聞淨土攝受功德。得第一義悉檀之益。增道損生。自淨佛土。復名當機衆矣。

그리고 보살마하살로 문수사리 법왕자 · 아일다보살 · 건타하제보살 · 상정진보살 등의 여러 대보살들과

并諸菩薩摩訶薩。文殊師利法王子。阿逸多菩薩。乾陀訶提菩薩。常精進菩薩。與如是等。諸大菩薩。

「보살마하살菩薩摩訶薩」은 위없는 대도大道의 마음을 발하여 중생(有情)을 제도하여 성취하게 함으로 이에 지혜와 자비를 함께 운영하여 자신과 타인을 동시에 이롭게 하는 존재에 대한 칭호를 말한다.

菩薩摩訶薩。此云大道心成就衆生。乃悲智雙運。自他兼利之稱。

부처님께서는 법왕이시고, 문수사리보살이 부처님의 가업을 이어받았기 때문에 「법왕자法王子」라 이름하며, 보살 대중 가운데 지혜가 제일이다. 용맹함과 진실한 지혜가 없다면 이 불가사의한 정토법문을 이해하고 증득할 수 없기 때문에 맨 앞자리에 열거하였다.

佛爲法王。文殊紹佛家業。名法王子。菩薩衆中。智慧第一。非勇猛實智。不能證解淨土法門。故居初。

「미륵보살」은 당래에 성불하실 분으로 지금은 등각보살等覺菩薩의 지위에 머물러 있으면서 마지막까지 완전하게 불국토를 장엄하고 청정하게 하는 것을 중요한 임무로 삼기 때문에 다음으로 열거하였다.

彌勒當來成佛。現居等覺。以究竟嚴淨佛國爲要務。故列次。

「쉬지 않는다(不休息)」 함은 이 보살은 지극히 오랜 세월 수행하면서 중생제도를 잠시도 멈추지 않기 때문이다. 「항상 정진한다(常精進)」 함은 이 보살은 자신도 이롭게 하고 타인도 이롭게 하는데 피곤해하거나 게으름을 피우지 않기 때문이다.

不休息者。曠劫修行不暫停故。常精進者。自利利他無疲倦故。

이처럼 지위가 높은 등각보살들도 반드시 모두가 정토에 태어나길 구해야 하는 것은 극락정토에 태어나면 항상 부처님을 여의지 않고 친견하며, 법문을 여의지 않고 들을 수 있으며, 청정한 대중들을 여의지 않고 가까이 지내며 공양을 올릴 수 있으니, 이와 같이 불법승 삼보를 갖추어야만 신속히 무상보리를 원만하게 성취할 수 있기 때문이다.

此等深位菩薩。必皆求生淨土。以不離見佛。不離聞法。不離親近供養衆
僧。乃能速疾圓滿菩提故。

석제환인 등 무량한 제천 대중들과 함께 하셨다.

及釋提桓因等。無量諸天大衆俱。

「석제환인釋提桓因」은 주님이 될 수 있다는 뜻으로 도리천忉利天, 즉 33천의 천왕을 말한다. 「등等」이라 함은 아래로는 사천왕천四天王天에서 위로는 야마천夜摩天·도솔천兜率天·화락천化樂天·타화자재천他化自在天 등의 욕계欲界와 색계色界·무색계無色界 등 무량한 제천을 말한다.

「대중들과 함께 하셨다大衆俱」 함은 시방세계 천인과 팔부천룡八部天龍, 아수라, 인비인人非人 등도 이 법회에 참여하지 않음이 없고, 정토법문이 섭수하는 근기가 아님이 없음을 말한다. 통서通序는 여기서 마친다.

釋提桓因。此云能爲主。卽忉利天王。等者。下等四王。上等夜摩。兜率。
化樂。他化。色。無色。無量諸天也。大衆俱。謂十方天人。八部修羅。人非
人等。無不與會。無非淨土法門所攝之機也。通序竟。

극락세계가 실지로 존재하고 염불을 열심히 하면 누구라도 그곳에 태어나 아미타부처님을 뵙는다는 이 미묘한 정토법문은 실로 불가사의하여 그 누구도 질문할 수가 없다. 그래서 석가모니부처님께서 이 정토법문을 설하시기 위해 스스로 의보依報, 극락세계와 정보正報, 아미타불의 이름을 중생들에게 알리고자 이 법문을 설하기 위한 서두를 여신다. 또한 부처님의 지혜는 한 치의 어긋남이 없어 중생들의 근기를 잘 살려서 지금 여기에 모인 대중은 이 미묘한 정토법문을 듣고 네 가지 실단(悉壇 ; 모든 중생을 두루 教化하는 방법)의 이익을 얻을 수 있는 인연이 이미 잘 성숙되었음을 보시고, 누구의 질문도 기다리지 않고 스스로 먼저 말씀을 꺼내신 것이다. 이는 마치 《범망보살계본梵網菩薩戒本》에서 부처님께서 스스로 당신의 지위와 명호를 밝히면서 "나는 지금 노사나불께서 등등"이라고 말씀하신 것과 같다. 지자智者대사께서는 이를 발기서發起序로 판단하셨나니, 이 사례에 의거하여 발기서發起序에 해당함을 알 수 있을 것이다.

發起序也。淨土妙門。不可思議。無人能問。佛自倡依正名字爲發起。又佛智鑒機無謬。見此大衆應聞淨土妙門而獲四益。故不俟問。便自發起如《梵網》下卷。自倡位號云。我今盧舍那等。智者判作發起序。例可知也。

그때 부처님께서 장로 사리불에게 이르시길, "여기에서 서쪽으로 십만 억 불국토를 지나가면 「극락」이라 이름하는 세계가 있고, 그 세계에는 명호가 「아미타」인 부처님께서 계시나니, 지금 그곳에서 안온히 주지하시면서 설법하고 계시느니라.

爾時。佛告長老舍利弗。從是西方。過十萬億佛土。有世界名日極樂。其土有佛。號阿彌陀。今現在說法。

정토법문은 상·중·하 세 근기를 두루 거두어들이는 절대 원융하고 불가사의한 법문으로 일체 법문을 원만하게 거두고 원만하게 뛰어넘으니 깊고 깊어 믿기 어렵다. 그러므로 부처님께서 특별히 큰 지혜를 지닌 수보리에게 말씀하셨으니, 진실로 제일 지혜가 아니고서는 그 자리에서 의심 없이 받아들일 수 없다.

淨土法門。三根普攝。絕待圓融。不可思議。圓收圓超一切法門。甚深難信。故特告大智慧者。非第一智慧。不能直下無疑也。

「서방西方」이라 함은 공간으로, 곧바로 서쪽을 향해 이어져서 극락세계가 나타나 보이는 장소를 표시한다.

「십만억十萬億」이라 함은 고대 인도에서는 십만을 억이라 하였지만, 지금은 억을 쌓아서 십만에 도달함을 말한다.

「불토佛土」란 삼천대천세계로, 통상 한 분의 부처님께서 교화하시는 범위이다. 또한 이 국토를 예로 들어 말하자면, 중앙의 하나의 수미산須彌山에 동서남북으로 각각 하나의 주洲가 있고, 똑같은 해와 달이 비추고 있으며, 하나의 철위산鐵圍山이 둘러싸고 있는 하나의 단위 세계를 일 사천하四天下라 한다. 이와 같은 사천하가 천 개가 모이면 이를 소천세계小千世界라 하고, 이 소천세계가 천 개 모이면 이를 중천세계中千世界라 하며, 이 중천세계가 천 개 모인 것을 대천세계大千世界라 한다. 이와 같은 불토를 십만억 서쪽으로 지나가면 극락세계極樂世界이다.

西方者橫亙直西。標示現處也。十萬億者。十萬曰億。今積億至十萬也。佛土者。三千大千世界。通爲一佛所化。且以此土言之。一須彌山。東西南北各一洲。同一日月所照。一鐵圍所繞。名一四天下。千四天下。名小千世界。千小千。名中千世界。千中千。名大千世界。過如此佛土十萬億之西。是極樂世界也。

묻건대, "무슨 까닭에 극락은 서쪽에 있는가?"

답하되, "이는 옳은 질문이 아니다. 가령 극락이 동쪽에 있다고 한다면 그대는 또 왜 무슨 까닭에 동쪽에 있느냐고 물을 것이다. 이런 식으로 말꼬리를 잡는다면 어찌 말장난(戱論)이 아니겠는가? 더구나 십만 억 불토에서 본다면 극락은 또한 동쪽에 있는 것이니, 어찌 의심을 갖지 않겠는가?"

問。何故極樂在西方。答。此非善問。假使極樂在東。汝又問何故在東。豈非戱論。況自十一萬億佛土視之。又在東矣。何足致疑。

「극락이라 이름하는 세계가 있다(有世界名曰極樂)」함은 발기서發起序로 의보依報인 국토의 이름을 말한 것이다. 시간적으로는 과거·현재·미래의 삼제三際로써 시간(時劫)을 변별하였고, 공간적으로는 열 개 방위(十方)로써 경계(疆隅)를 정했기 때문에 세계(시공時空)라고 부른다.

「극락極樂」이라 함은 범어로 수마제(須摩提, Sumati)이고, 또한 편안히 몸을 쉬는 곳(安養), 편안하고 즐거운 곳(安樂), 무한히 청정한곳(淸泰) 등이라 말한다. 즉 사바세계娑婆世界의 온갖 고통을 영원히 여의어 제일 안온한곳을 이르는 말이다. 아래에서 자세히 해석할 것이다.

有世界名曰極樂。序依報國土之名也。豎約三際以辨時劫。橫約十方以定疆隅。故稱世界。極樂國。梵語須摩提。亦云安養。安樂。淸泰等。乃永離衆苦。第一安穩之謂。如下廣釋。

대체적으로 불토에는 네 가지가 있는데, 각각 번뇌가 많고 적은

정도에 따라 다시 예토穢土와 정토淨土로 나뉜다. 첫째는 범성동거
토凡聖同居土이니, 오탁五濁의 오염이 무거우면 예토이고, 오탁의
오염이 가벼우면 정토이다.

然佛土有四。各分淨穢。凡聖同居土。五濁重者穢。五濁輕者淨。

둘째는 방편유여토方便有餘土이니, 사대오온인 이 몸을 분석하여
필경 나라고 할 만한 것이 없다는 아我가 공함을 깨닫지만, 법法이
공함을 깨닫지 못해 관하여 견사혹을 끊어 생사바다를 건너
증득해 들어가면 예토이고(장교藏教 이승二乘), 제법의 당체가 본래
공하여 (아我가 공할 뿐만 아니라 법法 또한 환 같아 본래 불가득이라)
교묘하게 관하여 견사혹을 끊어 생사 바다를 건너 증득해 들어가
면 정토이다(통교通教 삼승三乘).

方便有餘土。析空拙度證入者穢。體空巧度證入者淨。

셋째는 실보무장애토實報無障礙土이니, (별교에서 공空·가假·중中)
삼관三觀을 차례로 닦아 증득해 들어가면 예토이고, (원교보살이)
일심 위에서 (즉공卽空·즉가卽假·즉중卽中) 삼관三觀을 동시에 닦아
증득해 들어간다면 정토이다.

實報無障礙土。次第三觀證入者穢。一心三觀證入者淨。

넷째는 상적광토常寂光土이니, (12품 무명만 타파하고 나머지 30품
무명을 타파하지 못해) 부분적으로 증득하면 예토이고, (42품
무명을 모두 타파하여 본래 심원으로 돌아가) 구경청정하고 원만한
무상보리를 증득하면 정토이다.

常寂光土。分證者穢。究竟滿證者淨。

지금 말하는 극락세계는 바로 동거정토同居淨土를 가리킨다. 또한 횡으로는 방편유여토 · 실보무장애토 · 상적광토 등 세 가지 정토를 그대로 다 갖추고 있다.

今云極樂世界。正指同居淨土。亦卽橫具上三淨土也。

「명호가 아미타인 부처님께서 계신다(有佛號阿彌陀)」라 함은 발기서로 정보正報인 교주敎主의 이름을 말한 것으로 그것에 대한 번역은 아래에서 자세히 해석할 것이다.

부처님께는 법신法身 · 보신報身 · 화신化身의 세 가지 몸이 있는데, 각각 단일한 뜻(單)과 복합적인 뜻(複)으로 논할 수 있다.

단일한 뜻에서 살펴보면, 법신은 증득하는 대상이 되는 자성이체를 가리키고, 보신은 증득하는 주체의 공덕지혜를 가리키며, 화신은 나타나 보이는 상호색상相好色像을 가리킨다.

복합적인 뜻에서 살펴보면, 법신은 자성이 청정한 법신(自性淸淨法身)과 번뇌를 여의고 미묘함이 지극한 법신(離垢妙極法身)이고, 보신은 자신이 증득한 법열을 누리는 보신(自受用報身)과 지상보살의 누림을 위해 나타나시는 보신(他受用報身)이며, 화신은 중생에게 생을 보이시는 화신(示生化身)과 중생의 근기에 응현하시는 화신(應現化身), 또는 부처님 세계에 나타나는 화신(佛界化身)과 중생의 부류에 따라 나타나는 화신(隨類化身)이다.

有佛號阿彌陀。序正報教主之名也。翻譯如下廣釋。佛有三身。各論單複。法身單。指所證理性。報身單。指能證功德智慧。化身單。指所現相好

色像。法身複者。自性淸淨法身。離垢妙極法身。報身複者。自受用報身。
他受用報身。化身複者。示生化身。應現化身。又佛界化身。隨類化身。

비록 단일한 뜻과 복합적인 뜻으로 삼신을 판별하였지만, 실제로
는 하나도 아니고 셋도 아니며, 셋이면서 하나이다. 또한 수직적
인 관계도 아니고, 수평적인 관계도 아니며, 서로 나란히 함께
하는 것도 아니고, 서로 별개로 따로 떨어져 있는 것도 아니다.
이와 같은 이치는 중생들의 허물인 모든 분별이나 집착을 떠난
경지이며, 모든 시비가 끊어진 자리이기 때문에 실로 불가사의
하다.

雖辨單複三身。實非一非三。而三而一。不縱橫。不並別。離過絶非。不可
思議。

지금 말하는 아미타부처님께서는 바로 동거정토에 중생을 교화
하기 위해 일부러 중생들의 모습과 비슷하게 태어나신 화신化身이
시지만, 또한 보신이기도 하고, 또한 법신이기도 하다.

今云阿彌陀佛。正指同居土中。示生化身。仍復卽報卽法也。

또한 세계와 부처님이 모두 있다고 말한 것에는 네 가지 뜻이
갖추어져 있다. 첫째 세계와 부처님이 실재하는 경계라고 분명하
게 표시한 것은 중생들이 환희심을 일으켜 그곳에 태어나길
구하게 하려는 까닭이요(세계실단世界悉壇), 둘째 참되고 성실한
말씀으로 가리켜 보인 것은 중생들이 구하는 것을 전일하게
하려는 까닭이요(위인실단爲人悉壇), 셋째 이 극락세계는 건달바성
乾達婆城이나 아지랑이처럼 허망한 것도 아니며, 방편으로 나타내

어 우회적으로 보여주는 허위도 아니며, 육진에 반연하여 그림자를 분별하는 허망도 아니며, 장교의 진제공眞諦空에 지키려는 보진열반保眞涅槃과 진제공에 치우친 변진열반偏眞涅槃과 별교의 삼관을 순서대로 관하는 단중(別教但中)도 아님을 간별하는 것은 마구니와 사도邪道, 권교權教와 소승의 견해를 타파하기 위한 까닭이요(대치실단對治悉檀으로 권교가 아니기에 화엄합론華嚴合論의 주장을 타파하고, 사도가 아니기에 말세 미혹을 쌓는 습관을 타파하는 이 두 요간料簡은 특히 크게 관계가 있다), 넷째 자성이 본래 구족하고 있음(性具)을 원만히 분명하게 드러내어 깊이 증득하게 하고자 하는 까닭이다(제일의실단第一義悉檀).

> 復次世界及佛。皆言有者。具四義。的標實境。令欣求故。誠語指示。令專一故。簡非乾城陽燄。非權現曲示。非緣影虛妄。非保眞偏但。破魔邪權小故。圓彰性具。令深證故。

「지금 그곳에서 안온히 주지하시면서 설법하고 계신다(今現在說法)」고 함은 위에서 극락세계(依報)와 아미타부처님(正報)가 있음이 과거에 이미 멸하였다는 것도 아니고, 또한 미래에 나타날 것으로 아직 이루어지지 않았다는 것도 아니라는 것을 확실하게 밝혀, 중생에게 지금 바로 왕생하길 발원하여 아미타부처님을 친견하고 법을 들어 속히 정각正覺을 성취하라고 독려하는 것이다.

> 今現在說法者。簡上依正二有。非過去已滅。未來未成。正應發願往生。親觀聽法。速成正覺也。

또한 「의보와 정보가 있고」「지금 그곳에서 안온히 주지하시면서 설법하고 계신다」고 함은 믿음을 권하는 서문이요, 「극락이라 이름하는 세계가 있다」고 함은 발원을 권하는 서문이요, 「명호가 아미타인 부처님께서 계시다」라고 함은 지명의 미묘한 행을 권하는 서문이다.

또한 「아미타」는 부처님에 대한 서문이요, 「설법」은 법에 대한 서문이요, 현재 바다 같은 대중이 모여 있다 함은 승가에 대한 서문이다. 또 불법승은 동일한 실상이라 함은 이체에 대한 서문이요, 여기부터 신원행을 성취함은 수행의 종지에 대한 서문이요, 신원행이 성취되어 반드시 왕생하여 아미타부처님을 친견하고 법을 듣는다 함은 이 염불법문의 역용에 대한 서문이요, 오직 불계를 소연의 경계로 삼아 나머지 일에 뒤섞지 않는다 함은 염불법문의 교상敎相에 대한 서문이다.

비록 서문의 글은 간략하지만, 그 뜻은 팔만사천 법문에 두루 미치니 어찌 소홀히 할 수 있겠는가? 첫째 「서분」은 여기서 마친다.

復次二有現在。勸信序也。世界名極樂。勸願序也。佛號阿彌陀。勸持名妙
行序也。復次阿彌。序佛。說法序法。現在海會。序僧。佛法僧同一實相。序
體。從此起信願行。序宗。信願行成。必得往生見佛聞法。序用。唯一佛界
爲所緣境。不雜餘事。序敎相也。言略意周矣。初序分竟。

제2장 정종분 正宗分

믿음·발원·집지명호야말로 《아미타경》의 핵심요지이다. 믿음과 발원은 지혜의 행이고, 집지명호는 수행의 행이다. 극락세계에 왕생할지 여부는 전적으로 믿음과 발원의 유무에 달려있고, 품위의 높고 낮음은 전적으로 집지명호의 깊고 얕음에 달려있다. 그러므로 지혜의 행으로 앞장서서 인도하고, 수행의 행으로 바르게 닦아나가야 한다. 이는 마치 눈과 발을 함께 움직여야 바라는 곳에 이를 수 있는 것과 같다.

信願持名。一經要旨。信願爲慧行。持名爲行行。得生與否。全由信願之有無。品位高下。全由持名之深淺。故慧行爲前導。行行爲正修。如目足並運也。

사리불아, 저 국토를 어떤 인연으로 「극락」이라 하는가? 저 국토의 중생들은 어떠한 괴로움도 없고 오직 온갖 즐거움만 누리나니, 이러한 인연으로 「극락」이라 하느니라.

舍利弗。彼土何故名爲極樂。

「중생衆生」이란 극락세계에 수용할 수 있는 사람으로 범부는 물론이거니와 등각보살等覺菩薩조차도 모두 중생이라 이름할 수 있다. 지금 우선 일반 중생들의 입장에서 말하는 것은 하하근기 범부의 예를 상상근기 등각보살에 적용하겠다는 뜻이다.

衆生。是能受用人。等覺以還皆可名。今且約人民言。以下下例上上也。

사바세계는 괴로움과 즐거움이 섞여있지만, 사실상 괴로움은 고고苦苦이니 몸과 마음을 핍박하여 고뇌케 하는 까닭이요, 즐거움은 괴고壞苦이니 오래 머물지 못하고 무상한 것으로 변하는 까닭이요, 괴로움도 즐거움도 아님은 행고行苦이니 자성이 변천하여 흘러가서 항상 유지할 수 없는 까닭이다. 그러나 저 국토는 이 세 가지 종류의 괴로움을 영원히 여의어 이 국토의 괴로움과 상대적인 즐거움과는 다르기 때문에 「극락」이라 이름한다.

娑婆苦樂雜。其實苦是苦苦。偪身心故。樂是壞苦。不久住故。非苦非樂是行苦。性遷流故。彼土永離三苦。不同此土對苦之樂。乃名極樂。

대략적으로 분별해 보자면, 동거정토同居淨土의 중생들은 오탁의 오염이 가볍고 분단생사分段生死의 여덟 가지 괴로움(八苦)도 없고, 오직 병들지도 늙지도 않아 자재하게 돌아다닐 수 있으며, 천상의 음식을 먹고 천상의 옷을 입으며 마음대로 누리며, 수많은 상선인들과 모일 수 있는 등등 즐거움만 받아 누린다.

一往分別。同居五濁輕。無分段八苦。但受不病不老。自在遊行。天食天衣。諸善聚會等樂。

방편유여토에 태어난 성인들은 통교圓教의 체공관體空觀으로 교묘하게 증득해 들어가 공空에 빠지거나 적멸에 막히는 괴로움이 없으며, 오직 신통유희 등의 즐거움만 받아 누린다.

方便體觀巧。無沉空滯寂之苦。但受遊戲神通等樂。

실보무장애토에 태어난 보살들은 일심삼관一心三觀으로 증입해 들어가 관지觀智가 원융한 까닭에 삼관이 앞뒤로 막혀 단절되어 삼제三諦가 융통하지 못한 괴로움이 없고, 오직 사사무애한 불가사의한 즐거움만 받아 누린다.

實報心觀圓。無隔別不融之苦。但受無礙不思議樂。

상적광정토에 태어난 일생보처보살들은 이체자성과 지혜가 둘이 아니며, 몸과 국토가 둘이 아니어서 법신이 새어나거나 상주진여(眞常)가 흘러나가는 괴로움이 없으며, 오직 법성法性에 칭합하여 원만한 구경무여열반究竟無餘涅槃의 즐거움만 받아 누린다.

寂光究竟等。無法身滲漏。眞常流注之苦。但受稱性圓滿究竟樂。

그러나 비록 동거정토에 태어난 중생이라 할지라도 집지명호의 공덕은 실로 불가사의하여, 그 선근과 복덕은 부처님과 같으므로 동거정토에 태어나더라도 네 가지 정토를 원만히 청정하게 하고 모든 즐거움을 원만히 누릴 수 있다.

然同居衆生。以持名善根福德同佛故。圓淨四土。圓受諸樂也。

또한 극락정토의 수승한 점은 상위 세 가지 정토에 있는 것이 아니고 바로 이 동거정토에 있다. 왜냐하면 위로 시방세계 모든 동거정토와 비교한다고 해도 그 기묘하고 수승한 점에서는 극락세계의 동거정토만한 곳이 없으며, 아래로는 사바세계 동거정토의 괴로움과 즐거움을 직접 비교해서 중생들에게 이해시키기 쉽기 때문이다. 그래서 비록 번뇌와 업장이 많은 범부 중생일지라도 누구나 들어갈 수 있어 뛰어나고, 누구나 쉽게 닦을 수 있어 넉넉하며, 또한 누구나 염불하여 왕생을 구하면 횡으로 삼계를 뛰어넘고, 생사고해를 단숨에 건너갈 수 있다. 부처님께서 "어떠한 괴로움도 없고 오직 온갖 즐거움만 누리나니"라고 설하신 의도는 중생들에게 극락세계의 수승함을 깊이 믿게 하고, 간절히 태어나길 발원하게 하여, 힘써 명호를 집지하도록 하는 데에 있다.

> 復次極樂最勝。不在上三土。而在同居。良以上之則十方同居。遜其殊特。下又可與此土較量。所以凡夫優入而從容。橫超而度越。佛說苦樂。意在於此。

또한 사리불아, 극락국토에는 일곱 겹의 보배 난순과 일곱 겹의 보배 그물과 일곱 겹의 보배 나무가 있나니, 모두 네 가지 보배로 장엄되어 있고 그 주위를 둘러싸고 있느니라. 이러한 인연으로 저 국토를 「극락」이라 하느니라.

> 又舍利弗。極樂國土。七重欄楯。七重羅網。七重行樹。皆是四寶。周帀圍繞。是故彼國。名爲極樂。

「일곱 겹(七重)」은 칠과도품(三十七助道品)을 표시하며, 「네 가지 보배(四寶)」는 상常·락樂·아我·정淨의 네 가지 덕(涅槃四德)을 표시한다. 「그 주위를 둘러싸고 있다(周帀圍繞)」라 함은 불보살 등 대중들이 머무는 거처가 무량하다는 뜻이다. 모두 네 가지 보배로 되어 있는 즉 자신의 선근공덕善根功德이 깊어 안의 수승한 인연을 갖추었고, 주위를 둘러싸고 있는 즉 다른 현인과 성인이 두루하여 밖의 인연을 다 갖추었으니, 이것이 바로 저 극락세계에 태어나는 진실한 인연이다.

七重。表七科道品。四寶表常樂我淨四德。周匝圍繞者。佛菩薩等無量住處也。皆四寶。則自功德深。周匝繞。則他賢聖遍。此極樂眞因緣也。

네 국토의 인과를 살펴보면, 첫째 범성동거정토는 (지명으로 염념마다 부처가 되는 성불의 친인연親因緣과 정념이 계속 이어지는 등무간연等無間緣, 그리고 부처님 명호를 소연경所緣境으로 삼는 소연연所緣緣의 많은 선근의 업으로 이루어진) 증상선업增上善業과 원교의 (수희·독송·해설·겸행육도兼行六度·정행육도正行六度) 관행오품위, 이 두 가지를 능감能感의 인으로 삼고, 인연으로 생겨난 수승하고 미묘한 오진五塵의 몸을 소감所感의 과로 삼는다.

此等莊嚴同居淨土。是增上善業所感。亦圓五品觀所感。以緣生勝妙五塵爲體。

둘째 방편유여정토는 (통교의 즉유卽有의 공이 아니라 원교의 즉가卽假·즉중卽中의 공인) 즉공관지卽空觀智와 원교의 상사위相似位, 일심삼관一心三觀, 이 두 가지를 능감能感의 인으로 삼고, (장교·통교의 진제가 아닌 원교의 부사의진제인) 미묘한 진제眞諦와 중도 무루오진無漏五塵의 몸을 소감所感의 과로 삼는다.

方便淨土。是卽空觀智所感。亦相似三觀所感。以妙眞諦。無漏五塵爲體。

셋째 실보장엄정토는 (별교의 차제 가관이 아닌 원교의 즉공卽空·즉

중卽中 부사의 가관인) **묘가관지**妙假觀智**와 원교의 분증위**分證位**, 일심
삼관**一心三觀**, 이 두 가지를 능감**能感**의 인으로 삼고,** (별교의 속제가
아닌 원교의 부사의 속제인 즉진卽眞·즉중卽中의) **미묘한 속제**俗諦**,**
(색·성·향·미·촉 5진 중 하나의 진을 들면 모두 일체 진을 갖추어
진진마다 다함이 없는) **중도의 무진오진**無盡五塵**의 몸을 소감**所感**의
과로 삼는다.**

實報淨土。是妙假觀智所感。亦分證三觀所感。以妙俗諦。無盡五塵爲體。

넷째 상적광정토는 (별교의 차제중관이 아닌 원교의 즉공卽空·즉중卽
中 부사의 중관인) **즉중관지**卽中觀智**와 구경위**究竟位**의 일심삼관**一心三
觀**, 이 두 가지를 능감**能感**의 인으로 삼고,** (별교의 중제가 아닌
원교의 부사의 중제인 즉진卽·즉가卽假의) **미묘한 중제**中諦**,** (진여자성
에 칭합하여 불가사의한) **오진**五塵**의 몸을 소감**所感**의 과로 삼는다.**

常寂光土。是卽中觀智所感。亦究竟三觀所感。以妙中諦。稱性五塵爲體。

사람들이 쉽게 이해하도록 하고자 이와 같이 분별하였지만,
사실은 이 네 가지 국토의 장엄은 원융무애하여 수승한 인연으로
생겨난 법이 아닌 것이 없다. 동거정토는 연생緣生으로 즉공卽空이
아님이 없고, 방편유여토는 즉공卽空으로 즉가卽假가 아님이 없으
며, 실보장엄토는 묘가妙假로 즉중卽中이 아님이 없고, 상적광토는
즉중卽中으로 즉공卽空이 아님이 없다. (방편유여토는 횡으로 상하
삼토를 갖추어서 즉가卽假가 아님이 없고, 실보장엄토는 횡으로 상하
삼토를 갖추어 즉중卽中이 아님이 없으며, 상적광토는 아래로 삼토를
갖추어 또한 그러하다.)

그래서 극락세계 동거정토의 청정한 경계는 (수덕修德으로 이루어 지는 경계를 논하면, 성덕性德에 의거해 수행을 일으키는 까닭에 수덕 전체 그대로 성덕이고, 진여자성에 칭합하여 걸림이 없어) **진眞·속俗· 중中 삼제三諦가 원융하여 한량이 없다.** (극락세계는 네 가지 정토를 구족하여 원융자재하므로 그 국토 사람은 인연소생법으로 나타나 동거토 이고, 성문은 즉공卽空을 대표하여 방편토이며, 보살은 즉가를 대표하여 실보장엄토이고, 부처님은 즉중卽中을 대표하여 상적광토로, 모두 원융 한 이치에 칭합하여 원융한 경계를 이룬다. 즉 하나의 정토가 네 가지 국토를 구족하는 까닭에 한량이 없다.) **아래는 모두** (이체를 드러내는 곳으로) **같은 이치로 성취된다.**

欲令易解。作此分別。實四土莊嚴。無非因緣所生法。無不卽空假中。所以
極樂同居淨境。眞俗圓融。不可限量。下皆倣此。

묻건대, "상적광토는 오직 이체자성인데, 어떻게 이렇게 장엄되 어 있는가?"

답하되, "하나하나 세 가지 국토의 장엄이 (상적광토 바깥이 아니라) 전체 그대로가 (상적광토) 이체자성이고, 하나하나 이체자성이 본래 무량한 장엄을 구족하여 (일체 현상이 이체 가운데 있고, 이체는 일체 현상을 따라 두루하여 적광토 또한 세 가지 정토의 바깥이 아니므로) **바야흐로 이것이 제불 구경의보依報의 과이다.** (만일 그대의 주장처 럼) 상적광정토가 (세 가지 정토의 바깥에 있어 세 가지 정토의) **수승한 장엄 오진五塵을 갖추지 않는다면 저 소승들의 변계법성偏眞法性과 다를 것이 있겠는가?"**

問。寂光唯理性。何得有此莊嚴。答。一一莊嚴。全體理性。一一理性。具
足莊嚴。方是諸佛究竟依果。若寂光不具勝妙五塵。何異偏眞法性。

또한 사리불아, 극락국토에는 곳곳마다 칠보연못이 있어 팔공덕수가 그 가운데 가득하며, 그 연못의 바닥에는 순금모래가 깔려 있고, 연못 사방으로 계단길이 놓여 있으며, 금·은·유리·파려가 합하여 이루어져 있느니라. 그 길 위에는 누각이 있나니, 그 또한 금·은·유리·파려·자거·붉은 진주·마노로 장식되어 있느니라. 그 연못에는 갖가지 연꽃이 있나니, 그 크기가 수레바퀴만 하고, 푸른 빛깔에는 푸른 광채가 빛나며, 노란 빛깔에는 노란 광채가 빛나며, 붉은 빛깔에는 붉은 광채가 빛나며, 흰 빛깔에는 흰 광채가 빛나서 섬세하고 미묘하며 향기롭고 정결하느니라.

又舍利弗。極樂國土。有七寶池。八功德水。充滿其中。池底純以金沙布地。四邊階道。金銀琉璃。玻璃合成。上有樓閣。亦以金銀琉璃。玻璃硨磲。赤珠瑪瑙。而嚴飾之。池中蓮華。大如車輪。青色青光。黃色黃光。赤色赤光。白色白光。微妙香潔。

위에서는 네 가지 정토의 의과依果로 청정대중이 머무는 곳을 밝혔고, 지금은 보배연못의 연꽃으로 염불중생이 왕생하는 곳을 밝힌다. 극락세계의 보배 연못이 금·은 등으로 이루어진 것은 사바세계 연못이 흙과 돌로 이루어진 것과 다르다.

上明住處。今明生處。寶池金銀等所成。不同此方土石也。

「팔공덕수」란 첫째 맑고 깨끗함은 이곳의 혼탁한 것과 다르며, 둘째 시원함은 차고 더운 것과 다르며, 셋째 감미로움은 이곳의 짜고 싱겁고 맛이 없는 것과 다르며, 넷째 부드럽고 가벼움은 이곳의 거칠고 무거운 것과 다르며, 다섯째 윤택함은 부패하여 변하는 것과는 다르며, 여섯째 고요하고 편안함은 이곳의 급하고 빠른 것과는 다르며, 일곱째 허기와 갈증을 제거함은 이곳의 설미지근한 것과 다르며, 여덟째 육근을 잘 길러 줌은 이곳의 육근을 손상시키고 몸과 조화를 이루지 못해 병을 불러오거나 물에 빠져죽게 하는 것과는 다르다.

八功德者。一澄淸。異此方渾濁。二淸冷。異寒熱。三甘美。異鹹淡劣味。四輕軟。異沉重。五潤澤。異縮腐褪色。六安和。異急暴。七除饑渴。異生冷。八長養諸根。異損壞諸根。及沴戾增病沒溺等也。

「그 가운데 가득하다(充滿其中)」 함은 이곳에 물이 말라 없어지거나 넘쳐나는 것과는 다르며, 「바닥에는 순금모래가 깔려 있다(底純金沙)」 함은 이곳에 더러운 진흙으로 되어 있는 것과 다르며, 「계단 길은 네 가지 보배로 이루어져 있다(階道四寶)」 함은 돌이나 벽돌로 만들어진 것과 다르다. 섬돌 층계를 「계階」라 하고, 평탄한 길을 「도道」라 한다.

지붕이 층으로 이루어진 건물을 「누樓」라 하고, 지붕이 뾰쪽하게 돌출된 건물을 「각閣」이라 한다. 칠보누각은 이곳의 나무와 돌로 만들어 단청을 해놓은 것과 다르다. 이 누각들은 청정 대중들이 머무는 곳이자 법회를 하는 곳이다. 이와 같이 장엄되어 있으니 열심히 염불하여 보배연못의 연꽃 포태가 열려 펼쳐지기만 하면, 문득 연못 사방에 있는 계단 길을 따라 언덕에 올라 곧바로 법회에 참석하여 아미타부처님을 친견하고 설법을 들을 수 있다.

充滿其中。異枯竭汎濫。底純金沙。異汙泥。階道四寶。異磚石。陛級名

階。坦途曰道。重屋爲樓。岑樓名閣。七寶樓閣。異此方土木丹靑也。樓閣
是住處。及法會處。但得寶池蓮胞開敷。便可登四岸。入法會。見佛聞法
也。

「연꽃은 수레바퀴만하다(華輪)」 함은 전륜성왕이 타고 다니는
금륜金輪을 말한다. 그 크기가 사십 리이지만, 이는 제일 작은
것을 들어 말한 것으로 《관무량수경》과 《무량수여래회》에 근거
하면 화륜의 크고 작음은 실로 헤아릴 수 없다. 이는 범성동거정
토에 태어나는 사람의 신상身相이 수행정도에 따라 다르기 때문
이다.

華輪者。輪王金輪。大四十里。且舉最小者言。若據《觀經》。及《無量壽
會》。大小實不可量。由同居淨土身相不等故也。

푸른 빛깔은 범어로 우발라優鉢羅라 이름하고, 노란 빛깔은 구물두
拘勿頭라 이름하며, 붉은 빛깔은 발두라鉢頭摩라 이름하고, 흰 빛깔
은 분다리芬陀利라 이름한다. 극락에 태어나면 몸에서 광채가
나기 때문에 연꽃에 포태됨에도 광채가 나는 것이다. 사실 극락세
계의 연꽃들은 그 광채와 빛깔이 무량하지만, 여기서는 또한
간략하게 말했을 뿐이다.

「섬세하고 미묘하며 향기롭고 정결하다(微妙香潔)」 함은 연꽃의
네 가지 덕을 간략하게 찬탄한 것이다. 바탕은 있지만 형체가
없어 「미微」라 하며, 걸림이 없어 「묘妙」라 하며, (저 국토의 연꽃은
광채와 빛깔이 이미 수승하여 향기가 응당 달라서 이 국토의 연꽃 향은
견줄 수 없어 「향香」이라 하며,)1) 형체가 없어 색진色塵과 다르기에
「결潔」이라 한다. 연꽃에 포태됨이 이와 같으니, 태어난 몸의

장엄이 수승함을 잘 알 수 있다.

青色名優鉢羅。黃色名拘勿頭。赤色名鉢頭摩。白色名芬陀利。由生身有光。故蓮胞亦有光。然極樂蓮華。光色無量。此亦略言耳。微妙香潔。略歎蓮華四德。質而非形曰微。無礙曰妙。非形則非塵。故潔也。蓮胞如此。生身可知。

사리불아, 극락국토는 이와 같은 공덕 장엄으로 이루어져 있느니라.

舍利弗。極樂國土成就如是功德莊嚴。

위에서 머무는 곳과 왕생하는 곳의 갖가지 장엄을 밝혔다. 이것은 모두 아미타부처님께서 인지에서 세우신 48대원大願과 발원 후 닦으신 대행大行, 그리고 자성본연에 합치되는 본래 갖춘 공덕으로 성취된 것이다. 그러므로 아미타부처님께서는 능히 네 가지 정토를 두루 장엄하시어 시방삼세의 일체 범부와 성인들을 널리 거두어 극락세계에 왕생하도록 하신다.

明上住處。生處。種種莊嚴。皆是阿彌陀佛。大願大行稱性功德之所成就。故能遍嚴四種淨土。普攝十方三世一切凡聖。令往生也。

또한 아미타부처님께서는 48대원으로써 중생들에게 수많은 선근의 인因을 지어주셨고, 대행大行으로써 중생에게 수많은 복덕

---

1) 향香에 대한 부분은 우익대사의 《미타요해》에는 없다. 원영대사의 《미타요해강의》에 있는 구절을 보충해 넣었다.

의 연緣을 지어 주셨다. 그리하여 믿음과 발원으로 부처님 명호를 집지하는 사람에게 염념마다 이와 같은 공덕을 성취할 수 있도록 하셨다. 그러나 (중생의 자성에 본래 갖추어진 일체의 장엄은) 모두 이미 성취된 것으로 (누가 이해하여 마땅히 계승할 것인가?) 지금 성취하는 것도, 당래에 성취할 것도 아니다.

> 復次佛以大願。作衆生多善根之因。以大行。作衆生多福德之緣。令信願持名者。念念成就如是功德。而皆是已成。非今非當。

이것은 곧 중생을 위해 아미타부처님의 갖가지 장엄으로써 증상연의 본질로 만든 것이고, 아울러 이를 가지고 중생들의 자기 심성에 갖추어진 갖가지 장엄을 일으키나니, 아미타부처님 전체 그대로가 곧 중생이며(全佛卽生), 저 부처님 전체 그대로가 자기 심성이다(全他卽自). 그러므로 경에서 "이와 같은 공덕 장엄으로 이루어져 있다." 하셨다.

> 此則以阿彌種種莊嚴。作增上本質。帶起衆生自心種種莊嚴。全佛卽生。全他卽自。故曰成就如是功德莊嚴。

또한 사리불아, 저 불국토에는 천상의 음악이 늘 연주되고, 황금으로 대지가 되어 있으며, 밤낮으로 여섯 때에 천상의 만다라화가 비 오듯이 내리느니라. 저 국토의 중생들은 늘 새벽마다 각자 바구니에 온갖 미묘한 꽃을 가득 담아 타방세계 십만 억 부처님께 공양하고, 곧 식사 때에 본래 국토로 돌아와서 함께 식사하고 경행하느니라.

又舍利弗。彼佛國土。常作天樂。黃金爲地。晝夜六時。雨天曼陀羅華。其土衆生。常以清旦。各以衣裓。盛衆妙華。供養他方十萬億佛。卽以食時。還到本國。飯食經行。

음악(樂)은 성진聲塵에 속하고, 대지(地)는 색진色塵에 속하며, 꽃(華)은 색진色塵과 향진香塵에 속하고, 식사(食)는 미진味塵에 속하며, 꽃을 가득 담아 흩뿌리고 경행하는 것 등은 촉진觸塵에 해당한다. 이로써 극락세계 중생들의 오근五根이 극락세계 환경인 오진五塵과 상대하고 있음을 알 수 있다.

「늘 연주되고(常作)」라 함은 여섯 때에 음악이 연주된다는 뜻이다. 「황금으로 대지가 되어있다(黃金爲地)」 함은 칠보로 장엄된 극락세계 대지의 바탕이 황금이라는 뜻이다. 낮을 처음·중간·나중으로 나눈 것을 낮의 세 때라고 한다. 밤을 처음·중간·나중으로 나눈 것을 밤의 세 때라 한다. 그리하여 「밤낮으로 여섯 때(晝夜六時)」라 하였다. 그러나 저 극락세계의 의보依報와 정보正報는 각각 스스로 광명이 있어서 해와 달을 빌리지 않으니, 어찌 낮과 밤으로 구분하겠는가? 다만 이 사바세계 중생에 수순하여 임시로 시간을 구분하여 말하였을 뿐이다.

樂是聲塵。地是色塵。華是色香二塵。食是味塵。盛華散華經行是觸塵。衆生五根對五塵可知。常作者。卽六時也。黃金爲地者。七寶所嚴地界。體是黃金也。日分初中後。名晝三時。夜分初中後。名夜三時。故云晝夜六時。然彼土依正各有光明。不假日月。安分晝夜。且順此方假說分際耳。

「만다라曼陀羅」는 마음을 즐겁게 한다(適意)는 뜻이며, 또한 백화白

華라고도 한다.「의극衣祴」은 꽃을 담는 바구니를 말한다.「온갖 미묘한 꽃(衆妙華)」이란 천상의 만다라화가 오직 한 가지 종류만 있는 것이 아님을 밝힌 것이다.《묘법연화경妙法蓮華經》에 나오는 네 가지 꽃이 네 가지 인위(因位, 십주十住·십행十行·십회향十廻向·십지十地)를 표시하는 것과 같다.「타방세계 십만 억 부처님께 공양을 올린다(供養他方佛)」함은 참된 인(眞因)을 표하여 극과(極果 ; 불과)를 향해 나아가니, 그 과덕이 두루하지 않은 곳이 없음을 표시한다. 또한 사바세계 중생에 의거해「십만 억 부처님」이라 함은 그 뜻은 극락세계에 이미 태어나 다시 석가모니부처님이나 미륵부처님께 공양 올리는 것이 모두 어렵지 않음을 말하고자 한 것이니, 만약 아미타부처님 위신력의 가피를 입는다면 아무리 멀어도 찾아가 공양 올리지 못하겠는가?

曼陀羅。此云適意。又云白華。衣祴。是盛華器。衆妙華。明非曼陀羅一種。應如《妙經》四華。表四因位。供養他方佛。表眞因會趨極果。果德無不遍也。且據娑婆言十萬億佛。意顯生極樂已。還供釋迦彌勒。皆不難耳。若阿彌神力所加。何遠不到哉。

「식사 때(食時)」란 바로 새벽을 말하므로「곧(卽以)」이라 말한 것이다. 이는 극락세계 보살들의 신족통이 불가사의하여 저 국토를 떠나지 않고 항상 시방 국토에 두루하며, 시간을 지체하지 않고 본처本處로 돌아온다고 밝힌 것이다.

食時。卽淸旦。故曰卽以。明其神足不可思議。不離彼土。常遍十方。不假逾時迴還也。

이 단락의 경문은 극락세계에서는 소리 하나, 티끌 하나, 찰나

하나, 내지는 한걸음 내딛거나 손가락 퉁기는 순간까지 모두 시방세계의 삼보를 관철하여 장애가 없다는 것을 드러낸다.

此文顯極樂一聲。一塵。一刹那。乃至跨步彈指。悉與十方三寶貫徹無礙。

또한 사바세계에서는 오탁이 무겁고 악업이 장애가 되어서 극락세계와 간격이 없지만 간격이 있고, 극락세계에 태어나면 공덕이 매우 깊어 사바세계와는 간격이 있지만 간격이 없음을 드러낸다.

又顯在裟婆則濁重惡障。與極樂不隔而隔。生極樂則功德甚深。與娑婆隔而不隔也。

「함께 식사하고 경행한다(飯食經行)」 함은 극락세계에서는 음식을 생각하면 음식이 곧 이르러 사바세계처럼 준비할 필요가 없고, 식사를 마치면 발우가 사라져 힘들여 설거지 할 필요가 없다. 단지 공양 후에 황금 대지를 경행하면서 꽃과 음악을 즐기고 임운任運하며 수행 정진할 따름이다.

飯食經行者。念食食至。不假安排。食畢鉢去。不勞擧拭。但經行金地。華樂娛樂。任運進修而已。

사리불아, 극락국토는 이와 같은 공덕 장엄으로 이루어져 있느니라.

舍利弗。極樂國土。成就如是功德莊嚴。

이 사바는 이근이 가장 예리한 까닭에 이에 별도로 법음을 널리
밝힌다. 실제로는 극락은 법계의 근기를 거두어들이기에 오진五
塵 하나하나가 원묘圓妙하며 일체의 법문을 만들어 낸다.

> 以此方耳根最利, 故別就法音廣明. 其實極樂攝法界機, 五塵一一圓妙,
> 出生一切法門也.

다시 또 사리불아, 저 국토에는 늘 갖가지 기묘한
여러 빛깔의 새들이 있나니, 백학·공작·앵무새·사
리새·가릉빈가·공명조 등과 같은 온갖 새들이 밤낮
으로 여섯 때에 평안하고 단아한 소리를 내어서 그
소리가 오근·오력·칠보리분·팔정도 등 이와 같은
법을 연설하나니, 그 국토의 중생들은 그 소리를 듣고
서 부처님을 생각하고 불법을 생각하며 승가를 생각하
느니라.

> 復次舍利弗。彼國常有種種奇妙雜色之鳥。白鶴。孔雀。鸚鵡。舍利。迦陵
> 頻伽。共命之鳥。是諸衆鳥。晝夜六時。出和雅音。其音演暢。五根五力。
> 七菩提分。八聖道分。如是等法。其土衆生。聞是音已。皆悉念佛。念法。
> 念僧。

「갖가지 기묘한 여러 빛깔의 새들(種種奇妙雜色)」이란 그 숫자와
종류가 많고 또한 아름답다는 말이다. 아래에서 간략하게 여섯
종류만 드러내었다. 「사리舍利」는 구역에서 추로(鶖鷺, 독수리)라
하였고, 원나라 초석楚石 범기梵琦 선사께서는 춘앵(春鶯, 꾀꼬리)이
라 하셨는데, 혹 그럴 수도 있다. 「가릉빈가迦陵頻伽」는 묘음妙音이

라 하는데, 알에서 깨어 나오기 전부터 소리가 아름다워 모든 새를 능가한다. 「공명조共鳴鳥」는 몸은 하나인데 머리가 둘인 새로, 심식心識은 다르지만 과보와 수명은 같다. 이 두 종류의 새는 서역의 설산(히말라야산) 등지에서 살고 있는데, 모두 이 세상 사람들이 좋아하고 관상하는 것들에 기탁하여 그 모양과 이름이 비슷하다고 말할 뿐이다. 「밤낮으로 여섯 때에 소리를 낸다」 함은 극락정토에서는 새들이 밤에 둥지에서 쉬는 것이 아님을 알 수 있다. 진실로 (극락중생들은) 연꽃을 모태삼아 태어난 몸이기에 본래 잠자는 일이 없고, 밤에 누워 잘 필요도 없다.

種種奇妙雜色。言多且美也。下略出六種。舍利。舊云鷲鷺。琦禪師云是春鶯。或然。迦陵頻伽。此云妙音。未出殼時。音超衆鳥。共命。一身兩頭。識別報同。此二種西竺雪山等處有之。皆寄此間愛賞者。言其似而已。六時出音。則知淨土不以鳥棲爲夜。良以蓮華託生之身。本無昏睡。不假夜臥也。

「오근五根 등」이란 37도품道品을 말한다. 이른바 사념처四念處란 첫째 신념처身念處이고, (사바세계의 몸은 깨끗하지 않다 관하는 것과 달리 정토의 몸은 구경에 청정하다 관한다) 둘째 수념처受念處이며, (정토의 느낌은 순수한 부사의한 즐거움으로 온갖 괴로움의 핍박이 없다고 관한다) 셋째 심념처心念處이고, (정토의 마음은 진실로 상주하여 생멸의 무상을 멀리 여읜다고 관한다) 넷째 법념처法念處이다(사바세계의 일체법에는 나라고 할 만한 것이 없다 관하는 것과 달리 정토오음五陰의 법은 청정 자재하여 나라고 삼는다고 관한다).

五根等者。三十七道品也。所謂四念處。一身念處。二受念處。三心念處。四法念處。

사정근四正勤이란 첫째 이미 생긴 악법은 끊도록 하는 것이고 (정토중생은 세 가지 불퇴를 원만히 증득하여 오직 선 뿐이고 악은 없다), 둘째 아직 생기지 않은 악법은 생기지 않도록 하는 것이며 (정념이 계속 이어져 삼마지에 들어가 범부위로 물러나지 않고), 셋째 아직 생기지 못한 선법은 생기도록 하는 것이고 (보살행에서 물러나지 않고, 무상도에서 물러나지 않으며), 넷째 이미 생긴 선법은 증장하도록 하는 것이다 (염념마다 일체종지의 바다를 향해 나아간다).

四正勤。一已生惡法令斷。二未生惡法令不生。三未生善法令生。四已生善法令增長。

사여의족四如意足이니, 첫째 (극락정토를 좋아하고 그리워하며 나아가서 지금 이미 왕생한 까닭에) 욕여의족欲如意足이고, 둘째 (세 가지 불퇴로 원만히 증득한 까닭에) 정진여의족(精進如意足)이며, 셋째 (보리행원을 순간순간 버리지 않은 까닭에) 심여의족心如意足이고, 넷째 (부처님의 지혜에 깊이 들어가 임운하여 날로 밝아지는 까닭에) 사유여의족思惟如意足이다.

四如意足。一欲如意足。二精進如意足。三心如意足。四思惟如意足。

「오근五根」이란 첫째 정도(正道, 지명염불)와 조도(助道, 육바라밀 등)의 법을 확실히 믿는 것을 신근信根이라 하고, 둘째 정도와 여러 조도의 선법을 쉬지 않고 부지런히 구함을 정진근精進根이라 하며, 셋째 정도와 여러 조도의 선법을 염하여 다시는 다른 념이 없는 것을 염근念根이라 하고, 넷째 정도와 여러 조도의 선법 가운데 마음을 거두어 상응하되 흩어지지 않는 것을 정근定根이라 하며, 다섯째 정도와 여러 조도의 선법을 위해 고·집·멸·도 사제四諦

를 관하여 지혜를 얻는 것을 혜근慧根이라 한다.

五根者。信正道及助道法。名信根。行正道及諸助道善法。勤求不息。名精
進根。念正道及諸助道善法。更無他念。名念根。攝心在正道及諸助道善
法中。相應不散。名定根。爲正道及諸助道善法。觀於苦等四諦。名慧根。

「오력五力」이란 첫째 신근信根이 증장하여 모든 의심과 어리석음
을 물리치고, 나아가 모든 삿된 믿음을 타파하고 일체 번뇌까지도
타파하는 것을 신력信力이라 하고, 둘째 정진근精進根이 증장하여
갖가지 몸과 마음의 나태함을 타파하고 세간을 벗어나서 일대사
를 성판成辦하는 것을 정진력精進力이라 하며, 셋째 염근이 증장하
여 모든 삿된 생각을 타파하고 세간을 벗어나서 일체 정념正念
공덕을 성취하는 것을 염력念力이라 하고, 넷째 정근定根이 증장하
여 온갖 산란한 망상을 타파하고 사事의 선정과 이理의 선정,
모든 선정을 일으키는 것을 정력定力이라 하며, 다섯째 혜근慧根이
증장하여 통혹(通惑, 삼승三乘의 수행자가 공통으로 끊어야할 번뇌로 즉
견혹見惑과 사혹思惑을 말함)과 별혹(別惑, 오직 보살만이 따로 끊을 수 있는
번뇌로 진사혹塵沙惑과 무명혹無明惑을 말함)의 모든 미혹을 능히 그쳐서
쉬게 하고, 진제眞諦의 무루無漏 지혜를 일으키는 것을 혜력慧力이라
한다.

五力者。信根增長。能破疑惑。破諸邪信。及破煩惱。名信力。精進根增長。
破種種身心懈怠。成辦出世大事。名精進力。念根增長。破諸邪念。成就一
切出世正念功德。名念力。定根增長。能破亂想。發諸事理禪定。名定力。
慧根增長。能遮通別諸惑。發眞無漏。名慧力。

「칠보리분七菩提分」이란 또한 칠각분七覺分이라고도 한다. 첫째 지

혜의 눈으로 일체법을 관할 때 진실인지 거짓인지 잘 간별할 수 있어 모든 허위법에 그릇되게 집착하거나 매달리지 않는 것을 택법각분擇法覺分이라 하고, 둘째 모든 도법을 정진하여 닦을 때 명료하게 잘 깨달아 무익한 고행을 그릇되게 행하지 않고 마음을 늘 진실한 법 가운데 두어 부지런히 행함을 정진각분精進覺分이라 하며, 셋째 마음에 법희를 얻을 때 이 기쁨을 명료하게 잘 깨달아 전도된 법에 의지해 기뻐하지 않고 진실한 법희에 머무는 것을 희각분喜覺分이라 한다.

七菩提分。亦名七覺分。智慧觀諸法時。善能簡別眞僞。不謬取諸虛僞法。名擇法覺分。精進修諸道法時。善能覺了。不謬行於無益苦行。常勤心在眞法中行。名精進覺分。若心得法喜。善能覺了此喜。不依顚倒之法而喜。住眞法喜。名喜覺分。

넷째 모든 견사 번뇌를 끊어 버릴 때 명료하게 잘 깨달아 모든 허위는 제거하고 진정한 선근은 손상시키지 않는 것을 제각분除覺分이라 하며, 다섯째 보이는 대상, 생각하고 집착하는 대상의 경계를 버릴 때 버리려는 대상의 경계가 허위이고 진실이 아님을 명료하게 잘 깨달아 영원히 돌이켜 생각하지 않는 것을 사각분捨覺分이라 하고, 여섯째 여러 선정을 일으킬 때 모든 선정이 허위이고 가짜임을 명료하게 잘 깨달아 선정의 경계에 애착하거나 잘못 생각하는 애견愛見의 망상이 생기지 않는 것을 정각분定覺分이라 한다.

若斷除諸見煩惱之時。善能覺了。除諸虛僞。不損眞正善根。名除覺分。若捨所見念著境時。善能覺了。所捨之境。虛僞不實。永不追憶。名捨覺分。若發諸禪定之時。善能覺了。諸禪虛假。不生愛見妄想。名定覺分。

일곱째 출세간의 도를 닦을 때 명료하게 잘 깨달아 선정과 지혜를 균등하게 닦아야 하니, 혹 마음이 가라앉아 있다면 마땅히 택법擇法·정진精進·희喜의 세 가지 각분覺分으로 염하여 가라앉은 마음을 자세히 살펴서 들어 올리며, 만일 마음이 들떠 있다면 마땅히 제除·사捨·정定의 세 가지 각분으로 염하여 산란한 마음을 거두어 유지시켜서 그 마음을 조화롭게 하고 선정과 지혜를 치우치지 않게 하는 것을 염각분念覺分이라고 한다.

若修出世道時。善能覺了。常使定慧均平。或心沉沒。當念用擇法。精進。喜。三覺分以察起之。或心浮動。當念用除。捨。定。三覺分以攝持之。調和適中。名念覺分。

팔성도분八聖道分이란 또한 팔정도분八正道分이라고도 한다. 첫째 무루無漏의 행관(行觀 ; 사제 16행관)을 닦아 사제四諦를 분명히 보는 것을 정견正見이라 하고, 둘째 무루심無漏心에 상응하는 사유로써 사제四諦의 경계를 각지주량(覺知籌量 ; 조견)하여 지혜를 증장시켜 대열반에 들어가는 것을 정사유正思惟라 하며,

八聖道分。亦名八正道分。修無漏行觀。見四諦分明。名正見。以無漏心相應思惟動發覺知籌量。爲令增長入大涅槃。名正思惟。

셋째 무루의 지혜로 네 가지 삿된 밥벌이(四邪命)를 버리고 모든 구업을 거두어 일체 정어正語에 머무는 것을 정어正語라 하고, 넷째 무루의 지혜로 몸으로 짓는 일체 삿된 행위를 제거하여 청정하고 바른 신업 가운데 머무는 것을 정업正業이라 하며, 다섯째 무루의 지혜로 삼업三業을 짓는 가운데 [첫째 남을 속여서 기이하고 특별한 모습을 나타내고, 둘째 스스로 자신의 공덕을 말하며,

셋째 관상을 보거나 길흉을 점치며 남에게 설법하고, 넷째 큰 소리로 위엄을 나타내어 사람들이 경외심을 갖도록 하며, 다섯째 자신이 얻은 이익을 공양으로 말하여 사람의 마음을 움직이는] **다섯 가지 삿된 생계(五種邪命)를 버리고 청정하고 바른 생계 가운데 머무는 것을 정명**正命**이라 하고,**

> 以無漏慧除四邪命。攝諸口業。住一切正語中。名正語。以無漏慧除身一切邪業。住清淨正身業中。名正業。以無漏慧通除三業中五種邪命。住清淨正命中。名正命。

여섯째 무루의 지혜와 상응하여 부지런히 수행 정진하여 열반도를 닦는 것을 정정진正精進**이라 하며, 일곱째 무루의 지혜와 상응하여 (진여실제**眞如實際**의) 정도**正道**와 (만행장엄의) 조도법**助道法**을 염하는 것을 정념**正念**이라 하고, 여덟 번째 무루의 지혜와 상응하여 선정에 드는 것을 정정**正定**이라 한다.**

> 以無漏慧相應勤行精進修涅槃道。名正精進。以無漏慧相應念正道及助道法。名正念。以無漏慧相應入定。名正定。

이와 같은 등의 도품道品**을 생멸사제**生滅四諦**에 의거해 닦는다면 장교**藏教**의 도품에 해당하고, 무생사제**無生四諦**에 의거해 닦는다면 통교**通教**의 도품에 해당하고, 무량사제**無量四諦**에 의거해 닦는다면 별교**別教**의 도품에 해당하며, 무작사제**無作四諦**에 의거해 닦는다면 원교(**圓教 **; 무상불법)의 도품에 해당한다.**

> 此等道品。依生滅四諦而修。即藏教道品。依無生四諦而修。即通教道品。依無量四諦而修。即別教道品。依無作四諦而修。即圓教道品。

장교의 도품은 소승에 치우쳐 반만 설한 반자법문半字法門이라고
한다. 정토에 태어난 사람들은 오탁五濁이 가벼워 이는 아마도
반드시 필요하지 않을 것이다. 그러나 소승의 종자를 먼저 익힌
사람을 위해서는 잠시 그것을 쓸 뿐이다.

藏道品名半字法門。淨土濁輕。似不必用。爲小種先熟者。或暫用之。

통교의 도품은 대승 초입의 법문이라 한다. 성문·연각·보살의
삼승三乘에게 공통으로 내려준 법문으로 동거정토에서 많이 설해
진다.

通道品名大乘初門。三乘共稟。同居淨土多說之。

별교의 도품은 오직 보살을 위한 법문이라 한다. 동거정토와
방편정토에서 많이 설해진다.

別道品名獨菩薩法。同居方便淨土多說之。

원교의 도품은 위없는 불법이라 한다. 근기가 예리한 사람이라면
네 가지 정토 가운데서 모두 다 들을 수 있다.

圓道品名無上佛法。有利根者。於四淨土皆得聞也。

「이와 같은 등의 법(如是等法)」이란 등等은 앞쪽의 사념처·사정근
·사여의족과 나머지 사섭법四攝法·육바라밀(六度)·십력十力·
사무외四無畏 및 무량법문을 말한다.

如是等法者。等前念處正勤如意足。等餘四攝六度十力無畏無量法門也。

삼십칠조도품으로 일체 법문을 다 거두었을지라도 중생들의 기연機緣이 평등하지 않아 갖가지로 열고 닫는 가운데 도품의 이름과 뜻도 다르니, 듣고자 하는 대상에 따라 연설하고 펼치는 까닭에 듣는 사람에게 삼보를 염하게 하고, 보리심을 발하게 하며, 번뇌를 조복하거나 멸단케 한다.

三十七品。收法雖盡。而機緣不等。作種種開合。名義不同。隨所欲聞。無不演暢。故令聞者念三寶。發菩提心。伏滅煩惱也。

부처님께서 중생을 섭수하시는 자비와 번뇌를 절복시키는 위엄이 모두 불가사의함을 환하게 보는 까닭에 부처님을 염하게 된다(念佛). 법문을 듣고 법희에 마음 깊숙이 스며들어 감로를 마시듯이 법의 맛이 충족되는 까닭에 법을 염하게 된다(念法). 함께 듣고 교법을 함께 받아 일심으로 수행 증득하는 까닭에 승가를 생각하게 된다(念僧).

灼見慈威不可思議。故念佛。法喜入心。法味充足。故念法。同聞共稟。一心修證。故念僧。

능념(能念)의 마음은 (체로 본래 텅 비고 고요한 즉공관卽空觀과 용으로 원만히 비춤인 즉가관卽假觀과 텅 비고 고요할 때 고요하되 늘 비추고, 원만히 비출 때 비추되 늘 고요한 즉중관卽中觀의) 삼관三觀이고, 소념所念의 대상은 곧 삼보三寶인데, 삼보에는 또한 (법신・보신・응화신의 사교四教불보와 교리지단教理智斷의 사교법보와 삼승현성三乘賢聖의 사교승보와 같은) 차별의 상相이 있고, (담연히 지혜로 비추고 영명靈明하게 깨닫는 불보와 실상이체로 청정하고 원묘한 법보와 이체와 지혜가 둘이 아니고 화합하여 어긋남이 없는 승보와 같은) 일체의 성性이 있으며, 그리고 이것(별상・일체)은 각각 사교四教로 나뉘지만, (장교 통교는 진제 삼보이고, 별교는 차제삼제삼보이며, 원교는 일심삼제삼보로) 삼제三諦가 다르고, (앞의 삼교는 권에 속하고, 원교는 실에 속하여) 권실權實이 다를 뿐이다. 이상과 같이 도품道品을 요간料簡[2] 하였으니, 응당 알지어다.

> 能念卽三觀。所念三寶。有別相。一體。及四教意義。三諦權實之不同。如上料簡道品。應知。

사리불아, 이 새들이 실제로 죄의 과보로 생겼다고 말하지 말라. 왜 그러한가? 저 불국토에는 삼악도가 없기 때문이니라. 사리불아! 그 불국토에는 삼악도라는 이름조차 없거늘 하물며 실제로 그런 것이 있겠느냐? 이러한 갖가지 새들은 모두 아미타부처님께서 범음을 널리 펴고자 위신력으로 변화하여 만드신 것이니라.

> 舍利弗。汝勿謂此鳥。實是罪報所生。所以者何。彼佛國土。無三惡道。舍利弗。其佛國土。尙無惡道之名。何況有實。是諸衆鳥。皆是阿彌陀佛。欲令法音宣流。變化所作。

다시 캐물어서 미심쩍은 것을 해석하시니, 이해할 수 있을 것이다.

---

2) 「요간料簡」이란 요점만 분석하고 정리하여 중요한 의의를 분명하게 설명하는 것을 말한다.

묻건대, "백학 등은 악도의 이름이 아닌가?"

대답하되, "이미 죄의 과보로 태어난 것이 아닌 즉 하나하나의 이름은 모두 아미타부처님의 구경 공덕을 나타낸다. 이른바 구경의 백학 등은 진성공덕에 대한 아름다운 명칭이 아님이 없으니, 어떻게 악도의 이름이라 하겠는가?"

徵釋可知。問。白鶴等。非惡道名耶。答。既非罪報。則一一名字皆詮如來究竟功德。所謂究竟白鶴等。無非性德美稱。豈惡名哉。

묻건대, "아미타부처님께서 새들을 위신력으로 변화시켜 만드신 뜻은 무엇인가?"

대답하되, "네 가지 실단(悉檀 ; 모든 중생을 두루 교화하는 방법)의 인연이 있나니, 첫째 (세계실단世界悉檀으로) 범부 중생들은 이런 새들에 환희하기 때문에 그들의 감정에 수순하여 변화시켜 만들어서 환희심을 일으키도록 함이요, 둘째 (위인실단爲人悉檀으로) 새가 설법을 하는 모습을 보여 법문을 듣고 선심을 일으키도록 함이요, 셋째 (대치실단對治悉檀으로) 새에 대해서 하열하다는 생각을 일어나지 않도록 하여 분별심을 대치하도록 함이요, 넷째 (제일의실단第一義悉檀으로) 새는 곧 아미타부처님의 법계장신法界藏身이니, 한 법도 갖추지 못함이 없고, 한 법도 만들지 못함이 없는 즉 (이구사조理具事造의 이치로) 법신평등의 진리를 깨닫도록 함이다."

問。化作眾鳥何義。答。有四悉檀因緣。凡情喜此諸鳥。順情而化令歡喜故。鳥尚說法。令聞生善故。不於鳥起下劣想。對治分別心故。鳥即彌陀。令悟法身平等。無不具。無不造故。

이 가운데 「잔잔한 바람」(감촉)과 「나무」(색·향·맛), 「그물」
등의 「소리」(소리) 그리고 극락세계 일체의 의보와 정보,
가법과 실법은 그 자체가 바로 아미타부처님의 삼신(三身, 법신·보
신·화신)과 사덕(四德, 상·락·아·정)이어서 털끝만큼도 차이가 없
음을 나타낸다.

此中顯微風樹網等音。及一切依正假實。當體卽是阿彌陀佛三身四德。毫無差
別也。

사리불아, 저 불국토에는 잔잔한 바람이 불어와 모든
보배 나무와 보배 그물이 흔들리며 미묘한 소리가
나니, 이는 비유컨대 백천 가지 천상의 음악이 동시에
연주되는 것과 같으니라. 이 소리를 듣는 이는 모두
다 부처님을 생각하고, 불법을 생각하고, 승가를 생각
하는 마음이 저절로 생기느니라.

舍利弗。彼佛國土。微風吹動。諸寶行樹。及寶羅網。出微妙音。譬如百千
種樂。同時俱作。聞是音者。自然皆生。念佛。念法。念僧之心。

극락세계에서는 유정有情과 무정無情이 함께 묘법을 선설하고,
사교도품四教道品을 비롯한 무량법문을 동시에 연설하니, 중생의
부류에 따라 각자 이해하게 되며, 법을 듣는 이로 하여금 삼보를
생각할 수 있도록 한다.

情與無情。同宣妙法。四教道品。無量法門。同時演說。隨類各解。能令聞
者念三寶也。

삼보를 생각하면 네 가지 실단(悉檀 ; 모든 중생을 두루 교화하는 방법)에 따라 이익을 얻게 된다. 즉 범부중생이 처음 묘법을 듣고 뛸 듯한 큰 기쁨이 온몸에 퍼지니, 이는 세계실단으로 환희심을 얻는 이익이며, 삼보의 기운과 교접하면 반드시 보리심을 발하나니, 이는 위인실단으로 선법을 쌓게 하는 이익이며, 이로 말미암아 번뇌를 조복하거나 멸단하게 되나니, 이는 대치실단으로 악법을 타파하는 이익이며, 끝으로 사람마다 일체삼보一體三寶를 구족하고 있음을 깨달아 증득하게 되나니, 이는 제일의실단으로 진리에 들어가는 이익이다. 첫째 따로 설명함을 마친다.

念三寶。是從悉檀獲益。凡夫創聞大蹋遍身。是歡喜益。與三寶氣分交接。必能發菩提心。是生善益。由此伏滅煩惱。是破惡益。悟證一體三寶是入理益也。初別明竟。

사리불아, 저 불국토는 이와 같은 공덕장엄으로 이루어져 있느니라.

舍利弗。其佛國土。成就如是功德莊嚴。

거듭 결론을 맺어 보이시는 것은 극락세계의 일체 장엄이 한편으로는 모두 중생들의 도사導師이신 아미타부처님의 대원과 대행으로 성취된 것이고, 또한 일체종지一切種智에 의해 나타난 것(상분의 장엄)이며, 한편으로는 모두 우리가 (염불법문으로 수지하여 삼업을 청정히 한) 정업으로 감득한 것이고, 유식에 의하여 변화된 것(상분의 장엄)임을 깊이 믿게 하려는 것이다.

아미타부처님의 마음(佛心)과 중생들의 마음(生心)이 서로 본질과 영상이 되어 극락세계를 만들어 내는데, 이는 마치 수많은 등불이 각자 두루 비추면서 동시에 하나의 등불이 비추는 것과 같다.

이체 전체 그대로가 일체 현상을 이루고(全理成事), 일체 현상 전체 그대로가 곧 이체이며(全事卽理), 심성(성덕장엄) 전체 그대로가 수행(수덕장엄)을 일으키고(全性起修), 수행 전체 그대로가 심성 가운데 그대로 있으니(全修在性), 또한 깊이 오래도록 사유할지어다.

重重結示。令深信一切莊嚴。皆導師願行所成。種智所現。皆吾人淨業所感。唯識所變。佛心生心。互爲影質。如衆燈明。各遍似一。全理成事。全事卽理。全性起修。全修在性。亦可深長思矣。

그런데 어찌하여 이 서방정토를 떠나 따로 유심정토를 이야기하여, 쥐가 찍찍거리고(執事), 새가 공공거린다(執空)는 비난을 달게 받으려하는가! 첫째 의보의 미묘함에 대해 마친다.

奈何離此淨土。別譚唯心淨土。甘墮鼠卽鳥空之誚也哉。初依報妙竟。

사리불아, 그대 생각에는 어떠한가? 저 부처님은 어떤 인연으로 명호를 「아미타」라 하는가?

舍利弗。於汝意云何。彼佛何故。號阿彌陀。

이 경에서 집지명호의 미묘한 행을 확실하게 보이시는 까닭에 특별히 아미타부처님의 명호를 캐물어 풀이하신 것이다. 사람으로 하여금 만덕홍명萬德洪名의 불가사의함을 깊이 믿고, 일심으로 집지執持하여 다시는 의심하여 딴 마음을 품지 않도록 하려는 것이다.

此經的示持名妙行。故特徵釋名號。欲人深信萬德洪名。不可思議。一心
執持無復疑貳也。

「아미타阿彌陀」는 글자 그대로 번역하면 무량無量하여 본래 설명할
수 없지만, 본사本師 석가모니부처님께서는 광명과 수명 두 가지
뜻으로 일체의 무량을 다 거두어 들이셨다. 광명무량을 들면
이미 공간적으로 시방에 두루하고, 또한 수명무량을 들면 역시
시간적으로 과거 · 현재 · 미래의 삼제를 다 궁진하기 때문이다.
이처럼 아미타부처님의 공덕은 시간적으로나 공간적으로나 사
무쳐서 일진법계의 전체(法界體)가 된다. 이 법계 전체를 가지고
아미타부처님의 몸(三身)과 국토(四土)를 만들었고, 법계 전체가
나타난 것을 가지고 「아미타」란 명호를 만들었다.

이런 까닭에 아미타부처님의 명호는 즉 중생들의 본각本覺 이체자
성(理性)이며, 명호를 집지하면 시각(始覺, 염불하는 마음)이 본각(本覺,
아미타부처님의 명호)과 합하니, 시각과 본각이 둘이 아니고, 염불하
는 중생과 아미타부처님은 둘이 아니다. (중생과 마음 또한 이와
같아 공간적으로 시방에 두루하고 시간적으로 삼제를 궁진하며, 고요하
되 비추고 비추되 고요하다. 부처님과 마음 또한 이와 같고, 부처님의
명호 또한 이와 같다.) 그러므로 (염불하는 중생은) 일념에 부처님의
명호와 상응하면 일념에 부처님이 되고, 염념마다 상응하면
염념마다 부처님이 된다.

阿彌陀。正翻無量。本不可說。本師以光壽二義。收盡一切無量。光則橫
遍十方。壽則豎窮三際。橫豎交徹。卽法界體。舉此體作彌陀身土。亦卽
舉此體作彌陀名號。是故彌陀名號。卽衆生本覺理性。持名。卽始覺合本。

始本不二。生佛不二。故一念相應一念佛。念念相應念念佛也。

사리불아, 저 부처님께서는 무량한 광명을 시방세계 불국토에 두루 비추시어 장애가 없느니라. 이러한 인연으로 명호가 「아미타」이니라.

舍利弗。彼佛光明無量。照十方國。無所障礙。是故號爲阿彌陀。

심성은 고요하되 늘 비추는 까닭에 (불변이지만 인연을 따라) 광명이 된다. 지금 아미타부처님께서는 심성의 무량한 본체를 철저하게 증득하신 까닭에 광명이 무량하다.

心性寂而常照。故爲光明。今徹證心性無量之體。故光明無量也。

제불께서는 모두 심성의 본체에 사무쳐 시방세계 모든 국토를 다 비출 수가 있어, 모두 「무량광」이라 이름한다. 그러나 부처님마다 인지因地 중에 세우신 원력이 서로 다르기 때문에, 인연에 따라 부처님마다 서로 다른 이름을 세우신다. 아미타부처님께서는 법장法藏 비구가 되어 48대원을 발하였나니, 그 중 제13 광명무량원光明無量願에서 "제가 부처 될 적에 광명이 무량하여 시방세계에 두루 비추어서 제불의 광명보다 훨씬 수승하고, 해와 달보다 천만 억 배나 더 밝도록 하겠나이다." 하셨고, 지금 이 서원대로 과보를 성취하셨다.

諸佛皆徹性體。皆照十方。皆可名無量光。而因中願力不同。隨因緣立別名。彌陀爲法藏比丘。發四十八願。有光明恆照十方之願。今果成如願也。

법신의 광명은 분제分際 제한이 없으며, 보신의 광명은 진성眞性과 칭합한다. 이런 즉 부처님과 부처님은 도가 같다. 그러나 응신의 광명에 있어서는 서로 달라서 일 유순由旬을 비추기도 하고, 일백 유순, 천 유순을 비추기도 하며, 일 세계를 비추기도 하고, 일백 세계 일천 세계를 비추기도 한다. 그러나 오직 아미타부처님의 광명만이 널리 시방세계를 다 비추시는 까닭에 달리「무량광」이라 이름한다. 그러나 삼신은 하나도 아니고, 서로 다르지도 않다. 중생에게 네 가지 이익을 생기도록 하기 위한 까닭에 이와 같이 분별하였을 뿐이다.

法身光明無分際。報身光明稱眞性。此則佛佛道同。應身光明有照一由旬者。十百千由旬者。一世界。十百千世界者。唯阿彌普照。故別名無量光。然三身不一不異。爲令衆生得四益故。作此分別耳。

마땅히 알라! 부처님의 광명에는 장애가 없다는 것은 중생들의 분상分上에 따라 말한 것일 뿐이다. 즉 중생들이 (염불심으로) 부처님과 인연이 깊어지는 까닭에 부처님의 광명이 이르는 곳마다 일체 세간의 인연 있는 중생은 원만히 친견하지 못함이 없다.

當知無障礙。約人民言。由衆生與佛緣深。故佛光到處。一切世間。無不圓見也。

또한 사리불아, 저 부처님과 그 국토 사람들의 수명이 무량무변 아승지겁이니, 이러한 인연으로 「아미타」라 이름하느니라.

又舍利弗。彼佛壽命。及其人民。無量無邊阿僧祇劫。故名阿彌陀。

심성은 비추되 늘 고요한 까닭에 (인연을 따르지만 언제나 변하지
않아) 수명이 된다. 지금 아미타부처님께서는 심성의 무량한 본체
를 철저히 증득하신 까닭에 수명이 무량하다.

心性照而常寂。故爲壽命。今徹證心性無量之體。故壽命無量也。

법신의 수명은 시작도 없고 끝도 없으나, 보신의 수명은 시작은
있지만 끝이 없다. 부처님과 부처님은 도가 같아서 모두 「무량수」
라고 이름한다. 다만 응신에 있어서는 부처님의 서원에 따라
중생들의 근기에 따라 늘어나기도 하고 줄어들기도 하여 서로
다르다. 법장 비구는 48대원 원왕願王, 제15 수명무량원壽命無量願
에서 "제가 부처 될 적에 저의 수명이 무량하고, 저의 국토에
성문과 천인이 무수하며, 그들의 수명 또한 모두 무량하도록 하겠
나이다." 하였고, 지금 이 서원과 같이 과보를 성취하여 따로
「무량수」라고 이름한다.

法身壽命無始無終。報身壽命有始無終。此亦佛佛道同。皆可名無量壽。
應身隨願隨機。延促不等。法藏願王。有佛及人壽命皆無量之願。今果成
如願。別名無量壽也。

아승지(阿僧祇 ; 무수), 무량(無量 ; 아승지아승지), 무변(無邊 ; 무량무량)
등은 모두 숫자를 헤아리는 이름으로 실제는 유량의 무량이다.
그러나 삼신은 하나도 아니고, 서로 다르지도 않아서 응신도
또한 바로 무량의 무량이라고 할 수 있다.

阿僧祇。無邊。無量。皆算數名。實有量之無量。然三身不一不異。應身亦
可卽是無量之無量矣。

「급及」이란 아울러(併)란 뜻이고, 「인민人民」이란 등각보살 이하의 모든 극락대중을 가리킨다. 즉 부처님의 수명과 그 국토 사람들의 수명 또한 무량함을 설명한다.

及者。併也。人民。指等覺以還。謂佛壽命。併其人民壽命。皆無量等也。

마땅히 알라! 아미타부처님의 「무량수」·「무량광」 명호는 모두 다 본래 중생의 현전일념 심성을 바탕으로 건립된 것이다. 왜냐하면 중생과 부처님은 평등하므로 중생이 한 생각을 돌이켜 아미타부처님의 명호를 집지하게 하면 (오래오래 지속하여 염불공부가 점점 무르익어서) 그 중생의 광명과 수명 역시 부처님의 그것과 다름이 없기 때문이다.

當知光壽名號。皆本衆生建立。以生佛平等。能令持名者。光明壽命。同佛無異也。

또한 「무량광」의 뜻으로 말미암아 중생이 극락세계에 한번 태어나기만 하면 곧 시방세계 모든 불국토에 동시에 태어날 수 있으며, 아미타부처님을 친견하기만 하면 시방세계 제불을 동시에 친견할 수가 있나니, 자기 스스로를 제도함과 동시에 널리 일체중생을 이롭게 할 수 있다.

復次由無量光義。故衆生生極樂。卽生十方。見阿彌陀佛。卽見十方諸佛。能自度。卽普利一切。

또한 「무량수」의 뜻으로 말미암아 극락세계에 사람들은 그대로 일생보처一生補處 보살이 되고, 모두 반드시 이번 생에 성불할 수 있으며, 중생으로 다시 윤회하거나 다음 생을 기다려서 성불을 하는 일(異生)이 없다.

> 由無量壽義。故極樂人民。即是一生補處。皆定此生成佛。不至異生。

마땅히 알라! 현전하는 일념 「무량광」·「무량수」의 심성을 떠나서 어느 곳에 아미타부처님의 명호가 있고, 또한 아미타부처님의 명호를 떠나서 어떻게 현전하는 일념 「무량광」·「무량수」의 심성을 철저히 증득할 것인가? 원컨대 깊이 생각하고, 깊이 사유할지어다!

> 當知離卻現前一念無量光壽之心。何處有阿彌陀佛名號。而離卻阿彌陀佛名號。何由徹證現前一念無量光壽之心。願深思之。願深思之。

사리불아, 아미타불께서 성불하신지 지금 십겁이 지났느니라.

> 舍利弗。阿彌陀佛成佛已來。於今十劫。

이 경문에서는 극락세계에서 중생을 교화하고 계시는 분(敎主)께서 성취하심을 설명한다.

> 此明極樂世界敎主成就也。

그러나 법신은 성취됨도 없고, 성취되지 않음도 없으므로 응당 성불한 시간(劫)을 논하지 않는다. 보신은 인지의 수덕이 원만하여(因圓) 과위가 만족하게 됨을 성취(成)라고 할 수 있고, 응신은

만물을 제도하기 위해서 태어남을 보이는 것을 성취라고 할
수 있다. 보신과 응신 모두 성불한 시간을 논할 수 있다.

> 然法身無成無不成。不應論劫。報身因圓果滿名成。應身爲物示生名成。
> 皆可論劫。

또 법신은 본래 갖춘 것이지만 인지의 수덕을 닦아야만 법신의
성덕이 나타나니, 법신도 또한 성취와 성불한 시간을 논할 수
있다. 보신도 따로 새롭게 얻어진 것이 아니다. 응신은 (법신이
중생구제의 기연에 따라 응현하시는 것으로) 마치 하나의 달이 모든
강물에 비치는 것과 같아서 보신과 응신 또한 성취됨도 없고,
성취되지 않음도 없으므로 응당 성불한 시간을 논하지 않는다.

> 又法身因修德顯。亦可論成論劫。報身別無新得。應身如月印川。亦無成
> 不成。不應論劫。

다만 제불이 성불하신 모습에는 부처님마다 각각 본지(本, 부처님께
서 최초로 등정각을 성취하신 모습)와 자취(迹, 중생을 위해서 응화하신 모습)
는 서로 다르다. 다만 본지本地는 결코 상상하거나 설명할 수
있는 경계가 아니다. 또 여기서는 아미타부처님께서 극락에서
성불하시는 모습을 시현하신 자취에 따라 말씀하셨을 뿐이다.
곧 삼신은 하나를 성취하면 일체를 성취한다고 함은 또한 바로
삼신이 성취됨도 없고, 성취되지 않음도 없음으로 성취를 논한
것이다.

> 但諸佛成道。各有本跡。本地並不可測。且約極樂示成之跡而言。卽是三
> 身。一成一切成。亦是非成非不成而論成也。

또 부처님의 수명은 무량한데, 지금 겨우 10겁이 지난 즉 안온히 주지하시면서 설법하고 계시는 때가 아직 중간도 못 되었다. 이는 널리 삼세의 중생들에게 극락세계에 태어나서 부처님의 수명과 같아져서 일생에 일대사를 성판하길 하루속히 구하라고 권유하심이다. 또한 아래 경문에서 성문제자와 보살들, 그리고 일생보처 보살들은 모두 십겁 동안 아미타부처님께서 교화하여 극락세계에 태어나게 한 사람들이다. 이는 바로 시방 삼세에 극락세계에 태어나 불퇴전지에 오른 사람들이 매우 많고, 오르기가 매우 쉽다는 것을 바로 드러낸 것이다.

又佛壽無量。今僅十劫。則現在說法。時正未央。普勸三世衆生。速求往生。同佛壽命。一生成辦也。又下文無數聲聞菩薩及與補處。皆十劫所成就。正顯十方三世往生不退者。多且易也。

또한 사리불아, 저 부처님께는 무량무변의 성문제자들이 있나니, 모두 아라한으로 그 수는 헤아려 알 수 있는 것이 아니고, 모든 보살대중도 또한 이와 같으니라.

又舍利弗。彼佛有無量無邊聲聞弟子。皆阿羅漢。非是算數之所能知。諸菩薩衆。亦復如是。

타방세계에서 소승의 수행법을 닦아 이미 이승二乘으로 태어나도록 결정된 사람들(定性二乘)은 (대승의 가르침인 염불법문과 아미타부처님, 그리고 극락세계와 인연이 없기 때문에) 극락세계에 태어날 수가 없다. 그러나 만약 비록 생전에 소승행을 닦은 습기가 있을지라도 임종시 무상보리로 회향하여 (대승으로 마음을 돌리고) 큰 서원을 발한 사람도 극락세계에 태어날 수 있다. 이렇게 극락세계에 일단 태어나기만 하면 아미타부처님께서 그들의 근기에 맞추어 적절한 설법을 하여 먼저 견혹見惑과 사혹思惑을 끊도록 하시는 까닭에 「아라한」이라 이름한 것이다. 이는 별교別教의 칠주七住 보살이 견혹과 사혹을 끊지만 실행성문實行聲聞이 아닌 것과 같다.

> 他方定性二乘。不得生彼。若先習小行。臨終回向菩提。發大誓願者。生彼
> 國已。佛順機說法。令斷見思。故名羅漢。如別教七住斷見思之類。非實
> 聲聞也。

일반적으로 장교藏教와 통교通教에서는 타방세계에 계시는 부처님의 명호를 듣지 못하고, 오직 석가모니부처님의 명호만 들어서 알고 있을 뿐이다. 그러나 지금 비로소 아미타부처님의 이름을 듣고 바로 믿고 왕생하길 발원한다면 이는 모두 별교別教나 원교圓教의 두 교에서 섭수하는 보살의 근기에 속한다.

> 蓋藏通二教。不聞他方佛名。今聞彌陀名號。信願往生。總屬別圓二教所
> 攝機矣。

사리불아, 저 불국토는 이와 같은 공덕장엄으로 이루어져 있느니라.

> 舍利弗。彼佛國土。成就如是功德莊嚴。

아미타부처님과 아울러 성문과 보살들은 모두가 아미타부처님께서 인지因地 중의 대원과 대행으로 성취된 것이며, 또한 과보

상에서는 하나가 성취되면 일체가 성취된다. 이런 즉 아미타부처
님과 보살 성문들은 각각 서로 혼합되어 완전히 하나인 것도
아니며(非自), 각자 스스로 따로 이루어진 것도 아니니(非他), 그야
말로 자타가 둘이 아니다. 그래서 "이와 같은 공덕장엄으로
이루어져 있느니라." 하셨다.

> 佛及聲聞菩薩。並是彌陀因中願行所成。亦是果上一成一切成。是則佛
> 菩薩聲聞。各各非自非他。自他不二。故云成就如是功德莊嚴。

믿음과 발원으로 아미타부처님 명호를 집지하는 이가 염념마다
또한 이와 같은 공덕을 성취하도록 하신다. 첫째 극락세계의
의보와 정보의 묘한 과보를 자세히 설명함으로써 믿음을 일깨움
을 마친다.

> 能令信願持名者。念念亦如是成就也。初廣陳彼土依正妙果以啟信竟。

극락정토의 수승함은 이를테면 업을 지닌 채 왕생하고, 횡으로
삼계를 벗어날 수 있으며, 동거정토에는 횡으로 네 가지 정토가
갖추어져 있고, 사교四教의 법륜을 열어 드러낼 수 있으며, 중생은
네 가지 정토를 원만하게 청정하게 하고, 부처님의 삼신을 원만히
친견하며, 세 가지 불퇴를 원만히 증득하고, 극락세계 사람들은
모두 일생에 성불할 수 있다. 이와 같은 등에서 극락정토는
수승하고(勝), 기이하며(異), 월등하고 상대를 뛰어넘는다(超絕).
그러나 모든 것은 이 두 과에서 낱낱이 보여주셨으니, 반드시
이를 자세하게 연구해야 한다.

> 謂帶業往生橫出三界。同居橫具四土。開顯四教法輪。衆生圓淨四土。圓

見三身。圓證三不退。人民皆一生成佛。如是等勝異超絕。然全在此二科
點示。須諦研之。

또한 사리불아, 극락국토에 태어나는 중생들은 모두 불퇴전지 보살이며, 그 가운데 일생보처 보살들도 매우 많아서 그 수는 헤아려 알 수 없으며, 단지 무량무변 아승지라 말할 뿐이니라.

又舍利弗。極樂國土。衆生生者。皆是阿鞞跋致。其中多有一生補處。其
數甚多。非是算數所能知之。但可以無量無邊阿僧祇說。

「아비발치阿鞞跋致」는 불퇴不退이니, 첫째 위불퇴位不退로 성인의 흐름에 들어가 다시는 범부의 지위로 떨어지지 않고, 둘째는 행불퇴行不退로 항상 중생을 제도하며 이승二乘의 지위로 떨어지지 않으며, 셋째는 염불퇴念不退로 염념마다 살바야(일체종지)의 바다로 흘러 들어가는 것을 말한다.

阿鞞跋致。此云不退。一位不退。入聖流不墮凡地。二行不退。恆度生不
墮二乘地。三念不退。心心流入薩婆若海。

이 국토의 수행법문에 따르면 장교의 초과인 수다원과須陀洹果·통교의 견지見地·별교의 초발심주初發心住·원교의 초신심위初信心位를 「위불퇴」라 이름하고, 또 통교의 보살지菩薩地·별교의 십회향위十回向位·원교의 십신위十信位를 「행불퇴」라 이름하며, 또 별교의 초환희지初歡喜地·원교의 초발심주初發心住를 「염불퇴」라 이름한다.

若約此土藏初果。通見地。別初住。圓初信。名位不退。通菩薩。別十向。圓十信。名行不退。別初地。圓初住。名念不退。

지금 정토법문에서는 비록 오역죄五逆罪와 십악十惡을 지었을지라도 (임종시 선지식의 인도를 받아 아미타부처님에 대한 믿음을 내어 일심으로 염불하여) 십념十念을 성취한다면 업을 지닌 채 극락세계에 왕생하여 하하품下下品에 거처하더라도 모두 다 세 가지 불퇴를 증득한다.

今淨土五逆十惡。十念成就。帶業往生。居下下品者。皆得三不退也。

교도教道에 의거하여 (교중의 위차가 올라가는 순서로) 만약 범부라면 이승二乘 초과의 견도위見道位를 얻은 성인이 아니며, 만일 이승이라면 중생을 제도하는 보살이 아니며, 만일 여래와 몸이 다른 이생성異生性 보살이라면 법신을 증득한 동생성同生性 보살이 아니다. (교중의 위차가 내려가는 순으로) 염불퇴 보살이라면 아직 이생성 보살이 아니며, 행불퇴 보살은 겨우 견도위에 머물고 있는 이승행자가 아니며, 위불퇴 보살은 범부중생이 아니다. (이렇게 수행의 계층은 엄격하게 구별되므로) 위차를 건너뛰어 올라가 증득했다고 하면 대망어죄大妄語罪로 지옥에 떨어지는 업을 짓는 것이요. 만일 위차가 진보되어 새로이 증득하였다면 옛 명칭을 버릴 것이다.

然據教道。若是凡夫。則非初果等。若是二乘。則非菩薩等。若是異生。則非同生性等。又念不退。非復異生。行不退。非僅見道。位不退。非是人民。躐等則成大妄。進步則捨故稱。

오직 극락국토의 동거정토만이 (세 가지 불퇴를 원만하게 증득하였기 때문에 범부중생도 아니며, 또한 이승행자도 아니며, 또한 보살도 아니지만, 번뇌를 완전히 끊지 못했기 때문에 부처님도 아니어서) **일체가 모두 아니고**(俱非), (세 가지 불퇴를 원만하게 증득했지만, 아직은 번뇌가 남아있기 때문에 범부중생이고, 견사번뇌가 이미 떨어졌기 때문에 이승이며, 보리심을 내어 항상 중생을 제도하기 때문에 보살이며, 일생에 성불하기 때문에 부처님과 같다고 할 수 있어) **일체가 모두 그러하다**(俱是).

唯極樂同居。一切俱非。一切俱是。

시방세계 불국토에서는 (일체가 모두 아니고 일체가 모두 그러한 상황은 찾을 수 없어) **이와 같은 명상**名相**이 없고, 이와 같은 계위**階位**가 없으며,** (억불·염불하여 결정코 성불하는) **이와 같은 법문**法門**이 없나니, 만약 심성의 극치**(심요心要)**, 집지명호의 기이한 공덕**(경요境要)**, 아미타부처님의 대원**(법문요法門要)**, 이러한 삼요**三要**의 불가사의한 역용이 아니면 어찌 이와 같은 것이 있겠는가?**

十方佛土。無此名相。無此階位。無此法門。非心性之極致。持名之奇勳。
彌陀之大願。何以有此。

「일생보처一生補處**」란 단지 일생에 부처님의 자리를 보임**補任**하는 것으로** (석가모니부처님을 이어 미래에 사바세계의 부처님이 되시는) **미륵보살,** (아미타부처님을 이어 미래에 극락세계의 부처님이 되시는) **관음보살 등과 같다. 극락세계 사람들은 두루 다 일생에 성불하며, 한 사람 한 사람마다 반드시 일생보처**補處**의 지위를 실제로 증득하므로 그 가운데 이와 같은 상선인**上善人**이 매우 많아서**

그 수를 알 수 없다.

一生補處者。只一生補佛位。如彌勒觀音等。極樂人民。普皆一生成佛。人
人必實證補處。故其中多有此等上善。不可數知也。

또한 석가모니부처님의 일대시교一代時教 가운데 오직 화엄경에서
만 일생에 원만히 성불할 수 있음을 밝혔으니, 그 일생에 원만히
성불하는 인은 곧《보현행원품普賢行願品》중 말미 부분인 보현보살
의 십대원왕十大願王에서 극락세계로 인도하여 돌아가게 한다.
또한 이 정토법문으로써 화장해회의 일체 성중에게 정진하기를
권하신다.

復次釋迦一代時教。惟《華嚴》明一生圓滿。而一生圓滿之因。則末後普
賢行願品中。十大願王。導歸安養。且以此勸進華藏海衆。

안타깝도다! 범부가 일생보처에 지위에 오른 보살과 같다는
것은 기특한 인도이며, 지극히 미묘한 말씀이니, 그 공덕을
측량할 수 없다.《화엄경》에서 베푸신 가르침이《아미타경》
이 경에 다 있지마는, 천하고금에 믿는 자는 적고, 의심하는
자는 많으며, 혹 정토법문을 설명하는 자는 복잡하게 말만
많이 늘어놓고 핵심은 건드리지도 못한 채 오히려 염불의 종지
를 좀먹어 버리고 마니, 나는 (이렇게 요해要解를 지어서) 심장을
갈라 피를 뿌려 사람들에게 분명히 알릴뿐이다.

嗟乎。凡夫例登補處。奇倡極談。不可測度。《華嚴》所稟。卻在此經。而天
下古今信渺疑多。辭繁義蝕。余唯有剖心瀝血而已。

사리불아, 저 불국토의 극락장엄을 들은 중생들은 응당 저 국토에 태어나길 발원해야 하느니라. 왜 그러한가? 그들은 저 국토에서 이와 같은 수많은 상선인들과 한곳에 모여 살 수 있기 때문이니라.

舍利弗。衆生聞者。應當發願。願生彼國。所以者何。得與如是諸上善人。俱會一處。

이 경의 앞에 나오는 아라한과 일반 보살들에 대해서는 다만 선인善人이라고 말씀하셨지만, 오직 일생보처 보살만이 인위因位의 극처에 계시므로 「상上」이라고 말씀하셨고, 그 숫자가 심히 많으므로 「제諸」라고 말씀하셨다.

前羅漢菩薩。但可云善人。唯補處居因位之極。故云上。其數甚多。故云諸

「한곳에 모여 산다(俱會一處)」라 함은 범부와 성인이 함께 머물러 있다고 말함과 같다. 평소에는 (부처님께서 세상에 나오시기 전, 그리고 멸도하신 이후) (유학有學·무학無學의 실교를 증득한 성문인) 실교 성인(實聖)의 과거 유루업有漏業으로 말미암아, 그리고 (대비원력으로 자비의 배를 갈아타고 이 세상에 함께 머무시면서 큰 방편으로 모습을 나타내 보여주시는 보살인) 권교 성인(勸聖)의 대자대비 원력으로 말미암아 범부중생들은 이들 성인들과 함께 머물러 있을 수 있다.

그런데 만일 실교 성인이 무여열반無餘涅槃을 증득하여 몸을 재로 만들고 지혜를 소멸하여 자취를 감추며(灰身滅智), 권교 성인이 제도할 중생들의 근기와 인연이 다하여 역시 본래 자리로 돌아간다면, 이들 성인들은 열반의 세계로 상승(升)하여 영원한 법락(樂)을 즐기지만, 중생들은 여전히 육도윤회의 길로 하강(沉)하여 괴로움(苦)만 받게 될 것이니, 겉으로는 한곳에 함께 머물고 있는 것 같지만, 사실은 성인과 범부가 수용하는 경계는 이처럼 현격히 다른 것이다(碩異懸殊). 그래서 범부와 성인이 함께 머물기는 하지만, 잠시 같이 지낼 뿐이지 구경에는 같이 지내는 것이 아님을 알아야 한다. 또 천상(天)과 인간세상의 성스런 도량(壤)에서 (큰 방편으로 모습을 보이시는 성인을) 보고 들은 사람은 적다. (예컨대 천상세계에는 오직 범성동거토인 사선천四禪天 중에서 불환천五不還天에서만 소승 3과의 성인이 머물고 있을 뿐이고, 인간 세상에는 광야와 명산의 성스런 도량에서 성인이 출현하신다고 하지만 그런 말만 전해지지 실제로 만나보는 사람은 적다.) 다행히 성인을 보고 들었다 하더라도 가까이서 모시고 뒤따르는 이는 적다.

> 俱會一處。猶言凡聖同居。尋常由實聖過去有漏業。權聖大慈悲願。故凡夫得與聖人同居。至實聖灰身。權聖機盡。便升沉碩異。苦樂懸殊。乃暫同。非究竟同也。又天壤之間。見聞者少。幸獲見聞。親近步趨者少。

또 부처님께서 세상에 계실 때 성인이 비록 많았다고 하지만, 진귀한 보물을 만나듯 드물고, 상서로운 일이 생기듯 기이하여 국토에 두루 가득할 수 없었다. 이렇게 혹 성인이 한번 출현하신 다고 해도, 이는 마치 하늘에 별들이 펼쳐져 있고, 대지에 티끌먼지(微塵)가 날리는 것과 같다. 또 범부와 성인이 비록 함께 머물지라도 (성인은 염불하여 일생에 원만히 성불하고, 범부는 여전히 미혹하여 날마다 육도를 윤회하니) 그 짓는 것과 성취하는 것이 달라서 아득히 차이가 난다.

又佛世聖人縱多。如珍如瑞。不能遍滿國土。如衆星微塵。又居雖同。而所
作所辦。則迥不同。

지금 저 극락세계 사람들은 동일하게 (진실한 믿음과 간절한 발원으
로 일심으로 명호를 집지하여 심성이 극치가 되고, 명호공덕도 극치가
되며, 아미타불 본원의 가지가 증상연이 되는) 무루無漏의 부사의업不思
議業으로 능감能感을 삼아 저 국토에 태어나 수많은 상선인들과
한곳에 모여 아미타부처님, 한 스승님의 제자가 되어 형제처럼
서로 탁마하고 이끌어주는 것이 마치 질나발(塤)과 피리(篪)를
불어서 화합하여 여럿이 함께 연주하는 것과 같다. 그리하여
함께 (견사見思혹과 진사塵沙혹은 물론이고) 무명혹까지 다 끊어 (세
가지 불퇴를 원만히 증득하여 네 가지 정토에서 함께) 묘각위妙覺位에
올라 일생에 성불한다.

今同以無漏不思議業。感生俱會一處。爲師友。如塤如篪。同盡無明。同
登妙覺。

염불법문이 이렇게 미묘하고 불가사의하기 때문에 비록 하근기
의 범부중생이라도 (업을 지닌 채 왕생하지만 극락에 왕생하여 세
가지 불퇴를 증득하여) 염불퇴 중에서 41인위因位를 단박에 뛰어넘
어 다 마칠 수 있나니, 이런 사람을 범부중생凡夫衆生이라고 부르고
자 하나, 도리어 다시 윤회하거나 다음 생을 기다려서 성불을
하는 일(異生)을 거치지 않고, 금생에 반드시 부처님의 자리를
물려받음이 관세음보살, 대세지보살과 다르지 않다. 그렇다고
일생보처보살一生補處菩薩이라고 부르고자 하나, 도리어 범부중생
이라고 할 뿐 등각보살等覺菩薩이라고 할 수 없다. 이 모두는 (석가모

니부처님의 일대시교가 그물처럼 무량한) 일체의 교망(敎網)으로도 거두어들일 수 없으며, (시방세계 불찰토가 그물처럼 서로 얽혀 중중무진重重無盡한) 일체의 찰망剎網에서도 같은 예를 찾을 수 없다. (이로써 정토법문, 극락동거토는 원만히 뛰어넘고 상대가 끊어짐에 필적할 것이 없음을 비로소 알 수 있다.)

是則下凡衆生。於念不退中。超盡四十一因位。若謂是凡夫。却不歷異生。必補佛職。與觀音勢至無別。若謂是一生補處。却可名凡夫。不可名等覺菩薩。此皆敎網所不能收。剎網所不能例。

마땅히 알라! 우리가 일대사인연一大事因緣을 해결함에 있어 첫 관문인 동거토同居土를 뚫고 벗어나기가 가장 어렵지만, 오직 극락의 동거토만은 (세 가지 불퇴를 원만히 증득하여 일생에 불도를 원만히 성취하므로) 시방의 동거토를 뛰어넘어 그 바깥에 있다. 이러한 도리를 깨닫게 되면 비로소 아미타부처님의 본원력을 깊이 믿을 수 있고, 이러한 불력을 믿으면 비로소 아미타부처님 명호 공덕의 불가사의를 믿을 수 있으며, 집지명호의 불가사의함을 믿으면 비로소 우리의 심성이 본래 불가사의함을 깊이 믿을 수 있다.

當知吾人大事因緣。同居一關。最難透脫。唯極樂同居。超出十方同居之外。了此。方能深信彌陀願力。信佛力。方能深信名號功德。信持名。方能深信吾人心性本不可思議也。

이와 같은 깊은 믿음을 갖추어야 비로소 대원을 발할 수가 있다. 경문에서 「응당應當」 두 글자는 바로 이 깊은 믿음을 가리킨다. [이렇게 깊은 믿음을 갖추고 대원을 발한 즉 무상보리無上菩提의

마음을 발한다. 이 깊은 믿음과 발원을 합한 것이 지혜의 행이
되고, 이것이 바로 정토에 왕생하는 길을 가리키는 지남指南이다.
이 믿음과 발원으로 말미암아 명호를 집지할 수 있다. (즉 지혜의
행으로 말미암아 수행의 행을 일으킨다. 이 두 가지 행이 나란히 나아가니)
이에 곧 정업淨業의 정행正行이 된다. (그리고 스스로 정토에 태어남을
감득할 수 있다.)]

具此深信。方能發於大願。文中應當二字。卽指深信。[深信發願。卽無上
菩提。合此信願。的爲淨土指南。由此而執持名號。乃爲正行。]

만약 이와 같이 믿음과 발원이 견고하다면 임종시 십념 혹은
일념의 염불로도 결정코 극락세계에 왕생할 수 있다. 그러나
만일 믿음과 발원이 없다면 설사 아미타부처님 명호를 실같이
이어지도록 빈틈없이 집지하여서 바람이 불어도 들어가지 않고,
비가 몰아쳐도 젖지 않을 정도에 이르러 마치 은산철벽처럼
단단하다 할지라도 절대로 저 극락세계에 태어나지 못한다는
이치를 정업淨業을 닦는 자는 몰라서는 안 된다. 그래서 저 대본
《아미타경》에서도 보리원을 발하는 것을 요체로 삼았으니, 바로
이와 동일한 이치이다.

若信願堅固。臨終十念一念。亦決得生。若無信願。縱將名號持至風吹不
入。雨打不溼。如銀牆鐵壁相似。亦無得生之理。修淨業者。不可不知也。
大本《阿彌陀經》。亦以發菩提願爲要。正與此同。

사리불아, 적은 선근·복덕·인연으로는 저 불국토에
태어날 수 없느니라. 사리불아, 선남자 선여인이 아미
타부처님에 대한 설법을 듣고, 그 명호를 집지하여,

하루나 이틀이나 사흘이나 나흘이나 닷새나 엿새나 이레 동안 일심에 이르러 산란하지 않는다면, 그 사람이 목숨을 마치려 할 때에 아미타부처님께서 수많은 성중들과 함께 그 앞에 나타나느니라. 그래서 그 사람은 임종할 때에 마음이 전도되지 아니하고 아미타부처님의 극락국토에 즉시 왕생할 수 있느니라.

舍利弗。不可以少善根福德因緣。得生彼國。舍利弗。若有善男子。善女人。聞說阿彌陀佛。執持名號。若一日。若二日。若三日。若四日。若五日。若六日。若七日。一心不亂。其人臨命終時。阿彌陀佛。與諸聖衆。現在其前。是人終時。心不顛倒。即得往生。阿彌陀佛。極樂國土。

(보리심을 발하여 명호를 수지하는 염불의 정행인) 보리정도를 선근善根이라 이름 하니, 곧 이 선근은 (보리과를 이루는 종자인) 친인親因이 되고, 보시·지계·선정 등과 같은 (정도를 돕는 법인) 갖가지 조도助道를 복덕福德이라 이름하니, 곧 (종자를 이루고, 뿌리를 내리며, 싹을 내고, 꽃을 피우며, 열매를 맺는 것을 돕는) 조연助緣이다.

소승행자인 성문·연각들은 보리심을 발하지 않는 까닭에 선근이 적으며, 인간이나 천인들이 쌓는 유루의 복업은 복덕이 적다. 이 두 부류는 (선근과 복덕을 닦는다 하더라도 모두 유루의 복업에 머물기 때문에 인천의 복락은 받을 수는 있어도) 정토에 태어날 수 없다. 오직 (아미타부처님의 무루 부사의업으로 이루어진 명호와 극락세계의 무루공덕을) 믿고 발원하여 일심으로 명호를 집지한다면, 한 마디 한 마디 명호를 부를 때마다 이미 그 자체에 많은 선근복덕을 갖추게 된다. 가령 믿음과 발원만 있다면 산란한 마음으로 칭명하여도 이처럼 선근과 복덕 또한 헤아릴 수 없는데, 하물며 일심불란이라면 그 선근과 복덕을 더 말할 필요가 있겠는가?

菩提正道名善根。卽親因。種種助道施戒禪等名福德。卽助緣。聲聞獨覺菩提善根少。人天有漏福業福德少。皆不可生淨土。唯以信願執持名號。則一一聲悉具多善根福德。散心稱名。福善亦不可量。況一心不亂哉。

(선근과 복덕이 많은) **까닭에** (믿음·발원·집지명호 세 가지 자량資糧의 인因을 능감能感으로 삼고, 구품의 과果를 능응能應으로 삼아) 감응도교感應道交를 행하게 하여 정토의 무늬(文)가 이루어지고 사바의 도장印이 허물어지니, 아미타부처님과 극락성중들은 오시지 않으면서도 오셔서 직접 접인을 드리우시고, 염불행자의 청정한 심식은 가지 않으면서도 가서 저 극락세계 보배 연꽃에 몸을 의탁한다.

故使感應道交。文成印壞。彌陀聖衆。不來而來。親垂接引。行人心識。不往而往。託質寶蓮也。

「선남자 선여인善男子善女人」이란 (명호를 집지하는 사람으로) 출가한 수행자이든 일반 재가 불자이든, 귀한 신분이든 천한 신분이든, 노인이든 어린이든, 육취六趣와 사생四生에 윤회하는 중생이든 그 누구를 막론하고 아미타부처님의 명호를 들었다면 다겁에 쌓아온 선근이 무르익어야 비로소 들은 것으로 오역죄五逆罪와 십악十惡을 지었을지라도 「선善」이라 한다. 「아미타불」은 이 명호에 만덕이 갖추어져 있는 까닭에 만덕홍명萬德洪名이다. 이 명호로써 부처님의 덕을 불러옴에 모든 공덕이 남김없이 죄다 따라온다. 그런 까닭에 집지명호를 수행의 정행으로 삼는다. (이렇게 명호만 불러도 모든 공덕이 그 안에 다 들어 있기 때문에) 더 이상 **관상觀想**이나 화두참구參究 등의 다른 수행을 섭렵할 필요가 없다. 단지 한마디 부처님 명호를 집지하는 것이야말로 그 어떤 수행법보다 지극히 간단하고 지극히 쉬우며, 왕생할 수 있는 지극히 곧장 질러가는 지름길이다.

> 善男女者。不論出家在家。貴賤老少。六趣四生。但聞佛名。卽多劫善根成熟。五逆十惡皆名善也。阿彌陀佛。是萬德洪名。以名召德。罄無不盡。故卽以執持名號爲正行。不必更涉觀想參究等行。至簡易。至直捷也。

듣고 이해를 해야 믿음이 생기고, 믿음이 일어나야 발원하며, 이에 기꺼이 집지하게 된다. (이렇게 세 가지 자량을 구족해야 비로소 문혜라고 한다) 만약 믿지도 않고 발원하지도 않는다면 (정행이 세워질 수 없고) 이는 듣지 않은 것과 같아 비록 (부처님 명호가 귓전에 스쳐서 도의 종자를 이룰 수는 있지만) 단지 원인遠因이 될 수 있을 뿐, 문혜聞慧라고 할 수 없다.

> 聞而信。信而願。乃肯執持。不信不願與不聞等。雖爲遠因。不名聞慧。

부처님의 명호를 집지하면 부처님의 명호를 염념마다 기억하는 (정념이 이어져서 중단됨이 없는) 까닭에 사혜思慧이다. 그러나 집지에는 (그 깊이에 따라) 사지事持와 이지理持가 있다.

> 執持則念念憶佛名號。故是思慧。然有事持理持。

사지事持란 (일체 현상이 실재한다고 생각하고 염불하는 것을 말하니,) 서방에 실제로 아미타부처님과 극락세계가 있다고 믿지만, 아직은 "이 마음으로 부처님이 되고(是心作佛) 이 마음 그대로 부처님이다(是心是佛)"라는 이치를 통달하지 못하고, 단지 결연한 의지로써 극락세계에 태어나겠다고 발원하고 (명호를 받아 지녀 마음에 품고 지켜서 잃어버리지 않으며, 여기에만 생각을 두고 중단함이 없어) 마치 어린 아이가 어머니를 그리워하여 잠시도 잊지 않는 것과 같다.

> 事持者。信有西方阿彌陀佛。而未達是心作佛。是心是佛。但以決志願求
> 生故。如子憶母無時暫忘。

이지理持**란** (이체가 현상과 분리되지 않아 사지事持로써 이체에 도달하는 것을 말하니, 믿고 있는) 서방의 극락세계와 아미타부처님이 나의 심성에 본래 갖추어져 있는 것이고(理具), 나의 심성이 만들어낸 것(事造)임을 깨닫고서 자심에 갖추어져 있고, 자심이 만들어낸 만덕홍명을 마음을 매어두는 경계(繫心之境)로 삼아 (마음이 경계에 인연하고 경계를 마음에 매어두어, 마음과 경계가 서로 분리되지 않아) 잠시도 잊지 않는 것이다.

> 理持者。信西方阿彌陀佛。是我心具。是我心造。卽以自心所具所造洪名。
> 爲繫心之境。令不暫忘也。

「하루부터 칠일까지(一日至七日)」라는 것은 기한을 정해놓고 (염불삼매를 이루어) 생사대사生死大事를 끝마치는 것을 말한다. 예리한 근기(利根)는 하루 만에 일심불란一心不亂의 경지에 오를 수 있고, 둔한 근기(鈍根)는 칠일 만에 비로소 일심불란을 성취할 수 있으며, 중간 근기(中根)는 염불의 정도에 따라 혹은 이틀·사흘·닷새·엿새로 일정하지 않다. 또 예리한 근기는 칠일 동안 내내 일심불란을 유지하며, 둔한 근기는 하루정도 일심불란을 유지하며, 중간 근기는 엿새·닷새·나흘·사흘·이틀로 일정하지 않다.

一日至七日者。剋期辦事也。利根一日卽不亂。鈍根七日方不亂。中根二
三四五六日不定。 又利根能七日不亂。鈍根僅一日不亂。中根六五四三
二日不定。

일심一心에도 두 종류가 있다. 사지事持이든 이지理持이든 막론하고
명호를 집지하여 (원교의 오품위五品位에 이르러) 견혹見惑번뇌를 조
복하고, (원교의 초신初信에 이르러) 견혹見惑번뇌를 제거하며, 나아
가 (칠신위七信位에 이르러 사혹思惑까지도 완전히 끊어) 삼계내의 견사
혹見思惑을 먼저 다 끊게 되니, 이는 모두 사일심事一心이다. 사지이
든 이지이든 막론하고 명호를 집지하여 (원교의 초주위初住位에
이르러 일품무명을 타파하고,) 장심藏心이 개현開顯되어 (즉 일분삼덕一
分三德을 증득하여) 본성불本性佛을 친견할 수 있으니, 이는 모두
이일심理一心이다. 사일심事一心으로 아집我執이 이미 다하여 견사
혹이 다한 까닭에 견사혹에 흔들리지 않고, 이일심理一心으로
(법집法執이 다하여 무명까지 타파하고, 공과 유 양변을 모두 버리어
전부 그대로 중도中道로 귀의하는 까닭에) 양변二邊에 흔들리지 않게
되므로 곧 수혜修慧가 된다.

> 一心亦二種。不論事持理持。持至伏除煩惱。乃至見思先盡。皆事一心。不
> 論事持理持。持至心開見本性佛。皆理一心。事一心。不爲見思所亂。理一
> 心。不爲二邊所亂。卽修慧也。

견사혹에 흔들리지 않아 (생전 염불공부를 이어받고 사일심을 얻으면
임종시에 저절로 견사혹에 흔들리지 않아 정념이 또렷하여 선정에 든
듯) 변화 응신불 및 여러 성중들과 감응도교함이 현전하면, 그
사람은 임종시에 마음이 더 이상 사바세계 중에서 삼유三有 내

아집에 전도가 일어나지 않아 (아집을 조복하면 부처님의 접인을 받아) 동거토에, (아집을 이미 멸단하였다면 부처님의 접인을 받아) 방편유여토에, 두 가지 극락세계에 왕생하게 된다.

> 不爲見思亂。故感變化身佛。及諸聖衆現前。心不復起娑婆界中三有顚倒。往生同居方便二種極樂世界。

또 양변에 흔들리지 않아 (생전 염불공부를 이어받고 이일심을 얻으면 임종시에 저절로 양변에 흔들리지 않아 심성과 부처가 일여하여 삼마지에 들어) 수용 보신불 및 성중들과 감응도교함이 현전하면, 그 사람은 임종시에 마음이 더 이상 생사열반의 두 가지 견해에 전도가 일어나지 않아 (무명을 일부 타파하면 부처님의 접인을 받아) 실보장엄토에, (무명을 다 타파하면 부처님의 접인을 받아) 상적광정토에, 두 가지 극락세계에 왕생하게 된다.

> 不爲二邊亂。故感受用身佛。及諸聖衆現前。心不復起生死涅槃二見顚倒。往生實報寂光二種極樂世界。

마땅히 알라! 집지명호 일법은 (한마디 부처님 명호를 집지하기만 하면 되니) 지극히 간단하고, (한번 가르치면 곧 알 수 있으니) 쉬우며, (일심으로 명호를 집지하면 왕생할 수 있으니) 곧장 질러가는 길이므로 이에 (삼계를 횡으로 벗어나 단박에 생사를 뛰어넘는) 지극한 돈교법문(頓敎法門)이고, (한번 동거토에 왕생하여 세 가지 불퇴를 원만히 증득하는) 지극한 원교법문이다. (어떻게 이렇게 불가사의한 공덕이 있겠는가?) 염념마다 즉시 부처님이 되는 까닭에 수고롭게 관상(觀想)염불을 하지 말고, 더욱이 화두참구를 할 필요도 없다. 일념에 당하에 뚜렷이 밝아 (무량법문을 구족한 즉 관상참구 또한 한마디 명호를 벗어나지 않으니,) 남을 것도 모자랄 것도 없다. (그래서 이 한마디 부처님 명호는 곧 대총상법문大總相法門이다.)

> 當知執持名號。既簡易直捷。仍至頓至圓。以念念卽佛故。不勞觀想。不 必參究。當下圓明。無餘無欠。

(문수보살, 보현보살과 같은) 상상근기의 등각보살일지라도 (모두 발원하여 극락에 태어나길 구하므로) 그 문턱(범위)을 뛰어넘을 수 없고, (구관조, 앵무새와 같은) 하하근기의 중생일지라도 (아미타불 염불을 배우면 또한 왕생할 수 있으니) 또한 그 강역(蓮域 ; 극락)에 이를 수 있다. (부처님의 접인을 받을 때) 그 감응하여 나타나는 부처님도 (응화신 수용신이 있어 다르고), 왕생하는 국토도 (네 가지 정토가 있어 하나가 아닌 것은 모두 능감能感하는 문사수聞思修 삼혜三慧의 힘으로 말미암아 수승함도 있고 하열한 것도 있는 까닭이다.), 왕왕 계위가 승진勝進되어 접인 받는 경우도 있어 (원교가 별교를 접인하고 별교가 통교를 접인하듯이 계위를 억누르지 않고 접인하는 경우가 다수를 차지하여) 또한 한결같지 않다. (염불법문은 원만구족하여) 가로로 팔교八教를 포괄하고, 세로로 오시교五時를 꿰뚫고 있다. 그래서 석가모니부처님께서는 철저한 자비심으로 질문을 기다리지 않고 《아미타경》을 스스로 설하셨으며, 가히 믿기 어려움 법문이라고 찬탄하셨다.

> 上上根不能踰其閫。下下根亦能臻其域。其所感佛。所生土。往往勝進。 亦不一概。可謂橫該八教。豎徹五時。所以徹底悲心。無問自說。且深歎 其難信也。

묻건대, "《관무량수경觀無量壽經》에서는 오로지 작관作觀만 밝혔는데, 왜 수고롭게 관상觀想을 하지 말라고 하는가?"

답하되, "이 말은《관무량수경》에서 나온 것이다. 다만 관경에서
는 (아미타부처님 보신報身에의 모습을 관하는) 수승한 관법은 범부중
생의 심력心力으로는 미칠 수 있는 것이 아닌 까닭에, 제13관에서
별도로 (1장 6척 8척의) 하열한 상신(像身 ; 불상, 탱화)의 관을 열었다.
그러나 업장이 무거운 범부중생은 (마음이 거칠고 염이 뒤섞여서)
저 부처님도 염할 수 없는 까닭에 다시 제16관에서 칭명의
문을 크게 여신 것이다. 지금 이 아미타경에서도 말세 중생들의
근기가 천박하고 업장이 무거운 사람이 많은 까닭에 오르지
제16관, 칭명을 주로 권유하신 것이다. 마땅히 알라! 말세사람들
이 비록 근기가 둔할지라도 (심체는 본래 백계천여百界千如를 구족하
여) 1장 6척 8척의 상신像身과 무량수불의 명호가 미상불 유심으
로 이 마음이 불상을 짓고 이 마음이 그대로 불상이며, 이 마음이
명호를 짓고 이 마음이 그대로 명호이다. (《관경》에 이르길, "제불여
래께서는 그대로 법계신法界身이니, 일체 중생들의 마음 가운데 들어가
계시느니라. 그러므로 그대들의 마음에 부처님을 생각하면 이 마음이
그대로 부처님의 32상 80수형호이니, 이 마음으로 부처님이 되고 이
마음 그대로 부처님이니라. 제불의 정변지 바다는 마음으로부터 생기느니
라." 하셨다.) 그러므로 관조의 힘이 하열한 사람은 수고롭게
보신불報身佛을 관하는 수승한 관을 할 필요가 없고, 칭명을 하는
사람도 수고롭게 관상觀想을 할 필요가 없나니, 그 뜻은 하나이
다."

問。《觀經》專明作觀。何謂不勞觀想。答。此義即出《觀經》。彼經因勝觀。
非凡夫心力所及。故於第十三別開劣像之觀。而障重者猶不能念彼佛。故
於第十六大開稱名之門。今經因末世障重者多。故專主第十六觀。當知人

根雖鈍。而丈六八尺之像身。無量壽佛之名字。未嘗不心作心是。故觀劣者不勞勝觀。而稱名者並不勞觀想也。

묻건대, "천기본서天奇本瑞 선사와 독봉본선毒峰本善 선사 등 여러 조사스님들은 「염불하는 이 누구인가(念佛者是誰)」라고 참구할 것을 주장하셨는데, 왜 참구를 할 필요가 없다고 하는가?

답하되, "이 말은 천기 등 여러 선사들로부터 나온 것이다. 앞의 선사들께서는 염불하는 사람들이 (부처님께서 대비심으로 중생을 불쌍히 여겨, "이 마음이 그대로 부처님이 되고, 이 마음이 그대로 부처님이라" 가르쳐 주신 뜻을 깨닫지 못하여) 부처님의 철저한 자비심에 계합하지 못하는 까닭에, 여러 조사께서 옆에서 달갑게 여기시지 않고 그 자리에서 힐문하며 ("염불하는 이 누구인가? 언하에 회광반조迴光返照하기만 하면 자성미타自性彌陀를 친견하리라." 말씀하시어) 홀연히 일깨워 주시니, 어찌 (무명의) 긴 어둠에서 다시 (불일佛日이 현전하는) 아침이 밝아오는 것뿐이겠는가?

問。天奇毒峰諸祖。皆主參念佛者是誰。何謂不必參究。答。此義卽出天奇諸祖。前祖因念佛人。不契釋迦徹底悲心。故傍不甘。直下詰問。一猛提醒。何止長夜復旦。

그럼에도 불구하고 우리는 금일에 이르러서도 오히려 생사심(死心)으로 기꺼이 염불하려고 하지 않고, (염불하는 이 누구인가?) 애타게 살피면서, 대문을 두드리는데 사용하는 깨진 기왓장(화두)을 가지고 오히려 집안(五蘊)을 향하여 자기를 친히 낳아주신 부모님(自心)을 때리려고 하니, (능념能念 · 소념所念이 하나하나 유심唯心이고, 마음이 짓고 마음이 그대로인 이치를 깨닫지 못하고 오히려 염불하는 이 누구인가? 한마디 화두를 애써 참구하며 자신이 누구인가 자문하니, 이 얼마나 전도되고 한심한 일인가?) **이렇다면 조사스님들의 뜻에 도달하지 못하고 오히려 죄를 짓고 거스르는 것이 될 뿐, 잘 순종하는 것 아니다.**"

我輩至今日。猶不肯死心念佛。苦欲執敲門瓦子。向屋裏打親生爺娘。則於諸祖成惡逆。非善順也。

더 나아가 묻건대, "물론 생사심으로 기꺼이 염불하려는 사람에게는 이 말이 맞겠지만, 아직 염불하려고 하지 않은 사람에게는 어떻게 (석가모니부처님의 철저한 자비심과) 상응하겠는가?

답하되, "그렇다, 바로 오직 염불하려고 하지 않은 사람에 대해서만 말한 것이다. 그래서 그대들에게 기꺼이 마음을 일으켜 염불하여 석가모니부처님의 자비심과 상응하게 하려는 것이다. 그대들은 (유심에 대한) 바른 믿음이 아직 개발되지 않아 (아집과 법집이 견고하여) 마치 마른 소가죽이 뻣뻣하여 구부러지지 않는 것과 같다. (이런 사람은 설령 화두를 참구한다 해도 역시 마찬가지로 언젠가는 또다시 다른 방법을 찾아 헤맬 것이다.) **마땅히 알라!** (바른 믿음이 개발된) **눈이 있는 사람은** (즉불즉심卽佛卽心 즉심즉불卽心卽佛을 깊이 믿어 스스로 기꺼이 생사심으로 염불하면 참구할 필요가 없는 까닭에) **굳이 밝은 대낮**(지명염불)**에 등불**(화두참구)**을 켜지 않는 것은 당연하지만, 가령** (바른 믿음이 개발되지 않은) **눈이 없는 사람은** (생사심으로 염불하여 스스로 마음이 열려 구태여 애써 참구할 필요가 없는데, 마음 가운데 다시 마음을 찾는 것과 같아) **대낮에 애써 횃불을 찾을 필요가 있겠는가?**

進問。此在肯心者則可。未肯者何得相應。曰噫。正唯未肯。所以要你肯

心相應。汝等正信未開。如生牛皮。不可屈折。當知有目者。固無日下然燈
之理。而無目者。亦何必於日中苦覓燈炬。

(참구할 필요가 없다는 경문의 인증引證으로) 《능엄경楞嚴經》에서 대세
지 법왕자大勢至法王子께서 말씀하시길, "방편을 빌리지 않고도
자성본연에서 마음이 열리느니라(不假方便。自得心開)." 하셨나니, 이
두 마디 말씀은 일행삼매(一行三昧 ; 염불삼매) 가운데 큰 불더미(火聚)
같은 말씀으로 누구든지 감히 이 불더미에 닿는 자가 있다면
어찌 타지 않겠는가?"

大勢至法王子云。不假方便。自得心開。此一行三昧中大火聚語也。敢有
觸者。寧不被燒。

묻건대, "임종시 부처님께서 나타나신다면 어떻게 마구니가
아니라는 걸 보장하겠는가?"

답하되, "참선 수행을 하는 사람은 평상시 부처님을 관하지
않았는데, 부처님께서 홀연히 나타나신다면 이는 본래 기대하던
경계가 아닌 까닭에 마구니의 일(魔事)이라 한다. (마구니가 수행자
를 뇌란 시키는 일은 여러 가지로 모두 수행자가 좋아하는 경계에 뛰어
들게 하는데, 부처님의 몸과 보살의 몸으로 많이 나타나 설법하면서
마구니의 그물로 끌어들인다. 그래서 선종에서는 "마구니가 와도 베어버
리고, 부처님이 와도 베어버려라"는 마구니를 막는 말이 있다.) 그러나
염불하는 사람이 부처님을 친견하는 것은 본래 기대하던 경계인
까닭에 이미 상응한 것이다. 하물며 임종은 마구니를 부르는
때가 아니기에 어찌 의심하고 걱정할 필요가 있겠는가?"

問。臨終佛現。寧保非魔。答。修心人不作佛觀。而佛忽現。非本所期。故名

魔事。念佛見佛。已是相應。況臨終非致魔時。何須疑慮。

묻건대, "칠일 동안 산란하지 않는다는 말은 평상시를 가리키는가, 아니면 임종시를 가리키는가?"

답하되, "평상시를 가리킨다."

묻건대, "칠일 동안 산란하지 않은 후에, 다시 미혹을 일으켜 업을 짓는다 하더라도 왕생할 수 있는가?'

답하되, "만약 과로 일심불란一心不亂을 얻었다면 (사일심불란의 경지에서는 안의 미혹과 바깥 경계로 혼란되는 대상이 되지 않아) 다시 미혹을 일으켜 업을 짓는 일은 없다."

問。七日不亂平時耶。臨終耶。答。平時也。問七日不亂之後。復起惑造業。亦得生耶。答。果得一心不亂之人。無更起惑造業之事。

묻건대, "대본《무량수경》의 십념十念과《염불삼매보왕론念佛三昧寶王論》의 일념一念은 평상시를 가리키는가, 아니면 임종시를 가리키는가?"

답하되, "십념十念은 평상시와 임종시 양쪽에 다 통하는 말이다. 매일 조용한 새벽에 십념은 평상시에 하는 방법이고, 십념득생十念得生은《관무량수경》에서 십념칭명十念稱名과 같은 말로 모두 임종시에 속한다. (일체를 간파하고 모든 인연을 내려놓고서 가장 맹렬하고 예리한 마음으로 열 차례 호흡에 따라 염불하면 또한 업을 지닌 채 왕생할 수 있다.) 그러나 일념一念은 오직 임종시를 따른다. (평상시 부처님을 믿지 않고 염불하지 않다가 임종에 이르러 업보가 현전할 때 선지식을 만나 염불법문의 가르침을 받아 선근이 발현되어 신심으로 칭명하여 단 일념이라도 생사의 갈림길에 염력이 견고하면 또한 왕생할 수 있다.)"

問。《大本》十念。《寶王》一念。平時耶。臨終耶。答。十念通二時。晨朝十念。屬平時。十念得生。與《觀經》十念稱名同。屬臨終時。一念。則但約臨終時。

묻건대, "십념이든 일념이든 모두 왕생할 수 있다면 구태여 칠일 동안 할 필요가 있겠는가?"

답하되, "평소에 칠일 공부를 하지 않았던 사람이 어찌 임종시 (온갖 고통이 옥죄어 올 때) 십념이나 일념을 할 수 있겠는가? 비록 하하품 오역 십악을 지은 사람이라 할지라도 숙세의 선근 인연(夙因)이 성숙하여 (선연을 감득할 수 있고) 임종할 때에 다행히 선지식을 만나 염불법문을 개시하면 이를 듣고 바로 믿고 발원하며 (발심하여 명호를 집지하면 비록 십념 일념일지라도 그 행은 많지 않지만, 당시 심력이 맹렬하고 예리하여 오직 부처님이 염하고 오직 부처님이 구하는 까닭에 부처님의 원력과 자비력에 의지해 접인 받아 왕생하니) 이 일은 일만 명 가운데 한 사람을 만나기 어려우니, 어찌 임종시를 기다려 염하고 요행을 바라는 마음을 품겠는가? 천여天如 화상의 《정토혹문淨土或問》에서 이 일에 대해 아주 상세하게 질책하고 있으니, 사람들마다 읽지 않으면 안 된다.

問。十念一念並得生。何須七日。答。若無平時七日工夫。安有臨終十念一念。縱下下品逆惡之人。並是夙因成熟。故感臨終遇善友。聞便信願。此事萬中無一。豈可僥倖。《淨土或問》。斥此最詳。今人不可不讀。

묻건대, "서방극락세계는 이 사바세계에서 십만억 불토나 서로 떨어져 있는데 어떻게 즉시 왕생할 수 있는가?"

답하되, "십만억 불토는 (비록 매우 멀리 떨어져 있어도) 실제로 우리의 현전 일념 심성의 바깥으로 벗어나지 않는다. (심성은 시간적으로 삼제를 궁진하고 공간적으로 시방세계에 두루하며, 심량은 태허를 감싸고 항하사 세계를 두루하여, 태허는 늘 마음 가운데 있으니, 하물며 십만억 불토이겠는가?) 왜냐하면 심성은 본래 바깥이 없는 까닭이라고 말한다. 또 자심의 불력에 의지하여 접인을 받아 자심의 정토에 왕생하니 (무변의 찰토라도 자심과 저 부처님이 털끝만큼도 떨어져 있지 않으니) 어떤 어려움이 있겠는가?

問。西方去此十萬億土。何得卽生。答。十萬億土。不出我現前一念心性之外。以心性本無外故。又仗自心之佛力接引。何難卽生。

마치 거울(마음) 가운데 수 십층의 산수와 누각(십만억 불토)을 한 번에 전부 비추어 전부 분명하니, 층수가 완연하여 실제로 멀고 가까움이 없으며, 또한 한번 보아 전부 두루하니, 또한 선후가 없고 동시에 한때이다. (그래서 왕생하는 자는 일념의 순간에 극락국토에 태어나니, 태어나면 결정코 태어나고, 가도 실제로 가지 않으며, 오고감이 완연하고 오고감에 자성이 없어, 거울 속의 경계가 완연히 현현하고 자성 없이 현현함과 같다.)

如鏡中照數十層山水樓閣。層數宛然。實無遠近。一照俱了。見無先後。

"여기에서 서쪽으로 십만 억 불국토를 지나가면「극락」이라 이름하는 세계가 있고"(서방의 의보 극락세계) 또한 이와 같고,

"그 세계에는 명호가 「아미타」인 부처님께서 계시나니, 지금 그곳에서 안온히 주지하시면서 설법하고 계시느니라"(아미타부처님의 설법과 정보의 부처님) 또한 이와 같으며, "그 사람이 목숨을 마치려 할 때에 아미타부처님께서 수많은 성중들과 함께 그 앞에 나타나느니라. 그래서 그 사람은 임종할 때에 마음이 전도되지 아니하고 아미타부처님의 극락국토에 즉시 왕생할 수 있느니라."(아미타부처님께서 성중과 함께 앞에 나타나고 중생의 마음이 전도되지 않고 즉시 왕생함) 또한 이와 같다. (거울 속에 오고감이 완연하고, 오고감에 자성이 없어 일념에 전부 분명하며, 보는데 선후가 없는 것과 같다.)

> 從是西方過十萬億佛土。有世界名曰極樂。亦如是。其土有佛。號阿彌陀。今現在說法。亦如是。其人臨命終時。阿彌陀佛。與諸聖衆。現在其前。是人終時。心不顚倒。卽得往生。阿彌陀佛。極樂國土。亦如是。

마땅히 (「유심唯心」, 이 두 글자를) 알아야 한다! (일체 현상에 즉하여 이체를 밝힘으로써)《아미타경》은 경문 글자 행 하나하나가 모두 해인삼매海印三昧와 대원경지大圓鏡智의 신령한 글이다. (모두 심성의 다른 이름으로 심성이 일체법계를 구족함을 해인삼매海印三昧라 하고, 곧 수많은 온갖 삼라만상의 해인을 머금으니 이것이 이구理具이다. 그리고 심성이 일체 의보·정보를 원만히 나타냄을 대원경지大圓鏡智라 하고, 곧 원광이 두루 비추어 나타나지 않은 법이 없으니 이것이 사조事造이다.)

> 當知字字皆海印三昧。大圓鏡智之靈文也。

묻건대, "(앞에서 믿음과 발원을 지혜의 행이라 판별하고,) 집지명호를 이미 수행의 행이라 판별했으니 곧 조행인데, 어찌 정행正行이라 하는가?"

답하되, "(삼자량은 오직 일심이니) 일심에 의거해서 신원행을 말한 까닭에 선후가 있는 것이 아니고, 또한 반드시 셋도 아니다. 발원과 지명행이 없다면 진실한 믿음이라 하지 못하고, 지명행과 믿음이 없다면 진실한 발원이라 하지 못하며, 믿음과 발원이 없다면 진실한 지명행이 없다. 지금 전체가 믿음·발원·집지명호로 말미암는 까닭에 신원행 셋이다. (하나를 들면 셋이고, 전체 셋은 하나이다.) (부처님 명호를 소리 내어 염하면) 소리소리마다 신원행이 원만히 갖추어진다. (정행과 조행은 모두 일심을 벗어나지 않는다. 지혜의 행과 수행의 행 ,두 가지 행 또한 일심을 벗어나지 않는다.) 그래서 선근·복덕·인연이 많다고 한 것이다.

> 問。持名判行行。則是助行。何名正行。答。依一心說信願行。非先後。非定三。蓋無願行。不名眞信。無行信。不名眞願。無信願。不名眞行。今全由信願持名。故信願行三。聲聲圓具。所以名多善根福德因緣。

(경문을 인용하여 증명하면)《관무량수경》에서는 아미타부처님 명호를 부르는 까닭에 염념마다 80억겁 생사의 죄를 소멸시킬 수 있다고 했는데, 바로 이를 두고 한 말이다. 만약 복덕과 선근이 많지 않다면 어찌 소멸한 죄가 이처럼 클 수 있겠는가?"

> 《觀經》稱佛名故。念念中除八十億劫生死之罪。此之謂也。若福善不多。安能除罪如此之大。

묻건대, "임종시 맹렬하고 간절히 염불하면 많은 죄를 소멸시킬 수 있다고 했는데, 평소에도 지극한 마음으로 칭명하면 또한 죄를 소멸시킬 수 있는가?"

답하되, "마치 (지혜의) 해가 떠오르면 모든 어둠(즉 어리석고 미욱한 혹업惑業)이 저절로 사라지는 것과 같다. 그래서 아미타부처님의 홍명을 부르면 수많은 죄를 소멸시킬 수 있다고 말한 것이다."

問。臨終猛切。能除多罪。平日至心稱名。亦除罪否。答。如日出。群暗消。稱洪名。萬罪滅。

묻건대, "산란한 마음으로 칭명하여도 역시 죄가 소멸되는가?"

답하되, "부처님의 명호는 수많은 공덕을 갖추고 있어 불가사의 한데, 어찌 죄가 소멸되지 않겠는가? 다만 반드시 극락정토에 왕생하는 것은 아니다. 왜냐하면 (산란한 마음으로 칭명한) 한없이 많은 산선散善으로는 (힘이 충분하지 않아) 무시이래 세세생생 쌓아 온 온갖 죄들에 대적하기가 어렵기 때문이다.

問。散心稱名。亦除罪否。答。名號功德。不可思議。寧不除罪。但不定往生。以悠悠散善。難敵無始積罪故。

마땅히 알라! 무시겁에서 지금까지 지은 죄업이 체적(體相)이 있는 것이라면 허공계를 다하여도 수용할 수 없으며, 비록 백년 동안 밤낮으로 아미타부처님의 명호를 십만 번씩 불러서, 소리 소리마다 80억겁 생사의 죄가 모두 소멸된다고 하더라도, 그 소멸된 죄는 손톱에 묻은 흙에 불과하고 소멸되지 않은 죄업은 대지의 흙만큼이나 많다.

當知積罪假使有體相者。盡虛空界不能容受。雖百年晝夜彌陀十萬。一一聲滅八十億劫生死。然所滅罪如爪上土。未滅罪如大地土。

오직 일심불란一心不亂에 이르도록 염불해야만, (수승한 역용이 있다.) 마치 용맹하고 건장한 장수가 적군의 겹겹이 둘러진 포위망을 뚫고 탈출하여 빠져 나와서 다시는 삼군(三軍, 견사見思, 진사塵沙, 무명의 삼혹)의 힘으로도 제어할 수 없는 것과 같다."

> 唯念至一心不亂。則如健人突圍而出。非復三軍能制耳。

그러나 칭명하면 곧 성불의 종자가 되어 영겁토록 파괴되지 않으니, 마치 금강석의 견고함은 끝내 파괴시킬 수 없는 것과 같다. 예를 들면 부처님이 계실 적에 한 노인이 출가할 것을 구하자 5백 명의 성중들이 모두 선근이 없다고 이르자, 부처님께서는 말씀하시길, "이 사람은 무량겁 이전에 나무꾼으로 나무를 하다가 호랑이의 핍박을 받아 얼떨결에 「나무불南無佛」 하고 소리 내어 불렀느니라. 지금 이 선근이 성숙하여 나를 만나 도를 얻고자 하니, 이승二乘의 도안(道眼 ; 혜안)으로는 알 수가 없으니라." 이로써 보건대, (얼떨결에 한번 소리 내어 염불한 것도 득도의 인因이 되니, 하물며 전심專心으로 염하고 일심불란에 이르도록 염함이랴.) 또 《법화경》에서 "만약 어떤 사람이 산란한 마음으로 탑묘에 들어가 「나무불南無佛」 하고 한번만 불러도, 모두 이미 성불한 것이나 마찬가지다." 하였으니, 어찌 믿지 않을 수 있겠는가?"

> 然稱名便爲成佛種子。如金剛終不可壞。佛世一老人求出家。五百聖衆皆謂無善根。佛言。此人無量劫前爲虎偪。失聲稱南無佛。今此善根成熟。值我得道。非二乘道眼所知也。由此觀之。《法華》明過去佛所散亂稱名。皆已成佛。豈不信哉。

엎드려 바라옵건대, 출가자이든 재가자이든 지혜 있는 자이든 어리석은 자이든 이 염불법문은 간단하고 쉬우며, 곧장 질러가는 무상의 원돈법문圓頓法門으로 너무 닦기 어렵다고 여겨 쉽게 물러나거나 핑계를 대지 말고, 너무 곧장 질러가고 쉬운 것이라 여겨 마냥 느긋하여 채찍질을 멈추지 말며, 법문의 깊이가 얕다고 여겨 함부로 얕보지 말고, 위없이 높고 깊은 법문이라고 여겨 감히 감당할 수 없다 말하지 마시길 바라나이다.

> 伏願緇素智愚。於此簡易直捷。無上圓頓法門。勿視爲難。而輒生退諉。勿視爲易。而漫不策勤。勿視爲淺。而妄致藐輕。勿視爲深。而弗敢承任。

집지하는 대상인 명호야말로 (곧 경요境要로 한마디 부처님명호를 마음을 매어두는 경계로 삼는 것이니) (부처님께서 곧 심성인 까닭에) 진실로 불가사의하고, 집지하는 주체인 우리의 심성이야말로 (곧 심요心要로 마음을 제법의 근본으로 삼는 것이니) 또한 (심성이 곧 부처님인 까닭에) 진실로 불가사의하며, (주체와 대상이 둘이 아니고, 심성과 부처님이 일여한 즉 법문요法門要로 아미타부처님 본원 위신력이 가지加持하니) 한번 소리 내어 집지하면 한 소리에 불가사의하고, 십백천만 번 무량무수하게 집지하면 소리소리마다 불가사의하다. (소리소리마다 상응하고 염념마다 상응한 즉 우담바라화가 때때로 출현하듯 부처님께서 출현하시니, 심·경·법문 삼요가 모두 불가사의하다).

> 蓋所持之名號。眞實不可思議。能持之心性。亦眞實不可思議。持一聲。則一聲不可思議。持十百千萬無量無數聲。聲聲皆不可思議也。

사리불아, 나는 이러한 진실한 이익을 보았기에 이러한 말을 하는 것이니, 이 말을 들은 중생들은 마땅히

저 국토에 태어나길 발원해야 하느니라.

舍利弗。我見是利。故說此言。若有衆生。聞是說者。應當發願。生彼國
土。

「나는 보았다(我見)」란 부처님께서 눈으로 보신 것은 (일체 현상
전체 그대로가 이체이고 법마다 유심이므로) 제법실상의 구경까지
어둡지 않고 밝게 깨달았다는 것이다. 「이러한 진실한 이익(是利)」
이란 염불하여 횡으로 사바세계 오탁악세를 벗어나고, 극락사토
를 원만히 청정하게 하며, 곧바로 세 가지 불퇴위不退位까지 이르
는데, 이것이 불가사의한 공덕의 이익이다.

我見者。佛眼所見。究盡明了也。是利者。橫出五濁。圓淨四土。直至不退
位盡。是爲不可思議功德之利也。

또한 「이러한 진실한 이익(是利)」이란 임종시 (일심염불로 인을
닦고, 과를 맺을 때 자신의 염력과 아미타부처님의 원력에 의지해) 마음
이 전도되지 않는 것이 큰 이익임을 말한다. (전도되지 않음으로
말미암아 곧 왕생하여 이고득락하고 생사를 요탈하니, 잠시도 기다리지
않고 손가락 퉁기는 순간에 삼계를 횡으로 뛰어넘어 신식이 극락으로
돌아간다.) 예토에서는 자력에 의지해 수행하다가 (임종시에 아직
따뜻한 감촉이 남아 있을 때 일생의 선과 악이 한꺼번에 나타나서 죽음을
거역하고 생을 따르는 두 가지 습성에 서로 어울리는) 생사의 갈림길에
서 득력하기가 가장 어렵다.

復次是利。約命終時心不顚倒而言。蓋穢土自力修行。生死關頭。最難得
力。

(맹목적으로 마음대로 닦고, 단지 힘쓰기만 알고 수행법에 어두우며, 바른 이치에 밝지 못한) **완고하게 닦는**(頑修) **사람과** (타고난 자질이 총명하고 민첩하여 경전에 대해 잘 이해할지라도 정진 수행에 힘쓰지 않아 지혜와 행이 상응하지 않는) **산란한 지혜**(狂慧)**에 떨어지는 사람, 이 두 부류의 사람들은** (한편으로는 현상에 집착해 이치를 통달하지 못하고, 한편으로는 이치에 집착해 현상을 그만두어서) **생사의 갈림길에 이르면 힘을 얻을 수 없어 완전히 쓸모없다. 또한 깨달음의 문이 심원하고 이치적으로 깨달은 사람과 계율을 엄격히 지키며 깊이 침잠하여 확실한 사람도 만일 제거하지 못한 습기가 조금이라도 남아 있다면 강한 쪽을 따라 치우쳐 떨어짐을 면치 못한다.** (이는 모두 오직 자력수행에만 기댄 위험이다.)

無論頑修狂慧。憿憁無功。即悟門深遠。操履潛確之人。黨分毫習氣未
除。未免隨强偏墜。

그래서 영명연수선사(永明延壽禪師)께서 "참선을 하여 확철대오했더라도 자기의 수행만 믿고 부처님의 힘을 의지하지 않는다면 열 명 가운데 아홉 명은 길을 잃게 되나니, (임종시에) 중음의 경계(陰境)가 현전하여 (자력이 수승하지 못하고 불력(佛力)이 없어) 눈 깜짝할 사이에 경계를 따라 가게 된다." 하셨으니, 이는 가히 두렵고 소름끼치는 일이다.

永明祖師所謂十人九蹉路。陰境若現前。瞥爾隨他去。此誠可寒心者也。

소승의 초과인 수다원과(須陀洹果)**는** (견혹을 타파하고, 성인의 흐름에 천상의 인간으로 처음 참여하였지만, 아직 일곱 번 생을 받아야 하는데) **태에서 나올 때 전생의 일을 미매**(迷昧)**하여 알지 못하고, 보살**

또한 이전 오음이 멸하고 중음신을 거쳐 태에 들어가 다음 오음으로 세상에 나올 때(隔陰) 전생 일에 대해 다시 혼매(昏昧)한다. 여기서 어찌 억지로 주재하여 요행과 흐리멍텅함을 받아들이겠는가? (이 세상에서 수행 정진하지 못한 사람은 스스로 금생에 원만히 못 닦았으니 다음 생에 다시 닦아 원만히 닦을 수 있다고 말하나, 격음隔陰의 혼매함을 모르고 생을 바꾸면 전생의 제대로 닦지 못한 것을 기억하지 못해 전혀 수행을 생각하지 못하고 계속 이어갈 수 없어 이전 공덕을 모두 버리게 되니, 어찌 가련하지 않겠는가?)

初果昧於出胎。菩薩昏於隔陰。者裏豈容强作主宰。僥倖顢頂。

그러나 오직 믿음·발원·집지명호가 있어 (자신이 닦은 정업의 힘에다) 저 아미타부처님의 원력에 기대는 까닭에 아미타부처님께서 자비원력으로 염불중생을 접인하시니, 일생의 공이 결코 헛되이 사라지지 않고 아미타부처님께서 성중과 함께 앞에 나타나 안위하며 극락세계로 인도하시는 까닭에 마음에 혼미하거나 전도되지 않고 자재하게 왕생한다.

唯有信願持名。仗他力故。佛慈悲願。定不唐捐。彌陀聖衆。現前慰導。故得無倒。自在往生。

즉 아미타부처님께서 일체중생이 임종시 전도되고 혼란해 하며 고통을 겪는 모습을 보시고, 특별히 이 일을 지키고 보호해주시기 위해서 이 염불법문을 설하신 것이다. 만약 염불하여 일심불란할 수 있다면 임종시 반드시 감응하여 부처님께서 현전하신다. 그래서 은근히 다시 발원하여 극락에 태어나길 구하라고 권한 것이니, 발원의 힘이 지극히 커야 염불수행을 이끌 수 있는 까닭이다.

佛見衆生臨終倒亂之苦。特爲保任此事。所以殷勤再勸發願。以願能導行
故也。

묻건대, "부처님께서는 이미 이 마음으로 되셨고(心作), 이 마음
그대로이신데(心是), 어째서 단지 자심의 부처님만 말씀하지 않고,
저 부처님의 힘을 수승하게 여기고 꼭 타력에 기대라고 하는
이유는 무엇인가?"

問。佛旣心作心是。何不竟言自佛。而必以他佛爲勝。何也。

답하되, "(지명염불은 원돈법문으로 그 종지는 마음·부처·중생, 이
셋은 차별이 없다는 것으로《화엄경》과 같다. 부처님은 중생심에 있는
부처님이고, 중생은 불심에 있는 중생으로 중생심과 불심은 본래 일체이
므로) 이 법문을 닦는 자는 (중요한 것은 이치를 깨달아 이일심불란이
성취하는 것에 있는 까닭에) 「전적으로 저 부처님을 깨닫는 것이
곧 자심의 부처님을 깨닫는 것에 있다」 말한다. 저 부처님을
말하는 것이 꺼려진다면 이는 아직 타견他見을 잊지 못하여 저
부처님이 자심임을 깨닫지 못하였기 때문이다. 만약 자심의
부처님만 말하여 자심의 부처님에 편중한다면 이는 아견我見이
견고하여 전도가 더없이 심하다. (아견을 아직 제거하지 못하였으니,
하물며 법집이겠는가? 즉불즉심卽佛卽心의 이치에 밝다면 자타의 견해가
절로 사라지고, 아我와 법法을 함께 잊을 것이다.)"

答。此之法門。全在了他卽自。若諱言他佛。則是他見未忘。若偏重自佛。
卻成我見顚倒。

또한 (지명염불이 지닌) 실단(悉檀 ; 모든 중생을 두루 교화하는 방법)의 네 가지 이익에서 뒤의 세 가지 이익은 단독으로 일어나지 않는다. 만약 석가모니부처님께서 극락세계의 의보·정보 장엄을 설하여 중생들이 부처님의 말씀을 듣고 좋은 인연을 만났다고 기뻐하며(세계실단世界悉檀의 환희익歡喜益) 깊은 믿음을 일으킬 수 없다면, 중생들로 하여금 극락세계 공덕 장엄을 기뻐하여 그리워하고, 정업淨業을 기뻐하여 닦아 선법을 쌓는 이익(위인실단爲人悉檀의 생선익生善益)과 사바세계를 싫어하여 여의고, 오탁을 싫어하여 버리고 악법을 타파하는 이익(대치실단對治悉檀의 파악익破惡益)의 두 가지 이익을 일으킬 수 없거늘, 하물며 유심정토와 자성미타를 깨달아 이체의 부처님(理佛)에 들어 갈 수 있겠는가(제일의실단第一義悉檀의 입리익入理益)?

그러므로 염불하는 사람은 (먼저 아미타부처님 명호의 집지, 즉 사事의 집지로 시작하여 능념能念의 마음으로 소념所念인 아미타부처님을 염하고, 다시 유념有念으로 시작하여 무념無念에 이르러 능념能念의 마음이 자체가 본래 공함을 깨닫고, 소념所念인 아미타부처님이 불가득임을 깨달으며, 만약 무념에 머문다면 이 또한 옳지 않으니, 바로 유와 무의 관문을 통과하여 염함이 없어도 염하고, 염하여도 곧 염함이 없는 경계, 즉 이의 집지에 이르니) 오직 사의 집지(事持)에 즉하여 이의 집지(理持)에 도달하면 아미타부처님께서 서방의 성중들과 함께 눈앞에 나타나시니, 곧 이는 본성불本性佛께서 분명하게 나타나시는 것이고, 저 극락정토에 왕생하여 아미타부처님을 친견하고 법문을 친히 들을 수 있으니, 곧 이는 자성 가운데 본래 갖춘 지혜의 몸(慧身)을 성취하는 것으로 저 부처님으로 말미암아 깨닫는 것이 아니다. (이는 곧 원교의 초주보살이 일품무명을 타파하고 일분법신을 증득하여 청정 미묘법신을 얻어 담담히 일체에 응하는 것과 같다.)

又悉檀四益。後三益事不孤起。儻不從世界深發慶信。則欣厭二益尚不
能生。何況悟入理佛。唯卽事持達理持。所以彌陀聖衆現前。卽是本性明
顯。往生彼土。見佛聞法。卽是成就慧身。不由他悟。

(지명염불 일법은) **위없는 원돈법문으로 깊고 미묘하여** (단지 한마디
부처님 명호를 집지하고 똑바로 염하여 가면, 분별을 빌리지 않고 사량에
떨어지지 않고서 직심直心으로 바르게 행하는 까닭에) **일체 말장난을
남김없이 타파하고, 일체의 의견意見을 한꺼번에 잘라버리는
힘을 가지고 있으니,** (이 위없는 원돈·심묘법문은) **오직 마명보살馬
鳴菩薩·용수보살龍樹菩薩·지자대사智者大師·영명연수선사永明延
壽禪師 등 대근기를 지닌 사람만이** (바로 그 자리에서 분명히 알아直下承
當) **철저히 짊어지고 갈 수 있다.**

그 나머지 세속의 학문적인 지식이 풍부하여 세상을 다 안다고
자부하는 사람들이나, 알 수 없는 이상한 도를 닦아 인생의
철리를 훤히 다 안다고 떠벌리는 도인이나 수행자들, 그리고
밑도 끝도 없는 커다란 진리만을 입이 가는대로 토해내는 일부의
선객禪客들은 아무리 자기들의 지식을 다해 정토법문에 대해
생각하고, 분별하고 변론해 보아도 생각할수록 더욱더 멀어질
뿐이다. 차라리 어리석은 남녀일지라도 노실하게 염불하여 공부
가 순정한 경지에 이르면 자연히 통달하여 여래과지 상의 지혜와
상응하고, 은연중 제불여래가 과지 상에 증득한 도의 미묘함에
저절로 계합되는 것만 못하다.

이 경에서 석가모니부처님께서 "나는 이러한 진실한 이익을
보았기에 이러한 말을 하는 것이니(我見是利 故說此言)"라고 하신
것은 분명히 부처님께서 눈으로 보시고 음성으로 말씀하시어

모두 사실임을 몸소 증명하셨으니, 어찌 감히 거역하여 부처님의 뜻을 잘 순종하며 들어가지 않겠는가? (정종의 조사 대덕들처럼 부처님의 가르침을 잘 듣고 가르침대로 봉행하여야 가장 원만하고 수승한 이익을 현전에서 모두 얻을 것이다.) **여기까지 본경의 「정종분」을 마친다.**

法門深妙。破盡一切戲論。斬盡一切意見。唯馬鳴。龍樹。智者。永明之流。徹底擔荷得去。其餘世智辯聰。通儒禪客。盡思度量。愈推愈遠。又不若愚夫婦老實念佛者。爲能潛通佛智。暗合道妙也。我見是利。故說此言。分明以佛眼佛音。印定此事。豈敢違抗。不善順入也哉。二正宗分竟。

제3장 유통분 流通分

믿음·발원·집지명호 일법은 이 경의 정종이자 신信·해解·수修·증證을 갖춘 단계로, 일체 법문을 원만하게 거두어들이고(圓收), 원만하게 뛰어넘는다(圓超). 이 경을 (미혹을 끊는 정도에 따라) 공간적으로 논하면 (깊고 얕은 차이가 있는 것은) 일체법문과 같지만, (증득하는 과위에 따라) 시간적으로 논하면 (생사를 마치고 삼계를 벗어나 대보리를 증득하는 것은) 일체법문과 판이하게 다르다. (오직 이 경만이 홀로 뛰어나다.)

이 경은 실상實相을 체로 삼아 석가모니부처님께서 철저한 자비심으로 무문자설無問自說하신 것으로 누가 이 경을 제창하고 이어받아 전하여서 유통할 책임을 감당할 수 있겠는가? 유불(唯佛；석가모니부처님)·여불(與佛；시방제불)께서 제법실상을 구경까지 깨달아 아실 수 있고, 이 경은 오직 부처님의 경계인 까닭에 오직 부처님과 부처님만이 함께 만고에 유전流傳하고 시방세계에 도달하게 할 수 있을 뿐이다. (그래서 육방제불께서 이구동성으로 이 경을 찬탄하신다.)

> 信願持名一法。圓收圓超一切法門。豎與一切法門渾同。橫與一切法門迥異。既無問自說。誰堪倡募流通。唯佛與佛。乃能究盡諸法實相。此經唯佛境界。唯佛佛可與流通耳。

사리불아, 내가 지금 아미타부처님의 불가사의한 공덕 이익을 찬탄하는 것처럼

> 舍利弗。如我今者。讚歎阿彌陀佛。不可思議功德之利。

「불가사의不可思議」에는 간략히 다섯 가지 뜻이 있다.

첫째, 염불에 성공하여 업을 지낸 채 왕생하면 삼계三界를 횡으로 뛰어넘을 수 있고, 미혹을 끊을 때까지 기다리지 않아도 된다.

둘째, 왕생극락하여 세 가지 불퇴를 원만히 증득한 즉 횡으로 네 가지 정토를 갖추고, 또한 동거토에 태어나는 즉 상위의 세 정토에도 태어날 수 있어, 점차로 증진하는 것이 아니라 원만히 뛰어넘어 물러나지 않고 일생에 성불할 수 있다.

셋째, 한마디 부처님 명호만 집지하면 참선·관상觀像 등의 모든 방편을 빌리지 않고도 자성본연에서 마음이 열린다.

넷째, 하루나 칠일 동안을 기한으로 삼아 일심불란一心不亂을 이루어 염불삼매를 얻게 되면 극락세계에 태어날 수 있기 때문에, 다겁多劫을 부지런히 닦거나 여러 생을 거쳐서 닦아가야 한다든지, 또는 수년 혹은 수개월을 닦아야 비로소 성취할 수 있는 다른 수행법들과 다르다.

다섯째, 한마디 아미타불 명호를 집지하면 시방제불로부터 보호(維護)를 받아 안온함을 얻고 모든 장애와 어려움이 없으며, 또한 애념愛念을 받아 정진하여 퇴타退墮에 이르지 않으므로 아미타부처님 명호를 집지하면 일체 제불명호를 집지하지 않아도 된다. 이 모두는 도사導師께서 인지因地에서 세우신 대원과 닦으신 대행의 공덕에 의해 성취된 것이다. 그래서 「아미타부처님의 불가사의한 공덕 이익」이라 하셨다.

不可思議。略有五意。一橫超三界。不俟斷惑。二卽西方橫具四土。非由漸證。三但持名號。不假禪觀諸方便。四一七爲期。不藉多劫多生多年月。五持一佛名。卽爲諸佛護念。不異持一切佛名。此皆導師大願行之所成就。

故曰阿彌陀佛不可思議功德之利。

또한 염불하는 사람이 믿음·발원·집지명호를 구족하면 저절로 아미타부처님의 공덕을 전부 거두어 자신의 공덕을 이루는 까닭에 또한 「아미타부처님의 불가사의한 공덕 이익」이라 하셨다. [또한 아래 경문에 「제불의 불가사의한 공덕(諸佛不可思議功德)」과 「나의 불가사의한 공덕(我不可思議功德)」이라 하셨는데, 이는 시방삼세 제불과 석가모니부처님께서는 모두 아미타부처님을 자신의 본신(法界藏身)으로 삼기 때문이다.]

又行人信願持名。全攝佛功德成自功德。[故亦曰阿彌陀佛。不可思議功德之利。下又曰。諸佛不可思議功德。我不可思議功德。是諸佛釋迦。皆以阿彌爲自也。]

동방에도 아촉비불·수미상불·대수미불·수미광불, 묘음불 등과 같이 항하의 모래알 수만큼이나 많은 제불께서 계시며 각각 자신의 국토에서 광장설상을 내미시어 삼천대천세계를 두루 덮고 참되고 진실한 말씀으로 이르시길, "너희 중생들은 《칭찬불가사의공덕일체제불소호념경》을 믿을지니라." 하시니라.

東方亦有阿閦鞞佛。須彌相佛。大須彌佛。須彌光佛。妙音佛。如是等。恆河沙數諸佛。各於其國。出廣長舌相。遍覆三千大千世界。說誠實言。汝等衆生。當信是。稱讚不可思議功德。一切諸佛所護念經。

(동방은 모든 움직이는 것들의 머리가 된다.)「아촉阿閦」은 움직임

이 없다(無動)는 뜻이다. (이는 팔풍八風에도 흔들리지 않고, 삼악도에도 흔들리지 않으며, 세계가 움직이는 가운데에도 움직이지 않는 부처님이 계시니, 바로 나가(那伽 ; 용, 부처님)가 늘 선정에 들어 선정이지 않는 때가 없음을 말한다.)

부처님에게는 무량한 덕이 있으니, 따라서 당연히 무량한 이름이 있게 마련이다. (이름은 가명假名이고 덕은 실덕實德이다. 이름으로 덕을 불러내면 덕은 이미 무량인 까닭에 이름 또한 무량이다.) 일체 부처님의 이름은 대부분 중생의 근기에 따라 짓지만, 혹 수행할 당시의 인행因行을 취해서 짓거나 혹은 성불할 당시의 과덕果德을 취해서 짓거나, 혹 본래의 모습인 성性에 따라 혹 외형적인 모습인 상相에 따라, 혹 자신이 세운 원願에서 혹 닦은 행行에서, 나머지 일체 등에 따라 짓기도 한다. 비록 이렇게 한 가지 특성만을 살려서 이름을 짓기는 하였지만, 그러나 이 한 모퉁이를 들지라도 여전히 네 가지 실단(悉檀)의 이익을 다 갖추고 있다. 하나의 방위를 들어도 사방을 갖추는 것처럼 하나하나의 부처님 명호를 따라 드러내어 밝히고 있는 공덕은 겁석劫石의 수명으로 설명하여도 다 설명할 수가 없다.

阿閦鞞。此云無動。佛有無量德。應有無量名。隨機而立。或取因。或取果。或性。或相。或行願等。雖舉一隅。仍具四悉。隨一一名。顯所詮德。劫壽說之。不能悉也。

[講]「수미상불須彌相佛」수미須彌는 묘고妙高란 말로 부처님 몸의 백복장엄百福莊嚴과 상호광명을 묘妙라 하고, 구법계 중생이 우러러보는 최존 최승을 고高라 하는 까닭에 이 명호를 세웠다.「대수미불大須彌佛」수미는 모든 산의 왕으로 세계 모든 산이 미칠 수 있는 것이

아니고 구법계를 뛰어넘는 독존獨尊인 까닭에 이 명호를 세웠다. 「수미광불須彌光佛」 수미는 네 가지 보배로 이루어진 까닭에 광명이 있다. 부처님께서는 팔식을 바꾸어 사지를 이루고 뭇 근기를 두루 비추는 까닭에 이 명호를 세웠다. 「묘음불妙音佛」 부처님의 음성은 원만하고 미묘하여 모든 근기에 두루 이해되고, 또한 부처님의 음성은 불가사의하여 한 자리에서 같이 들어도 근기에 따라 각자 다르게 이해되는 까닭에 이 명호를 세웠다.

동방세계의 허공이 다함이 없으므로 세계 역시 다함이 없으며, 세계가 다함이 없으므로 중생도 다함이 없으며, 중생이 다함이 없기 때문에 세상에 머물며 중생을 교화하시는 부처님 역시 다함이 없다. 다만 여기서는 간략히 항하의 모래알 수만큼의 부처님들만 예를 들었을 뿐이다. 이처럼 많은 제불께서 각자 광장설廣長舌을 내어서 이 경전을 믿으라고 권유하고 계시지만, 중생들은 아직 믿음을 내려고 하지 않고, 지극히 완고하고 사리에 어둡다. (이러하니, 어찌 믿음을 전혀 갖추지 않은 천제闡提와 다르겠는가?)

> 東方虛空不可盡。世界亦不可盡。世界不可盡。住世諸佛亦不可盡。略舉恆河沙耳。此等諸佛。各出廣長舌。勸信此經。而衆生猶不生信。頑冥極矣。

보통 사람들이 삼세三世에 이르도록 거짓말을 하지 말라는 계를 지닐 수 있다면 혀가 코에 닿는 과보를 감득하고, 장교의 부처님께서는 3대아승지겁이 지나도록 거짓말을 하시지 않아 혀가 얇고 넓고 길어 얼굴 전체를 다 덮을 수 있는 과보를 감득하신다.

지금 일체 제불께서 이것이 대승정토의 원묘한 법문임을 증명하므로 혀가 삼천대천세계를 두루 덮을 수 있다. (그래서 일불화토一佛化土에서 부처님께서 광장설상을 나타내시니,) 그 이치가 진실이고 진성眞性과 딱 들어맞아 이 일은 사실로 조금도 틀림이 없음을 나타낸다.

常人三世不妄語。舌能至鼻。藏果頭佛。三大僧祇劫不妄語。舌薄廣長可覆面。今證大乘淨土妙門。所以遍覆三千。表理誠稱眞。事實非謬也。

[講]「참되고 진실한 말씀으로 이르시길, 너희 중생들은 믿을지니라(說誠實言。汝等衆生。當信是)」함은 이는 제불께서 노파심에 고구정녕, 지극히 성실하고 망념됨이 없고(至誠無妄) 진실하여 허망하지 않는(眞實不虛) 말씀으로 이르시면서, 중생에게 깊은 믿음을 발하고 마땅히《칭찬불가사의공덕稱讚不可思議功德 일체제불소호념경一切諸佛所護念經》을 믿으라고 권하신다. 이 글자는 법의 말씀을 가리키고, 16자의 경명을 가리킨다. 이 경은 이미 불가사의 공덕을 갖추어 제불께서 호념하신다. 마땅히 가르침대로 행을 일으키는 염불하는 사람 또한 불가사의한 공덕을 얻고 제불께서 같이 호념을 드리우심을 알아야 한다.

(육방제불께서 믿음을 권하시는 말씀에서) 이 경의 제목으로《칭찬불가사의공덕 일체제불소호념경》16글자를 나타내셨으니, 현재 우리가 유통하고 있는 경본이다. 구마라집 삼장법사께서 이곳 사람이 간략한 것을 좋아하는 습관에 수순하여 지금의 제목,《불설아미타경》이라 번역하시니 집지명호의 묘행과 마침 교묘하게 들어맞는다. (그래서 세상에 유통되고 많이 홍양되는 판본으로 진역본을 든다.) 현장법사玄奘法師께서는 이 경전을 번역하면서《칭

찬정토불섭수경稱讚淨土佛攝受經》이라 하셨는데, 문자는 비록 자세하고 간략한 차이가 있어도 의리에서는 실제로 늘고 줄어듦의 차이가 없다.

標出經題。流通之本。什師順此方好略。譯今題。巧合持名妙行。奘師譯云。《稱讚淨土佛攝受經》。文有詳略。義無增減。

사리불아, 남방세계에도 일월등불 · 명문광불 · 대염견불 · 수미등불 · 무량정진불 등과 같이 항하의 모래알 수만큼이나 많은 제불께서 계시며, 각각 자신의 국토에서 광장설상을 내미시어 삼천대천세계를 두루 덮고 참되고 진실한 말씀으로 이르시길, "너희 중생들은 《칭찬불가사의공덕 일체제불소호념경》을 믿을지니라." 하시니라.

舍利弗。南方世界。有日月燈佛。名聞光佛。大燄肩佛。須彌燈佛。無量精進佛。如是等恒河沙數諸佛。各於其國。出廣長舌相。遍覆三千大千世界。說誠實言。汝等衆生。當信是。稱讚不可思議功德。一切諸佛所護念經。

[講] 남방세계에도 또한 다함없는 세계가 있다. 다함없는 제불께서 정토법문에 대해 칭찬하시지 않음이 없다. 지금 간략하게 다섯 부처님을 들었다. 「일월등불日月燈佛」이란 이 부처님께서는 진眞 · 속俗 · 중中 세 가지 지혜를 따라 이름을 세웠다. 일日은 비춤을 다함으로써 만물을 자라게 하므로 부처님께서 속제의 지혜(俗智)로 일체 현상(事)을 비추어 중생을 성취시키는 것을 비유하였다. 월月은 밤을 비춤으로써

흑암黑暗을 제거할 수 있어 부처님께서 진제의 지혜(眞智)로 이체理를 비추어 무명을 타파하는 것에 비유하였다. 등燈은 밤낮을 나란히 비추어 마음대로 누릴 수 있어 부처님께서 중도의 지혜를 갖추어 진속을 나란히 비추어 원융무애圓融無礙함에 비유하였다. 「명문광불名聞光佛」이란 명名은 명칭이고 광光은 성광聲光으로 부처님 명호가 시방세계에 두루 들림을 말한다. 성광은 네 가지 정토에 두루 미치어 비춘다. 「대염견불大燄肩佛」이란 이 부처님께서는 권權·실實 두 가지 지혜를 따라 이름을 지었다. 염燄은 곧 두 가지 지혜의 불꽃이고, 견肩은 짊어진다는 뜻이 있다. 부처님께서는 두 가지 지혜의 불꽃으로 중생의 번뇌의 장작을 태우는 것을 말한다.

「수미등불須彌燈佛」이란 이 부처님께서는 네 가지 지혜를 따라 이름을 세웠다. 수미는 네 가지 보배로 이루어진 것으로 보배 각각은 광명이 있어 등불처럼 비출 수 있어 부처님께서 네 가지 식을 바꾸어 네 가지 지혜를 이루는 것에 비유한 것이다. 즉 제6식을 바꾸어 묘관찰지妙觀察智가 되고, 제7식을 바꾸어 평등성지平等性智가 되며, 전6식을 바꾸어 성소작지成所作智가 되고, 대원경지大圓鏡智가 된다. 6, 7 두 가지 식은 인지因 중에 먼저 바뀌고, 전5식 및 제8식은 과상果上에서 비로소 원만하다. 이 네 가지 지혜로써 자타自他의 삼혹三惑을 비추어 타파한다. 그래서 수미등이라 이름하였다. 「무량정진불無量精進佛」이란 이 부처님께서는 행을 따라 이름을 세웠다. 인지因 중에 행문行門은 무량하여 두려워하지도 물러나지도 않고 모두 다 정진하는 까닭에 빨리 불도를 성취한다.

사리불아, 서방세계에도 무량수불·무량상불·무량당불·대광불·대명불·보상불·정광불 등과 같이

항하의 모래알 수만큼이나 많은 제불께서 계시며, 각
각 자신의 국토에서 광장설상을 내미시어 삼천대천세
계를 두루 덮고 참되고 진실한 말씀으로 이르시길,
"너희 중생들은《칭찬불가사의공덕 일체제불소호념
경》을 믿을지니라." 하시니라.

舍利弗。西方世界。有無量壽佛。無量相佛。無量幢佛。大光佛。大明佛。
寶相佛。淨光佛。如是等。恆河沙數諸佛。各於其國。出廣長舌相。遍覆三
千大千世界。說誠實言。汝等衆生。當信是。稱讚不可思議功德。一切諸
佛所護念經。

여기서 무량수불無量壽佛은 아미타부처님과 이름이 동일한데, 사
실 시방세계 각 방면에 동일한 이름을 가지신 제불의 숫자는
무량하다. 그런 즉 이 극락도사께서도 그렇게 보아도 된다.
중생제도를 위해 석가여래께서 설하신 것을 돌아가며 찬탄하여
도 무방하다.

無量壽佛。與彌陀同名。十方各方面同名諸佛無量也。然卽是導師亦可。
爲度衆生。不妨轉讚釋迦如來所說。

[講] 서방세계에도 또한 다함없는 세계가 있다. 다함없는 제불께서
정토법문을 찬탄해 마지않는다. 지금 간략하게 일곱 부처님을 든다.
「무량수불無量壽佛」은 아미타부처님과 이름이 같은데, 두 가지 뜻이
있다. 하나는 제불께서 이미 수없이 많아서 부처님의 덕도 다르지
않는 까닭에 덕에 의지해 명칭을 세우면 같은 이름의 제불 또한
많다. 두 번째 극락도사 또한 그렇게 보아도 된다. 중생제도를 위한

까닭에 석가모니부처님께서 설하신 이 경을 돌아가며 찬탄해도 무방하다. 중생으로 하여금 믿음을 일으키고 발원하여 가르침대로 수지하여도 도사께서 중생을 제도하려는 원이 만족된다.

「무량상불無量相佛」이란 이 부처님께서는 상相을 따라 이름을 세웠다. 부처님에게는 법法·보報·응應의 삼신이 있지만 상은 각각 같지 않다. 장교와 통교는 응신應身이다. 장교의 부처님은 32상 80종호가 있고, 통교의 부처님은 8만4천상이 있다. 별교의 부처님은 보신報身으로 찰진刹塵에 무량한 상이 있다. 원교圓敎는 법신法身으로 불가사의한 무량한 상이 있다. 「무량당불無量幢佛」이란 이 부처님께서는 법을 따라 이름을 세웠다. 당幢은 파사현정破邪顯正의 뜻이 있다. 법문이 무량한 까닭에 불수佛樹에 세우는 법의 깃발도 무량하여야 일체 사마외도를 타파하고 정법을 세울 수 있다. 「대광불大光佛」이란 이 부처님께서는 지혜를 따라 이름을 세웠다. 부처님께서는 일체종지를 증득하시어 지광智光이 광대하여 법계를 두루 비춘다. 또 혹 큰 광명을 놓아 일체중생을 접인 섭수하신다. 본사께서 대법을 선설하시고자 먼저 큰 광명을 놓으시고 두루 비추어 모여 있는 인연 있는 중생들이 법을 듣고 이익을 누린다. 「대명불大明佛」이란 이 부처님께서는 지혜에 의지해 명호를 세웠다. 부처님께서는 천안명天眼明·숙명명宿命明·누진명漏盡明의 세 가지 명을 얻는다. 또한 부처님께서는 세 가지 지혜광명을 얻어 세 가지 미혹 흑암을 타파하실 수 있다. 「보상불寶相佛」이란 이 부처님께서는 상에 따라 이름을 세웠다. 보寶는 존귀하다는 뜻이 있다. 부처님의 상호는 수많은 복으로 장엄되어 있어 특별히 미묘하고 좋다. 사람은 모두 존귀하다. 또한 부처님의 몸은 전체가 자마금과 같고, 털의 모습도 유리통과 같다. 모두 보배의 모습이다. 「정광불淨光佛」이란 이 부처님께서도 지혜를 따라 이름을 세웠다. 지혜광으로 번뇌의 때를 청정하게 하는 까닭에 정광불이라 이름한다.

사리불아, 북방세계에도 염견불·최승음불·난저불·일생불·망명불 등과 같이 항하의 모래알 수만큼이나 많은 제불께서 계시며, 각각 자신의 국토에서 광장설상을 내미시어 삼천대천세계를 두루 덮고 참되고 진실한 말씀으로 이르시길, "너희 중생들은 《칭찬불가사의공덕 일체제불소호념경》을 믿을지니라." 하시니라.

舍利弗。北方世界。有錟肩佛。最勝音佛。難沮佛。日生佛。網明佛。如是等。恆河沙數諸佛。各於其國。出廣長舌相。遍覆三千大千世界。說誠實言。汝等衆生。當信是。稱讚不可思議功德。一切諸佛所護念經。

[講] 북방세계에도 또한 무량한 세계가 있다. 다함없는 제불께서 이 정토법문을 칭찬하지 않음이 없다. 「염견불錟肩佛」이란 또한 진眞·속俗의 두 가지 지혜로써 중생의 번뇌를 짊어지는 이름이다. 「최승음불最勝音佛」이란 부처님의 음성은 불가사의한 역용을 구족하고 있다. 원음으로 연설하면 다른 부류의 중생들이하도 평등하게 이해하므로 구법계 중생에 미치지 않는 곳이 없다. 「난저불難沮佛」이란 구경의 견고한 이치를 증득하여 법신이 무너지지 않고 상주한다. 「일생불日生佛」이란 부처님께서 세간에 나오셔서 지혜의 태양으로 중생의 어리석은 흑암을 비추어 깨뜨리시니, 밝은 해가 하늘을 아름답게 비치어 모든 어둠을 번쩍 깨뜨리는 것 같다. 그래서 일생불이라 하였다. 「망명불網明佛」이란 부처님께서 가르침의 그물을 펼쳐서

법계 중생을 건져 구제하신다. 법문은 마치 그물망처럼 무량한데, 모두 부처님께서 지혜로 성취하신 것이다. 교리는 명철하여 중생의 어리석고 깜깜한 어둠을 깨뜨린다.

사리불아, 하방세계에도 사자불·명문불·명광불·달마불·법당불·지법불 등과 같이 항하의 모래알 수만큼이나 많은 제불께서 계시며, 각각 자신의 국토에서 광장설상을 내미시어 삼천대천세계를 두루 덮고 참되고 진실한 말씀으로 이르시길, "너희 중생들은 《칭찬불가사의공덕 일체제불소호념경》을 믿을지니라." 하시니라.

舍利弗。下方世界。有師子佛。名聞佛。名光佛。達磨佛。法幢佛。持法佛。如是等。恆河沙數諸佛。各於其國。出廣長舌相。遍覆三千大千世界。說誠實言。汝等衆生。當信是。稱讚不可思議功德。一切諸佛所護念經。

이 세계 수륜水輪·금륜金輪·풍륜風輪 아래에 다시 하계인 비비상천非非想天 등 내지 세계가 중중무진重重無盡하다. 「달마達磨」는 법法을 일컫는다.

此界水輪金輪風輪之下。復有下界非非想天等。乃至重重無盡也。達磨此云法。

[講] 하방세계에도 다함없는 세계가 있다. 다함없는 제불께서 이 정토 원돈법문을 찬탄하지 않음이 없다. 이 세계 수륜은 현재 인간이 수륜에 의지하고 있음을 가리킨다. 수륜이 결합하여 대륙을 이루어

인간이 사는 거처가 되었다. 그리고 수륜은 금륜에 의지하고, 금륜 아래는 풍륜이 있다. 풍륜은 서로 마찰하는 까닭에 화륜이 있는데, 풍륜과 금륜 사이에 있다. 이 세계는 풍륜이 집지執持한다. 풍륜 아래에는 공륜空輪이 있고, 또 비비상천非非想天・사공四空・사선四禪・육욕제천六欲諸天이 있다. 또한 욕계欲界・색계 色界・무색계無色界 삼계로 나뉜다. 그 안에 인간계가 있다. 더 나아가 세계가 중중하여 궁진함이 없다.

「사자불師子佛」이란 사자는 짐승의 왕으로 사자가 한번 울면 모든 짐승들이 머리가 쪼개질 정도로 벌벌 떤다. 부처님께서 법의 왕이 되어 부처님께서 설법하면 천마외도天魔外道들이 털이 설 정도로 두려워하는데, 이 모습을 사자가 호령하는 모습에 비유한 것이다. 「명문불名聞佛」이란 명칭이 널리 시방세계에 들림을 상징한다. 「명광불名光佛」이란 부처님의 성광이 멀리까지 들리어 중생이 불법의 진실한 이익을 얻는다. 이는 마치 햇빛이 널리 사천하를 비추어 흑암을 깨뜨리고 만물을 자라게 하는 모습과 같다.

「달마불達磨佛」이란 달마는 범어로 법을 일컫는다. 법이란 질서를 유지한다(軌)는 뜻으로 세간의 궤도처럼 차는 반드시 그것에 따라 가야 한다는 가르침으로 질서를 유지할 수 있다. 부처님께서 수행하신 행법行法으로 계정혜는 저절로 장엄되고 중생의 궤범을 만들 수 있으니, 이 행으로 질서를 유지할 수 있다.

「법당불法幢佛」에서 당幢은 높이 솟아 있다(高顯)는 뜻이다. 부처님께서 설법하신 사제四諦・십이인연十二因緣은 범성동거토의 세간법보다 높고 뛰어나며, 육도만행六度萬行은 방편유여토의 이승법보다 높고 뛰어나며, 제일의제第一義諦는 실보장엄토의 보살법보다 높고 뛰어나다. 부처님께서는 갖가지 법의 깃발을 세워 중생에게 삶의 좌표를 정해 주신다. 「지법불持法佛」이란 부처님께서는 대승과 소승,

돈교와 점교, 편교와 원교, 권교와 실교의 일체 제법을 잘 지니시어 중생의 근기에 따라 연설하시어 그로 하여금 신해수증信解修證하게 하여 크게 이롭게 하신다.

사리불아, 상방세계에도 범음불 · 수왕불 · 향상불 · 향광불 · 대염견불 · 잡색보화엄신불 · 사라수왕불 · 보화덕불 · 견일체의불 · 여수미산불 등과 같이 항하의 모래알 수만큼이나 많은 제불께서 계시며, 각각 자신의 국토에서 광장설상을 내미시어 삼천대천세계를 두루 덮고 참되고 진실한 말씀으로 이르시길, "너희 중생들은 《칭찬불가사의공덕 일체제불소호념경》을 믿을지니라." 하시니라.

舍利弗。上方世界。有梵音佛。宿王佛。香上佛。香光佛。大燄肩佛。雜色寶華嚴身佛。娑羅樹王佛。寶華德佛。見一切義佛。如須彌山佛。如是等。恆河沙數諸佛。各於其國。出廣長舌相。遍覆三千大千世界。說誠實言。汝等衆生。當信是。稱讚不可思議功德。一切諸佛所護念經。

이 세계는 비비상천非非想天 위로 다시 상계인 풍륜風輪 · 금륜金輪 및 삼계 등 세계가 중중무진重重無盡하다.

此界非非想天之上。復有上界風輪。金輪及三界等。重重無盡也。

[講] 상방세계에도 또한 다함없는 세계가 있다. 이 세계 무색계에 있는 비비상천 위로는 공륜空輪이고, 공륜 위로는 다시 상계인 풍륜 · 화륜 · 금륜 · 수륜 · 사주대지四洲大地 및 인간 · 천상 · 삼계 등이 있

다. 이와 같이 중중하여 궁진함이 없다. 그래서 제불께서도 다함이 없다.

「범음불梵音佛」에서 범梵은 청정하다는 뜻이다. 부처님께서 설하신 범음梵音은 청정하여 염착이 없다. 즉 아상我相에 집착하지도, 법상法相에 집착하지도, 비법상非法相에 집착하지도 않아 일체에 집착하지 않는다. 이를 범음梵音이라 하는데, 부처님께서는 이와 같이 설하신다. 「수왕불宿王佛」이란 수宿는 성수星宿로 모든 별자리의 별들이다. 달은 별들의 왕이다. 뭇 별들이 밝게 빛나도 달만 홀로 떠서 밝음만 못하다. 이로써 부처님께서 법의 왕으로 법에 자재하시어 삼승三乘 성중의 일체지一切智와 도종지道種智는 부처님의 일체종지一切種智에 미치지 못함을 비유한다. 「향상불香上佛」이란 부처님께서는 오분법신향五分法身香, 즉 계향戒香 · 정향定香 · 혜향慧香 · 해탈향解脫香 · 해탈지견향解脫知見香을 구족하고 계시는데, 일체향 중에서 최상이다. 「향광불香光佛」이란 이 부처님께서도 지명염불을 닦으셔서 향광장엄으로 성불하신다. 무엇으로 이를 아는가? 《능엄경》〈대세지원통장大勢至圓通章〉에 이르길, "만약 중생이 마음으로 부처님을 그리워하고 부처님을 생각한다면 현전이나 당래에 반드시 결정코 부처님을 친견할 것이며, 부처님과 멀리 떨어져 있지 않아, 방편을 빌리지 않고도 자성본연에서 마음이 열릴 것이니라. 이는 마치 향기를 묻힌 사람의 몸에 향기가 나는 것과 같나니, 이것을 일러 향광장엄이라 하느니라." 그래서 이 부처님께서 선정을 염불로 말미암아 이룬 부처님임을 알 수 있다. 「대염견불大談肩佛」은 앞의 남방세계 대염견불과 같다.(* 정공법사께서는 달리 해석하신다. 즉 "남방세계 대염견불은 권과 실, 두 가지 지혜의 성취를 대표하여 응당 여래의 가업을 짊어져야 한다. 그러나 상방세계의 대염견불은 원만한 단계로 이 부처님께서는 가장 수승한 최상의 법문을 대중에게 전해주신다.") 「잡색보화엄신불

雜色寶華嚴身佛」이란 이 부처님께서는 행에 따라 이름을 세웠다. 인지
(因) 가운데 육도만행을 넓게 닦아 만행이 이미 수없이 많은 까닭에
잡색화雜色華에 비유하였다. 만행은 두 가지 이행利行에 속하여 이승
의 자리행自利行과 비교하면 훨씬 더 존귀하다. 그래서 보화寶華라
한다. 이러한 인행으로 법신을 장엄한다.

「사라수왕불娑羅樹王佛」이란 사라娑羅는 견고하다는 뜻으로 이 나무
는 매우 높고 크다. 일체 나무가 견줄 것이 없다. 이는 부처님께서
구경에 견고한 법신 이체를 증득하여 구법계에서 높고 뛰어나서
홀로 존귀하고 법의 왕이 되신다. 「보화덕불寶華德佛」이란 만행 인화因
華를 부지런히 닦아 일승과덕으로 장엄하였다. 인행이 귀하여 보화寶
華에 비유하고, 과덕 또한 귀하여 불보佛寶라 부른다.

「견일체의불見一切義佛」이란 세간 출세간에서 제법의 뜻이 무량하지
만, 부처님께서는 일체종지를 얻어 오안五眼을 구족하시는 까닭에
다 알고 다 보실 수 있다. 즉 이른바 진실로 알아 모르는 것이 없고,
진실로 보아 보지 못하는 것이 없다. 「여수미산불如須彌山佛」이란
이 부처님께서는 비유로 이름을 세웠다. 네 가지 보배로 이루어진
수미산 봉우리는 뭇 산에서 높고 뛰어남을 표시한다. 이로써 사덕을
원만히 증득한 미묘법신을 비유한다. 십계에서 홀로 존귀한 까닭에
수미산불이라 칭한다.

묻건대, "시방세계에는 수많은 정토가 있는데, 왜 서방정토만
치우쳐 찬탄하는가?'

답하되, "이 같은 질문은 좋은 질문이라고 할 수 없다. 가령
동방세계 아촉불阿閦佛의 국토를 찬탄하더라도 그대는 또 의심을
내어 「왜 동방만 치우쳐 찬탄하는가?」라 할 것이다. 이렇게

이리저리 다니면서 질문하면 모두 말장난이 되고 만다. (여기에는 진리가 없다.)"

> 問。諸方必有淨土。何偏讚西方。答。此亦非善問。假使讚阿閦佛國。汝又
> 疑偏東方。展轉戲論。

묻건대, "왜 법계에 두루 인연하지 않는가?"

답하되, "세 가지 이유가 있기 때문이니, 첫째 근기가 아직 성숙하지 못한 초학에게 (이 경을 찬탄함을 듣고 서방 의정장엄이 있음을 믿고서 극락정토에 나길 발원하며, 아미타부처님 명호를 집지하여, 마음으로 믿고, 마음으로 발원하며, 마음으로 염하도록) 마음을 쉽게 표시하기 위한 까닭이요, 둘째 아미타부처님께서 인지(因) 중에 48홍원으로 극락정토를 장엄한 본원력이 수승한 까닭이요, 셋째 아미타부처님과 이 국토의 중생과 유달리 인연이 깊은 까닭이다.

> 問。何不遍緣法界。答。有三義。令初機易標心故。阿彌本願勝故。佛與此
> 土眾生偏有緣故。

제불께서 중생을 제도하시고, 중생이 교화를 받는 그 사이에 혹 교화하기가 어렵든지 쉽든지, 혹 이해하는 깊이가 얕든지 깊든지 차이가 있는데, 이 모두는 전생의 인연에 있다. (전생의 인연이 얕으면 중생도 교화받기 어렵고, 부처님께서도 제도하시기 어렵다. 현재 아미타부처님과 중생은 교화하기 쉽고 제도하기 쉬운데, 어찌 아미타부처님과 이 국토 중생이 유달리 인연이 깊지 않겠는가?) 아미타부처님과 중생이 맺은 인연의 소재는 어디에 있는가? (아미타부처님께서 인지 중에 발한 48홍원으로 중생은 이고득락離苦得樂을 성취할 수 있다.) **이 같은 은덕의 크기와 깊이는 제불보다 수승하다.**

(이 경에서 믿음·발원·지명행 세 가지 자량으로 이루어진) **갖가지 원돈의 가르침으로 계발시키는데** (제불께서는 찬탄하시고 중생은 신수봉행하여 네 가지 실단의 이익을 얻으니, 어찌 마음을 표시하기 쉽지 않겠는가? 네 가지 실단이란 부처님께서 극락세계 의정장엄을 말씀하시어) **환희심을 발하여 믿고 들어가게 할 수 있으며**(세계실단), **숙세의 선근 종자를 싹트게 하여 흔구심**欣求心**을 일으키게 할 수 있으며**(위인실단), **일심으로 집지하여 정념으로 망념을 끊어 제거하여, 마장의 모든 난을 막고 내쫓을 수 있으며**(대치실단), **혹 사지**事持**로부터 이지**理持**로 들어가 법신체성을 확연히 개발하게 할 수 있다**(제일의실단).

> 蓋佛度生。生受化。其間難易淺深。總在於緣。緣之所在。恩德弘深。種種教啟。能令歡喜信入。能令觸動宿種。能令魔障難遮。能令體性開發。

시방 제불(아미타부처님)**께서 본래 법신으로부터 응화**(應化 ; 십겁 성불)**의 자취를 드리워서 중생들과 인연의 씨앗**(법연)**을 단단히 맺어** (아직 심지 않은 선근을 심고, 이미 심은 것을 증장시키며, 이미 증장한 것을 성숙시키며, 이미 성숙한 이는 해탈시켜, 불종이 끊어지지 않게 하신다.) **세간이든 출세간이든 그 공덕이익이 모두 다 불가사의하다.** (믿음·발원·집지명호로 생사를 횡으로 뛰어넘고, 세 가지 불퇴를 원만히 증득하여 보처補處보살이 매우 많다.) **이에 일대시교 8만4천 법문 중에서 《아미타경》이 홀로 뛰어난 까닭에 모든 교승**敎乘**에서 높이 받들고, 제불께서도 이구동성으로 찬탄하시며, 제불의 해회**海會**에서도 거량**擧揚**하신다. 석존께서도 또한 염불**

법문의 감로법우를 두루 뿌려 사바세계 고해苦海 중생의 마음속으로 깊이 흘러들어 (믿음 · 발원 · 집지명호로 염념마다 80억겁 생사 중죄를 소멸시키고 사지事持로 말미암아 이지理持에 도달하면), 자비로 적광寂光의 진여실상에 계합하게 하신다. 그래서 시방제불 만덕 자존萬德慈尊께서 모두 다 광장설상을 내어서 공경히 받들고 찬탄하시며, 극락세계 수많은 상선인이 모두 뭇 별들이 북극성을 둘러싸듯이 모두 아미타부처님을 둘러싸고 호위하시며, 시방세계 무량 보살들께서도 모두 극락에 왕생하여 아미타부처님을 가까이 모시길 발원하신다.

諸佛本從法身垂跡。固結緣種。若世出世悉不可思議。尊隆於教乘。舉揚於海會。沁入於苦海。慈契於寂光。所以萬德欽承。群靈拱極。

(법계에 두루 인연하는 이치를) 마땅히 알라! (중생이 본래 갖춘 정인불성正因佛性의 이심理心은 반드시 요인불성了因佛性의 혜심慧心으로 해오解悟함과 연인불성緣因佛性의 선심善心으로 수지함을 쌓아야 비로소 열리므로) 부처님의 종자는 두 가지 인에 인연함에서 일어나고, 그 인연함이 곧 전체 법계이다. 아미타부처님께서는 법계장신인 까닭에 아미타부처님 한 분을 염하면 일체 제불을 염하는 것이고, 극락정토는 법계장토인 까닭에 극락 일토에 태어나면 일체 제불의 국토에 태어나는 것이다. 극락세계 가운데 향 하나, 꽃 하나, 소리 하나, 색 하나 공양 올리는 것이 일체 제불께 공양을 올리는 것이며, 나아가 아미타부처님께서 우리의 참회를 받아주시고 타방보살에게 성불의 수기를 주시며 우리 중생의 정수리를 만지며(摩頂) 가지加持하시고 황금 빛 손을 드리워 중생을 접인하심이 하나하나 전체 법계가 아님이 없고, 하나하나 모두 공간적으로

시방세계에 두루하고, 시간적으로 삼세에 궁진하여 서로 두루하고 서로 원용하여 사사무애事事無礙한 까닭에 이 염불은 증상연인增上緣因으로 큰 역용이 있어 정토에 태어나게 하니, 즉 법계연기法界緣起의 정리正理라 이름하고, (아미타부처님 명호를 전념하는) 이것이 바로 이른바 법계와 두루 인연하는 것(遍緣法界)이다.

> 當知佛種從緣起。緣卽法界。一念一切念。一生一切生。一香一華。一聲一色。乃至受懺授記。摩頂垂手。十方三世。莫不遍融。故此增上緣因。名法界緣起。此正所謂遍緣法界者也。

따라서 비록 이체자성에 밝지 못한 과위가 낮은 범부라 할지라도 염불하기로 결심하고 전일하게 왕생을 구하기만 하면 된다. (사념事念은 본래 법계 바깥으로 벗어나지 않아 틀림없이 법계장신인 아미타불을 성취할 수 있고, 법계장토에 태어날 수 있다.) 또한 법계의 이치에 밝은 과위가 높은 성인이라 할지라도 서방극락을 버리고 달리 화장세계를 구할 필요가 없다. (당나라 때 이통현 장자李通玄長者가 《화엄합론華嚴合論》에서 주장한 것처럼) 서방극락은 방편(權)이고 화장세계는 진실한 가르침(實)이며, 서방극락은 작고 화장세계는 크다고 말하는 사람은 (하나의 심성 가운데 권과 실, 대와 소로 나누어) 완전히 중생의 어리석은 변계집성遍計執性의 망정妄情에 떨어진다. 왜 이런 어리석은 주장을 하는가? 즉 망상분별로 권과 실이 오직 일체이고, 크고 작음이 본래 무성無性임을 알지 못하는 까닭이다. (권실 대소는 모두 의타기성依他起性으로 의타는 환 같은 까닭에 무성無性이고, 의타는 원성실성圓成實性을 여의지 않은 까닭에 일체이다. 이를 알지 못하는 까닭에 변계집성遍計執性에 떨어진다.)

> 淺位人。便可決志專求。深位人。亦不必捨西方而別求華藏。若謂西方是

權。華藏是實。西方小。華藏大者。全墮衆生遍計執情。以不達權實一體。大小無性故也。

사리불아, 그대 생각에는 어떠한가? 어떤 인연으로 《일체제불소호념경》이라 부르는가?

舍利弗。於汝意云何。何故名爲一切諸佛所護念經。

[講] 경의 제목은 모두 16자로 《칭찬불가사의공덕稱讚不可思議功德 일체제불소호념경一切諸佛所護念經》이다. 그 이름이 있으면 반드시 그 뜻이 있게 마련이니, 반드시 명료하게 알아야 수지할 수 있다. 지금 부처님께서 스스로 묻고자 사리불을 불러서 질문하여 말씀하신다. "그대 생각에는 어떠한가? 어떤 인연으로 이 경을 「일체제불소호념경」이라 이름하는가?" 이는 다만 아래 여덟 글자만 물었다. 절반의 제목인 《칭찬불가사의공덕》은 앞글에서 이미 지극히 드러내어서 더 해석할 필요가 없기 때문이다.

사리불아, 선남자 선여인이 이 경을 수지하고 제불의 명호를 듣는다면, 이 모든 선남자 선여인은 모두 일체제불의 호념을 받아 아뇩다라삼먁삼보리에서 물러나지 않을 것이니라. 그러므로 사리불아, 너희들은 나의 말과 제불의 말씀을 믿고 받아 지닐지니라.

舍利弗。若有善男子。善女人。聞是經受持者。及聞諸佛名者。是諸善男子。善女人。皆爲一切諸佛之所護念。皆得不退轉於阿耨多羅三藐三菩提。是故舍利弗。汝等皆當信受我語。及諸佛所說。

이 《아미타경》에서는 무상심요無上心要 (능념能念의 심성으로 제불의
본원·만법의 이체·제일의제이다)와 제불의 이름(소념所念의 아미타
부처님)을 밝혔으며, 나란히 위없는 (제불의 인행이) 원만·(지덕·
단덕·심성으로) 구경·(증반야·증해탈·증법신으로) 만덕萬德의 홍
명洪名을 밝히고 있다. 그러므로 이 경을 듣고 수지한 사람과
제불의 명호를 들은 사람은 (모두 대선근·대인연이 있어) 제불의
호념을 받게 되며, 또 경을 듣고 수지한다면 (믿음과 발원이 무너지
지 않아) 아미타부처님 명호를 집지하며, 아미타부처님의 만덕을
구족하고 제불의 호념을 받는 까닭이다.

> 此經獨詮無上心要。諸佛名字。並詮無上圓滿究竟萬德。故聞者皆爲諸
> 佛護念。又聞經受持。即執持名號。阿彌名號。諸佛所護念故。

묻건대, "단지 제불의 명호만 듣고, 이 경을 수지하지 않아도
역시 제불의 호념을 받아 물러나지 않을 수 있는가?"

> 問。但聞諸佛名。而未持經。亦得護念不退耶。

답하되, "이는 좁은 의미(局)와 넓은 의미(通)의 두 가지 측면으로
설명할 수 있다.

첫째 좁은 의미로 설명하면 먼저 《점찰선악업보경占察善惡業報經》
에서 「(견혹과 사혹의) 분잡하고 혼란한 때로 혼탁한 마음으로
비록 나의 이름을 부를지라도, 문혜聞慧가 될 수 없다(雜亂垢心
雖誦我名 而不爲聞)」하였으니, 이 경의 말씀에 따르면 결정코 신해가
생기지 않는다면 경을 들어도 들었다고 할 수 없고, 이렇게
듣는다면 단지 세속적인 선업의 과보만 얻을 수 있을 뿐, (삼계를

벗어나 극락에 태어나서 무생법인을 깨달아 불퇴위를 증득하는) **광대하
고 심묘한 이익**은 얻을 수 없다.

> 答。此義有局有通。《占察》謂雜亂垢心。雖誦我名而不爲聞。以不能生決
> 定信解。但獲世間善報。不得廣大深妙利益。

만약 (아미타부처님 명호를 전념하여) **일행삼매**(一行三昧 ; 염불삼매)**를
얻는다면** 즉 광대하고 미묘한 행심인 상사위相似位의 경지를 성취
하여 **상사무생법인**相似無生法忍(및 상사제일의제와 제일실단의 입이익
入理益)을 얻었다고 할 수 있고, 이때 비로소 시방 제불의 이름을
들을 수 있게 된다.

> 若到一行三昧。則成廣大微妙行心。名得相似無生法忍。乃爲得聞十方佛
> 名。

이 경에서도 이치는 《점찰경》과 마찬가지다. 그러므로 《아미타
경》을 듣고 나서 믿음과 발원으로 집지하여 사일심불란에 이르
고, 아집을 타파하여 견사혹에 산란되지 않아 이일심불란에
도달하며, 법집을 타파하여 무명에 산란되지 않게 되면 문사수聞
思修 삼혜를 성취하여 비로소 진실로 부처님 명호를 듣고 제불의
호념을 받을 수 있다. 이것이 부처님들의 이름을 제대로 듣고
부처님들의 보호를 받는 것이다. 이것은 좁은 의미로 살펴본
것이다.

> 此亦應爾。故須聞已執持。至一心不亂。方爲聞諸佛名。蒙諸佛護念。此局
> 義也。

둘째 넓은 의미로 설명하면, 시방제불은 무연자비와 동체대비를 갖추고 있는데, 이 같은 자비는 심성을 불러 일으켜서 불가사의하고, 제불의 명호공덕 또한 불가사의하다. 그래서 부처님의 명호를 한번 듣기만 한다면 산란한 마음으로 들었든, 일심으로 들었든, 혹은 믿음을 내었든, 믿음을 내지 않았든, 모두 부처님 명호를 얻어 귓전에 스치기만 해도 모두 장래에 득도하는 인연종자가 된다.

通義者。諸佛慈悲。不可思議。名號功德。亦不可思議。故一聞佛名。不論有心無心。若信若否。皆成緣種。

하물며 부처님께서 중생을 제도하시되, 본래 광대한 평등대비심으로 원수와 친한 이를 가리지 않으시고, 항상 중생을 제도하시길 피로해 하지 않고 싫증을 내지 않으신다. 누구라도 부처님 명호를 듣는다면 부처님께서는 반드시 호념하신다. 부처님과 부처님께서 모두 그러하시니, 어찌 의심하겠는가? (그래서 《화엄경》에서는 "차라리 지옥 고통을 받을지라도 제불의 이름을 들을지언정, 천상에 태어나 부처님의 명호를 듣지 못하는 것은 원치 않노라(寧受地獄苦 得聞諸佛名 不願生天中 而不聞佛名)" 하였다.)

況佛度衆生。不簡怨親。恆無疲倦。苟聞佛名。佛必護念。又何疑焉。

그러나 무착無着과 천친天親 두 대사가 지은 《금강삼론金剛三論》에 의거하면, 근숙보살根熟菩薩은 (선근이 성숙하여 정정취에 들어 일품의 무명을 타파하여 일분 법신을 증득하여 염불퇴에 이르러) 부처님의 호념을 받고 과위는 별교의 초지初地와 원교의 초주初住로 부처님의 법신을 부분적으로 증득한 자리이다. 이들은 모두 자력自力으로 (견사혹을 끊어 법신의 이체를 부분적으로 증득하여) **살바야**(일체종지)의 바다에 흘러 들어가 동생성同生性을 얻어야 제불의 호념을 받을 수 있다.

> 然據金剛三論。根熟菩薩爲佛護念。位在別地圓住。蓋約自力。必入同生性乃可護念。

그러나 지금은 (부처님의 명호를 듣고) 부처님의 타력他力에 의지하는 까닭에 별교 삼현三賢과 원교 십신十信의 상사위相似位에서도 호념을 받을 수가 있다. (이는 실행의 힘에 따라 사일심불란에 이르도록 염하여 견사혹이 이미 공하고 방편유여토에 왕생한 자이다.) 나아가 상사위 이전 지위인 관행위觀行位에서는 (아직 상사위에 이르지 못해 견사혹을 끊지 못한 채 범성동거토에 왕생하는 자로) 또한 모두 넓은 의미로 호념을 받을 수 있다. 아래 단계인 명자위名字位에서도 부처님 명호를 한번 들으면 (성인도 늘지 않고 범부도 줄지 않는) 동체법성同體法性에 이르러 자훈資熏 종자가 있어 현행의 역용을 발하여 비록 근과近果는 얻을 수 없을지라도 원인遠因을 얻어서 마침내 불퇴에 들어가게 된다.

> 今仗他力。故相似位卽蒙護念。乃至相似位以還。亦皆有通護念之義。下至一聞佛名。於同體法性有資發力。亦得遠因終不退也。

「아뇩다라阿耨多羅」는 무상無上이라는 뜻이고, (보살법계의 유상을 뛰어넘고) 「삼먁삼보리三藐三菩提」는 정등정각正等正覺이라는 뜻이다. (「삼먁」은 정등으로 이승법계의 불평등을 뛰어넘고, 「삼보리」는 정각으로 육범법계의 불각을 뛰어넘는다.) 아뇩다라삼먁삼보리의 명호는 구법계를 뛰어넘는 독존으로 자기 스스로 깨닫고, 남도

깨닫게 하여 깨달음과 수행이 원만한 부처님이고, 원교의 대승불
과인 묘각을 말한다.

阿耨多羅。此云無上。三藐三菩提。此云正等正覺。卽大乘果覺也。

「세 가지 불퇴를 원만하게 증득한다(圓證三不退)」라 함은 즉 일생에
성불한다는 다른 표현이다. 즉 이 《아미타경》은 일생에 성불할
수 있는 불가사의한 경전이다. 그러므로 석가모니부처님께서는
신자(身子, 사리불) 등 성문 제자들과 보살들에게 모두 믿고 받아
지니라고 권유하신 것이다. 아미타부처님의 이름을 듣는 공덕이
이와 같이 불가사의한 것인데, 하물며 이 경을 수지함이겠는가?
일심으로 염불하는 자는 석가모니부처님과 시방 제불께서도
이구동성으로 선설하신 것인데, 어찌 믿지 않을 수 있겠는가?
첫째 「권신유통」은 여기서 마친다.

圓三不退。乃一生成佛異名。故勸身子等皆當信受。聞名功德如此。釋迦
及十方諸佛。同所宣說。可不信乎。初勸信流通竟。

사리불아, 아미타불 국토에 태어나겠다고 이미 발원
하였거나 지금 발원하거나 당래에 발원하는 이들은
모두 아뇩다라삼먁삼보리에 물러나지 아니하여서 저
국토에 벌써 태어났거나 지금 태어나거나 당래에 태어
날 것이니라. 그러므로 사리불아, 모든 선남자 선여인
이 믿음을 내었다면 응당 저 국토에 태어나길 발원할지
니라.

舍利弗。若有人。已發願。今發願。當發願。欲生阿彌陀佛國者。是諸人

等。皆得不退轉於阿耨多羅三藐三菩提。於彼國土。若已生。若今生。若
當生。是故舍利弗。諸善男子。善女人。若有信者。應當發願。生彼國土。

이미 발원하였다면 이미 태어났으며, (정토에 왕생하길 구하고
왕생에 집중하여 사부대중이 왕생하는 경우는 수없이 많았다.) **지금
발원한다면 지금 태어나며,** (현재 정토에 태어나길 구하는 사람은
믿음과 발원으로 힘써 행해야 임종시에 마음에 전도되지 않고 결정코
부처님과 성중의 접인을 받아 왕생할 것이다.) **당래에 발원한다면
당래에 태어날 것이다.** (당래에 서방에 태어나길 발원하여 일심으로
염불하면 아미타부처님의 자비원력이 다함이 없고 수명이 무량하여,
저절로 본원을 거스르지 않고 접인을 받아 왕생할 것이다) **이는 바로
믿음을 의지하여 일으킨 서원은 헛되지 않음을 드러낸다. 서방극
락세계를 깊이 믿지 않는다면** (기뻐하고 싫어하는 마음이 일어나지
않아) **저 국토에 나고자 하는 서원을 발할 수 없고, 서원을 발하지
않는다면 믿음 또한 생겨나지 않는다. 그러므로 「만약 믿음을
내었다면 응당 발원해야 한다**(若有信者 應當發願)**」라고 한 것이다.**
(믿음이 있지만 태어나길 바라지 않으면 믿음이 충분해도 정토에 태어날
수 없다. 비유하건대 윤선輪船을 믿으면 나그네를 실어 날라서 고향에
도달할 수 있지만, 윤선에 올라타려고 하지 않으면 고향에 갈 수 없는
것과 같다.)

已願已生。今願今生。當願當生。正顯依信所發之願無虛也。非信不能發
願。非願信亦不生。故云若有信者。應當發願。

또 발원이란 믿음의 증명서(文券)**이고, 행의 지도리**(門樞)**이다.** (믿음
은 원이 있으면 증명서가 수중에 있어 결코 후회하지 않는 것이고, 행에

원이 있으면 지도리가 안정되어 결코 뒤집어지지 않는다.) 그래서 발원이 특히 중요하다. 그래서 석가모니부처님께서 믿음과 지명행은 한번만 권하셨지만, 발원은 은근히 세 번 권하셨다. (첫 번째, 의정장엄을 말씀하시는 것을 듣고 중생이 그곳에 태어나면 모두 불퇴를 얻으므로 처음 권하신다. 두 번째, 이를 듣고 염불하여 일심불란하여 임종시 부처님을 친견하고 마음에 전도되지 않으면 왕생하는 까닭에 거듭 권하신다. 세 번째, 저 국토에 태어나고자 하는 발원이 있으면 반드시 태어나 모두 물러나지 않고 불과를 얻는 까닭에 세 번째 권하신다.)

又願者。信之券。行之樞。尤爲要務。舉願則信行在其中。所以殷勤三勸也。

또한 「저 국토에 태어나길 발원하라(願生彼國)」 하셨다. 발원에는 흔문欣門과 염문厭門, 두 문이 있다. (두 문은 보살의 사홍서원을 구족하고 있다.) 염문厭門이란, 사바세계를 싫어하여 어서 빨리 벗어나고자 하는 마음으로 (온갖 괴로움이 핍박하여 일체중생이 모두 생사고해 가운데 출몰하는 까닭에) 고제苦諦에 의지하여 중생무변서원도衆生無邊誓願度의 서원을 일으키고, (모든 미혹이 맹렬하게 일어나 오주번뇌五住煩惱가 모두 다 중생의 마음 가운데 집적되어 업을 일으키고 보를 감득하는 까닭에) 집제集諦에 의지하여 번뇌무진서원단煩惱無盡誓願斷의 서원을 발한다.

흔문欣門이란, 기쁜 마음으로 극락세계에 태어나길 구하는 것으로, (조도연助道緣이 충족하고 늘 청문하여 근根·력力·각도覺道·도품道品 등의 법과 모든 선이 함께 하는 까닭에) 도제道諦에 의지하여 법문무량서원학法門無量誓願學의 서원을 발하고, (극락에 태어나는 중생은 모두 물러나지 않고 무상보리·일생보처를 얻는 까닭에) 멸제滅諦

에 의지하여 불도무상서원성佛道無上誓願成의 서원을 발한다. 이렇게 사바세계를 여의길 발원하고 극락세계 태어나길 발원하면 이미 사홍서원과 상응하는 까닭에 대보리도大菩提道에서 불퇴전을 얻는다.

> 復次願生彼國。即欣厭二門。厭離娑婆。與依苦集二諦所發二種弘誓相應。欣求極樂。與依道滅二諦所發二種弘誓相應。故得不退轉於大菩提道。

묻건대, "지금 발원하면 다만 당래에 태어난다고 해야 하는데, 어찌하여 지금 태어난다고 말하는가?"

답하되, "여기에도 역시 두 가지 뜻이 있다. 첫째, 태어나서 죽을 때까지 일생을 기준으로 해서 지금(今)이라고 한 것이니, 즉 현생에 발원하여 명호를 집지하면 임종시에 반드시 정토에 태어난다.

둘째는, 일찰나를 기준으로 지금(今)이라고 한 것이니, 일념이 부처님의 공덕과 상응하면 일념에 태어나고, 염념마다 부처님의 공덕과 상응하면 염념마다 태어난다. (일찰나를 따라 일념이 상응하니, 곧 인과가 상응한다. 염불하는 염심이 인이 되고, 극락에 태어나는 것이 과가 된다. 믿음과 발원으로 명호를 집지하면 서방극락 칠보연못 가운데 즉시 연꽃받침이 하나 생기고, 그 위에 이름이 표시되니, 만약 용맹 정진하면 연꽃받침이 날로 자라 아름답게 빛나지만, 만약 게으르고 물러나 후회하면 날로 점점 말라 시들어 버린다. 일념이 이와 같고 염념마다 그러하다.) 이것을 미묘한 인因·미묘한 과果 (인과동시因果同時 불가사의) 라 하고, 모두 일심一心을 벗어나지 않는다고 한다. 비유하건대 마치 저울의 양쪽이 올라가고 내려감이 저울을 여의지 않는 것과 같이 인과가 꽃피고 시듦이 일심을 여의지 않고 모두 같이 일시에 이루어진다. 어찌하여 사바세계의 과보가 다하여야 비로소 극락세계 보배연못에 태어나길 기다리겠는가? (지금 발원하면 지금 태어나니, 일평생 과보가 다하길 기다리지 않거늘 하물며 당래이겠는가?) 그래서 단지 지금 믿음과 발원으로 명호를 집지하면 연꽃받침에서 광명이 아름답게 빛나고 금대金臺에 그림자가 나타나니 (그림자는 형상을 여의지 않고, 과는 인을 여의지 않으니, 이는 모두 이理에 즉하고 사事에 즉하고, 사事가 이理를 장애하지 않으며, 쓸데없이 이理를 논함이 아니니), 이 같은 행자는 더 이상 사바세계 사람이 아니다.

問。今發願。但可云當生。何名今生。答。此亦二義。一約一期名今。現生發願持名。臨終定生淨土。二約刹那名今。一念相應一念生。念念相應念念生。妙因妙果不離一心。如秤兩頭。低昂時等。何俟娑婆報盡。方育珍池。只今信願持名。蓮萼光榮。金臺影現。便非娑婆界內人矣。

따라서 (한마디 부처님명호는 즉불즉심卽佛卽心으로 삼학三學을 원만히 갖추고 만행萬行을 원만히 하며, 일심으로 집지하면 단박에 오탁五濁을 뛰어넘고 단박에 생사를 벗어나는 까닭에) 지극히 원만하고 지극히 단박에 뛰어넘으며, (언어로 사량하여 미칠 수 없는 까닭에) 말로 표현하기 어렵고 생각으로 헤아리기 어렵다고 한다. 오직 대지혜를 가진 사람만이 비로소 진실한 마음으로 믿고 받아 지닐 수 있는 까닭에 곧장 사리불에게 이르셨다.

極圓極頓。難議難思。唯有大智。方能諦信。

사리불아, 내가 지금 제불의 불가사의한 공덕을 칭찬

한 것처럼 저 제불께서도 또한 나의 불가사의한 공덕을 찬탄하시며 말씀하시길, "석가모니부처님께서는 참으로 어렵고 희유한 일을 능히 하셨도다. 시대가 흐리고 견해가 흐리고 번뇌가 흐리고 중생이 흐리고 수명이 흐린 이 사바세계 오탁악세에서 아뇩다라삼먁삼보리를 얻으시고, 수많은 중생을 위하여 이 일체 세간이 믿기 어려운 법을 설하셨도다." 하시느니라.

舍利弗。如我今者。稱讚諸佛不可思議功德。彼諸佛等。亦稱讚我不可思議功德。而作是言。釋迦牟尼佛。能爲甚難希有之事。能於娑婆國土。五濁惡世。劫濁。見濁。煩惱濁。衆生濁。命濁中。得阿耨多羅三藐三菩提。爲諸衆生。說是一切世間難信之法。

[講] 석가모니부처님께서 스스로 말씀하시길, "내가 지금 아미타불의 불가사의한 공덕의 이익을 찬탄하는 것처럼"이라고 하셨다. 이는 제불을 칭탄하는 것으로 두 가지 해석이 가능하다. 하나는 아미타부처님께서는 법계장신이므로 한 부처님을 염하면 일체 제불을 염하는 것이고, 아미타부처님을 찬탄하면 제불을 찬탄하는 것이다. 둘은 석가모니부터님께서 시방제불을 좇아 믿음을 권함은 곧 제불을 찬탄하여 정토의 공덕을 드러내는 것을 돕는 까닭에 제불을 칭찬하신 것이다.

(부처님과 부처님의 도는 같으므로) 제불의 모든 공덕 지혜 (그리고 자신이 증득한 모든 것)는 비록 전부 평등할지라도 중생들에게 베풀고 교화하는 그의 자취는 중생들의 근기에 따라 어렵고

쉬운 차별이 있다. (또한 각자 원력에 따를 뿐이다.)

諸佛功德智慧。雖皆平等。而施化則有難易。

극락정토에서는 (언제나 부처님을 친견하고, 언제나 법을 들으며, 수많은 상선인과 만나고, 마구니의 일이 없으며, 윤회를 받지 않고, 삼악도가 없으며, 수승한 인연이 도를 돕고, 수명이 무량하며, 세 가지 불퇴를 원만히 증득하여서) **일생에 보리를 성취하기가 쉽다. 그러나 사바세계의 오탁악세에서는** (늘 부처님을 친견하지 못하고, 늘 법을 듣지 못하며, 악한 벗이 달라붙고, 온갖 마구니가 뇌란케 하며, 윤회가 그치지 않고, 악취惡趣를 피하기 어려우며, 속세의 인연이 도를 장애하고, 수명이 단축되며, 수행에 많이 물러나서) **다겁토록 성취하기 어렵다.**

또 정토 중생들은 근기가 예리하고 업혹惑業이 모두 가벼운 까닭에 한번 설법을 들으면 즉시 믿고 받아들이며, 이해하고 행하여 빨리 증득해 들어가는 까닭에 쉬우나, 탁세 중생들은 근기가 둔하여 업혹도 깊고 무거워 많이 들어도 믿지 않아 이해하고 행하여 증득해 들어감은 말할 필요도 없는 까닭에 어렵다고 한다.

또 탁세 중생들에게는 점교법문으로 오계 · 십선 · 사제 · 십이인연법 등을 말하고 믿게 하기는 쉽지만, 돈교법문은 대승의 원돈 법문으로 중생이 본래 부처이고, 만법이 일심에서 벗어나지 않는 등의 법은 말하는 자는 진지하지만, 듣는 자는 건성으로 듣는 까닭에 어렵다고 한다.

淨土成菩提易。濁世難。爲淨土衆生說法易。爲濁世衆生難。爲濁世衆生說漸法猶易。說頓法難。

또 탁세 중생들에게 나머지 돈교법은 곧 선종을 말하는데, 이는 최상일승이자 원돈수증圓頓修證의 법으로 언어문자를 세우지 않고, 사량 분별을 일으키지 않으며, 일념도 생하지 않아서 당체가 곧 부처라는 등의 법을 말하고 깨닫기는 쉽지만, 정토법문에서 횡으로 삼계를 뛰어넘어 생사를 빨리 벗어나는 돈법을 믿고 들어가기는 너무나 어렵다.

爲濁世衆生說餘頓法猶易。說淨土橫超頓法尤難。

또 탁세 중생들에게는 정토의 횡으로 삼계를 뛰어넘는 법, 단박에 닦고 단박에 증득하는 묘관妙觀, 즉 실상염불과 관상염불을 설하기는 그 자체가 이미 쉽지 않거늘, 수고스럽게 닦고 증득할 필요 없이 단지 지명 일법만 닦아서 명호를 집지하여 내지 칠일 동안 일심불란하기만 하면 극락에 왕생하여 세 가지 불퇴의 존위, 일생보처에 올라 불과를 원만히 성취하는 등 기특하고 희유하며 수승 절묘한 법, 생각과 언설의 표현을 뛰어넘는 방편 중의 제일 방편을 설하기란 더욱 어려움 가운데 어려움이 되는 까닭에 시방제불께서 우리 석가모니부처님을 칭찬하시길, 불도에서 성취하기 어려운 것을 성취할 수 있고, 돈교법문에서 설법하기 어려운 것을 능히 설할 수 있으며, 지극히 용맹한 대웅大雄대력大力의 사람이라고 천거하지 않는 분이 아무도 없다고 하셨다.

爲濁世衆生說淨土橫超頓修頓證妙觀。已自不易。說此無藉劬勞修證。但持名號。徑登不退。奇特勝妙。超出思議。第一方便。更爲難中之難。故十方諸佛。無不推我釋迦偏爲勇猛也。

「겁탁劫濁」이란 탁법濁法이 모여드는 때를 말한다. (감겁減劫으로 사람의 수명이 2만 세에 이를 때 중생이 사탁四濁을 갖추면 「겁탁」이라 하고, 사람의 수명이 백 살까지 줄면 「오탁악세」라 한다. 본사께서 이때 세상에 나오셔서 성도하시고 설법하시니, 본사의 원력이 견고하고 강하여 두렵지 않음을 알 수 있다. 극락세계는 오청정토五淸淨土로 탁악濁惡의 일이 없으므로 우리는 혼탁濁을 버리고 청정해지려면 저 국토에 태어나길 구하여 겁탁을 벗어나야 한다.) 다만 겁탁 중에는 업을 지닌 채 삼계를 횡으로 벗어나는 지명염불의 행이 아니면 절대로 득도할 수 없다.

> 劫濁者。濁法聚會之時。劫濁中非帶業橫出之行。必不能度。

「견탁見濁」이란 오리사五利使의 삿된 견해가 증가하여 치성한 것을 말한다. 신견身見·변견邊見·견취견見取見·계금취견戒禁取見의 다섯 가지 삿된 견해(견혹)들로써 어둡고 어리석음에 빠져나오지 못하고 자성이 혼탁한 까닭에 「견탁」이라 한다. (중생이 업을 짓고 과보를 받아 생사에 끌려들어가는 것을 사使라 하고, 기미가 신속한 것을 이利라고 한다. 극락국토에서는 모두 정견에 들어가므로 우리는 스스로 마땅히 염불하여 저 국토에 태어나길 구하여 견탁을 벗어나야 한다.) 다만 견탁 중에는 (털끝만큼도 의견을 용납하지 않고, 참구와 관상 모든 나머지) 방편의 행을 빌리지 않고 지명염불이 아니면 절대로 득도할 수 없다.

> 見濁者。五利使邪見增盛。謂身見。邊見。見取。戒取。及諸邪見。昏昧泪沒。故名爲濁。見濁中非不假方便之行。必不能度。

「번뇌탁煩惱濁」이란 오둔사五鈍使의 번뇌혹이 증가하여 치성한 것을 말한다. 탐·진·치·교만·의심의 다섯 가지 근본번뇌가 나머지 지말번뇌를 생기게 하여 중생의 마음을 혼란시키는 까닭에 「번뇌탁」이라고 한다. (근본번뇌는 6개가 있는데 앞의 오리사五利使는 곧 부정견不正見의 근본번뇌로 견혹見惑에 속한다. 이 5종의 혹으로 중생이 업을 짓고 과보를 받아 생사에 끌려들어가게 하는 까닭에 사使라고 하고, 앞의 오리五利에 비해 조금 더 막혀서 둔鈍이라 한다. 극락국토에서는 모든 선이 모여서 모든 번뇌를 여의므로 우리는 스스로 마땅히 염불하여 저 국토에 태어나길 구하여 번뇌탁을 뛰어넘어야 한다.) 다만 번뇌탁 중에는 (취함도 없고 버림도 없어) 「범부의 마음 그대로 바로 부처님의 마음에 이를 수 있는(卽凡心是佛心)」 지명염불의 행이 아니면 절대로 득도할 수 없다.

> 煩惱濁者。五鈍使頓惑增盛。謂貪。瞋。癡。慢。疑。煩動惱亂。故名爲濁。煩惱濁中非卽凡心是佛心之行。必不能度。

「중생탁衆生濁」이란, 견사혹을 계 내의 생사인 분단생사分段生死의 인으로 삼고, 견사혹에 의지해 유루의 업을 지음을 연으로 삼는다. 혹업인연을 능감能感으로 삼고, 추루하고 폐악한 (색色·수受·상想·행行·식識의) 오음을 소감所感으로 삼는다. (오음은 색심色心 두 가지 법법을 벗어나지 못하는데, 색법色法은 지수화풍 사대四大가 있고, 심법心法은 8식 심왕心王 51심소心所가 있다. 이 63법이 화합한 것을 임시로 「중생」이라 한다. 즉 온갖 법이 화합하여 생한 까닭에 「중생」이라 부른다.) 이처럼 오음이 화합한 것을 임시로 「중생」이라 이름한다. 색심은 모두 추악하고 하열한 까닭에 「중생탁」이라고 한다. (극락에서 태어나는 몸은 연화의 화생化生으로 청정장엄하고 미묘한 상호이므로 우리는 스스로 당연히 염불하여 저 국토에 태어나길 구하여 중생탁을 벗어나야 한다.) 다만 중생탁 가운데는 극락을 흔모하고 사바세계를 염리하여 더럽고 추한 몸을 버리고 청정한 몸을 취하는 지명염불의 행이 아니면 절대로 득도할 수 없다.

衆生濁者。見煩惱所感麤弊五陰和合。假名衆生。色心並皆陋劣。故名爲濁。衆生濁中非欣厭之行。必不能度。

「명탁命濁」이란, 견탁과 번뇌탁을 과보를 받는 인으로 삼고, 중생탁 즉 추루하고 폐악한 오음을 태어나는 과로 삼으므로 인과가 모두 하열하고, 색심을 잇달아 지님을 체로 삼으므로 수명이 짧아 백년도 겨우 넘기지를 못한 까닭에 「명탁」이라고 한다. (극락국토에서는 저 부처님의 수명 및 인민이 무량무변하므로 우리는 스스로 마땅히 발심하여 염불하여 저 국토에 태어나길 구하여 명탁을 뛰어넘어야 한다.) 단지 명탁 가운데는 칠일에 성공하면 내지 십념 일념으로 모두 왕생하여, 시간을 낭비할 필요도 없고 힘써 고행할 필요도 없는 지명염불의 행이 아니면 절대로 득도할 수 없다.

命濁者。因果並劣。壽命短促。乃至不滿百歲。故名爲濁。命濁中非不費時劫。不勞勤苦之行。必不能度。

또한 단지 이 믿음과 발원(지혜의 행)으로 장엄하고 한마디 아미타불 명호를 집지(수행의 행)하여 탁법濁法이 모여드는 때 지금 염불하여 극락에 왕생한 즉 겁탁을 바꾸어 정법淨法이 모여들어 「청정해회」가 되고, 삿된 견해가 치성할 때 지금 염불하여 극락에 왕생한 즉 견탁을 바꾸어 지덕智德을 이루어 「무량광」이 되며, 번뇌가 치성할 때 지금 염불하여 극락에 왕생하면 번뇌탁을 바꾸어 단덕斷德을 이루어 「상적광」이 되고, 색심이 누열陋劣할 때 지금 염불하여 극락에 왕생한 즉 중색탁을 바꾸어 연꽃에 화생하며, 수명이 짧아질 때 지금 염불하여 극락에 왕생한 즉 명탁을 바꾸어 「무량수」를 얻는다. (이렇게 믿음·발원·집지명호의 삼자량을 바꾸는 힘으로 삼고, 오탁을 바꾸는 대상으로 삼는 염불정토법문을 세상 사람들에게 제시하여 개개인 모두 발심하고 염불하여 예토를 바꾸어 정토로 만들고, 괴로움을 바꾸어 즐거움으로 만들면 사바세계를 바꾸어 극락을 성취하는 것이 어렵지 않다.)

> 復次祇此信願莊嚴一聲阿彌陀佛。轉劫濁爲淸淨海會。轉見濁爲無量光。轉煩惱濁爲常寂光。轉衆生濁爲蓮華化生。轉命濁爲無量壽。

그러므로 한마디 「아미타불」이야말로 우리 본사이신 석가모니 부처님께서 오탁악세에서서 얻으신 「아뇩다라삼먁삼보리법」인 것이다.

> 故一聲阿彌陀佛。卽釋迦本師於五濁惡世。所得之阿耨多羅三藐三菩提法。

지금 본사께서 증득하신 과각果覺의 전체인 한마디 「아미타불」을 오탁악세의 중생에게 수여하신 것은 (오탁악세에 능히 행하셨고, 믿기 어려운 법을 설하신) 제불께서 행하신 경계로 유불唯佛·여불與佛께서 구경까지 깨달아 아실 수 있고, 행할 수 있는 경계로 기타 나머지 구계중생(九界衆生 ; 육범·이승과 보살법계)이 자력으로 믿고 이해할 수 있는 것이 아니다.

> 今以此果覺全體。授與濁惡衆生。乃諸佛所行境界。唯佛與佛能究盡。非九界自力所能信解也。

「수많은 중생(諸衆生)」이란 별의別意로 오탁악세의 사람을 가리킨 것이요, 「일체세간一切世間」은 통의通意로 네 가지 정토四土인 의보依報의 기세간器世間과 구법계인 정보正報의 유정세간을 가리킨 것이다.

諸衆生別指五濁惡人。一切世間。通指四土器世間。九界有情世間也。

앞의 권신유통勸信流通은 제불의 부촉이고, 여기는 본사 석가모니 부처님의 부촉이다. 부촉의 말씀에는 별의를 생략하고 통의를 따라 다만 「일체세간」이라 하셨는데, 이는 마치 앞에서 육방제불께서 믿음을 권하는 경문 중에서 "너희 중생들은 믿을지니라(汝等衆生 當信是)." 하셨는데, 「여등汝等」 두 글자는 통의로 저 국토의 구법계 중생들도 포함되어 있음을 가리킨다. 지금 본사께서 「일체세간」이라 말씀하신 것도 이와 같아서 응당 문수보살이나 가섭존자 등 대 제자들도 모두 그 안에 속한다는 것을 알아야 한다.

前勸信流通。是諸佛付囑。此本師付囑。囑語略別從通。但云一切世間。猶前諸佛所云。汝等衆生。當知文殊迦葉等。皆在所囑也。

사리불아, 내가 이 오탁악세에서 이 어려운 일을 행하여 아뇩다라삼먁삼보리를 얻었고 일체세간을 위하여 이 믿기 어려운 법을 설하였으니, 이는 진실로 어려운 일임을 알지니라.

舍利弗。當知我於五濁惡世。行此難事。得阿耨多羅。三藐三菩提。爲一切世間。說此難信之法。是爲甚難。

[講] 본사께서는 당기중생을 불러 부촉하시며 "너희들은 내가 이 오탁악세에서 이 어려운 일을 행하였음을 알지니라."라고 말씀하셨다. 여기서 「이(此)」는 성도成道와 설법說法의 두 가지 일을 가리킨다. 탁세에는 불도를 이루기 어렵고, 돈교법문을 설하기 어려움을 앞에서 이미 해석하였다. 지금 이루기 어려운 것은 빨리 무상정등정각의 불도를 얻을 수 있는 일이고, 설하기 어려운 것은 또한 일체 세간을 위해서 이 집지명호의 믿기 어려운 법을 설할 수 있는 일이다. 이 두 가지 일은 어려운 일일뿐만 아니라 어려움 가운데 어려운 것인 까닭에 「진실로 어려운 일(甚難)」이라 하였다. 이 문구는 곧 「권행유통勸行流通」에 속한다. 이미 진실로 말하기 어려운 것을 내가 지금 말하였으니, 그대들은 스스로 힘써 그것을 행하고 또한 다른 사람을 교화하여 이리저리 다니며 유통하여 금후에 이익을 얻게 하여야 한다.

믿음·발원·집지명호의 일행은 (제일 위없는 법문으로) 다른 복잡하고 어려운 수행들(施爲)을 섭렵할 필요 없이 (즉 참구參究를 빌리지도, 수고롭게 관상觀想하지도 않고, 단지 일심으로 명호를 전일하게 집지하는 것만으로) 오탁을 원만하게 바꿀 수 있다. (이는 생각과 언설로 행할 수 있는 경계가 아니라 원돈의 부사의不思議한 경계이므로) 오직 지혜 있는 자만이 깊은 믿음으로 들어갈 수 있다. 만일 본사께서 이 오탁악세에 자취를 나타내시어, 무상보리를 성취하는 모습을 보이시고, (일체종지의) 큰 지혜와 (동체대비의) 큰 자비로써 이 원돈법문이 오탁을 원만히 뛰어넘을 수 있음을 보시고, 자신이 오탁을 원만히 바꾸고자 이 원돈법문을 행하시고, 중생에게 이를 닦게 하고자 이 원돈법문을 설하시지 않았다면, 일체중생이 어떻게 이 수승하고 기이하며 뛰어난 법문을 듣고 받을 수 있겠는가?

信願持名一行。不涉施爲。圓轉五濁。唯信乃入。非思議所行境界。設非本師來入惡世。示得菩提。以大智大悲。見此行此說此。衆生何由稟此也哉。

그러나 우리는 (만법이 모이는 때인) 겁탁에 처한 가운데 결정코 시간의 구속을 받고 괴로움의 핍박을 받을 것이며,

然吾人處劫獨中。次定爲時所圍。爲苦所偪。

(온갖 견해가 치성한) 견탁에 처한 가운데 결정코 (오리사의 견혹과 같은) 삿된 지혜에 얽매이고, (육사외도 등과 같은) 삿된 스승에 미혹될 것이다.

處見濁中。決定爲邪智所纏。邪師所惑。

(번뇌혹이 치성한) 번뇌탁 속에 처한 가운데 결정코 탐욕에 빠지고, 악업에 쏘이게 될 것이며,

處煩惱濁中。決定爲貪欲所陷。惡業所螫。

중생탁에 처한 가운데 (오음이 거칠고 낡아서) 결정코 더러운 가죽 포대에 더러운 것들로 가득 찬 곳에 안주하며 그것이 청정하지 못함을 분명히 깨닫지 못할 것이며, 열등하고 나약함을 달게 여기어 떨쳐 일어날 수 없을 것이다.

處衆生濁中。決定安於臭穢而不能洞覺。甘於劣弱而不能奮飛。

(수명이 짧은) **명탁에 처한 가운데 결정코 무상에 삼켜져 버려 전광석화와 같아 손 쓸 겨를조차 없을 것이다.**

　處命濁中。決定爲無常所吞。石火電光。措手不及。

만약 그 법문이 매우 어렵고 희유한 제일방편임을 깊이 알지 못하고서 장차 오탁을 벗어날 수 있는 또 다른 심오하고 현묘한 법문에 있다고 말하려고 한다면, 연기가 자욱한 화택에서 온갖 삿된 지혜와 견해로 말장난만 분분할 뿐이다.

　若不深知其甚難。將謂更有別法。可出五濁。烽勃宅裏。戱論紛然。

오직 이 법문이 만나기 매우 어렵다는 것을 깊이 알아야만 (오탁을 매우 벗어나기 어렵다는 것을 지금 이미 듣고 이미 원만히 뛰어넘을 수 있는 법문을 들었으니, 마치 깊고 깜깜한 곳에 있으면서 잠깐 광명의 깃발을 보거나 오랫동안 추위와 배고픔에 시달리는 나라에서 있다가 홀연 따뜻한 곳에 대해 듣는 것처럼 어찌 심신이 용약하여 믿음과 발원으로 닦아 지니지 않겠는가?) **비로소 건성건성 하는 마음을 끝내고 기꺼이 생사심으로** (다른 행을 닦지 않고, 집지명호만 전일하게 일삼아) **이 일행삼매**一行三昧**인 지명염불을** (번뇌의 마구니를 베어내는 보검으로 삼아 집지명호의 행행을 또한 닦을 수 있고, 일행삼매를 생사바다를 건너는 귀중한 뗏목으로) **소중하게 여길 수 있으니, 어찌 연지해회에 뗏목을 곧장 띄워서 오탁을 원만히 뛰어 넘고, 네 가지 정토를 원만히 증득하는 일이 어렵겠는가? 이것이 본사께서 진실로 어려운 일이라 극구 말씀하시고, 우리에게 마땅히 알아야 한다고 깊이 부촉하신 까닭이다. 첫째 두루 권하심을 마친다.**

唯深知其甚難。方肯死盡偸心。實此一行。此本師所以極口說其難甚。而
深囑我等當知也。初普勸竟。

부처님께서 이 경을 말씀하시자, 사리불 등의 모든 비구들과 일체세간의 천·인·아수라 등이 부처님께서 하신 말씀을 듣고 모두 크게 환희하며 믿고 받아 지녔으며, 부처님께 절을 하고는 물러갔다.

佛說此經已。舍利弗。及諸比丘。一切世間。天人阿修羅等。聞佛所說。歡
喜信受。作禮而去。

정토법문은 (지극히 간단하고, 지극히 곧장 질러가며, 지극히 원만하게 단박에 오탁을 원만히 여의고 삼계를 횡으로 뛰어넘으며 생사를 곧바로 지르며 보리를 빨리 성취하므로) 불가사의하여 사람이 믿기 어렵고, 알기 어려운 까닭에 질문할 수 있는 사람이 아무도 없다.

부처님께서는 차별지로써 중생들의 근기가 맞는지 잘 살피시고, 그들이 성불할 기연이 무르익었는지 잘 아시는 까닭에 무문자설無問自說로 중생에게 네 가지 이익을 얻게 하셨다.

(부처님께서 말씀하신 이 불가사의한 법문을 듣고) 마치 단비에 곡물이 비를 맞은 듯이 (봄날 우뢰에 잉어가 뛰어오르듯이) 미증유를 얻는 까닭에 환희하여 믿고 받아 지닌다. 몸과 마음이 기쁘고 즐거우므로 「환희歡喜」라 한다. (이는 세계실단으로 몸이든 마음이든 저절로 즐거워서 환희가 무량하다.)

(부처님께서 오어五語를 갖추어 말하여 믿을 수 있고, 육방제불께서도

각자 광장설상을 내어 같은 소리로 찬탄하였기에) 조금도 의심하는 마음을 품지 않음을 「신信」이라고 하고, 이미 부처님 말씀을 믿어서 저절로 말마다 여래장식에 받아들여서 잊지 않는 것을 「수受」라고 한다. (이는 위인실단으로 선법을 쌓게 하는 이익이다.)

(중생에게 죽음의 괴로움으로 벗어나 열반의 즐거움을 얻는 것이 대은·대덕이다. 부처님께서 사바세계 오탁악세에서 무상도를 이루고 믿기 어려운 법을 설하여 중생에게 믿음과 발원으로 집지명호를 닦아 같이 오탁을 벗어나는 생사의 바다 가운데 귀중한 뗏목을 띄워 중생을 널리 제도하고 열반의 언덕에 같이 오르게 하신다.) 부처님의 크신 은덕에 감사하는 까닭에 몸을 던져 귀명하니, 이를 「작례作禮」라고 한다. (이는 대치실단으로 부처님께 귀명하여 늘 불학을 따라 저절로 삼혹과 오탁의 악이 제거되어진다.)

부사의한 가르침에 의지하여 부사의한 법문을 닦고, 부사의한 감응을 이루며, 세 가지 불퇴를 원만히 증득하여 바로 앞에 가서 무상과각으로 빨리 나아가 「물러갔다(而去)」. (이는 제일의실단으로 제일의제의 이치에 증익해 들어가는 것이다.)

法門不可思議。難信難知。無一人能發問者。佛智鑒機。知衆生成佛緣熟。無問自說。令得四益。如時雨化。故歡喜信受也。身心怡悅名歡喜。毫無疑貳名信。領納不忘名受。感大恩德。投身歸命名作禮。依教修持。一往不退名而去。

불설아미타경요해佛說阿彌陀經要解 종終

[講] 잠깐 생각해 보자. 우리는 응당 어떻게 물러가야 옳은가? 세간의 명리名利를 버리고 또 버려야 하며, 일체 혹업惑業을 쉬고 또 쉬어야 하며, 한마디 「아미타불」을 생사심으로 염하고 또 닦아야 하며, 극락에 태어나길 구하고 오청정토五淸淨土에 가서 빨리 아뇩다라삼먁삼보리로 나아가야 한다. 절대로 다른 길을 향해 가지 말아야 한다.

이처럼 지위가 높은 (관음·대세지·문수·보현보살 등) 등각보살들도
반드시 모두가 정토에 태어나길 구해야 하는 것은 극락정토에 태어나면
항상 부처님을 여의지 않고 친견하고, 법문을 여의지 않고 들을 수 있으며,
청정한 대중들을 여의지 않고 가까이 지내며 공양을 올릴 수 있으니, 이와
같이 불법승 삼보를 갖춰야만 신속히 무상보리를 원만성취할 수 있기 때문이다.
此等深位菩薩。必皆求生淨土。以不離見佛。不離聞法。不離親近供養衆僧。
乃能速疾圓滿菩提故。
-우익대사 '아미타경요해'

발 문 跋文3)

《대집월장경大集月藏經》에 이르시길, "말법시대에는 수억 명의 사람이 수행해도 한 사람 득도하기가 드무니라. 오직 염불에 의지해 득도할 뿐이다(末法億億人修行 罕一得道 唯依念佛得度)."4) 하였다. 아! 지금이 바로 그때이다! 이 불가사의한 법문을 버려두고서 그 누가 잘할 수 있겠는가?

經云。末法億億人修行。罕一得道。唯依念佛得度。嗚呼。今正是其時矣。捨此不思議法門。其何能淑。

《대집경大集經》에서는, 이 「말법」 시대에 「수억 명의 사람이 수행하여도 득도하는 사람은 한 사람도 드물다」라고 말씀하였다. 이 정법시대에 수행은 매우 쉽게 성도를 성취하는 것이다. 경전을 보면 개인들은 나이가 매우 많아야 비로소 출가한다. 나이가 또 많으면 과거에는 학불學佛하지 않았지만, 아, 그는 부처님께 출가하고 어떤 이는 아라한에게 절하고 출가하며 3개월에 아라한과를 성취한다고 되어있다.

---

3) 정계淨界 법사께서 2001년 정율사淨律寺에서 《불설아미타경요해佛說阿彌陀經要解》를 강연한 내용 중에서 36권 마지막 발문에 대한 해설 전문이다.

4) 일찍이 수당 시대 도작 선사道綽禪師가 저술한 《안락집安樂集》과 송대 영명연수 지각대사永明延壽智覺大師께서 저술하신 《만선동귀집萬善同歸集》에서 말씀하시길, 「《대집월장경大集月藏經》에 이르길, "나는 말법시대에 수억의 중생이 행을 일으켜 도를 닦아도 한 사람도 얻기 어렵다. 바로 지금이 말법으로 현재 오탁악세이니, 오직 정토일문이라야 열반의 길로 들어갈 수 있다(我末法時中, 億億衆生起行修道, 未有一人得者。當今末法, 現是五濁惡世, 唯有淨土一門, 可通入路)." 하셨다.」

또 말한다. 한 국왕이 있었는데, 이 국왕은 평상시 노력해서 수행하지 않고 왕궁에서 세간의 오욕을 누렸다. 어느 날 그의 등 부위에 가려움 증이 있어 궁녀에게 가려운 부위를 긁어 달라고 했다. 이 궁녀가 그를 위해 가려운 부위를 긁을 때 이 궁녀는 손 위에 영락을 올려놓고 다른 손으로 소리를 내었다. 이 국왕은 이 소리를 듣고 무상을 깨닫고 벽지불과辟支佛果를 성취하였다. 정법시대에는 이렇게 수행한다!《아함경阿含經》에서는 말한다. 가장 어리게는 7세에 아라한을 성취하였다. 7세는 균제 사미均提沙彌이다. 가장 많게는 80여 세로 그는 아라한과를 성취하였다. 80세에도 아라한과를 성취하였다! 정법시대이기 때문에 그 환경에서 수행하기가 쉬웠다. 공기 중에 퍼져있는 것은 이 같은 청정한 힘이었다. 당신이 그 지방에 태어났다면 매우 쉬웠을 것이다.

그러나 지금 서쪽 문 논밭으로 한번 걸어가 보면 수행이 매우 어렵다는 것을 느낀다. 이 감각은 성도聖道의 감각이 아니다. 그 마음은 거두어 들여 머물기 매우 어렵다. 그래서 이 말법시대는 확실히 「수억 명의 사람이 수행해도 한 사람 득도하기가 드물다」고 한다. 이것은 사실이다. 그렇다면 어떻게 해야 하나? 「오직 염불에 의지해 득도할 뿐이다.」 우리는 이렇게 많은 환경의 장애 한가운데 있다. 타력문他力門의 과지果地에서는 오직 불력佛力의 가피에 의지해야 득도할 수 있다고 가르친다. 「아! 지금이 바로 그때이다!」 이 정토법문이 이치에 계합하고 근기에 계합하는 홍전弘傳 시대이다. 「이 불가사의한 법문을 버려 두고서 그 누가 잘할 수 있겠는가?」 이 법문을 떠나서 누가 「잘(淑)」할 수 있는가? 이 「잘(淑)」은 바로 몸과 마음을 잘 다스리는 것이다. 누가 그의 몸과 마음의 장애를 조복시킬 수 있겠는가? 이 부분에서 우익대사께서는 이 법문이 이치에 맞고 근기에 맞다고 매우 진실로 찬탄하신다. 아래 두 번째 단락에서는 우익대사께서《요해》를 저술한 연기를 말씀하신다.

나 지욱은 출가할 때, 종승宗乘을 자부하고 교전教典을 업신여겨서 망령되게도 지명염불은 간곡히 중·하 근기를 위한 가르침이라고 말한 적이 있었다. 나중에 큰 병으로 인해 서방극락으로 돌아가겠다는 뜻을 발하였다. 다시 《묘종초妙宗鈔》와 《원중초圓中鈔》 및 운서 화상의 《아미타경소초》 등을 연구하고 나서 처음으로 염불삼매가 실로 위없는 보왕삼매임을 깨달았고, 바야흐로 기꺼이 생사심으로 명호를 집지하여 만 마리의 소로도 끌어당기지 못하였다.

旭出家時。宗乘自負。藐視教典。妄謂持名。曲爲中下。後因大病。發意西歸。復研《妙宗》。《圓中》二鈔。及雲棲《疏鈔》等書。始知念佛三昧。實無上寶王。方肯死心執持名號。萬牛莫挽也。

「욱旭」은 바로 우익대사의 법명, 「지욱智旭」이다. 「출가出家」할 때 "종승을 자부하고 교전을 업신여겨서 망령되게도 지명염불은 간곡히 중·하 근기를 위한 가르침이라고 말한 적이 있었다(宗乘自負, 藐視教典。妄謂持名, 曲爲中下)." 이는 우익대사께서 자신이 막 출가하였을 때 일종의 경계를 말씀하신 것이다. 우익대사께서는 24세에 출가하셔서 《능엄경楞嚴經》을 연구하길 좋아했는데, 《능엄경》을 독송하는 가운데 의정疑情 하나가 생겼다. 그는 이 부분에서부터 의정을 참구하였고, 25세에 타좌打坐하는 가운데 개오開悟하였다. 개오한 이후 매우 많은 경계가 출현하였다. 그는 25세에 원교의 명자위名字位를 증득하여 들어가 (경문의 이치에 대한) 원만한 이해가 크게 열렸다. "종승과 교의, 둘에 융통하여 개오한 경계가 부처님과 다르지 않고 같았다(宗乘教義兩融通 , 所悟與佛無異同)." 그것은 원교의 명자위이다.

25세 이후 31세에 이르기까지 그의 전기를 살펴보면 그는 이 6년 동안 주로 수행할 때 《능엄경》의 원돈법문圓頓法門을 위주로 하였다. 당연히도 선종의 느낌이 포함되어 있었다. 선종과 《능엄경》, 이 둘은 모두 원돈지관圓頓止觀으로 직접 현전일념現前一念의 심성을 관한다. 이러는 동안에는 저술이 많지 않았다.

31세에 이르러 약간의 변화가 있었다. 그가 31세일 때 선종의 수많은 폐단을 보았다. 여러 차례 선종에서는 몇몇 삿된 견해를 말하였다. "술과 고기를 먹되, 부처님께서 마음에 앉아 계시면 된다(酒肉穿腸過 , 佛在心中坐)" 하였다. 이것은 바로 원돈법문을 크게 강조한 것으로 이들 권교權敎의 방편시설에 대해 너무나 소홀히 하였다. 그래서 31세 이후에 이르러 지계持戒와 교리敎理 연구를 강조하였고, 계와 교의 두 가지 문으로 선문의 폐단을 바로잡으려 했다. 줄곧 31세 이후로 계율을 홍양하고 비구계를 홍양하기 시작했고 매우 많은 비구계의 주해서를 지었다.

그는 교리 방면에서는 제비(鬮)를 뽑았다. 그가 32세일 때 네 개의 제비를 만들었다. 그는 말했다. "나는 한평생 교리를 홍양하여, 선종에서 교리를 학습하지 않는 폐단을 바로 잡고자 한다. 그러면 어떤 교를 위주로 하여야 하는가? 그는 네 가지 제비를 그렸다. 첫째는 화엄이고, 둘째는 천태이며, 셋째는 유식이고, 넷째는 자립종파로 자신이 하나의 종파를 창립하는 것이다." 그는 우리들처럼 즉시 손을 대는 것이 아니라 3개월의 안거 가운데 가행加行을 하고, 마지막 날에 제비를 집어 들었는데, 천태의 제비를 집어 들었다. 그래서 그는 그 이후로 천태의 교관에 깊이 천착하였다. 그래서 그는 31세에 교리를 연구하고 32세에 천태교관을 연구하기 시작하였다. 그는 이전에는 "교전을 업신여겼다(藐視敎典)"라고 말한 것처럼 교리에 대해 그다지 중시하지 않았다. "그대들 일부 교리를 배우는 사람들은 문자상에 집착한다. 염불하는 사람들도 마음바깥에서 법을 구한다." "망령되게도 지명염불은 간곡히 중·하 근기를 위한 가르침이라고 말한 적이 있었다(妄謂持名, 曲爲中下)." 이는 중하근기가 닦는 법문이다. 우리는 이 일념심一念心으로 직접 제일의제第一義諦를 관조하여 직접 부처님과 상응한다. 무엇이 부처인가? 일념이 생하지 않으면 여여불如如佛이다. 그는 그때 부처에 대해 이 같이 정의하고, 완전히 자성불을 관조하였다.

31세, 32세에 계와 교를 홍양하기 시작하였지만, 그의 생명에 최대로 영향을 준 것은 36세 그해 1년이었다. "큰 병으로 인해 서방극락으로 돌아가겠다는 뜻을 발하였다(因大病, 發意西歸)." 그는 36세 때 산중에서 한바탕 큰 병, 매우 특별한 병을 앓았다. 이 병을 앓는 동안 〈전기傳記〉를 보면 "7일 낮 7일 밤 동안 앉을 수도 없고 누울 수도 없어 오직 눈물을 머금고 염불할 뿐이었다."라고 말하고 있다. 원교의 명자위에 대해 《우익대사전집蕅益大師全集》에 실려 있는 우익대사의 「발원문發願文」을 잘 살펴보면 우익대사께서 가행을 닦았을 뿐, 얻지 못했음을 알 수 있다. 그는 언제나 77의 폐관을 하였다. 3개월이나 1백일을 폐관하면서 날마다 수지한 것은 주문이었다. 당신이 그것을 계산해 본다면 그는 거의 하루도 잠을 자지 않았고, 그의 행력은 강골이었다. 게다가 그는 본성에 칭합하여 수행을 일으켰다(稱性起修), 즉 그는 개오한 후에 비로소 수행을 일으켰다. 그가 25세에 개오한 이후 비로소 가행을 하였다. 그러나 그가 25세에서 36세 까지 가행하여 출가한지 11년 동안 매일 헛되어 보낸 날이 없었다. 그가 36세일 때 한바탕 병이 나타나자 그는 뜻밖에 "앉을 수도 없고 누울 수도 없어 오직 눈물을 머금고 염불할 뿐이었다."고 말했다. 그때 그는 스스로 말하였다. "참선공부는 득력하지 못한다." 병으로 인한 통증이 나타났을 때, 이 병고가 현전하는 때 제일의제를 관하는 것에 곤란이 생겼다. 이때 불력의 가피를 기도하였다. 「원하옵건대 아미타 부처님이시여, 청정한 광명으로 저를 비추어주시고 자비의 서원으로 저를 거두어주소서(願阿彌陀佛 , 以淨光照我 , 慈誓攝我).」 이것은 매우 현실적이다. 한 중생이 불력의 가피를 구하는 것이나 한 아이가 어머님의 가피를 비는 것은 매우 정상적이다.

그래서 36세에 그의 사상에 매우 큰 변화가 생긴다. 그가 병을 앓은 이후 그는 정토의 저술에 주의를 기울이기 시작하였다. 여기서 그의 정토사상에 가장 많은 영향을 끼친 세 권의 책을 언급하고 있다. 첫째는 《관경묘종초觀經妙宗鈔》이다. 지자智者 대사께서 지으신 《묘종소妙宗疏》, 천태사명 존자四明尊者가 저술한 《묘종초妙宗鈔》이다. 이는 천태의 《관경觀經》으로 이 사상은 우익대사에게 매우 많은 영향을 미쳤다. 그 다음은 유계幽溪 대사의 《원중초圓中鈔》로 이는 《아미타경》을 해석한 책이다. 그 다음은 그의 화상이신 「운서雲棲」, 바로 연지蓮池 대사의 《아미타경소초阿彌陀經疏鈔》로 이는 《화엄경》의 사상이다. 만약 우리가 틈을 내어 《아미타경소초》를 다시 살펴보면 실제로 우익대사의 《미타요해彌陀要解》에 매우 많은 사상이 연지대사의 사상을 참고한 것임을 알 수 있다. 이 세 권의 경전이 우익대사의 정토사상에 미친 영향은 심대하다. 앞의 두 권은 천태의 것이고, 세 번째는 화엄의 것이다.

이때 그는 "처음으로 염불삼매가 실로 위없는 보왕삼매임을 깨달았다(始知念佛三昧 實無上寶王)." 이 「염불삼매」는 「무상보왕無上寶王」이다. 우익대사께서는 이 「염불삼매」에서 중요한 것이 세 가지가 있다고 말씀하셨다. 첫째 자성불自性佛을 염하는 것이고, 둘째 타불他佛을 염하는 것이며, 셋째 자타를 함께 염하는 것(自他具念)이다. 우익대사 께서 이른 시기의 수행 생애에 있어 자성불을 염하는 것에 편중하였는데, 이는 현전하는 일념의 심성을 관조하는 것이다. 즉 직접적으로 현전하는 일념의 청정심을 관하고 심성을 염하는 것이다. 여기서 지엽적인 망상은 모두 불필요하고 직접 자성불을 관한다. 나중에 그가 병으로 인한 통증이 현전할 때 자신이 득력하지 못함을 깨달았다. 그는 이때 명호를 집지하기 시작했다. 당연히 타불의 가피가 있을 때 그도 하나의 관념을 제시하였다. 즉 염하는 주체(能念)인 마음도 불가사의하고, 염하는 대상(所念)인 명호도 불가사의하다. 이것이 자타를 함께 염하는 것이다. 이때 염불삼매는 이지理持로 이것이 「무상보왕無上寶王」이다. 한편으로 염하는 주체인 자성의 공덕력과 본신은 불가사의하여서 마음 속 한가운데 본신은 무량한 공덕광명을 구족하고, 그런 후에 불력 본원의 가피가 있다. 이것이 자타를 함께 염하는 것이고, 「무상보왕」이다.

이때 "생사심으로 명호를 집지하여 만 마리의 소로도 끌어당기지 못하였다(死心執持名號 萬牛莫挽也)." 우익대사는 원교의 명자위名字位로 교리에 통달한 사람이다. 「종승과 교의, 둘에 융통하였다.」 그는 「생사심으로 명호를 집지할」 수 있었다. 우익대사께서는 또한 어떠한 관상觀想, 관상觀像도 닦았다고 말한 적이 없다. 어떠한 현묘한 관법도 모두 말한 적이 없다. 우익대사께서는 바로 노실하게 염불하여 원교의 명자위에 오른 사람이다. 노실하게 염불하는 것이야말로 불가사의하다. 이것이 우익대사께서 자신이 정토를 믿게 된 과정을 말한 것이다. 그는 이렇게 병의 통증으로 자극을 받아 각성하기 시작했다. 아래에는 그가 저술하게 된 연기를 정식으로 설명한다.

나의 한 도반이 병을 없애려면 오랫동안 정업을 닦아야 한다고 시키면서 이를 위해 이 경의 큰 뜻을 복잡하지 않은 말로 분명하게 드러내게 하고자 나에게 《요해》를 저술해 달라고 요청했다.

나도 널리 법계 유정들과 함께 극락에 왕생하고자 하였기에
이를 거절할 수 없었다.

吾友去病。久事淨業。欲令此經大旨。辭不繁而炳著。請余爲述要解。余欲
普與法界有情。同生極樂。理不可卻。

이 인연 전체는 그와 같이 참구하던 도반 한 명으로 비롯되었는데,
"그에게 병을 없애려면 오랫동안 정업을 닦아야 한다(去病 久事淨業)"
라고 시킨 것이다. 이렇게 오랫동안 정업을 닦으면 당연히 《아미타경
阿彌陀經》에 매우 관심을 가지게 마련이다. 옛날에 《아미타경》은 주해
서가 너무나 복잡하여서 새로운 주해서가 있으면 좋겠다고 희망하였
다. 이를 위해서 두 가지 조건이 있어야 한다. 첫째 문자가 너무
많아서는 안 된다. 둘째 의리가 매우 또렷해야 한다. 즉 「분명하게
드러나야 한다(炳著)」, 우익대사에게 이러한 일종의 공덕을 완성시
킬 것을 요청하였던 것이다. 우익대사님의 심정도 "법계 유정들과
함께 극락에 태어나고" 싶었다. 그래서 의리상 사양하여 「거절(卻)」
「할 수 없었던(不可)」 것이다. 아울러 정법의 광명을 후세에 유통시킬
일 분의 책임이 있었기에 그는 승낙(承當)하게 되었다. 이 단락은
《요해》를 저술한 연기를 설명한 것이다 이어서 그가 저술한 시간을
설명한다.

정해년(丁亥年 1647) 9월 27일에 붓을 들어 10월 5일에 탈고하고
서 9일 만에 완성하였다.

舉筆於丁亥九月二十有七。脫稿於十月初五。凡九日告成。

우익대사께서는 9일 만에 《미타요해彌陀要解》를 완성하셨다! 깨달은 사람은 우리들처럼 의식·분별심을 쓰는 사람과 확실히 다르다. 이는 마음 속 한가운데 성도聖道와 상응하는 사람은 그 도의 힘으로 확실히 수없이 많은 문자들이 자성 한가운데서 흘러나올 수 있음을 말한다. 우리가 시작단계에서는 문자를 따라 도를 찾는다. 당신은 말한다. "그도 도를 증득하지 못했다. 그는 명자위名字位의 도道도 얻지 못하였고, 명자위의 개오開悟도 얻지 못하였다." 명자위의 도道란 어떤 경계인가? 종승과 교의, 둘에 융통하여 개오한 경계가 부처님과 다르지 않고 같다. 그가 깨달은 경계는 제불과 같았다. 그는 이치상으로는 제불과 동일한 콧구멍으로 숨을 쉬지만, 당연히 그는 번뇌를 끊지 못했다. 그렇지만 당신이 그가 깨달은 진리를 부정할 수 없다. 그것은 제불과 차별이 없다. 그래서 당신이 보기에 그의 이 주해는 우리들 범부의 의식, 분별심처럼 여기서 한 단락 자르고, 저기서 한 단락 잘라서 이렇게 긁어모은 것이 아니다. 그는 바로 9일 만에 완전히 자성이 드러난 것이다. 마지막으로 우익대사께서는 자신의 마음속에 있는 희망을 말씀하셨다. 그는 이 법문의 유통에 대해 희망을 품으셨다.

오직 원하옵건대, 《요해》의 한 문구 한 글자가 모두 왕생의 자량이 되고, 한 번이라도 보거나 듣는 이들도 함께 불퇴전지에 오르며, 믿거나 의심하는 모든 이들도 도의 종자를 심고, 찬탄하거나 비방하는 등 모든 이들도 돌아가 생사를 해탈할 수 있도록 하옵소서. 우러러 생각하옵건대, (이 법문에 대해서) 제불보살님께서도 섭수·증명하여 주시고, 동학우인께서도 수희·가피하여 주시옵소서.

所願一句一字咸作資糧。一見一聞同階不退。信疑皆植道種。讚謗等歸解
脫。仰唯諸佛菩薩攝受證明。同學友人隨喜加被。

우익대사께서 이 《요해》를 완성하신 후 그는 《요해》 속의 「한 문구
한 글자」가 모두 사람들이 왕생의 「자량資糧」을 성취하는데 도움을
줄 수 있길 , 한 문구 한 문구의 말씀이 사람들의 마음속에 이르러
모두 왕생하는데 일종의 힘이 생기게 할 수 있길, 「일견일문一見一聞,
동계불퇴同階不退」 모두 세 가지 불퇴를 성취할 수 있길, 「신의개식선
근信疑皆植善根」, 당신이 믿는 의심을 품든 상관없이 모두 정토의
자량을 성취할 수 있길, 당신이 「찬탄贊」하든 「비방謗」하든 상관없이
조만간 모두 생사를 「해탈解脫」할 수 있길 희망하셨다. 왜냐하면
당신이 마주보고 있는 것이 위없는 법문이기 때문이다. 마지막으로
이 법문에 대해 「제불보살」께서도 「섭수증명攝受證明」하여 주시길,
제불보살께서 가지加持하여 주시길, 그리고 「동학우인同學友人」께서
도 「수희가피隨喜加被」하여 주시길 희망하셨다.

서유도인西有道人 우익지욱蕅益智旭은 붓을 내려놓고 발문을 쓰다.
이때 나이는 49세이다.

西有道人蕅益智旭閣筆故跋。時年四十有九。

그가 49세인 때 《미타요해彌陀要解》를 완성하였다. 우익대사께서는
57세에 입멸入滅하셨으니, 만년에 비로소 완성한 것이다.

아미타경요해 현의강기[5]

정공법사

들어가는 말

과거 《무량수경無量壽經》이 현재처럼 이렇게 보편적으로 유통되지 않았을 적에 정종 수학의 소의경전은 바로 《아미타경阿彌陀經》이었습니다. 특히 지금까지 1천년 동안 정종을 수학한 분들은 거의 우익蕅益대사의 《미타요해要解》와 연지蓮池대사의 《미타소초疏鈔》, 이 두 가지 주해서에 의지하여 성취하였다고 해도 과언이 아닙니다. 이 중에서도 특히 우익대사의 《미타요해》는 과거 인광대사께서 "설사 아미타부처님께서 이 세상에 내려오셔서 《아미타경》을 주해하신다 할지라도 그 이상을 뛰어넘을 수 없다"라고 말씀하실 정도로 이 주해서를 극찬하셨습니다. 나아가 이 주해서는 아미타부처님께서 자신의 의사를 완전히 표현하신 것으로 조금도 잘못된 부분이 없다고까지 인정하셨습니다. 인광대사께서는 서방극락세계의 대세지보살께

---

5) 정공법사께서 1993년 6월 미국 캘리포니아주 디엔자 대학(Deanza Colledge)에서 《미타요해》를 강설하셨다. 삼보제자에서 〈불설아미타경요해강기〉(2005년)란 이름으로 출간한 책은 불타교육기금회에서 이 강설을 출판용으로 편집한 것을 번역한 것이다. 여기서는 그 중에서 《오중현의五重玄義》 부분을 정공법사께서 직접 강술하신 그대로 번역하였다.

서 다시 오신 분(再來人)입니다. 이것이 인광대사의 신분이라고 모두들 알고 있습니다. 우익대사의 신분은 드러내신 적은 없지만, 그분도 당연히 다시 오신 분입니다. 결코 범부로는 일평생 이러한 성취를 이룰 수 없습니다. 그렇다면 우익대사께서는 구경에 어떤 분이신가? 대세지보살의 화신인 인광대사를 비추어 보면 우익대사는 아미타부처님께서 다시 오신 것이 아니라면 반드시 관세음보살의 화신일 것입니다. 그렇지 않고서는 대세지보살께서 이처럼 찬탄하실 수가 없습니다. 그만큼 우리에게 이 주해서는 대단히 중요합니다.

말법시대, 특히 이 시대는 불법에는 종파가 매우 많고, 법문도 매우 많으며, 참으로 우리 현대인은 번뇌가 대단히 무겁고 고난도 특별히 많다고 할 수 있습니다. 우리가 일생에 진실한 이익을 얻어 개인이든 사회이든 사업이든 관계없이 현전하는 모든 문제를 해결할 수 있을 뿐만 아니라 우리의 영원한 문제, 절집에서 늘 말하는 생사의 대사를 해결하는데 도움을 줄 수 있어, 일체 법문 중에서 확실히 효과가 있고 확실히 해낼 수 있는 것은 오직 정토법문 뿐입니다. 그래서 고승대덕들께서는 이 정토법문은 간단하고 쉬우며 빠르고 온당하여서 다른 일체법문과 비교하여도 견줄 수 없는 수승함을 드러내어 보여준다고 말씀하셨습니다. 이 법문은 믿기 어려운 법이라고 제불여래께서 말씀하신 것처럼 옛날부터 조사·대덕들께서도 한 목소리로 선양하셨습니다. 믿기 어렵지만 행하기는 쉬워서 사람마다 해낼 수 있지만, 사람들이 이를 취해 믿기는 쉽지 않습니다.

이 때문에 옛날부터 이 법문을 진정으로 성취한 사람은 실제로 말해서 두 종류의 사람이 있을 뿐이라고 말합니다. 첫 번째 사람은 바로 선근이 깊고 두터운 사람입니다. 즉 근기와 성향이 매우 예리하고 특별히 총명한 사람으로 이 법문을 한 번 들으면 이 안에 든 이치와 사실을 매우 깊이 믿어 의심하지 않아서 진실한 이익을 얻을 수 있습니다. 두 번째 사람은 우리가 늘 말하는 복이 있는 사람입니다. 이 사람은 진정으로 복보가 있습니다. 이 복보는 세간 오욕육진五欲六塵의 복보를 말하는 것이 아닙니다. 세간의 영화 부귀는 전부 가상입니다. 왜 그렇습니까? 오래 가지 않기 때문입니다. 진정한 복보는 이 경을 들은 후에 이치를 이해하지 못하더라도 깊이 믿어 의심하지 않는 것입니다. 의심을 품지 않고 이 방법에 따라 실천하므로 그는 매우 쉽게 성취합니다. 가장 어려운 것은 중간에 있는 사람들로 이들이 가장 많습니다. 옛날 조사 · 대덕들께서는 고구정녕 노파심에 우리를 위해 강설하고 소개하셨는데, 실제로는 모두 중등 근기 성향의 이들 무리 사람들을 위해서입니다. 우리는 대를 이어 법을 전하신 이들 대덕 선지식께 진정으로 감사할 따름입니다. 만약 그분들이 아니었다면 우리는 이 시대에 이 법문을 받아들이고 싶어도 확실히 곤란하였을 것입니다.

먼저 우리는 「불교佛教」를 똑바로 인식해야 합니다. 불교는 석가모니부처님께서 일체중생에게 베푸신 가장 훌륭한 교육으로 절대로 그것을 종교로 보아서는 안 됩니다. 그러면 잘못입니다. 한번 잘못 시작하면 끝까지 잘못됩니다. 우리는 그것을 교육으로 보아야 합니다. 석가모니부처님께서 일생동안 경중에서 말씀하듯이 49년간 설법하셨고 300여 회 경전을 강설하셨습니다. 이 49년간의 설법을 후세 사람들이 정리하여 책으로 남겼고, 이것이 중국에 전래되어 한문으로 번역되었습니다. 고대의 이들 대덕들께서 부처님의 경론을 정리 분류하여 대형 총서로 편찬하였는데, 오늘날 이를 《대장경大藏經》이라 합니다. 《대장경》의 내용은 한마디로 말해서 우주와 인생의 진여실상을 설한 것입니다. 우리가 오늘 연구 토론하고자 하는 《아미타경요해 阿彌陀經要解》 또한 예외 없이 우주와 인생 진상을 설명한 것입니다. 우리는 이 안목으로 이 시각으로 토론하여야 비로소 진정으로 부처님께서 우리에게 고구정녕 노파심에 베푸신 가르침을 몸으로 이해하고 그 가르침에서 진실한 이익을 얻을 수 있습니다.

제1장 서문序文

1. 제목과 저자 · 주해자

1-1 경과 주해의 제목

불설아미타경요해

佛說阿彌陀經要解

　　이 경문의 처음으로 제목입니다. 「불설아미타경佛說阿彌陀經」, 이 여섯 글자가 경의 제목입니다. 「요해要解」, 이 두 글자는 주해서의 이름입니다. 그래서 제목은 두 부분으로 나뉘는데, 하나는 경전이고 하나는 주해입니다. 제題는 반드시 간단한 설명, 간단한 소개를 합니다. 「불佛」은 우리의 본사이신 석가모니부처님이고, 「설說」은 부처님께서 친히 스스로 설하신 것입니다. 불경은 매우 많습니다. 경의 제목에 「불설佛說」을 덧붙인 경도 있고, 「불설」이 없는 경도 있습니다. 예를 들면 《금강반야바라밀경金剛般若波羅蜜經》에는 「불설」이 붙어 있지 않습니다. 이는 불설이 아닙니까? 당연히 석가모니부처님께서 설하신 것입니다. 일본인들이 가장 숭경하는 경은 《묘법연화경妙法蓮華經》인데, 이 《묘법연화경》에도 「불설」이 붙어있지 않습니다. 왜 경전에는 불설이 붙어 있는 것이 있고, 붙어있지 않는 것이 있습니까? 이것은 불자라면 반드시 알아야 하는 것으로 상식에 속합니다. 일반 관례상 정종분正宗分으로 시작하는데 정종분에서 제1구가 부처님께서 강설하신 경은 「불설」을 덧붙입니다. 제1구가 부처님께서 설하신 것이 아니고 다른 사람이 문제를 꺼내서 묻는 경우, 통상적으로 이런 경에는 「불설」을 붙이지 않습니다.

부처님께서 일생동안 설하신 경은 내용의 성격에 따라 이른바 12분교分教로 나눌 수 있습니다. 이 12가지 형식 중에서 한 종류를 「무문자설無問自說」이라고 합니다. 통상 부처님께서 경전을 설하실 때 다른 사람이 문제를 꺼내어 그에게 질문하면 대중에게 답을 풀이하십니다. 대부분 경의 내용은 이런 성격에 속합니다. 이와 달리 묻는 사람이 없는데 부처님께서 대중의 기연이 성숙함을 살피시고 주동적으로 내용을 소개하십니다. 이런 부류의 경을 「무문자설」이라고 합니다. 이 경은 바로 무문자설에 속합니다. 그래서 경의 제목에 특별히 「불설」을 붙였습니다. 「아미타阿彌陀」는 범어로 번역하면 무량無量이란 뜻입니다. 「아阿」는 「무無」로 번역되고, 「미타彌陀」는 「량量」으로 번역되어 바로 무량입니다. 실제로 말하면 이 부분은 생략되어 있습니다. 응당 아미타불이 있어야 합니다. 부처님께서 우리를 위해 아미타부처님을 소개하시기 때문입니다.

「불佛」이 글자는 깨달음(覺悟)이란 뜻입니다. 바꾸어 말해 아미타불은 문자적인 뜻으로 번역하면 「무량각無量覺」으로 깨닫지 않은 것이 없다, 알지 못하는 것이 없다는 뜻입니다. 부처님께서는 본경에서 우리를 위해 두 가지 뜻을 말씀하십니다. 하나는 「무량수無量壽」이고, 하나는 「무량광無量光」으로 이 두 가지 뜻을 말씀하십니다. 실제로 무량의 뜻은 매우 많은 것을 포괄합니다. 확실히 그것은 구경원만한 무량을 말합니다. 부처님께서는 광光과 수壽, 이 두 글자로 일체 무량을 모두 개괄하였습니다. 수壽는 과거·현재·미래의 시간을 가리키고, 광光은 광명이 두루 비추는 공간을 말합니다. 무량한 공간과 그지없는 시간을 말하는 것으로 그 시종에 일체 모든 것을 포괄하여 한 물건도 빠뜨리지 않습니다. 그래서 이 두 글자는 바로 우리가 말하는 시공時空입니다. 상세히 말하면 시공時空, 이 두 글자의 뜻은 광光과 수壽보다는 생동감이 떨어집니다. 그래서 광과 수는 시공이 나타내는 뜻보다 훨씬 심원합니다. 특히 일체 무량 중에서 수명이 가장 중요합니다. 만약 수명이 없다면 모든 일체 무량도 공空에 떨어지고 맙니다. 예를 들면 당신에게 무량한 지혜와 무량한 재능, 무량한 덕, 무량한 재산이 있다고 말해도 수명이 없다면 어찌 그것을 다 누릴 수 있겠습니까? 그래서 일체 무량에서 수명이 가장 중요합니다. 이 때문에 세존께서는 우리에게 아미타의 뜻을 해석하시면서 맨 처음 설하신 것이 무량수입니다. 수명은 일체 무량 중에서 제일의 덕입니다. 이는 서방극락세계 도사의 덕호德號입니다.

　이 부분에서 여러분에게 간단히 짚고 넘어가겠습니다. 중국 고대의 성현들은 우주와 인생의 진상에 대해 상당히 명료하게 말씀하셨습니다. 예를 들면 노자가 일가를 이룬 《노자老子》란 책은 단지 5천자로 된 그리 길지 않은 한편의 문장입니다. 그는 첫 시작을 "도를 도라고 하면 상주하는 도가 아니고, 이름을 이름이라 하면 상주하는 이름이 아니다."라고 말합니다. 이것은 사실로 이름은 가상이고, 진실이 아님을 알아야 한다는 뜻입니다. 제불보살의 명호는 진실입니까? 가상입니까? 어디서부터 유래된 것입니까? 누가 그에게 붙여준 이름입니까? 우리가 사용하는 자신의 이름은 대부분 부모님께서 붙여주신 이름입니다. 불보살의 명호는 없음을 알아야 합니다.

　불보살의 명호는 어디서 유래되었습니까? 이는 그가 교화하는 중생의 필요에 따라 유래된 것입니다. 바꾸어 말하면 그가 중생에게 가르치는 종지宗旨로, 곧 가르치는 구호입니다. 예를 들면 석가모니 부처님께서 그 당시 이 세상에서 지구상의 중생들에게 가르치셨습니다. 그가 가르치신 방침은 무엇입니까? 반드시 증상에 맞게 약을 처방하라는 것입니다. 이 세상에 살고 있는 중생의 병폐는 매우 많습니다. 일체 병폐 중에서 어떤 것이 가장 엄중한지 관찰하여 이것을 먼저 대치해야 합니다. 이 세상의 중생들에게 가장 엄중한 것은 자비심이 결핍되어 있어 사리사욕을 챙긴다는 사실입니다. 그래서 그는 명호로 「석가釋迦」를 사용하였습니다. 석가란 무슨 뜻입니까? 인자仁慈의 뜻입니다. 이것은 바로 우리들 시대, 이 국토에 현전하는 교학방침입니다. 이와 동시에 이 세계에 사는 중생들은 망상·집착이 대단히 엄중합니다. 엄중한 망상·집착으로 그지없는 번뇌를 지녀서 마음이 청정하지 못합니다. 이 때문에 명호에 「모니牟尼」를 덧붙였습니다. 모니는 인도말로 적멸寂滅이란 뜻입니다. 이는 곧 일체 망념을 모두 다 소멸시켜서 마음바탕에서 청정심을 회복하도록 하기 위함입니다. 바꾸어 말해서 석가모니는 요즘말로 하면 인자·청정입니다. 그래서 그의 명호는 바로 그에게 현전하는 단계의 교학방침으로 이것을 명호로 삼았습니다.

만약 서방극락세계 아미타부처님께서 현재 우리가 사는 이 세상에 오셔서 부처가 되어 우리에게 가르치셨다면 어떤 명호를 사용하시겠습니까? 그도 「석가모니」를 사용하셨을 것입니다. 그래야 우리의 병을 치료할 수 있기 때문입니다. 석가모니부처님께서 만약 서방극락세계에 가셔서 아미타부처님과 역할을 바꾼다면 그곳에서 「석가모니」란 명호를 사용할 수 있겠습니까? 사용할 수 없습니다. 왜 그렇습니까? 서방세계 사람들은 모두 인자하므로 「석가」란 이름을 꺼내면 무의미합니다. 그리고 그곳 사람들의 마음은 모두 청정하므로 「모니」란 이름도 의미가 없습니다. 그래서 그 세계에서는 반드시 「아미타」란 명호를 사용하셔야 합니다. 우리가 사는 세계에 부처가 되어 중생을 교화하기 위해서는 반드시 「석가모니」라는 명호를 사용해야 합니다. 이런 이치를 잘 알아야 합니다. 그래서 부처님께서 명호가 없다면 어떤 국토에서도 중생이 다르기 때문에 그의 명호도 바꾸어야 합니다. 부처님께서는 고정된 명호가 없고, 영구적인 명호도 없음을 알아야 합니다. 부처님께서 바로 중생의 근기에 응하여 법을 설하시므로 설하시는 법도 정해져 있지 않습니다. 부처님께서는 일정한 명호가 없습니다.

부처님께서 일정한 명호가 없을 뿐만 아니라 일정한 상호도 없습니다. 우리들 세상 사람들은 늘 상은 마음을 따라 바뀐다고 말합니다. 부처님의 마음은 청정하므로 상호도 당연히 원만하십니다. 원만한 것은 보신불報身佛입니다. 부처님께서는 중생에게 시현하여 교화하므로 부류에 따라 몸을 나타내십니다. 그가 본래 이렇게 구경원만한 것이 아니라 시현하신 것입니다. 《보문품普門品》에서 말한 것처럼 부처님의 몸으로 응하면 부처님의 몸으로 나타나십니다. 보살의 몸으로 응하면 보살의 몸으로 나타나십니다. 《능엄경楞嚴經》에서 이르길, "중생의 마음을 따르고, 자기가 아는 심량만큼 응한다(隨衆生心 應所知量)." 하였습니다. 그래서 중국에서 나타나시면 중국인의 모습을 하고, 인도에서 나타나시면 인도인의 모습을 하십니다. 그래서 그들을 보고난 후 친근한 느낌이 듭니다. 우리가 조성한 불상 보살상을 보면 일본인의 불상은 일본인으로 보이고, 티베트인의 불상은 티베트인으로 보입니다. 부처님께서는 일정한 상이 없어 당신이 어떤 상을 좋아하면 그 상으로 나타나시며, 이름도 일정하지 않아 중생의 마음을 따르고 확실히 인연에 따라 성취하십니다. 보현 십대원왕의 말씀대로 항상 중생에 수순하며 공덕에 따라 기뻐합니다. 제불보살은 진실로 원만하게 성취하십니다.

「경經」은 바로 경전으로 요즘말로 하면 과본科本, 교과서입니다. 교과서를 왜 경이라 부릅니까? 이 글자의 무게는 매우 무거운데, 부처님께서 이 과정에서 말하는 이론·방법·경계는 완전히 진실이고, 시공을 초월한다고 설명합니다. 3천년 전 부처님께서는 그 당시 인도인에 대한 이런 견해는 정확하여 그들은 경전을 듣고서 이익을 얻었습니다. 3천년 후 지금 이 시대에 우리도 이 경을 읽고서 똑같이 수용할 수 있습니다. 우리가 얻는 수용이 당시 부처님께서 경전을 강설하실 때 법회에 참가한 사람들이 얻은 수용과 차이가 없어야 「경」이라 부를 수 있습니다. 이에 반해 우리들 세간의 일반 학교의 교과과본은 몇 년 간격으로 수정을 해야 합니다. 왜 그렇습니까? 적용되지 못하기 때문입니다. 시대가 변화하고 여러 가지가 모두 진보하므로 그것은 반드시 수정을 하고 개정해야 합니다. 부처님의 경전은 오랜 세월을 통해 변함 없이 늘 새롭습니다. 그래서 경전은 이러한 가치가 있습니다. 그것을 각 시대의 대중에게 어떻게 보편적으로 적용할 수 있는지? 사람들의 의식형태, 문화배경, 생활 환경은 옛날과 지금이 완전히 다른데, 이 경전을 어떻게 적용할 수 있는지? 우리는 알아야 합니다. 공간적으로는 인도인의 문화는 중국과 서로 다르고 생활방식도 다르며, 중국인은 유럽과도 서로 다른데, 이를 어떻게 보편적으로 적용할 수 있는지? 이러한 것을 진정으로 명료하게 이해하고, 진정으로 사람들이 이해할 수 있도록 해석하여 강설해주어야 합니다.

그래서 「해解」는 바로 부처님께서 말씀하신 경전의 현대화現代化이자 현지화입니다. 우익대사께서는 명나라 시대 사람입니다. 그의 이 주해는 명나라 시대 중국인이 수학하기에 적합하였습니다. 그러나 명나라 시대는 현재 우리 시대와 거의 5백년 간격이 있습니다. 5백년이 흐른 후 지금 우리가 《요해要解》를 다시 보려면 반드시 그것에 해석을 달아야 합니다. 곧 우리는 우익대사께서 저술한 5백 년 전의 《요해》를 현대적으로 해석해야 하고, 이를 통해 눈앞에서 진실한 이익을 얻을 수 있어야 합니다. 그렇다면 어떤 사람이 해석하고, 어떤 사람이 강설하며, 어떤 사람이 번역할 수 있을까요? 경은 범문으로부터 번역되었기에 이는 모두 매우 큰 문제이자 매우 엄숙한 문제입니다. 경전 번역은 부처님의 진실한 뜻을 명백히 드러낼 수 없다면 완전히 그것을 잘못 해석한 것일 수 있습니다. 고인께서는 늘 "문자에만 의지하여 뜻을 해석한다면 삼세 부처님들의 원수이다(依文解義 三世佛怨)"[6] 삼세제불께서 "원통하구나, 나의 뜻을 잘못 말하다니!" 라고 소리치실 것입니다. 반드시 개경게開經偈처럼 "여래의 진실한 뜻 알아지이다(願解如來眞實義)"라고 발원해야 합니다. 여래의 진실한 뜻을 알지 못하는 사람은 경전을 번역할 수 없습니다.

　우리는 반드시 알아야 합니다. 중국이 비록 근대화 과정에 굴욕을 당하고 고난을 겪으면서 우리들 스스로 여러 방면에서 외국인에 비해 못하다는 느낌을 받지만, 냉정하게 한번 반성해보고 회고해보면 중국인은 세계에서 가장 행운이 있고 가장 복이 있는 사람임을 느끼게 될 것입니다. 이 말은 어디서부터 시작됩니까? 경전으로부터 시작됩니다. 불경이 중국으로 전래되어 중국 역대 고승대덕들은 모두 수행하여 증과證果한 분들로 증과하지 않았다면 경을 번역할

---

6) "경을 떠나서 말하면 곧 마설과 같다(離經說即同魔說)"

능력이 없었을 것입니다. 증과란 무엇입니까? 부처님께서 경전에서 강설하신 이론을 그가 모두 증명하고 실증하였음을 증과라고 합니다. 만약 자신이 직접 그것을 실증할 수 없다면 내가 단지 부처님께서 설하신 것을 들었다고 해서 나 자신이 보지 못했다면 반드시 한 겹 막히게 됩니다. 한 겹 막힌 상태에서 강연하거나 번역하려고 하면 결정코 잘못이 생깁니다. 재가수행 거사를 포괄한 중국 역대 고승대덕들은 모두 수행하여 증과하신 분들이십니다. 경전을 주해하거나 강경 설법하신 분들은 모두 평범한 사람이 아닙니다. 이렇게 많은 전적들과 교훈을 남기신 분들이 바로 우리 중국인입니다. 한 사람 한 사람마다 모두 자신의 몫이 있고, 모두 그지없는 문화유산입니다. 우리가 자신의 몫인 이러한 유산을 계승하고 받아들이길 바란다면 우리 조상은 우리에게 한 가지 조건만 요구하실 것입니다. 당신이 이 조건을 실천하여야만 이 유산을 당신에게 맡기십니다.

어떤 조건입니까? 이는 문언문(文言文 ; 한문)을 숙독하여 암기하는 것입니다. 왜 이런 조건을 제출하셨을까요? 이는 중국 고대 조상들의 대단히 총명한 지혜로 우리가 지금 전 세계를 관찰해 볼 때 어떠한 국가·민족의 조상들도 생각하지 못한 일입니다. 그것은 바로 그들의 지혜, 그들의 경험을 어떤 방법으로 전해야, 천년만세 영원토록 그 순도를 유지하고 생성변화를 거치지 않게 할 것인가? 이런 도구가 대단히 중요합니다. 우리의 선조는 언어는 시대에 따라 변하는 것임을 아셨습니다. 그래서 고인의 언어를 우리 현대인이 몰라서 만약 문자와 언어가 일치하지 않는다면 오랫동안 전해진 후 후세의 사람들은 이 언어문자를 인식하지 못할 것입니다. 이는 서방에서도 볼 수 있습니다. 희랍어와 라틴어는 모두 그들의 고문과 달라져서 극소수 고고학자들만이 탐색할 뿐 널리 유통될 수 없습니다. 그래서 중국의 선조들은 총명하여 상주商周 시대로부터 언어를 문자와 분리하여 두 갈래 길로 만들었습니다. 언어는 당신이 마음대로 어떻게 변화시킬 수 있지만, 나의 글은 변하지 않습니다. 이런 방법은 기막히게 훌륭합니다! 우리가 오늘날 문언문을 잘 알아《논어論語》를 읽으면 공자와 이야기를 나눌 수 있고,《맹자孟子》를 읽으면 바로 맹자와 직접 대면하는 것과 같습니다. 서로 의견을 소통할 수 있어 오해가 발생하지도 않고, 잘못이 발생하지도 않습니다. 그래서 문언문은 중국 옛 성현의 가장 위대한 발명으로 이 도구, 이 방법을 사용하여 이전 사람의 지혜, 이전 사람의 재능, 이전 사람이 축적한 경험을 우리에게 전해주었습니다.

문언문은 요즘 사람들이 보면 어렵다고 말하기 쉽습니다! 실제로는 영어를 배우는 것보다 훨씬 쉽습니다. 이것은 참말입니다. 어느 부분에서 어렵다고 느낍니까? 어려움은 당신이 기꺼이 배우려고 하지 않는다는데 있습니다. 우리는 과거 타이중台中에서 이병남 스승님 밑에서 불경을 배웠습니다. 스승님께서는 우리에게 일러주셨습니다. 불경이 가장 늦게 번역된 것은 남송南宋 시대로 남송 시대에 번역된 경전은 대단히 적어서, 불경의 70~80%가 수당隋唐 시대에 번역되었습니다. 그 당시 경을 번역한 고승대덕들이 고려한 것은 경전에 사용하는 문자는 가장 평이한 문자여야 하고, 그것은 바로 그 당시의 백화문에 해당됩니다. 그래서 불경의 문자는 여러분이 고문과 비교해볼 때, 예를 들면 우리가 늘 보는《고문관지古文觀止》와 비교해보시면 불경의 문자가 이것보다 훨씬 평이함을 알 수 있습니다. 우리가《아미타경阿彌陀經》을 염송하는 것을 보면 전혀 이해하기 어렵지 않습니다.《아미타경》은 남북조南北朝 시대 요진姚秦 때 번역된 것으로 수당시대 이전입니다. 여러분이 보기에, 동시대의 시인인 도연명陶淵明의 문장이 《아미타경》보다 훨씬 어렵습니다. 그래서 경을 번역하신 대덕들께서는 후세 사람을 위해 온 마음을 다 기울이셨습니다. 현재 많은 사람들은 왜 불경을 백화문으로 번역하지 않는가? 라고 말합니다. 옛 사람들은 최대한 양을 간략하게 하였다고 확실히 그들은 우리에게 말할 수 있습니다. 우리가 문언문에 대해 정말 조금이라도 수양이 있어 문자라는 이 관문을 통과할 수 있으면 우리들 조종祖宗이 남겨주신 유산, 이 세계에서 가장 풍부한 유산을 받아들일 수 있는 능력과 자격이 생깁니다.

이병남 스승님께서는 언제나 우리에게 가르쳐주셨습니다. 그는 문언문은 어디서부터 배워야 하는가? 질문하면 고문을 외우는 것으로부터 시작해야 한다고 말씀하셨습니다. 그는 우리에게 고문 50편을 줄줄 외울 수 있어야 한다고 가르쳐주셨습니다. 그의 표준은 바로 《고문관지》로 이 책에서 선택한 50편을 줄줄 외울 수 있으면 문언문을 읽을 수 있는 능력이 생깁니다. 만약 1백편을 줄줄 외울 수 있다면 문언문을 쓸 수 있는 능력이 생깁니다. 그래서 그는 우리에게 책을 외울 것을 가르쳤습니다. 현재 정말로 노력하려는 마음만 있다면 종전에 비해 방법은 매우 많습니다. 대만의 국어일보사에서 편찬한 《고금문선古今文選》은 현재까지 계속 적지 않게 인쇄되었는데, 아마도 《고문관지》에 있는 3백편을 모두 입수할 수 있을 겁니다. 《고문관지》를 표준으로 삼아 5, 60편을 선택하여 진지하게 읽고 먼저 이 조건을 받고 난 후에 불경을 연구하고 중국의 고전을 연구하면 기초가 다져질 것입니다. 그래서 문언문은 결코 포기해서는 안 됩니다. 만약 어떤 사람이 당신에게 문언문을 포기하라고 하고, 당신이 그의 말을 듣는다면 큰 속임수에 넘어간 것입니다. 이는 수천년간 선조께서 당신에게 물려주신 유산을 포기하는 것과 같습니다. 당신은 이렇게 포기하게 되어 너무 애석하다고 말할 것입니다. 그것은 진실로 그지없는 지혜의 보배창고입니다.

학불하는 동수분들 중에서 특히, 중년이상이신 분은 고문을 암송하시는데 확실히 곤란을 느낄 것입니다. 그래서 나이가 어릴수록 좋습니다. 저는 늘 동수 여러분에게 여러분 자녀에게 문언문을 줄줄 읽도록 격려할 것을 권유해드립니다. 2, 3년의 시간동안 아이들을 주시하면서 재촉할 수 있으면 지금은 비록 괴롭다고 느낄지라도 장래에는 그는 일평생 당신에게 감사할 것입니다! 이는 진실입니다. 중년 이상이신 분들은 시간이 없고, 정력을 쏟아 고문을 외우지 못할 것입니다. 그래서 저는 동수 여러분에게 《무량수경》을 암송할 것을 권유해드립니다. 이병남 스승께서는 50편을 정해주셨지만, 《무량수경》은 48편으로 50편과 2편 밖에 차이가 나지 않아 할 수 있습니다. 동시에 《무량수경》의 경문은 5종 원역본이 있는데, 가장 이른 판본은 후한後漢 시대에 번역된 《청정평등각경淸淨平等覺經》이고, 가장 늦은 판본은 《대승무량수경大乘無量壽經》으로 송나라 시대에 번역된 것입니다. 불경은 중국에서 번역되어 가장 처음부터 말기까지 《무량수경》은 이러한 번역본을 모두 그것에 농축시킬 수 있었고, 모두 하나의 대표로 삼았다 할 수 있습니다. 하련거 노거사의 회집은 대단히 훌륭하여 우익대사의 저술이 「요해要解」인 것처럼 하련거 거사의 회집본은 「요집要集」으로 가장 중요하고 가장 정수(精華)인 경문을 모두 한곳에 회집시켰다고 말할 수 있습니다. 우리가 이 《무량수경》 회집본을 숙독할 수 있으면 불교 경전상의 장애를 결정코 돌파할 수 있고, 일체 경전을 독송할 수 있는 능력이 생길 것입니다. 그러나 중국의 고전을 읽으려면 여전히 읽을 수 없습니다. 왜냐하면 불경의 문자는 평이하여 고전을 읽기에 여전히 충분하지 않으므로 고문으로부터 시작해야 합니다. 이 점을 반드시 똑똑히 인식해야 합니다.

1-2 역자와 주해자

요진 시대 삼장법사 구마라즙 역

姚秦三藏法師鳩摩羅什譯

청나라 서유사문 지욱 해

清西有沙門智旭解

이 두 행은 《아미타경》을 번역하신 분과 주해하신 분을 소개합니다.

첫째 번역한 분으로 「요진 시대 삼장법사 구마라즙」이십니다. 「요진姚秦」은 연대로 중국 역사상 진秦이란 국호로 같이 쓴 왕조가 넷이 있었는데, 역사가들이 제왕의 성씨로 어떤 진 시대인가 구별하였습니다. 이 네 개의 진 시대에서 세 번째가 부진苻秦으로 바로 부견苻堅이 건국하여 국호를 진秦이라 하였습니다. 이후 그의 대신인 요장姚萇이 왕위를 찬탈하여, 현재 말로 정변政變을 일으켜서 국왕을 전복시키고 그가 황제가 되었습니다. 그의 성씨가 요姚이어서 요진姚秦이라 불렀습니다. 국호는 바꾸지 않고, 황제 이름만 바뀌었습니다. 이 시대에는 도연명과 사령운謝靈運 등 중국 역사상 유명한 사람이 매우 많이 등장했습니다. 중국 고대의 도안道安법사, 승조僧肇대사도 모두 이 시대 사람입니다. 정토종의 제1대 조사이신 혜원慧遠대사께서 여산廬山에서 창립하신 동림 염불당東林念佛堂도 이 시대입니다.

「삼장법사三藏法師」는 요즘말로 하면 학위를 말합니다. 경전을 번역하려면 반드시 삼장에 통달해야 합니다. 삼장三藏은 바로 경經·율律·논論으로 바꾸어 말하면 부처님께서 49년간 설하신 일체경론을 통달하지 않음이 없어야 삼장법사라 부를 수 있고, 번역한 경전을 비로소 믿는 사람들이 생겼습니다. 말하자면 수행이 있고, 증과가 있어야 합니다. 증과가 없으면 번역할 수 없습니다. 삼장법사란 말에는 수행도 있고, 증과도 있다는 뜻이 내포되어 있습니다. 증득을 하지 않고서 어떻게 삼장에 통달할 수 있겠습니까? 그래서 이는 학위의 명칭입니다. 「구마라즙鳩摩羅什」은 그의 이름입니다. 그에 대한 상세한 소개는 하지 않겠습니다. 「역譯」은 번역으로 범문에서 한문으로 번역하였습니다.

다음은 이 경을 주해하신 대사님으로 「청淸나라 서유사문西有沙門 우익지욱藕益智旭」이십니다. 앞의 글자는 시대 연대입니다. 우익대사께서는 명나라 말년에 태어나 청나라 초기에 원적圓寂에 드셨습니다. 그래서 그는 두 왕조 시대에 걸쳐 살았습니다. 이 때문에 그의 저술 중에는 명나라 우익지욱이라 써진 것도 있고, 청나라로 써진 것도 있는데, 둘 다 틀리지 않습니다. 「서유西有」는 대사의 별호입니다. 우익대사께서는 당연히 대보살께서 이 세상에 다시 오셔서 불법을 시현하신 분입니다. 우익대사는 그의 전기 속에서 그 평생을 살펴볼 수 있습니다. 이는《요해강의要解講義》와《친문기親聞記》에 상세하게 소개되었습니다.《강의》는 원영圓瑛법사께서 지으신 것이고,《친문기親聞記》는 천태종의 보정寶靜법사가 지으신 것입니다.

이 두 책은 매우 좋은 주해서로 매우 상세하게 서술되어 있으니, 참고하시기 바랍니다. 대사께서는 만년에 정토를 전수專修·전홍專弘하셨습니다. 그래서 그가 「서유西有」란 두 글자로 그의 별호로 삼은 뜻은 매우 선명합니다. 우리에게 부처님께서 설하신 서방극락세계가 진실로 존재하고, 결코 가상도 우화도 아닌 완전한 사실임을 알려줍니다. 극락세계는 우리의 이 세계와 멀리 떨어져 있고, 《아미타경》의 말씀에 따르면 사바세계의 서방에 있습니다. 세계라고 말한다고 해서 지구를 연상하지 마십시오. 그것은 너무 작습니다. 지구는 우리가 사는 큰 세계의 작은 행성에 불과합니다. 우리가 말하는 세계는 「사바세계」를 말합니다.

　사바세계는 과거 수많은 사람들이 해석하건대, 대개 부처님께서 말씀하신 사바세계는 바로 요즘사람들이 말하는 은하계입니다. 이렇게 큰 세계는 우주 한 가운데 하나의 항성계로 구성되어 있다고 생각했습니다. 그러나 황념조 거사의 의견에 근거하면 그 범위는 훨씬 더 큽니다. 황념조 거사께서는 한 편의 문장을 남기셨습니다. 《무량수경》 주해의 뒷 쪽에 부록으로 인쇄되어 있습니다. 이 책은 동수 여러분이 모두 가지고 있으니, 지금 펼쳐보아도 괜찮습니다. 그가 말한 것은 일리가 있습니다. 그의 견해에 따르면 우리가 요즘말하는 은하계는 실제로 불경에서 말하는 하나의 단위세계입니다. 만약 이렇게 설법하면 그 사바세계의 범위는 너무나 큽니다. 왜냐하면 하나의 사바세계는 바로 삼천대천세계로 그 안에는 십억 개의 단위세계가 포함되어 있습니다. 바꾸어 말하면 10억계의 은하계가 바로 하나의 사바세계라면 그야말로 상상할 수 없을 정도로 그 범위가 매우 큽니다. 그리고 이 사바세계의 서방에 극락세계가 있습니다. 극락세계의 항성계는 우리들 사바세계의 그것과 견주어 너무나 커서 계산할 수 없습니다. 그 세계에 한 분의 부처님께서 계십니다. 그곳에서 중생을 교화하시고 계시는데, 이 부처님의 명호를 「아미타阿彌陀」라고 합니다.

그래서 이 「유有」는 우리에게 서방세계는 진실로 존재하고, 아미타부처님께서 진실로 존재하심을 말해줍니다. 여러분, 극락세계에 가시고 싶으신가요? 여러분은 이미 《무량수경》을 들었고, 《관무량수경》을 들으셨습니다. 석가모니부처님께서는 정토삼부경에서 서방세계 아미타부처님을 우리에게 소개하고 계십니다. 삼부경을 설법하신 순서를 말씀드리면 가장 먼저 《무량수경》을 설하셨고, 그 다음에 《관무량수경》을 설하셨으며, 《아미타경》을 마지막으로 설하셨습니다. 이 모두는 사위성 기수급고독원祇樹給孤獨園에서 설하셨습니다. 《아미타경》을 최후에 설하신 것은 우리가 이번 기회를 절대로 놓쳐서는 안 되고, 놓치면 너무나 애석하기 때문에 우리에게 진실로 고구정녕 노파심에 권유하시기 위함입니다. 어떻게 해야 극락세계에 갈 수 있습니까?

첫째는 진정으로 믿어야 합니다. 결코 의심을 품어서는 안 됩니다.

둘째는 진정으로 발원해야 합니다. 진실로 가고 싶어 하고, 기꺼이 가려는 마음이 있어야 합니다.

셋째는 수학하는 방법으로 부처님께서는 우리에게 아미타부처님을 전념(專念阿彌陀佛)하면 된다고 가르치셨습니다. 이 방법은 정말 쉽고, 정말 간단합니다. 전념專念하려면 반드시 우리의 마음에서 망상·분별·집착을 모두 없애야 합니다.

오늘 오후에 어떤 동수분께서 저를 보시더니, 저에게 서방극락세계에 매우 가고 싶지만, 이곳을 내려놓지 못하는데 어떻게 해야 합니까? 하고 물었습니다. 저는 말했습니다. "내려놓지 못하면 갈 수 없습니다. 매우 간단합니다. 극락세계에 가고 싶다면 반드시 내려놓아야 합니다." 저는 또 말했습니다. "여러분은 대만에서 미국으로 오셨습니다. 미국에 오고 싶을 때 대만을 내려놓아야 합니까? 대만을 내려놓지 않으면 미국에 도착할 수 없습니다. 이와 마찬가지로 이 세계를 내려놓지 못한다면 서방극락세계에 갈 수 없습니다. 자, 두 세계 중 어느 곳이 더 좋은지? 한번 생각해 봅시다. 이 세계는 매우 괴롭습니다. 만약 이 세계를 떠나고 싶지 않다면 다음 생은 이번 생 보다 더 괴로울 것입니다. 왜 그렇습니까? 스스로 잘 생각해보십시오. 아침부터 저녁까지 좋은 일이 얼마나 생기는지 생각해보십시오. 나쁜 일이 얼마나 생기는지 생각해보십시오. 만약 나의 사상, 생각, 짓고 행위하는 것이 남에게 손해가 되고, 자신에게 이로운 일이 많고 중생을 이롭게 하는 일이 적으면, 다시 말해 내가 지은 악업이 많고, 선업이 적으면 다음 생의 과보는 당연히 이번 생보다 못하는 것은 당연한 이치입니다. 그렇다면 당신은 왕생할 수 없고 이 세계에서 윤회합니다. 상황이 갈수록 더 나빠져서, 한층 더 위쪽 세계로 가는 것이 아니라 한층 더 아래쪽 세계로 갑니다. 이것이 사실진상입니다. 우리는 반드시 이를 똑똑히 인식해야 합니다. 이 사실을 정말 똑똑히 이해한다면 비로소 극락세계에 가지 않으면 안 된다는 사실을 알게 될 것입니다. 우익대사께서는 시시각각 우리를 일깨워 진실로 극락세계가 있음을 믿게 하고 진정으로 그곳에 가겠다고 발원하도록 하기 위해서 「서유」란 명호를 사용하셨습니다.

「사문沙門」은 옛 인도에서 출가한 사람의 통칭으로 반드시 불교가 아니라도 다른 종교에서 출가하여 수행한 사람도 매우 많았습니다. 중국으로 전해진 후 불문에서 출가한 사람만을 가리키는 명칭으로 변했습니다. 그 뜻은 「근식勤息」이란 두 글자로 부지런히 계정혜를 닦아 탐·진·치를 쉬고 멸한다는 의미로 「사문」이라 불렀습니다. 실제로 말해서 재가자에게도 사용할 수 있지만, 관습상 중국에서는 출가인에게만 사용합니다. 「사문」은 이 시대에 배움을 구하고 있는 사람을 가리키는 호칭이기 때문에 이것도 우익대사께서 자신을 겸허하게 표현하신 말입니다. 그래서 그는 자신을 「법사」라고도 부르지 않았고, 당연히 「대사」라고도 부르지 않았습니다. 요즘 사람들이 흔히 큰 스님을 「대사」라고 부르는데, 이렇게 불러서는 안 됩니다. 몇몇 사람들은 불교의 상식도 모른 채, 마치 편지에 쓰는 호칭 삼아 저를 매우 존경한다는 의미로 「정공대사淨空大師」라고 쓰시는데, 저는 정말 어떻게 설명드릴 방법이 없습니다. 이 칭호는 잘못된 것이고, 과장입니다. 잘 살펴보시면 관세음보살, 대세지보살, 문수보살, 보현보살 등 등각보살들과 미륵보살께서는 우리 사바세계의 후보 부처님이신데 그들의 명칭이 무엇인가 하면 바로 「대사大士」입니다. 그분들에게도 대사大師라고 부르지 않습니다. 「대사大師」란 부처님에 대한 존칭입니다. 성불하지 않았는데 그를 만나서 그가 성불하였다 존칭하면 이는 남을 욕하는 것으로 너무 지나친 표현입니다. 이 점을 우리 학불하는 동수 여러분께서는 반드시 알아 두어야 합니다. 그래서 옛날부터 진정으로 덕이 있는 분은 자신을 겸허하게 표현하여 「법사」라고도 감히 부르지 않고 「사문」으로 불렀습니다. 구마라즙대사는 전기의 기록에 따르면 과거 칠존불七尊佛의 경을 번역하신 역경사로 번역을 잘 하셨습니다. 중국인들이 그의 작품을 대단히 좋아하여 집집마다 잘 알고 염송하는 《금강경》은 바로 구마라즙대사께서 번역하신 것입니다. 그러나 그 분도 「법사」라 칭하지, 감히 대사라고 칭하지 않았습니다. 그래서 다른 사람이 존칭으로 간주하더라도 우리는 그것을 바로 잡아야 비로소 정확합니다. 우

「우익蕅益」도 대사의 별호입니다. 그는 두 개의 호를 사용하셨는데, 하나는 「서유」이고 하나는 「우익」이었습니다. 이 두 개의 호는 모두 우리를 일깨우고 우리에게 정종을 전수할 것을 격려하는 뜻이 담겨있습니다. 우蕅는 연뿌리이고 연蓮은 꽃입니다. 우蕅는 바로 연蓮의 인因입니다. 우蕅를 심어야 연꽃이 핍니다. 연꽃은 과보입니다. 그래서 우蕅가 있으면 연꽃이 피고, 연꽃이 있으면, 연밥이 열립니다. 연꽃은 꽃과 열매가 동시에 생깁니다. 바로 인과가 동시임을 나타냅니다. 그는 이러한 뜻을 우리에게 가르친 것이라 볼 수 있습니다. 「익益」은 바로 연꽃으로 화생한다(蓮花化生)는 뜻입니다. 만약 연밥과 연뿌리의 이익을 얻으려면 반드시 염불을 전심專心으로 하고 정업淨業을 전수專修하여야 비로소 진정으로 구품왕생의 이익을 얻을 수 있습니다. 그는 이 명호에서 이런 뜻을 취하셨습니다. 「지욱智旭」은 그가 출가할 때 스승께서 주신 법명입니다. 그의 호는 자신에게 붙여진 것이지만, 이 호도 중생을 이롭게 하기 위함이라고 볼 수 있습니다. 즉 언제나 자리이타自利利他하라고 자신을 일깨우기 위함입니다. 그래서 명호의 공덕은 불가사의하여서 이 이름은 비록 가명일지라도 언제나 자신을 일깨울 수 있습니다.

「해解」는 바로 해석입니다. 그는 이 해를 「요해要解」라고 한 것은 바로 이 경 안의 가장 중요한 뜻, 가장 정요精要의 뜻을 우리에게 풀이하고 설명해주기 위함으로 이것이 제목의 뜻입니다.

2. 법문의 서문 : 序法門

2-1 총서總序 : 방편에는 수많은 문이 있다

무릇 제불께서는 미혹한 중생을 불쌍히 여기시어 근기에 따라 교화를 베푸시니, 비록 근원으로 돌아감에는 둘이 없으나 방편에는 수많은 문이 있다.

原夫諸佛憫念群迷。隨機施化。雖歸元無二。而方便多門。

원부原夫

문언문에서 시작하는 말입니다. 허자虛字로 아무런 뜻이 없습니다.

제불諸佛

부처님은 한 분이 아니라 매우 많으십니다. 부처님께서는 경에서 우리에게 "일체중생은 모두 불성이 있다. 이미 불성이 있으니 당연히 성불할 수 있다."고 말씀하십니다. 부처는 구경에 무엇일까요? 이를 분명하게 이해해야 합니다. 항상 성불, 성불 말하지만, 왜 성불해야 하는지? 성불하면 어떤 좋은 점이 있는지? 나는 성불하지 않아도 괜찮은지? 이러한 것들이 모두 자신에게 던져야 하는 문제입니다.

「불佛」 이 글자는 범어를 음역한 것입니다. 중국인은 간단한 것을 좋아하여 뒤쪽의 꼬리 음을 모두 생략해 버렸습니다. 범어를 완전히 번역하여 부르면 「불타야佛陀耶」가 됩니다. 여기서 꼬리 음을 다 버리고, 간단히 「불」 한 글자만 사용합니다. 그것은 깨달은 존재란 의미로 각覺입니다. 이 글자는 존중하는 뜻에서 번역하지 않았습니다. 그것을 존중하기 위해 중문으로 번역하지 않고, 음역을 사용한 다음 해석을 덧붙였습니다. 각覺은 통상 세 가지가 있다고 말합니다. 이는 진실한 깨달음, 철저한 깨달음으로 바꾸어 말하면 우주와 인생의 진여실상에 대해 진실로 또렷하게 진실로 명백하게 이해하였다는 뜻입니다. 우주는 바로 우리의 생활환경이고, 인생은 바로 우리들 본인 자신을 말합니다. 어느 누가 자신을 잘 알고 있는가? 한 사람도 찾을 수 없습니다. 당신은 자신을 잘 알고 있다고 말합니다. 그러나 당신은 어디에서 왔는가? 이 세상에 오지 않은 이전 세상에는 어떤 모습이었는가? 장래 어디로 갈 것인가? 어느 곳으로 가고 있나? 과거는 없어져도 여전히 과거가 있고, 미래가 없어져도 여전히 미래가 있습니다. 만약 당신이 또렷하게 이해하지 못한다면 당신은 미혹한 존재에 불과합니다.

생활환경은 작게는 가정과 사업의 생활범위이고, 크게는 국가와 민족, 이 세계에 이르며, 더 크게는 우주에 이릅니다. 불경에서 말하는 사바세계, 무량무변의 제불찰토는 모두 다 우리의 생활환경입니다. 바꾸어 말하면 과거·현재·미래의 현전하는 그리고 광대한 허공법계를 우리가 모두 다 명백하게 이해해야 합니다. 진실로 명료하게 깨달아야 우리는 이 세계에서 비로소 자신의 운명을 주재主宰할 수 있습니다. 진실로 주재할 수 있다면 당신은 대자재를 얻습니다. 당신은 더 이상 환경의 지배를 받지 않고, 환경의 압박을 받지 않게 됩니다. 그럴 때 비로소 당신은 해탈하였다, 진정으로 해탈을 얻었다 할 수 있습니다. 해탈은 요즘말로 자유자재입니다. 당신은 비로소 해탈을 진정으로 얻었다 할 수 있습니다. 우리가 흔히 말하는 「행복하고 아름다우며 원만한 삶」은 반드시 철저하고 명료하게 깨달은 사람이라야 진정으로 얻을 수 있습니다. 이로써 이른바

「성불成佛」은 바로 구경원만한 지혜를 성취하는 것이고, 바로 무소부지無所不知·무소불능無所不能을 성취하는 것임을 알 수 있습니다. 성불은 바로 이러한 뜻을 내포하고 있습니다. 성불은 하루 종일 사찰 안에 모셔 두고서 사람에게 절하는 대상을 제공하는 불상과 같은 것이 결코 아닙니다. 우리는 그 같은 부처가 결코 될 필요가 없습니다. 또한 결코 이런 일을 하려고 하지 않을 것입니다. 그래서 반드시 성불의 진정한 의미를 알아야 합니다.

  문자 상으로 보면 제불諸佛은 우주와 인생의 진상을 철저히 명백하게 깨달은 사람들이 매우 많다는 말입니다. 제諸란 많고 한 사람이 아니라는 말입니다. 이렇게 많은 사람들이 모두 우주와 인생의 진상을 분명히 깨닫고 있습니다. 과거 시절, 깨닫지 못하였던 그들의 모습은 우리와 차이가 많지 않았습니다. 그들은 성취할 수 있는데, 나는 왜 성취할 수 없는가? 그들을 해낼 수 있는데, 나는 왜 해낼 수 없는가? 우리는 여기서부터 반성해야 하고, 여기서부터 깊이 사유해야 합니다. 당연히 이것은 쉬운 일이 아닙니다. 우리들 자신의 능력에 기대어 성취하려면 확실히 곤란합니다. 현재 우리에게는 인연이 있어 다행히도 석가모니부처님의 도움을 얻을 수 있고, 그의 지도를 받을 수 있습니다. 우익대사께서는 석가모니부처님을 도와 우리에게 이 정토법문을 해석하여 주실 것입니다. 만약 우익대사께서 우리에게 일러주신 이러한 도리·방법·경계를 명백히 이해하고, 이런 이론과 방법에 따라 수학한다면 우리들 한 사람 한 사람은 이번 일생에 제불보살과 같은 성취를 얻을 수 있습니다.

  이는 실제로는 매우 희유하고 매우 불가사의합니다! 우리는 불보살님과 조사 대덕들의 말씀이 진실한 말씀이라고 믿어야 합니다. 그들은 우리를 속이지 않습니다. 그들이 사람을 속일 이유가 없습니다. 누가 세간 사람을 속이길 바라겠습니까? 사람을 속이려면 반드시 의도가 있고 목표가 있기 마련입니다. 만약 조금도 의도가 없고 목적이 없다고 말하고서 한 사람을 속이려 한다면 이 사람은 정신에 문제가 있는 사람으로 결코 정상이 아니며, 정상적인 사람일리가 없습니다. 제불보살과 조사·대덕들은 수없이 많은 책들을 쓰셨고, 매우 이치가 있는 글을 쓰셨습니다. 따라서 그들은 결코 정신이 이상한 사람이 아닙니다. 그들은 우리에게 구하는 것이 하나도 없는데, 우리를 속여서 무엇 하겠습니까? 속일 이유가 전혀 없습니다. 그들을 깊이 믿고 의심하지 말며, 우리들 자신이 매우 짧은 시간에, 매우 효과가 있는 수학방법으로 그들과 같은 경계에 도달할 수 있기를 희망하십시오. 이것이 바로 부처님께서 일체중생을 가르치시는 목표입니다. 이처럼 제불諸佛은 이미 원만하게 성불한 사람들이 매우 많고, 그 수가 한량이 없음을 가리킵니다. 부처도 많고, 세계도 많습니다. 한 세계에 한 부처님께서 그곳에서 교화하고 계십니다. 그래서 무량무변의 세계에 무량무변의 제불이 계신다고 말합니다. 그들 부처님과 부처님은 도가 같습니다. 그들 부처님의 마음은 모두 청정하고, 진심어리며, 자비롭습니다.

민념군미憫念群迷

군群은 바로 한 부류 한 부류를 말합니다. 부처님께서는 중생을 9개 다른 군체群體로 나누셨습니다. 바로 보살菩薩·연각緣覺·성문聲聞·천天·아수라阿修羅·인人·아귀餓鬼·지옥地獄·축생畜生이 그것입니다. 이 9개의 다른 군체를 일러 「미혹한 무리(群迷)」라 합니다. 부처님의 시선(眼光)에서 보면 보살도 미혹합니다. 보살이 비록 깨달았을지라도 원만하지 못합니다. 따라서 9계 유정九界有情이라고도 합니다. 정情은 바로 미혹하다는 뜻입니다. 우리들 세간 사람은 정을 매우 귀중하게 여기고, 이것을 매우 좋다고 생각합니다. 그러나 부처님의 시선에서 정은 아주 나쁜 것입니다. 정은 미혹전도迷惑顚倒를 일으킵니다. 그래서 정에 빠진 우리를 미혹한 중생迷情이라 합니다. 절대로 좋은 일이 아닙니다. 부처님께서는 우리에게 이지理智를 말씀하시고, 감정을 사용하지 말라고 가르쳐 주십니다. 이 점에서 우리는 불보살의 뜻을 깊이깊이 체득해야 합니다. 오직 부처님만이 진실함(眞誠)을 지녀서 완전히 아무런 조건이 없습니다. 이른바 「무연대자無緣大慈 동체대비同體大悲」로 무조건적인 자비로써 일체중생을 무조건적으로 연민하십니다. 이미 자비연민하신 까닭에 당연히 온 마음을 다해 중생을 보살피시고 중생들에게 다가와 돕습니다.

수기시화隨機施化

이 일구는 매우 중요합니다. 「불쌍히 여김(憫念)」은 자비입니다. 만약 자비심이 없다면 부처님께서 중생을 교화하실 동력이 없을 것입니다. 세간 사람들은 날마다 열심히 노력하며 일하고 있습니다. 어떤 힘이 우리를 떠밀어서 중단 없이 힘껏 일하게 합니까? 우리 모두는 알고 있습니다. 바로 명성과 이익 때문입니다. 누가 일하길 원하겠습니까? 제불보살은 이미 명성도 필요 없고 이익도 필요 없는데, 도대체 어떤 힘이 그들을 채찍질하여 지치지도 싫어하지도 않고 힘껏 일하게 합니까? 바로 미혹에 빠진 일체중생을 연민하기 때문입니다. 이들 중생이 포괄하는 범위는 대단히 광범위합니다. 왜냐하면 부처님께서 보시기에는 보살도 중생입니다. 보살은 깨달음이 원만하지 않습니다. 바꾸어 말하면 부처님의 눈에는 보살은 여전히 미혹 속에 살아갑니다. 단지 미혹이 그리 엄중하지 않고 조금 가벼울 뿐, 여전히 미혹 속에 빠져 있습니다. 그래서 부처님께서는 보살도 가르치십니다. 보살 이하는 아래로 내려갈수록 미혹이 깊어진다고 할 수 있습니다.

　불문에서는 일체중생을 열 개의 등차等次, 이른바 십법계로 나눕니다. 이 열 개의 등차는 왜 생깁니까? 바로 미혹과 깨달음의 차이가 다르기 때문입니다. 미혹이 깊을수록 등차의 배열은 아래쪽에 놓이고, 미혹이 얕을수록 등차를 놓는 곳이 더욱 높아지므로 모두 미혹과 깨달음의 정도에 따라 이렇게 배열된다고 말할 수 있습니다. 그래서 「미혹한 무리」라 하였습니다. 이는 바로 구법계의 중생을 가리킵니다. 이 때문에 부처님께서는 이들 중생을 가르치고 인도하실 때 반드시 근기를 따르셨습니다. 미혹이 깊은 사람은 우둔함을 드러내고, 미혹이 얕은 사람은 총명을 드러냅니다. 그래서 세상 사람에는 지혜로운 사람과 어리석은 사람이 서로 다릅니다. 이는 도대체 어떻게 생깁니까? 바로 우주와 인생의 진여실상에 대해 미혹한지 깨달았는지, 그 차이가 다르기 때문에 이렇게 말한 것입니다. 왜냐하면 미혹한 정도가 다르기 때문에 부처님께서 가르치신 내용과 방법은 서로 다릅니다. 만약 미혹이 깊은 사람이라면 반드시 차근차근 깨달음에 이르게 하는 방법을 생각해야 합니다. 미혹이 얕은 사람, 곧 지혜가 높은 사람은 가르치기가 비교적 편하고 비교적 쉽습니다. 그래서 부처님께서는 중생을 교화하실 때 중생의 정도가 서로 다르고 근기 성향이 다르며, 요즘말로 해서 그의 교육정도가 서로 다르고 문화배경이 다르며 생활방식이 그지없이 다르기 때문에 그의 교학敎學도 내용에서부터 방법에 이르기까지 정말 무량무변하여 거의 개개인 별로 가르침을 베푸신다고 말할 수 있습니다. 옛날 사숙私塾에서 선생님이 학생을 개별적으로 지도하듯이 부처님께서는 9법계 중생들에 대해 개별적으로 지도하시고 계십니다. 우리는 부처님의 은덕, 부처님의 위대하심에 대해 한층 더 몸으로 이해하여야 비로소 진정한 공경심을 일으킬 수 있습니다. 여기까지 「수기隨機」에 대해 말씀드렸습니다.

「시施」는 설시設施이고, 「화化」는 교화教化입니다. 여기서 우익대사께서는 왜 교教를 쓰시지 않고 화化를 쓰셨을까요? 교는 인因의 위치에서 말한 것이고 화는 과果의 위치에서 말한 것입니다. 부처님께서 우리를 가르치셨는데, 우리는 기질에 변화가 생겼습니까? 만약 변화가 없다면 이런 교학은 실패한 것입니다. 부처님의 가르치심 덕분에 확실히 우리는 변화가 생겼습니다. 예전에는 어리석었지만, 현재는 총명합니다. 예전에는 지혜가 없었지만, 현재는 비교적 지혜가 생겼습니다. 이러면 변화가 일어난 것입니다. 이전 생활은 매우 괴롭게 느껴졌지만, 현재는 매우 행복하다고 느낍니다. 괴로움을 여의고 즐거움을 얻고, 미혹을 깨뜨리고 깨달음을 여는 것이 바로 변화입니다. 이러면 그의 교학이 확실히 효과가 있다고 볼 수 있습니다.

수귀원무이雖歸元無二

이 일구는 부처님 교학의 종지가 하나임을 말합니다. 보살에게도, 아라한에게도, 내지 우리에게도, 심지어 악도 중생에게도 목표는 같습니다. 어떤 목표입니까? 모두 일체중생을 가르쳐 원만한 성불에 이르도록 하는 것입니다. 이를 귀원무이歸元無二라 합니다. 모두 우리의 원만한 성불을 가르치십니다. 그러나 그의 교학 방법은 매우 많아서 그 방법은 하나가 아니고, 수없이 많습니다. 그러나 방법이 비록 많을지라도, 다시 말해 절집에서 늘 말하는 무량법문 8만4천 법문에서 문은 문경門徑·방도로, 문경이 비록 많을지라도 그의 목적은 하나임을 알아야 합니다.

이 작은 단락에서 부처님 교학의 목표 및 방법이 모두 우리를 위한 것임을 말씀하시고 계십니다. 우리는 이 부분에서 반드시 이 속에 큰 학문이 있음을 깊이 깨달아야 합니다. 중국에서는 수당 이후로 중국불교는 10대 종파宗派로 나뉘어졌습니다. 이 10대 종에는 소승의 2개 종파와 대승의 8개 종파가 있습니다. 한 종宗 한 종마다 그 아래 나뉜 파派 또한 매우 많습니다. 현재까지 1천여 년 동안 전해져 내려왔습니다. 만약 수나라 시대로 추산하면 거의 1천 5백년이나 되었습니다. 후세 사람들은 이따금 자기 문호의 견해에 집착하여 이후 자기 수행이 정확하고 다른 법문은 모두 틀렸다고 여깁니다. 이러한 견해, 이러한 생각, 논조는 잘못이고 정확하지 않습니다. 우익대사께서는 여기서 우리에게 **"근원으로 돌아감에는 둘이 없으나, 방편에는 수많은 문이 있다."** 분명히 말하고 있지 않습니까? 마치 이 강당에는 두 개의 드나드는 문이 있지만, 강당 사방에는 문들이 많고 그곳으로 드나들 수 있습니다. 어떤 문으로 들어와도 모두 같으므로 반드시 어떤 문으로 들어와야 정확하고 저쪽은 틀렸다 말할 수 없습니다. 들어오는 것이 다르다고 해서 어찌 잘못이 있겠습니까? 우리는 이런 이치를 명료하게 깨닫고 분명히 이해하여서 스스로 자기 법문만을 찬탄하고 다른 법문을 비방해서는 안 됩니다. 왜 서로 다릅니까? 개인마다 근기와 성향이 다르기 때문입니다. 그러나 우리의 목표와 방향은 완전히 서로 같습니다.

2-2 별서別序 : 정종의 종지를 따로 드러내다

1) 정토는 횡으로 뛰어넘는 수승한 법문이다

그런데 일체 방편 중에서 지극히 곧바로 질러가고, 지극히 원만하고 단박에 뛰어넘는 법문을 구한다면 곧 염불하여 정토에 태어나길 구하는 것 만한 것이 없다.

然於一切方便之中。求其至直捷。至圓頓者。則莫若念佛求生淨土

이 단락은 매우 중요한 것을 가리키고 있습니다. 부처님께서 세상에 계실 적에는 문제가 없었습니다. 누구든지 석가모니부처님을 만나서 부처님께 가르침을 청하고 구하면 부처님께서는 반드시 수학하는 방법을 가르쳐 주셨고, 구하는 원망을 만족시켜 주어서 반드시 목적을 달성할 수 있었습니다. 그러나 현재 부처님께서 세상에 계시지 않고, 시간상으로 너무나 먼 과거입니다. 석가모니부처님께서 열반에 드신지 중국인의 역사기록 방법에 따르면 올해가 3천 20년입니다. 다른 사람의 방법으로는 2천 5백여 년으로 6백년이란 큰 숫자의 차이가 있지만, 그것을 고증할 필요는 없습니다. 요컨대 부처님께서 세상에 안 계신지 매우 오래되었습니다. 그러나 부처님께서는 우리에게 경전을 남기셨습니다. 여러분이 이들 경전이 모두 우리를 위해 가르치시는 것이 아님을 알아야 합니다. 의사가 환자를 진찰하는 것처럼 사람마다 삶의 병은 다르므로 부처님의 처방도 당연히 다르다는 것을 똑똑히 잘 알아야 합니다. 오늘날 우리가 보는 경전은 바로 의사가 생전에 그들 환자를 위해 쓰신 처방과 같습니다. 우리는 그것을 보배로 삼고, 이 처방전으로 병을 치료하려고 합니다. 여러분이 보기에 이러면 위험합니까? 만약 이 처방이 나의 병에 맞지 않다면 이는 좋지 않을 뿐만 아니라 아마도 즉시 생명을 잃을지도 모릅니다. 그래서 불법을 수학하려면 정말로 성실하고 꼼꼼해야 합니다. 잘못 배우면 큰 손해를 보고, 때로는 문제가 매우 심각할 수 있습니다. 그것은 우리를 위해 쓰신 처방이 아님을 알아야 합니다.

경전마다 보면, 부처님께 설법을 청하고 질문하는 즉, 계청啟請하는 사람이 있습니다. 중국에서 매우 익숙하게 염송하고 있는 《금강경金剛經》은 누가 계청합니까? 수보리須菩提 존자가 계청합니다. 이는 석가모니부처님께서 수보리에게 말씀하신 것입니다. 우리의 병과 수보리 존자의 병이 같지 않기에 수보리 존자는 《금강경》을 듣고서 개오開悟하여 과위를 증득하였지만, 우리는 《금강경》을 수백 수천 번 염송해도 깨달음이 열리지 않고 시간만 낭비합니다. 원인이 무엇입니까? 약이 병에 맞지 않으므로 결코 《금강경》이 좋다, 《법화경》이 좋다는 말을 들을 수 없습니다! 어찌 한 경전이 모두 좋겠습니까? 이는 한약방과 마찬가지입니다. 한약방에는 약들이 매우 많은데, 어찌 한 가지 약만 좋겠습니까? 약은 여러 가지이고 모두 좋습니다. 그러나 증상에 맞게 사용해야 병을 치료할 수 있습니다. 증상에 맞지 않으면 병에 병을 보태는 격이 됩니다. 이것이 바로 불법의 어려움(難處)입니다.

오늘 우익대사께서 우리에게 소개하시는 것은 바로 정토염불법문입니다. 이 법문의 특별한 점은 《아미타경》 바로 이 경에 있습니다. 여러분이 보시면, 이 경에는 계청하는 사람이 없습니다. 석가모니부처님께서 처방전을 쓰실 때 병에 걸린 사람이 없었는데, 이 처방전을 쓰셨습니다. 이 처방전은 무엇입니까? 모든 일체 병을 모두 다 치료하는 처방전입니다. 이것은 다른 처방전과 달리 그 당시 모든 중생의 병을 치료할 수 있고, 미래 일체 중생의 병도 치료할 수 있습니다. 미래에는 당연히 우리도 포함합니다. 원래 이 법문은 부처님께서 우리에게 설하신 법문임을 똑똑히 알아야 합니다. 부처님께서 우리에게 말씀하셨고, 우리를 위해 법문하신 것이므로 우리가 이 법문을 채택하여 이 법문에 따라 수학하면 어찌 성공하지 못할 리가 있겠습니까? 여러분은 중국 불교 역사에서 옛날부터 지금까지 불법을 수학하여 성취한 역사를 보면 정토를 닦아서 성취한 사람이 가장 많음을 발견할 수 있습니다. 이는 세존께서 이 경은 확실히 오직 한 사람, 한 부류의 사람에게 여신 것이 아니라 일체중생을 이롭게 하기 위해 법문하신 것임을 증명합니다.

그래서 이것이 「일체 방편 중에서」, 무량법문 중에서 가장 곧바로 질러가는 것이라고 말합니다. 「지至」는 요즘말로 가장(最)입니다. 가장 「원돈圓頓」의 것입니다. 원圓은 원만이고, 돈頓은 단박에 뛰어넘는 것(頓超)으로 순서단계(次第)를 통과할 필요 없이 일생 동안에 성취할 수 있음으로 이를 돈초頓超 법문7)이라고 합니다. 불법은 통상 돈頓·점漸의 양문으로 나눕니다. 보통 일반 법문은 점수漸修라고 합니다. 마치 우리가 책을 읽는 것과 같이 초등학교·중학교·대학교, 1학년·2학년·3학년의 순서를 따라서 수학하고 시간도 매우 깁니다. 이것을 점수라고 합니다. 돈수頓修는 순서를 뛰어넘을 수 있고 초월할 수 있습니다. 다시 말해 이러한 순서에 따를 필요가 없이 초등학교 1학년에서 뛰어넘어 박사과정으로 올라갈 수 있습니

---

7) "그리고 단박에 깨치는 돈초頓超엔 순서단계가 없으나, 몇 단계를 뛰어넘는 간초間超 또는 차차로 닦아가는 점수漸修엔 순서단계가 없지 않으니…" 금타화상 《금강심론》

다. 이런 아이는 요즘말로 해서 영재입니다. 이 법문은 부처님께서 그의 본원 공덕으로 우리를 도와서 우리는 일생 동안 무량한 법문을 뛰어넘고, 보살 51개 계급을 뛰어넘을 수 있습니다. 이는 매우 불가사의한 일이 아닐 수 없습니다. 어떻게 뛰어넘을 수 있습니까? 그 이유를 간단하게 말해야 합니다. 그렇지 않으면 여러분은 다른 사람이 불법을 강연하는 것을 많이 들어야 하고, 정종에 대해 의심이 생겨나게 됩니다. 그래서 이 법문은 믿기 어려운 법(難信之法)이라고 합니다. 정말 믿기 어렵습니다. 왜냐하면 그 방법이 너무나 간단한데 반해 그 공덕이 너무나 수승하기 때문에 사람이 한번 접촉하는 것으로 감히 믿기 어렵다고 합니다.

부처님께서는 불법을 수학하면 반드시 번뇌를 끊어야 한다고 말씀하셨습니다. 또 부처님께서는 말씀하셨습니다. 육도윤회는 어디로부터 생기는가? 육도윤회는 자신이 만드는 것입니다. 정말 자신이 짓고 자신이 받습니다. 어떻게 만듭니까? 첫째 당신이 미혹되고, 둘째 당신이 업을 지으며, 셋째 당신은 과보를 받습니다. 이른바 선행에는 선한 과보가 있고 악행에는 악한 과보가 있습니다(善有善果, 惡有惡報). 이는 조금도 틀림이 없습니다. 육도에서 삼선도三善道는 과果라 부르고, 삼악도는 보응報應으로 부릅니다. 선악과보는 이렇게 생깁니다.

한 사람이 삼계를 뛰어넘고 육도윤회를 뛰어넘으려면 미혹되지 말고 업을 짓지 말아야 합니다. 그러나 이런 일은 행하기가 쉽지 않습니다. 이미 업을 짓지 않을 수 없다면 미혹되지 않기란 더욱 어렵습니다. 무엇을 업을 짓는다(做業)고 말합니까? 이것을 똑똑히 알아야 합니다. 지금 막 무엇을 조작하고 있을 때, 그것을 「일(事)」이라고 합니다. 여러분은 날마다 일을 합니다. 일을 다 한 후, 그것을

「업(業)」이라고 합니다. 업을 짓지 않는 사람을 보았습니까? 학생들이 학교에서 공부하는 것도 숙제장이 있지 않습니까? 모두 업을 짓고 있습니다. 모든 육도중생은 모두 그곳에서 업을 짓고 있습니다. 이런 것들은 깨닫기 어렵습니다. 업에는 선도 있고, 악도 있습니다. 일에는 선악이 있어 좋은 일도 있고, 나쁜 일도 있습니다. 그것의 결과로 선업이 있고 악업이 있습니다. 이런 조작을 부처님께서 경전에서 매우 상세하게 말씀하셨습니다. 조작은 범위가 매우 광대하여 무량무변입니다.

부처님께서는 그것을 귀납시키기 시작하여 신身·구口·의意 삼업으로 귀납시켰습니다. 이것은 전부 포괄합니다. 신身은 신체의 조작입니다. 우리는 신체를 조작하여 신업身業을 짓습니다. 둘째는 언어로 구업口業이라 합니다. 셋째는 생각(念頭)이라 합니다. 이런 일들은 골칫거리입니다. 우리는 저녁에 잠을 잡니다. 잠을 자면 몸도 업을 짓지 않고, 입도 업을 짓지 않지만, 생각은 여전히 업을 짓습니다. 그는 꿈을 꾸고, 꿈에서 여전히 업을 짓습니다. 의업意業을 지었다 볼 수 있습니다. 잠에서 깨어나도 업은 모두 중간에 끊어짐이 없습니다. 이런 일들은 골칫거리입니다. 우리들은 업을 날마다 짓고 있고, 끊임없이 짓고 있다고 볼 수 있습니다. 이것이 매우 엄중한 문제입니다.

단지 업을 짓기만 하면 육도윤회가 있습니다. 만약 어느 날 업을 짓지 않는다면 윤회는 없고 윤회를 뛰어넘습니다. 부처님께서 우리에게 말씀하신 다른 방법, 곧 다른 법문에서는 윤회를 뛰어넘고 싶다면 반드시 업혹業惑을 끊어버려야 윤회를 뛰어넘을 수 있다고 말씀하십니다. 업이 아무리 많을지라도 부처님께서는 이를 구체적인 사상의 차원으로, 즉 경계 상으로 귀납시켰습니다. 삼계육도의 업인業因은 바로 견사번뇌見思煩惱입니다. 견見은 견해를 말하고 사思는 사상을 말합니다. 몸도 입도 말할 필요도 없이 모두 여기에 포함됩니다. 당신의 사상이 순수하고 바르면 몸으로 입으로 짓는 조작도 삿되지 않고 반드시 바릅니다. 몸과 입으로 짓는 조작은 모두 뜻이 하라는 대로 합니다. 그래서 부처님께서는 의업이 대단히 지중하다고 하셨습니다. 하나는 견해의 잘못이고, 하나는 사상의 잘못으로 이를 견사번뇌라 하시고, 총 10가지로 크게 분류하셨습니다. 이는 뒤쪽에서 자세히 토론할 것입니다. 반드시 이것을 완전히 바로잡아야 삼계를 벗어날 수 있습니다. 이 일은 그래서 대소승 불법에 따라 수학하면 당신은 일생에 견사번뇌를 끊어버릴 수 있고, 견해와 사상을 완전히 바로 잡을 수 있습니다. 그러나 실제로는 일생 동안 이를 해내지 못합니다. 다시 말해 인천의 복보를 얻고자 한다면 어렵지 않습니다. 확실히 매우 쉽습니다. 부처님께서 오셔서 우리를 지도할 필요 없이 세간의 성현과 세간의 종교인들, 그들의 가르침과 인도로 충분합니다. 그들은 우리를 다음 생에 사람 몸을 얻거나 혹자는 천상이나 천국에 태어나게 할 수 있습니다. 하늘세상은 우리들 인간세상의 복보보다 크고 너무나 많습니다. 그러나 윤회를 벗어나 진정으로 구경 원만하게 문제를 해결하려면 불법을 떼어놓고서 제2의 가르침은 없습니다. 부처님께서는 실질적으로 이런 일을 하시기 위해 세간에 출현하셨습니다. 세간 사람들이 할 수 있었다면 그는 결코 오시지 않았을 겁니다. 세간 사람들이 하고 싶어도 할 수 없자 부처님께서는 대자대비를 일으켜서 세간에 출현하시어 우리를 도왔습니다.

왜 우익대사께서는 우리를 위해 염불법문을 선택하셨을까요? 이 법문은 업을 지낸 채 왕생하게(帶業往生) 하기 때문입니다. 우리가 이 말을 들으면 우리는 마음을 결정할 수 있습니다. 왜 그렇습니까? 업을 지닌 채라야 희망이 있기 때문입니다. 업을 지닌 채가 아니라면 우리는 희망이 없습니다. 업을 지닌 채 서방세계에 갈 수 있고, 업을 지닌 채 아미타부처님을 친견할 수 있으면 이 일은 쉽고 간단합니다. 업을 지닌 채가 아니라면 어렵습니다. 다른 법문은 업을 지닌 채라는 말이 없습니다. 오직 이 법문만이 업을 지닌 채라는 말이 있습니다. 그래서 이 법문은 일체중생을 평등하게 건너가게 할 수 있습니다.

　　몇 년 전 미국에서 어떤 사람이 말했습니다. "정종에서는 업을 지닌 채 왕생할 수 없다. 반드시 업이 사라져야 왕생할 수 있다." 이 설법은 확실히 전 세계 염불인을 뒤흔들었습니다. 수많은 염불인들에게 모두 당혹감이 들게 했습니다. 1984년 심가정沈家楨 거사가 저에게 뉴욕에 와서 경전강의를 청했습니다. 저는 로스엔젤래스에서 비행기를 갈아타기 위해 10일간 머물렀습니다. 그때 주선덕周宣德 노거사가 공항에서 저를 마중하러 나왔습니다. 저를 보자마자 말했습니다. "법사님, 현재 어떤 사람이 없을 지닌 채로 왕생할 수 없다고 말합니다. 그렇다면 우리는 어떻게 합니까? 제가 몇 십년간 염불한 것이 잘못된 것이 아닙니까?" 그는 매우 엄숙하게 말하였고 태도는 매우 비관적이었습니다. 저는 이 말을 듣고서 그에게 말했습니다. "업을 지닌 채 왕생할 수 없다면 갈 필요가 없겠지요." 그는 저의 말을 듣고서도 무슨 뜻인지 몰라했고, 그저 망연자실한 채 두 눈만 저를 보고 있었습니다. 저는 열심히 그에게 말해주었습니다. "만약 업을 지닌 채 왕생할 수 없다면 서방극락세계는 아미타부처님 한 분만 외톨이로 계실 텐데, 당신이 가서 무엇을 하겠습니까?" 여전히 그는 알아듣지 못하고 의혹의 눈빛으로 저를 보고 있었습니다. 저는 말했습니다. "업을 지닌 채 왕생할 수 없다고 말하는 사람들은 수많은 경을 찾아보아도 업을 지닌 채(帶業) 라는 문구가 없다고 말합니다. 비록 업을 지닌 채라는 문구가 없을지라도 관음보살, 대세지보살, 문수보살, 보현보살, 이 보살들은 모두 《화엄경》에서 법신대사法身大士로 서방정토에 태어나길 구하신 분들입니다. 우리는 《화엄경》을 보았는데, 혹시 이 사실을 알고 계십니까?" 그는 말했습니다. "저도 알고 있습니다. 《화엄경》에서 읽은 적이 있습니다." 저는 말했습니다. "등각보살等覺菩薩도 아직도 아직 깨뜨리지 못한 일품의 생상(生相 ; 생각이 일어나는 순간의 상태)·무명無明이 있는데 그것은 업이 아닙니까? 그는 저의 말을 듣고서 비로소 이해하였습니다. 등각보살도 일품의 생상·무명을 지닌 채 왕생합니다. 그것도 업을 지닌 채 왕생하는 것입니다. 업을 지니지 않은 분은 오직 아미타부처님 한 분뿐이십니다. 아미타부처님 한 분을 제외하고 그 밖에 어느 누가 업을 지닌 사람이 아니겠습니까? 단지 업을 얼마나 지니고 있는가가 다를 뿐입니다.

그래서 서방 정토경전에는 우리에게 그곳에는 사토四土·삼배三輩·구품九品이 있다고 말합니다. 저는 말했습니다. "극락국토에 이런 것들이 있습니까?" 그는 말했습니다. "예, 있습니다. 《관무량수경》과 《무량수경》에 모두 있습니다." 저는 말했습니다. "업을 지닌 채가 아니라면 사토·삼배·구품의 구분은 어디에서 생긴 것입니까?" 이것은 업을 얼마나 지니고 있는가를 기준으로 구분한 것입니다. 업을 지닌 채가 아니면 결코 네 가지 정토도 없고, 결코 구품도 없이 완전하게 평등해야 합니다. 그래서 저는 말했습니다. "마음을 놓으시고 노실하게 염불하시면 결정코 왕생합니다. 이런 말을 듣고서 자신의 신념이 흔들리지 마십시오. 그런 말에 속아 넘어가면 손해를 보게 됩니다!" 이런 말을 하는 사람들은 미국에서 매우 지위가 있는 사람입니다. 우리는 그런 말을 하는 사람들에게 화를 내어서는 안 됩니다. 그래서 저는 한마디 보충했습니다. "다른 사람들이 업이 없어야 한다고 말해도 잘못 말한 것은 아닙니다. 왜 그렇습니까? 많던 업이 조금 사라져 줄어든 업을 지닌 채 그곳에 가면 품위가 조금 높아지는 것이니, 그 사람 말이 틀리지 않습니다." 그래서 저는 이렇게 해야 원만하다고 말했습니다. 그래서 조사·대덕들께서는 부처님의 가르침을 따라 우리를 가르치고 지도하셨습니다. "말법시대에는 대승불법 가운데 이 법문을 수학하면 당신은 결정코 성취할 것이다."

2) 집지명호

또 일체 염불법문 중에서 지극히 간단하고 쉬우며, 지극히 온당한 법문을 구한다면 곧 믿고 발원하여 부처님 명호를 전일하게 수지하는 것 만한 것이 없다.

又於一切念佛法門之中，求其至簡易至穩當者，則莫若信願專持名號。

부처님께서 염불왕생을 설하신 경전에는 삼부경이 있습니다. 바로 《무량수경》, 《관무량수경》, 그리고 《아미타경》입니다. 우리는 이를 「정토삼경淨土三經」이라고 부릅니다. 이 삼부경은 서방극락세계에 왕생하는 이치·방법·경계를 전일하게 말하고 있어, 옛 대덕들께서는 「왕생경往生經」이라 불렀습니다. 그 후 몇몇 조사·대덕들께서 또 《화엄경》의 「보현행원품」과 《능엄경》의 「대세지보살염불원통장大勢至菩薩念佛圓通章」, 이 두 가지를 삼경 뒤쪽에 첨부하고서, 이를 「정토오경淨土五經」이라 불렀습니다. 우리가 오늘날 보는 정토 오경의 내력을 살펴보면, 그것은 그렇게 유래되었습니다. 이 오경은 우리에게 오르지 이 법문을 수학하여 서방극락세계에 태어나길 구하는 방법을 가르칩니다.

경전에서는 우리가 염불하는 방법을 매우 많이 가르치고 있습니다. 그것을 귀납하면 네 가지에 벗어나지 않습니다. 첫째 실상염불實相念佛, 둘째 관상염불觀想念佛, 셋째 관상염불觀像念佛, 넷째 지명염불持名念佛입니다. 이 방법은 모두 《관무량수경》에 들어 있습니다. 그 가운데 지명염불의 방법은 제16관 하배생상下輩生想에 소개되어 있습니다. 한편 부처님께서는 대본인 《무량수경》과 소본인 《아미타경》에서 오르지 지명염불을 선택하라고 가르치셨습니다. 이로 보아 석가모니부처님께서는 「지명염불持名念佛」을 대단히 중시하셨음을 알 수 있습니다. 석가모니부처님께서 중시하신다는 말은 실제로는 일체제불께서 모두 중시하신다는 뜻입니다. 이른바 부처님과 부처님은 도가 같으므로(佛佛道同) 모두 이 법문을 중시하십니다.

그렇다면 이 법문은 어떤 점이 좋습니까? 얼마나 좋습니까? 확실히 일반 사람은 쉽게 체득하지 못합니다. 만약 진정으로 배우고 진정으로 이런 경계에 계입契入하지 못한다면 설명할 수 있는 방법이 없습니다. 선도대사와 영명연수대사, 연지대사와 우익대사 같은 대덕들께서는 그들의 저술에서 확실히 우리에게 매우 상세하게 잘 설명해 주시고 계십니다. 그러나 우리는 업장이 매우 무거워 이 책들을 읽을 수 없고, 이러한 법문을 들을 수 없으며, 여전히 청정한 신심을 일으키지 못합니다. 이것이 우리의 불행입니다. 그래서 반드시 선지식의 지도가 필요합니다. 선지식의 도움을 받아서 당신 스스로 진정으로 공부하고 수행한 다음 체득하여야 비로소 그것을 똑똑히 알 수 있습니다. 만약 열심히 수학하면서 독송하고 청경하지 않는다면 기껏해야 팔식(八識; 아뢰야식)의 밭에 선근을 조금 심었을 뿐, 업을 바꾸는 일이 일어나지 않고 문제를 해결할 수 없습니다.

만약 진정으로 이번 일생 중에 자신을 바꾸고 싶다면, 다시 말해 자신의 운명을 바꾸고 자신의 인생을 바꾸고 싶다면, 믿고 진정으로 행하시길 바랍니다. 확실히 해내지 못하는 것은 없습니다. 사람마다 각자 확실히 운명이 있습니다. 운명은 어디서부터 생깁니까? 운명은 업으로부터 생깁니다. 당신이 업을 지으면 업이 바로 운명의 근원이 됩니다. 우리가 오늘부터 부처님의 가르침에 따라 수학하면서 일체 악업을 끊고 일체 선업을 닦아나가면 우리가 얻는 결과는 당연히 악보를 여의고, 선과를 얻을 수 있습니다. 그래서 이는 확실히 이론적인 근거가 있는 것입니다.

네 가지 염불법문 중에서 가장 간단한 것이 「전지명호專持名號」입니다. 전專은 전심專心으로 하고 전일專一하게 하는 것이며, 지持는 수지하여서 그것을 잃지 않는 것입니다. 명호는 바로 「나무아미타불」 여섯 글자입니다. 우리는 하루 종일, 1년 내내 이 한마디 부처님 명호를 결코 떠나서는 안 됩니다. 염하는 방법은 「나무아미타불」 여섯 글자나 「아미타불」 네 글자를 염하는 것이 모두 가능하고, 큰 소리로 염해도 좋고 작은 소리로 염해도 좋으며, 소리를 내지 않고 마음속으로 묵념하여도 좋습니다. 다만 중요한 것은 중간에 중단하지 않고, 의심을 품지 않으며, 뒤섞지 않아야 합니다. 이렇게 염불하면 얼마의 시간을 들여야 효과를 볼 수 있을까요? 제가 여러분에게 말씀드립니다. 3개월에서 6개월이면 효과를 봅니다. 그러나 진실로 하지 않으면 안 됩니다! 진실로 함(眞幹)이란 무엇입니까? 바로 방금 말씀 드린 세 마디, **의심을 품지 않고**(不懷疑), **뒤섞지 않으며**(不夾雜), **중간에 중단하지 않는**(不間斷) 것입니다. 당신이 이 세 마디를 진정으로 실천하면 「진실한 염불」이라 합니다. 한편으로는 염불하고 한편으로는 다른 일을 생각하면 이것을 뒤섞음(夾雜)이라 합니다. 그러면 염불이 전일하지 못하고, 효과를 얻을 수 없습니다. 몇 마디 부처님 명호를 염하다가 잊어버리고 중단해 버리면 안 됩니다. 부처님 명호가 한번 끊어져버리면 반드시 두 가지 현상이 일어납니다. 하나는 망상이 일어나고, 하나는 혼침昏沈에 빠집니다. 혼침은 무명에 떨어지는 것으로 아무것도 모릅니다.

오직 이 방법에 따라 염불해가면 3개월에서 반년의 시간에 당신의 업장은 소멸합니다. 당연히 업장이 완전히 소멸하지는 않겠지만, 확실히 일부분은 소멸함을 당신 스스로 느끼게 됩니다. 어떤 느낌이 들까요? 첫째, 머리가 종전에 비해 맑고 깨끗해집니다. 이전에는 정신이 늘 흐리멍덩했다면 지금은 어리석지 않고 총명하며, 지혜가 드러나서 이전과 달라집니다. 반년의 시간이면 효과를 거둘 수 있습니다. 둘째, 마음이 청정해집니다. 종전에 망상이 매우 많았다면 지금은 망상이 적어지고, 번뇌가 적어지며, 걱정 근심거리가 줄어듭니다. 마음이 비교적 안정되고 청정해지면서 지혜가 생깁니다. 당신이 진정 이 방법으로 자신을 훈련해나가면 진실로 효과가 있습니다! 이 속에 들어있는 이론을 알든 알지 못하든 관계 없습니다. 이론을 알면 당연히 좋겠지만, 몰라도 행할 수 있습니다. 당신이 진실로 기꺼이 하기만 하면 이런 방법에 따라 확실히 효과를 볼 뿐만 아니라 효과가 대단히 빠릅니다. 다른 종파의 법문에서는 반년 동안에 효과를 볼 수 있는 경우는 그리 많지 않습니다. 염불법문은 확실히 효과가 있습니다.

지온당至穩當

어떤 법문이 온당합니까? 반드시 옛날 성인과 현인들의 가르침에 대해 신심이 있어야 하고, 그가 결코 자신을 속이지 않음을 알아야 합니다. 부처님께서는 사람들에게 거짓말을 하지 말라고 가르치셨는데, 어찌 부처님께서 스스로 다른 사람을 속일 리가 있겠습니까? 불가능합니다. 부처님께서 우리에게 하신 말씀은 한 마디 한 마디 모두 진실합니다.

첫째, 염불하는 사람은 염불의 이론ㆍ경전에 대해서 통달하던 통달하지 못하던 관계 없이 진정으로 믿고 진정으로 발원하고서 이 방법대로 수학하면, 당신은 곧 아미타부처님 본원 위신력의 가지加持를 얻게 될 것입니다. 중국 속담에 "불보살님께서 보우하신다"는 말이 있습니다. 염불하는 사람은 확실히 얻으니, 온당합니다.

둘째, 염불하는 사람은 의심을 품지 않고 뒤섞지 않으며 중간에 중단하지 않는다는 원칙을 따르기만 하면 공부가 무르익을 때 반드시 현세에는 불가사의한 감응이 있고, 임종시에는 부처님께서 결정코 마중하러 오셔서 접인하십니다. 사람이 세상에서 만나는 가장 큰 복보는 무엇입니까? 그것은 절대 재산도 아니고, 절대 장수도 아닙니다. 세상 사람들이 구하는 것은 모두 가상으로 모두 한바탕 공입니다. 진정한 복보는 임종 때 병에 걸리지 않고 머리가 맑고 깨끗하여 자신이 어디로 가는지 아는 것이야말로 진정한 복보입니다. 옛날 사람들 중에는 이런 경계에 도달한 사람이 매우 많았습니다. 지금 사람들도 적지 않습니다. 왜 다른 사람들은 해내지 못하고, 나도 왜 해내지 못합니까? 차이는 없습니다. 해내는 사람은 진실로 닦은 사람입니다. 진실로 닦음은 방금 말했듯이 의심을 품지 않고, 뒤섞지 않으며, 중간에 중단하지 않으면 진정으로 해낼 수 있습니다. 우리가 오늘날 왜 해내지 못하겠습니까? 우리에게 이 세 마디 원칙이 없이 행하기 때문입니다.

최근 몇 해 동안 대만에서 염불하여 왕생하신 분들을 보면 서서 가신 이도 있고, 앉아서 가신 이도 있습니다. 이들은 모두 병에 걸리지 않았고, 모두 어느 날 어느 때에 왕생할지 똑똑히 분명하게 알았습니다. 최근 40년 동안 이렇게 자재하게, 이렇게 소탈하게 왕생하신 분이 대만에서 총 2, 30여명이나 있었습니다. 염불왕생의 서상을 보이신 분도 5백 명을 넘어섭니다. 대만은 확실히 대단한 지역입니다. 남양南洋에서도, 싱가포르에서도, 말레이시아에서도 제가 몇 년간 경전 강의하러 가면 그곳 동수분들께서 모모 씨는 왕생할 때 앉아서 가셨고, 가는 때를 미리 알고 가셨다고 말해주셨습니다. 제가 들은 것만으로도 5, 6명이나 됩니다. 미국에서도 들은 적이 있습니다.

동수 여러분께서 다 알고 계시는 감甘 노부인은 현재 멀리 샌프란시스코에 살고 계셔서 저녁에 여기 와서 경전강의를 듣기에는 불편하십니다. 몇 년 전에 그녀가 저에게 일러주셨습니다. 그녀에게는 친척 한 분이 계셨는데, 바로 미국에서 왕생하셨고 앉아서 가셨다고 합니다. 그녀는 말했습니다. "이 사람은 평상시 볼 수가 없었어요. 나이가 많아지자 집에서 아이들을 돌보고 밥을 지어주면서 그녀의 딸과 한곳에 살았죠. 가는 그날, 언제 가셨는지 몰랐대요. 왜냐하면 매일 아침에 그녀가 아침밥을 지었는데, 그날 아침에는 그녀가 아침밥을 짓지 않아서 가족들이 곧 그녀의 방을 열어서 보니 책상다리를 하고 앉아서 이미 돌아가셨더래요. 더욱 신기한 것은 그녀가 딸과 며느리, 아이들의 상복을 한 사람 한 사람 잘 만들어서 모두 그녀의 침대 옆에 놓아두었다는 거예요. 언제 만들어 놓으셨나? 필시 아무도 보지 않는 때, 집안 식구들이 출근하고서 그녀가 집에서 이 상복을 만들어서 뒷일까지 깔끔하게 준비를 해 둔 것이 분명해요.” 이로 보아 그분은 가는 때를 미리 아셨고, 그렇게 소탈하게 그렇게 자재하게 왕생하셨음을 알 수 있습니다.

이것이 모두 증거입니다. 기독교에서는 증인(見證)을 말합니다. 우리들 불법에서는 부처님께서 경전을 강설하실 때, 세 차례 법의 수레바퀴를 굴리시는데(三轉法輪), 첫째 당신에게 이치를 말씀하여 주시고(示轉), 둘째 비유를 들어 말씀하시며(勸轉), 셋째 증거를 꺼내어 당신에게 보여주십니다(證轉). 이들 왕생하는 사람들은 모두 증거로 확실히 이렇게 자재할 수 있습니다. 비결은 다른 것이 아니라, 바로 그 사람이 진정으로 행한 것에 있습니다. 즉 의심을 품지 않고, 뒤섞지 않으며, 중간에 중단하지 않고, 한마디 부처님 명호를 끝까지 염하였습니다. 그래서 이 법문은 가장 온당한 법문입니다. 이것 보다 더 온당한 법문은 없습니다.

즉막약신원전지명호則莫若信願專持名號

믿음과 발원과 부처님 명호를 전일하게 수지하는 것은 이 법문의 가장 중요한 조건입니다. 당신이 진실로 믿으려면 참으로 극락세계에 가길 원한다면 진정으로 아미타부처님을 친견하길 원하십시오. 여러분은 반드시 한 가지 사실을 알아야 합니다. 부처님께서는 《금강경金剛經》에서 우리에게 “무릇 모든 상은 다 허망하다(凡所有相, 皆是虛妄).”“일체 유위법은 꿈 같고 물거품·그림자 같다(一切有爲法, 如夢幻泡影).” 말씀하셨습니다. 《금강경》은 고도의 지혜를 설한 경입니다. 우리는 이 경문을 듣고 이 경문을 독송하지만 종래 진지하게 생각해본 적이 없어 이런 경계를 처음부터 끝까지 들어가지 못했습니다. 만약 진지하게 생각하고 또 생각해본다면 인생은 확실히 한바탕 꿈입니다. 죽을 때가 되어서야 한바탕 꿈이라고 여길 필요도 없이 실제로 날마다 꿈을 꾸고 있고, 매순간 꿈을 꾸고 있습니다. 죽을 때가 된 후 비로소 허망한 것이 아니라 눈앞에 보이는 무엇이든 허망하지 않은 것이 있습니까? 어느 것이 진실한 것입니까? 결코 찾을 수 없습니다. 이것은 정말입니다.

이전을 생각하나 이후를 생각하나, 이것을 생각하나 저것을 생각하나, 얻으려고 근심하고 잃지 않을까 근심하니, 모두 「망상·집착」이라 합니다. 이러한 망상·집착은 모두 진실이 아니고, 하나도 진실한 것이 없으며, 이것이 진정한 깨달음임을 전혀 모르고 있습니다. 진정으로 깨닫고 진정으로 명백히 알아야, 당신은 기꺼이 내려놓을 수 있습니다. 이렇게 내려놓아야 사람은 깨닫고 마음은 청정해집니다. 세상에는 일체법을 얻을 수 없을 뿐만 아니라 우리 자신의 이 몸도 얻을 수 없습니다. 몸이 얻을 수 있는 것이라면 왜 늙어야 합니까? 왜 병이 들어야 합니까? 몸이 진정으로 자기라면 응당 해마다 18세 청춘이고 오래 살고 늙지 않아야 비로소 진실한 것입니다. 날마다 변화가 일어나고 찰나찰나 변화 속에 있으니, 어느 것이 진실한 것입니까? 한 법도 진실한 것이 없습니다. 사람과 사람이 함께 지내고 사람과 이 세상이 함께 지내는 것은 다름 아니라 「인연(緣)」, 이 한 글자임을 알아야 합니다. 인연이 모이고 흩어지니, 모든 것이 무상합니다. 인연이 모이는 때라고 기뻐하지 말고, 인연이 흩어지는 때라고 슬퍼하지 마십시오. 인연이 흩어지는 것은 정상적인 것으로 본래 이와 같아서 모두 하나의 인연에 있습니다. 그래서 불법에서는 이 세계를 「연생법緣生法」이라고 말합니다. 즉 인연으로 법이 생겨납니다. 무릇 연생법은 모두 진실이 아닙니다. 그래서 "무릇 모든 상은 다 허망하니라."라고 말씀하셨습니다. 이것은 부처님께서 진여실상을 우리에게 설명해주신 것입니다. 우리는 이러한 진여실상의 구경을 명백히 알아야 하고, 그러려면 자기 스스로 원만한 지혜를 성취해야 합니다. 원만한 지혜는 어떻게 해야 성취할 수 있습니까? 서방극락세계에 가서 아미타부처님을 친견하는 것이 가장 빠른 방법이고, 가장 곧장 질러가는 방법입니다. 우리는 비로소 우주와 인생의 진상을 철저하게 명료하게 이해할 수 있습니다. 그래서 제불 조사들께서는 우리에게 정토의 이 세 가지 조건을 수학하도록 가르쳐주셨습니다.

3) 《아미타경》 찬탄

이런 까닭에 정토삼부경이 세상에 함께 유통되었지만, 고인들께서는 유독 《아미타경》만을 예불 일과로 삼으신 것이다. 어찌 지명염불 일법이 세 근기를 두루 가피함이 아니겠는가! 사와 이를 모두 거두어 남김이 없으며, 종승과 교승을 모두 어울러서 바깥이 없으니, 더욱 불가사의하도다!

是故淨土三經並行。古人獨以彌陀經爲日課。豈非持名一法。普被三根。攝事理無遺。統宗教無外。尤不可思議也哉。

정토삼부경은 앞에서 말씀드렸듯이 이 법문은 비록 묻는 사람이 없을지라도 석가모니부처님께서 중생의 기연機緣이 무르익었음을 관찰하시고, 우리를 위해 이 법문을 설해주셨습니다. 《무량수경》에서 이렇게 기연이 무르익는 경우는 매우 희유하다는 말씀을 읽은 적이 있을 겁니다. 《무량수경》의 설법에 따르면 이 중생은 과거 무량겁이래 수행으로 닦은 선근공덕이 있어 이번 생에 기연이 무르익습니다. 왜 그렇습니까? 그는 비로소 이 법문을 믿을 수 있고 비로소 이 법문을 받아들일 수 있기 때문입니다. 만약 무량겁의 선근공덕이 무르익지 않으면 설사 이 법문을 들을지라도 그는 전혀 믿을 수 없고 착실히 수학할 수 없습니다. 바꾸어 말하면 이번 일생 중에 왕생할 수 없습니다. 이런 사람은 기연이 무르익지 않은 사람입니다. 진정으로 무르익은 사람은 한 번의 접촉으로 단번에 받아들입니다. 그는 진정으로 의심을 품지도, 중간에 중단하지도, 뒤섞지도 않습니다. 이렇게 실천하는 사람만이 선근이 무르익은 사람입니다. 선근이 무르익은 사람은 이번 일생 중에 결정코 왕생합니다. 바꾸어 말하면 그는 이번 일생 중에 결정코 부처가 됩니다. 이것으로 다 됐습니다! 그래서 이 법문은 설사 모든 사람에게 권하여 모든 사람이 받아들이지 않고 믿지 않을지라도 낙심할 필요가 없고, 그를 책망할 필요가 없습니다. 왜 그렇습니까? 의심할 것도 없이 그의 선근이 무르익지 않았기 때문입니다. 부처님께서도 도와주지 못하는데 우리들 중 어떤 사람이 도와줄 수 있겠습니까? 제불보살께서도 그를 도와줄 수 없습니다. 반드시 그가 다생다겁의 선근이 무르익어야 합니다. 두 번째로 바로 시방여래께서 본원의 위신력으로 은연중 드러나지 않는 가운데 그를 가지加持하셔야 합니다. 그러면 그는 믿을 수 있고, 발원할 수 있으며, 행할 수 있습니다.

정토삼부경, 현재는 정토오경이 비록 세상에서 나란히 행해지고 있지만, 옛사람들은 오직 《아미타경》만 예불일과日課에 넣었습니다.

이는 중국불교에서 매우 보편적이었으며, 거의 선종도 예외 없이 포함합니다. 선종의 독송과본인《선문일송禪門日誦》을 보면 그들은 저녁일과로《아미타경》을 염송하였습니다. 선종의 어떤 파에서는 저녁일과로 홀수 날은《아미타경》을 염송하고, 짝수 날은 88불을 염송합니다.《아미타경》을 상당히 중시하는 것을 볼 수 있습니다. 중시하는 원인은 바로 "아미타불 명호를 집지하는 일법이 두루 세 근기를 가피하기" 때문입니다.

　일제중생의 근기와 성향은 크게 상중하로 구분합니다. 이 법문은 모든 일체 근기 · 성향이 모두 닦을 수 있지만, 다른 법문은 이와 다릅니다. 예를 들면 선종에서는 단지 상근기의 사람만이 닦을 자격이 있고, 중근기 · 하근기의 사람은 몫이 없습니다. 육조대사의《단경壇經》을 보면 매우 또렷하게 말합니다. 대사께서 받아들이는 사람, 즉 가르치는 대상은 상상승인上上乘人이라고 말씀하셨는데, 대승인大乘人보다 높은 사람을 요구했습니다. 육조께서는 신수神秀 대사가 받아들이는 사람은 대승인이고, 그가 받아들이는 사람은 상상승인이라고 말했습니다. 이는 선종은 반드시 상근의 근기가 되어야 수학할 수 있고, 성취할 수 있을지 여부는 여전히 자신이 없습니다. 교하教下에서는 화엄종 · 천태종 · 법상종 · 삼론종의 종파처럼 그들의 대상은 상근기 · 중근기의 사람입니다. 대개 상근의 이지理智를 가진 사람이 이 법문을 수학하면 모두 상당한 성취가 있고, 중근기의 성취도 다소 많지만, 하근기는 몫이 없으며 이익을 얻을 수 없다고 말할 수 있습니다. 오직 이 법문만이 상중하 세 근기, 심지어 이른바 글자를 모르는 할머니나 할아버지가 이 법문을 닦아도 왕생할 수 있고, 똑같이 지혜가 열립니다. 이는 진실입니다. 그래서 고인께서는 "만약 지혜로운 사람이나 어리석은 사람이나 모두 다 몫이 있어, 남녀노소 모두 다 닦을 수 있다"고 말씀하셨습니다.

《왕생전往生傳》에는 형주衡州 출신 왕타철王打鐵 거사의 사례가 기록되어 있습니다. 형주衡州는 바로 현재 후난湖南성 형양衡陽입니다. 형양 일대에는 왕타철의 영향을 받아 염불하는 사람이 매우 많습니다. 왕타철은 대장장이로 글자를 몰랐고, 그의 가족은 아내와 두 아이, 네 식구로 하루 일하지 않으면 하루 생활도 못할 정도로 매우 고되었습니다. 어느 날 한 법사를 만났습니다. 한 출가자가 그의 대장간을 지나가고 있었는데, 그를 보고서 매우 감동하였습니다. 이 출가인에게 대장간에 와서 앉을 것을 청하여 그에게 차 한 잔을 공양하였습니다. 그에게 가르침을 청하며 "저의 생활이 매우 괴로운데, 제가 괴로움을 여의고 즐거움을 얻을 수 있는 방법이 없겠습니까?"하고 말했습니다. 이 법사는 그에게 **아미타불**을 염할 것을 권하면서 "당신이 염불을 잘 하기만 하면 반드시 이익이 있을 것이오."라고 말했습니다.

그는 그 말을 진실로 잘 듣고서 이때부터 이후로 쇠를 두드릴 때 쇠망치로 두드리면서 **아미타불**, 들어 올리면서 **아미타불** 하였습니다. 풀무질을 할 때 밀어 내보내면서 **아미타불**, 빼내면서 **아미타불** 하며 하루 종일 아미타불을 염하였고, 매우 부지런히 염불하였습니다. 그의 아내는 그녀에게 "당신은 쇠를 두드리는 일도 이렇게 고된데, 거기다가 아미타불을 염하면 더 고되지 않아요?"하고 말했습니다. 그는 "아냐. 나는 종전에는 매우 고되었지만, 현재 아미타불을 염하면서 고되다고 느껴본 적이 없어." 이렇게 3년간 염불하였습니다.

어느 날 왕생할 때 그는 글자를 모르면서도 뜻밖에 시 한 수를 지어서 말했습니다. "댕그랑 댕그랑 오랫동안 담금질하니, 강철이 되었다. 태평에 거의 가까우니, 나는 서방에 왕생하겠다."

그는 쇠망치를 한번 두드리고서 그 자리에서 선 채로 왕생하였습니다. 병에 걸리지도 않고서 선 채로 돌아가신 것이었습니다. 이웃사람들이 이를 보고 큰 감동을 받았습니다. 이렇게 돌아가시는 경우는 대단히 보기 드뭅니다. 그와 같은 부류는 우리가 말하는 하근기의 매우 어리석은 사람으로 교육도 받은 적도 없고, 책을 읽은 적도 없습니다. 그가 임종 때 시 한 수를 남긴 것으로 보아 그는 지혜가 열렸고, 미혹을 깨뜨리고 깨달음을 얻었으며, 개오한 후에 그렇게 소탈하게 돌아가셨고, 그렇게 자재하게 돌아가셨음을 알 수 있습니다.

제가 1968년(민국 57년), 대만 타이난(台南)에 있을 때 장쥔(將軍)향(鄉)에 사는 할머니 한 분이 가는 때를 미리 알고서 선 채로 왕생하셨습니다. 작년에 제가 대만 가오슝(高雄)에서 강연할 때 이 일을 언급하자 청중 가운데 몇몇 분이 저에게 그들도 다 알고 있다고 말했습니다. 타이베이(臺北) 연우염불단의 이제화李濟華 노거사가 왕생 때 보여준 서상은 이보다 더 불가사의합니다. 어느 날 그가 돌아가려던 때 감甘 노거사가 현장에서 그의 법회에 참가하였습니다. 노거사는 연세가 80여 세였습니다. 그는 1시간 반가량 경전 강의를 하던 중에 노파심에 대중에게 거듭 충고하며, "착실하게 염불을 잘 하십시오."라고 권하였습니다. 강의를 마친 후 대중에게 "저는 집으로 돌아갑니다."고 말했습니다. 사람들은 그가 80여 세라서 1시간 반 가량 강의를 하고 너무 피곤해서 집에 가서 휴식을 취해야겠다는 뜻으로 여겼습니다. 그런데 어르신께서 강단에서 내려와 강당 옆에 작은 응접실에 있는 소파에 앉은 채로 돌아가실 줄 어찌 알았겠습니까? 매우 자재하셨습니다! 그는 거의 2개월 이전에 왕생할 것을 알고 있었습니다. 틈이 날 때 마다 그는 옛 친구들을 만나, 마지막 보는 것이라고 작별인사를 하였습니다.

노거사는 어느 날 저녁 법회에 참가하였습니다. 그때는 타이베이에 아직 택시가 없었고 삼륜차가 있던 시절입니다. 그는 아내와 삼륜차에 앉아 법회에 참석하러 가는 길에 그의 아내에게 상의를 했습니다. 왜냐하면 그에게는 몇 명의 자녀들이 있었지만, 모두 미국에 있어 노부부 두 사람만 같이 살고 있었기 때문입니다. 그는 말했습니다. "내가 왕생하려고 하는데, 당신 외롭지 않겠어요?" 그의 아내는 말했습니다. "당신이 왕생할 수 있으면 그것은 매우 좋은 일이죠! 저는 외롭지 않아요." 딱 잘라 대답하였습니다. 바로 그날의 일입니다. 그는 강의를 마친 후에 강단에서 내려와 정말로 돌아가셨습니다. 가는 때를 미리 알고, 정말 소탈하게 자재하게 돌아가셨습니다! 이는 타이베이 시에서 직접 눈으로 본 것입니다.

「섭攝」은 바로 포괄한다는 뜻입니다.

「사리이무견事理以無遺」 염불에는 사념事念과 이념理念이 있습니다. 이理는 도리와 방법이 모두 명료한 것으로 그래서 이론·방법·경계를 똑똑하게 명백하게 안다고 말하는데 이를 「이념理念」이라 합니다. 그는 당연히 전심專心으로 염불합니다. 두 번째는 「사념事念」으로 이것은 바로 이론을 잘 알지도, 명백히 이해하지도, 경계도 또렷하지 않지만 다른 사람이 이렇게 하여 이익이 있음을 보고서 자신도 그를 따라 합니다. 이를 「사념」이라 합니다. 「사념」은 마음바탕이 청정할 때까지 염불하여 지혜가 저절로 열립니다. 그래서 사념 이후에는 반드시 「이념」으로 들어갑니다. 이론을 비록 명백하게 통달할지라도 이 한마디 부처님 명호를 결정코 중간에 중단하지 말아야 합니다. 이것이 바로 이념은 사념과 떨어질 수 없음입니다.

통종교이무외統宗教而無外

「종宗」은 선종을 가리키고, 「교教」는 교하教下를 가리킵니다. 선종 이외 다른 9개 종은 모두 교教라고 합니다. 그래서 지금 사회에서 종교라 부르는 뜻과 완전히 다릅니다. 불문에서 「종교宗教」는 우리 자신에게 있는 10개 종파입니다. 선종의 교학법은 다른 9개 종파의 교학방법과 다릅니다. 그것은 매우 특별한데 이른바 「불립문자不立文字 직지인심直指人心」입니다. 바꾸어 말하면 선종은 교과서가 없는 반면에 다른 종파는 모두 과본이 있고, 모두 층차가 있으며, 순서대로 단계적으로 전진하는 교학입니다. 그래서 그것을 종문과 교하로 나누면 두 종은 완전히 다른 방법입니다. 비록 방법은 다르지만, 목표는 서로 같습니다. 이것을 여러분은 기억해두어야 합니다. 목표도 같고 방향도 같지만, 방법만 서로 다를 뿐입니다. 염불법문은 「종」과 「교」를 모두 그 안에 포괄하고 있습니다. 그래서 「종」과 「교」를 모두 어울러서 바깥이 없다 말씀하신 것입니다. 특히 불가사의한 것은 우리들 언어와 생각이 모두 도달할 수 없는 경계입니다.

3. 주해 서문

3-1 옛 주해의 서문

예로부터 《아미타경》에 대한 주해서와 해설서가 시대를 거치면서 많았지만, 세월이 오래되어 묻혀버리고 지금 남아있는 것이 얼마 되지 않는다. 그 가운데 운서산雲棲山의 연지대사蓮池大師께서 지으신 《아미타경소초(阿彌陀經疏鈔)》는 그 뜻이 광대하고 정미로우며, 유계幽溪의 전등대사傳燈大師께서 쓰신 《아미타경원중초阿彌陀經圓中鈔》는 그 뜻이 높고 깊으며 드넓다.

이 두 저서는 마치 해와 달이 하늘에 떠 있어 눈이 있으면 누구나 볼 수 있는 것처럼 뛰어나다. 특히 문장이 풍부하고 뜻이 무성하여 그 변제를 헤아릴 수 없어, 혹 처음 배우거나 근기와 식견이 얕은 사람은 믿음과 발원에 오르기 어렵다.

> 古來註疏, 代不乏人, 世遠就湮, 所存無幾, 雲棲和尚著爲《疏鈔》, 廣大精微, 幽谿師伯述《圓中鈔》, 高深洪博, 蓋如日月中天, 有目皆睹。特以文富義繁, 邊涯莫測, 或致初機淺識, 信願難階。

《아미타경》은 중국에서 예로부터 불법을 홍양弘揚함에 있어 가장 보편적인 경전이었다고 말할 수 있습니다. 이 때문에 이 경전을 주해한 사람이 매우 많아서 각 왕조 시대마다 주해한 사람이 많았지만, 이들 주해서 중 전해져 내려오는 것은 많지 않습니다. 말하자면 실전된 것이 매우 많았습니다. 현재 우리가 《아미타경》을 연구함에 있어 고금의 주해로부터 가장 권위를 갖춘 것은 세 가지 주해서라고 말할 수 있고, 이것은 명말 청초이래로 거의 불문에서 공인된 것입니다.

첫째, 연지대사의 《소초疏鈔》입니다. 여기서는 운서화상雲棲和尚이라 부릅니다. 우익대사는 연지대사의 사숙私淑 제자입니다. 말하자면 연지대사께서 비록 왕생하셔서 안 계셨지만, 우익대사는 연지대사를 스승으로 여기고 그로부터 학습하였습니다. 연지대사께서 세상에 안 계시는데 어떤 학습법으로 배웠을까요? 연지대사의 저술이 남아 있어, 오르지 연지대사의 저술을 읽고서 연지대사의 가르침을 따라 수행하였습니다. 이것은 중국 옛사람들의 이른바 사숙제자입니다. 그는 대단히 성공적으로 배웠고, 그래서 연지대사는 정토종의 한 대 조사이시고, 우익대사도 한 대 조사이십니다. 이는 확실히 유가에서 공자와 맹자의 관계와 매우 유사합니다. 맹자는 공자를 배워서 공자가 세상에 없었지만 매우 닮았습니다. 우익대사도 맹자의 방법을 취했습니다.

연지대사는 《아미타경》에 대한 주해를 지어 「소초疏鈔」라고 하였습니다. 그는 먼저 소疏를 지었는데, 소疏는 바로 경을 주해한 것입니다. 이후 사람들이 보니, 그의 이 주해가 매우 심오하게 주석되어 있어 그 당시는 문제가 없었지만, 후세 사람들이 그의 이 주해를 체득하기가 매우 어려울 것을 걱정하여 이에 다시 초鈔를 지었는데, 초鈔는 바로 소를 주해한 것입니다. 바꾸어 말하면 주해의 주해로 우리는 이를 《소초》라 부릅니다. 소와 초는 모두 연지대사 자신이 지은 것으로 이 주해서는 대만에서 매우 광범위하게 유통되었습니다. 우리 도서관에서는 《소초》를 인쇄하여 유통할 뿐만 아니라 고덕古德 법사의 《연의演義》도 인쇄하여 출간하였습니다. 현재 우리는 《소초》와 《연의》를 합쳐서 한 권으로 정장 인쇄하여, 읽기에 더 편리하도록 했습니다. 「연의演義」는 소초를 주해한 것입니다. 다시 말해서 「소」는 경을 주해한 것이고, 「초」는 소를 주해한 것이며,

「연의」는 초를 주해한 것으로 이는 3중주해입니다. 고덕법사는 연지대사의 학생, 즉 제자(徒弟)이자 연지대사의 시자侍로 대사의 일상생활을 보살피던 한 사람이었습니다. 연지대사의 저술이 전해 져 내려온 것은 고덕법사의 힘이었습니다. 그는 그것을 인쇄하여 후세에 유통시켰습니다. 우리는 《소초연의疏鈔演義》를 타이베이에 서 한 차례 강술한 적이 있습니다. 저는 제1차로 연우염불단蓮友念佛團 에서 《소초》를 한 번 강술하였습니다. 제2차는 경미화장景美華藏도서 관이 성립되면서 《소초연의》를 한 번 강술한 적이 있습니다. 제가 남긴 녹음테이프만 해도 총 335개로 이 내용이 확실히 매우 풍부함 을 알 수 있습니다. 우익대사께서는 「광대정미廣大精微」라고 찬탄하 셨는데, 이 4글자를 사용한 것은 매우 적절합니다.

「유계幽谿」는 지명으로 천태산 유계 고명사高明寺 전등傳燈법사를 가리킵니다. 이 노화상과 우익대사의 스승은 사형제입니다. 그래서 우익대사께서는 그를 사백師伯이라 불렀습니다. 그는 만년에 정종을 전수專修하고 정종을 전홍專弘하였습니다. 이 노화상은 감응이 불가 사의하여 한번 자리에 올라 《아미타경》을 강설할 때마다 감응하여 하늘음악이 허공에 울리는 소리를 청경하는 대중들이 모두 들었습니 다. 그가 저술한 주해가 있는데 《원중초圓中鈔》라고 합니다. 소疏는 그가 지은 것이 아니고 원 나라 때 대우 법사가 지은 것입니다. 대우법사가 지은 《아미타경약해阿彌陀經略解》가 있는데, 바로 간단한 해석입니다. 그는 이 《약해》에 주석을 더해서 「초」라고 불렀습니다. 초는 대우법사의 《약해略解》를 주해한 것입니다. 이 판본은 대만에서 유통되었지만, 유통분량이 많지 않았습니다. 타이중 연사蓮社에서 인쇄를 한 적이 있습니다. 그는 「원중圓中」이란 의미를 「원융중도圓融 中道」의 이치를 취한 것입니다. 천태종에서 말하는 진제(眞 ; 공空관)·

속제(俗 ; 가假관)·중도제(中 ; 중관)의 삼제(삼관三觀)으로 대우법사의 《약해》를 주해한 것입니다. 그래서 《원중초圓中鈔》라고 부릅니다.

대사께서는 이 판본을 찬탄하셨습니다. 이 판본이 분량은 많지 않지만 그 분량이 거의 《요해》와 비슷하였습니다. 그는 이 책이 「고심광박高深洪博」하다 찬탄하였습니다. 바꾸어 말하면 《소초》는 분량이 매우 많고 무척 번쇄하지만, 《원중초圓中鈔》는 매우 심오하여 초학자들이 보기에 불편합니다. 그래서 그는 "특히 문장이 풍부하고 뜻이 번성하여 그 끝과 깊이를 헤아리기 어렵다."고 하였습니다. 이로 인해 연지대사와 유계대사 두 사람의 주해는 "처음 배우거나 근기와 식견이 얕은 사람은 믿음과 발원에 오르기 어렵다"고 말하였습니다. 처음 배우거나 식견이 얕은 사람은 이 두 가지 주해서로 이익을 얻을 수 없습니다. 바꾸어 말하면 이 주해서에 의지해 신심이 생길 수 없고 발원하여 정토에 태어나길 구하는 것이 곤란할 수 있습니다. 이것이 그가 왜 《요해要解》를 주석해야만 했는지에 대한 설명이고, 《요해》를 주해한 원인에 대한 설명입니다.

3-2. 지금 주해의 서문(序今解)

이 때문에 나의 평범하고 우둔한 식견을 생각하지 않고, 다시 『아미타경요해』를 저술하고자 한다. 감히 두 어르신과 우열을 겨루고자 하는 것도 아니고, 또한 두 어른과 억지로 같이 하고자 하는 것도 아니다. 비유하자면 옆으로 보니 봉우리를 이루고, 가로질러 보니 고개를 이루는 것과 같다. 비록 모두 여산의 진경을 다 보지는 못할지라도 각각 여산을 직접 본 것을 잃지 않고자 할 따름이다.

지금부터 천태종의 지의대사智顗大師께서 사용하신, 다섯 단락으로 경의 현묘한 뜻을 드러내는 오중현의五重玄義의 방법을 채택하여 《아미타경》의 경문을 해석하도록 하겠다.

> 故復弗揣庸愚 , 再述《要解》。不敢與二翁競異 , 亦不必與二翁强同 , 譬如側看成峰 , 橫看成嶺 , 縱皆不盡廬山眞境 , 要不失爲各各親見廬山而已。將釋經文 , 五重玄義。

먼저 우익대사께서 자신을 매우 겸허하게 말씀하십니다. 즉 자신의 평범함과 우둔함을 고려하지 않았다 함은 대사께서 겸허하신 말씀입니다. 「불췌弗揣」란 바로 불고不顧로 나는 이렇게 많이 돌볼 여지가 없다는 뜻입니다. 처음 배우거나 근기가 비교적 얕은 사람을 위해 그는 다시 《요해》를 지었습니다.

불감여이옹경이不敢與二翁競異

두 어른은 바로 연지대사와 유계대사를 가리킵니다. 그렇지만 그분들이 말씀하신 것과 무리하게 완전히 같도록 할 필요는 없습니다. 왜 그렇습니까? 그는 아래에 비유를 듭니다. 대사께서는 "비유하자면 옆에서는 봉우리를 이루는 듯이, 가로질러서는 고개를 이루는 듯이 보이는 것과 같다. 비록 모두 여산의 진경을 다 보지는 못할지라도 각각 여산을 직접 본 것을 잃지 않고자 할 따름이다."라고 말씀하십니다. 이 말씀은 대단히 심오한 뜻을 품고 있습니다. 이 말은 두 가지 뜻을 지닌 쌍관어雙關語입니다. 겉으로는 매우 정중하고 매우 겸허해 보이지만, 실제로는 이미 그 자신이 닦아서 증득한 경계에 대해 우리에게 기별을 드러낸 것입니다. "가로질러 보니 고개를 이루고, 옆으로 봉우리를 이룬다." 이 말은 본래 소동파蘇東坡

가 강서江西의 여산廬山을 유람할 때 쓴 시 한 수입니다.

横看成嶺側成峰 가로질러 보니 고개를 이루고, 옆으로 봉우리를 이루며
遠近高低各不同 멀기도 가깝기도, 높기도 낮기도 하여 각각 같지 않네
不識廬山眞面目 여산의 진면목을 알지 못한 채
只緣身在此山中 단지 몸에 반연하여 이 산중에 있구나

이는 소동파가 쓴 시 한 수로 대사께서 이를 인용하신 것입니다. 이를 인용한 뜻은 확실히 여산의 진면목을 보았다는 것입니다. 연지대사께서도 보셨고, 유계대사께서도 보셨으며 대사 자신도 보았다는 것입니다. 이는 우리에게 그가 서방정토를 진정으로 직접 증득하고서 우리를 위해《요해》를 말씀하신 것으로 설사 설법이 이전 두 분 대사와 다를지라도 진실이고 결코 추측한 것이 아니라 자신이 직접 증득한 경계라는 뜻입니다. 서문은 이것으로 모두 소개하였습니다. 다음은 오중현의五重玄義입니다.

이것은 천태종에서 경전을 강설하는 방법으로 경전을 주해하고 강설할 때 천태종에서는 모두 「오중현의五重玄義」를 사용합니다, 현의玄義는 바로 경에 담긴 현묘한 의리로 경전을 강술하기 전에 그것을 말합니다. 바꾸어 말해 경문 전부를 강술하지 않고서 먼저 전체 경의 대의를 종합하여 소개한다는 뜻입니다. 우리에게 매우 짧은 시간에 전체 경의 개요를 일목요연하게 마음속에 담을 수 있습니다. 이렇게 해야 막연하여 갈피를 잡지 못하는 것이 아니라 환희심이 생겨서 경문을 깊이 연구할 수 있습니다. 천태종에서는 5개 단락의 방법으로 개요를 소개합니다. 그리고 화엄종의 현수賢首 대사는 대경의 현의를 소개함에 있어 천태종에 비해 번쇄한 방법을 사용하는데, 10개 단락의 방법으로 「십문개청十門開啟」이라 합니다.

당연히 10개 단락은 5개 단락에 비해 너무 번쇄하기 때문에 그래서 예로부터 설사 천태를 배우지 않을지라도 경전을 강술하고 주해를 할 때 환희심으로 천태의 방법을 사용하였습니다. 우익대사께서는 젊은 시절 천태학을 배우셔서 천태의 방식을 거의 채택하셨습니다.

천태에서「오중현의」라 하는 것은 바로 5개 단락입니다.

첫 번째 단락은 경의 제목을 해석하는 것입니다(해석경제解釋經題). 문장의 한 편처럼 먼저 문장의 제목을 강해합니다.

두 번째 단락은 **변체**辨體입니다. 변체의 뜻은 경의 이론적인 근거를 설명하는 것입니다. 부처님께서는 무엇을 근거로 말씀하신 것입니다. 만약 이 근거를 명료하게 알지 못하면 신심을 세우기 매우 어렵습니다. 만약 우리가 부처님께서 말씀하신 경전이 확실히 하나의 진실, 완전한 이론에 근거하고 있음을 분명히 이해한다면 부처님께서 마음대로 말씀하신 것이 아님을 믿게 됩니다. 그래서 두 번째 단락은 그의 이론근거를 설명하기 때문에 매우 중요합니다.

세 번째 단락은 **명종**明宗이라 합니다. 두 번째 단락은 우리를 도와 믿음을 세우는 것으로 일단 믿음이 생기면 우리는 어떻게 수행해야 하는가? 명종은 이 경전의 종지를 설명합니다. 즉 수학의 방법, 수학의 강령을 설명합니다. 이것을 파악해야 비로소 진정으로 공부를 열심히 할 수 있습니다. 진정으로 어떻게 수학하는지 알아야 자기 스스로 진실한 이익을 얻을 수 있습니다.

네 번째 단락은 **논용**論用입니다. 종宗은 인을 닦음이고, 용用은 과를 맺음입니다. 우리는 이런 방법에 따라 수행하면 장래에 어떤 결과를 얻을 것이라는 것을 반드시 알아야 합니다. 말하자면 우리가 이 경을 배우면 어떤 쓰임새가 있는지 설명합니다. 이른 바 배워서 현실에서 활용함(學以致用)입니다. 불법은 일반적인 현학玄學과 확실히 달라서 배웠으면 반드시 쓰임새가 있습니다. 여러분은 모두 아미타부처님을 염하면 장래에 서방극락세계에 왕생하므로 이 쓰임새는 죽은 이후 비로소 쓰임새가 생기고 현재는 없는 것처럼 아시고 계시는데, 이는 잘못된 생각입니다. 현재 이득을 얻지 못한다면 장래의 이익은 너무나 막연합니다. 그래서 우리는 이 경전을 학습한 것에 대한 진실한 수용이 눈앞에 나타나고, 현세에서 얻을 수 있음을 알아야 합니다.

마지막 단락은 **판교判教**라고 합니다. 판교判教는 바로 조사·대덕께서 석가모니부처님의 수많은 경전과 논서를 분류하고 정리하여 그것의 얕고 깊음에 따라 순서를 정하고, 어떤 부류의 근기 성향의 사람이든 그것에 맞게 학습하도록 하는 것입니다. 근기 성향에는 상중하 세 등급이 있어서 처음 배우는 사람이든지 오래 닦은 사람이든지 이들에게 맞도록 과정을 배열하고 학년에 배치하는 것과 같습니다. 판교는 이런 뜻이 있습니다. 이것이 바로 5개 단락으로 경의 개요를 여러분에게 소개하기 위함입니다.

제2장 경문해석 현의(解經玄義)

1. 경명 해석(釋名)

첫째, 경의 이름을 해석한다. 이 경은 설법하시는 분과 설해지는 대상을 이름으로 삼았다.

第一釋名。此經以能說所說人爲名。

우리가 현재 채택하고 있는 판본은 구마라즙鳩摩羅什 대사께서 번역하신 것입니다. 구마라즙대사께서 번역하신 판본은《불설아미타경》이라 합니다. 「불설佛說」, 이 부처님은 곧 석가모니부처님이시고, 「아미타阿彌陀」는 곧 서방극락세계 부처님이십니다. 그래서 경의 제목은 사바세계와 서방극락세계 두 분의 이름입니다. 그것은 사람의 이름을 경의 제목으로 삼은 것입니다.

「불佛」이란 이 세상에서 설법하시는 교주이시다. 즉 석가모니부처님께서는 대비의 원력을 타고 오탁악세에 태어나셔서, 먼저 깨달으시고 뒤에 깨닫는 중생을 깨닫게 하셨으며, 알지 못하시는 법이 없으시고, 보지 못하는 법이 없으신 분이시다.

佛者。此土能說之教主。卽釋迦牟尼乘大悲願力。生五濁惡世。以先覺覺後覺。無法不知。無法不見者也。

대사의 주해는 확실히 간단하고, 매우 쉬우며, 뜻이 명료합니다. 대사께서는 「불」이란 글자를 이렇게 해석하십니다. 「차토此土」는 곧 우리의 이 세계입니다. 법을 설하시는 교주이시다. 「교教」는 교학이고, 「주主」는 설법을 맡은 사람으로 이 강좌에서 설법을 맡은 사람입니다. 그래서 「교주」는 그 뜻을 잘못 이해해서는 안 됩니다. 이것은 교학의 의장(主席)으로 설법을 맡은 사람, 바로 석가모니부처님이십니다.

석가모니란 명호에 대해서는 앞에서도 소개하였지만 다시 살펴보겠습니다. 제불보살에게는 명호가 없습니다. 명호는 모두 중생을 제도하는 교학종지입니다. 이것으로 명호를 짓습니다. 사바세계 사람은 당연히 병폐가 매우 많습니다. 수많은 병폐 중에서 어느 병폐가 가장 엄중한가를 알아서, 가장 엄중한 병폐를 먼저 대치해야 합니다. 우리 세계의 중생은 보편적으로 첫째, 자비심이 부족하여 사리사욕만 챙깁니다. 이것이 큰 병입니다. 그래서 부처님께서는 이 세계에서 교학하려면 「석가釋迦」를 사용하여야 했습니다. 석가는 번역하면 「능인能仁」으로 즉, 인자할 수 있어야 합니다. 둘째 이 세상 사람은 마음이 청정하지 못합니다. 이른바 망상이 너무 많고, 혼침이 너무 많습니다. 그래서 명호에 「모니牟尼」를 사용합니다. 「모니」는 적조寂默의 뜻입니다. 적조는 요즘말로 청정심입니다. 마음바탕이 청정하여 조금도 물들지 않았다는 뜻입니다. 능인은 인자의 뜻입니다. 우리는 오늘날 박애를 말하고 자비를 말합니다. 박애는 불경에 있는 것입니다. 《무량수경》을 염송하면 《무량수경》에도 박애가 있음을 알게 됩니다.8) 박애, 이 두 글자는《무량수경》에서 나옵니다. 이것이 모두 석가란 명호에 든 함의입니다.「석가모니」는 인도 말 범어이고, 그것의 함의는 인자와 청정이란 뜻입니다.

이는 우리 중생들의 큰 병으로 부처님께서는 이것을 교학의 종지로 꺼내셔서 우리에게 시시각각 자신을 경계시키고 일깨우십니다. 우리가 일반적으로 정토를 닦는 것이 아니라 염불도「나무석가모니불」이라 염하는 것은 사람들에게 "자비로워라, 청정하라"고 일깨우는 뜻입니다. 그래서 우리는 부처님 명호를 염하면서 그 함의를 모르고 그 안에 관조하는 공부가 없다면 이러한 관조는 자신의 의념을 일깨우지 못하고, 그러면 이 명호를 헛되이 염하는 것이고 명호는 의의가 없어집니다. 그래서 반드시 명호의 함의를 알아서 우리가 한마디 명호를 염하여 자신을 깨어나게 하여 자기본성 안에 있는 대자비심을 염하고, 자기가 본래 갖추고 있는 청정심을 염해야 합니다. 이것이 바로「석가모니」의 뜻입니다.

석가모니부처님께서는 대비의 원력을 타고서 오탁악세에 태어났습니다. 우리도 이 세상에 왔습니다. 우리는 왜 이 세상에 왔습니까? 무엇을 하러 왔습니까? 동수 여러분 자신은 이러한 의문이 있습니까? 어릴 때부터 현재까지 이런 의문이 발생하지 않았습니까? 이것은 큰 의문입니다! 저는 동수 여러분에게 말씀드립니다. 저는 13, 14세 때 이런 의문이 있었습니다. 언제나 이런 의문이 있었고, 몇 개월간 계속 생각하기도 하였습니다. 무엇을 하러 왔는가? 그러나 매우 오랫동안 그 답안을 찾을 수 없었습니다. 찾았다고 하더라도

---

8) "성인을 존중하고 선지식을 공경하며, 인자·박애의 정신으로 세상을 제도하길 구하여"《무량수경》제36품, 거듭 가르치고 권하시다

그 답안은 진실이 아니었습니다. 불법을 접하고 나서 우리는 비로소 그것이 어떻게 된 일인지 진정으로 분명히 이해할 수 있습니다. 부처님께서는 우리에게 말씀하십니다. 우리는 범부로 육도윤회하는 가운데 현재 인간세계(人道)에 와서 인생은 자신이 지은 업을 갚는 것입니다.

"당신은 어떻게 왔는가? 당신의 업보를 갚기 위해 왔다."

부처님께서는 이 한마디 말을 우리에게 해주십니다. 과연 인생은 업을 갚으러 왔고, 이것을 하기 위해 온 것이라는 이 말이 맞는지, 생각하고 또 생각해보십시오. 당신은 과거에 지은 선업으로 이번 생에 복을 누리고 한평생 생각대로 됩니다. 당신은 선과를 얻은 것입니다. 만약 과거에 지은 업이 선하지 않다면 우리는 이번 일생동안 생활하면서 매우 고통스러울 것이고, 하는 일마다 모두 마음대로 되지 않고, 뜻대로 되지 않을 것입니다. 바꾸어 말하면「인과응보」야말로 바로 진정한 사실진상입니다. 우리는 이 사실진상을 똑똑하게 명백히 알아야 이른바 도리에 어긋나지 않아 편안한 마음을 가질 수 있습니다(心安理得). 이 도리를 매우 똑똑히 알고 사실을 명백히 이해하면 나의 마음은 편안하고 다시는 하늘을 원망하고 남을 탓하지 않습니다. 그래서 운명 안에 부귀가 있으면 부귀에 편안하고 운명에 빈천이 있어도 빈천에 편안합니다. 왜 그렇습니까? 사실진상을 똑똑히 알아서 마음이 편안하고, 마음이 편안하면 선정이 생기고, 선정에 들면 지혜가 생기기 때문입니다. 지혜가 생겨야 비로소 운명을 개조할 수 있고, 운명을 전환시킬 수 있습니다. 이것이 사실입니다. 우리는 과거세에 지은 업이 있어 이번 세상에 나쁜 과보를 받습니다. 이와 관계없이 진정으로 명백히 이해한 후 나는 현재 일체 악을 끊고 일체 선을 닦습니다. 내가 설사 나쁜 과보가 있을 지라도 나쁜 과보를 빨리 다 갚고 나의 선업을 증장시킬 수 있으면 이런 선의 복은 내생을 기다리지 않고 이번 생에 현전하게 됩니다.

여러분께서 《요범사훈了凡四訓》을 읽었지만, 요범 선생과 같이 수학을 성취한 사람은 중국 역대에 얼마나 많은지 모르실 것입니다. 그들은 책을 써서 남기지 않았을 뿐입니다. 원료범袁了凡 선생은 책을 쓰셨습니다. 책을 쓴 사람은 많지 않고, 오히려 매우 적습니다. 그는 그의 자식에게 책을 썼고 아이들을 가르쳤습니다. 그렇지 않았다면 그는 이런 일을 사회에 선양하지 못했을 겁니다. 요범 선생은 허물을 고치고 스스로를 새롭게 하고, 악을 끊고 선을 닦아, 그의 일생의 운명을 전부 바꾸었습니다. 부처님께서는 경전에서 그보다 훨씬 더 상세하고 더 철저하게 말씀하셨습니다. 부처님께서는 늘 **"불씨 문중에는 구함이 있으면 반드시 응함이 있다"**고 말씀하십니다. 이 말은 진실이고 조금도 거짓이 아닙니다. 과거 처음 학불할 때 저의 스승님이신 장가章嘉대사께서 저에게 가르쳐주셨습니다. 그는 저에게 말씀하셨습니다.

"구하라, 반드시 이치를 밝히고, 이론을 알아야 하며, 방법을 알아야 한다. 이치대로 여법하게 구하면 감응하지 않을 수 없고 구하지 못할 것이 없다."

당신이 구하는데 구하지 못할 때가 있습니다. 구하지 못하는 것은 그 가운데 장애가 있기 때문입니다. 당신이 이 장애를 버리기만 하면, 구함이 있으면 응함이 있습니다. 우리가 이 경을 읽으면 이 경 속에서 우리에게 구하라고 가르치는 것은 진실로 지극히 높고 위없는 것입니다. 바로 우리에게 성불을 구하라고 가르칩니다.

성불은 모두 구할 수 있습니다. 세간의 무슨 명성과 이득, 공명과 부귀, 무슨 장수, 이런 것들은 사소하고 보잘 것 없는 것들로 어떻게 구할 수 없단 말입니까? 이것은 너무나 쉽습니다! 이것은 매우 쉽습니다! 가장 어려운 것은 부처가 되고 보살이 되는 것으로 이것은 어렵습니다. 이것도 구할 수 있는데 다른 것을 어찌 구할 수 없겠습니까?

그래서 반드시 이치를 밝혀야 하고 도리를 알아야 하며 방법을 알아야 합니다. 이치대로 여법하게 구하십시오. 이렇게 해야 이 업보신業報身을 틀어줄 수 있습니다. 우리들 현재 각 개인을 업보신이라 합니다. 바꾸어 말하면 운명에 지배당해 사는 것을 「업보신業報身」이라 합니다. 부처님 공부를 하면 첫 번째 좋은 점은 당신이 업보신을 바꾸어 원력신願力身을 이룰 수 있다는 것입니다. 만약 이 부분에서 바꾸지 못한다면 우리는 부처님 공부를 제대로 하지 않은 것입니다. 「원력신願力身」으로 바꾸는 것이 바로 원을 타고 오는 것입니다. 나는 이 업보신을 다 갚았고, 지금 이후로는 나의 이 몸은 원력으로 온 것입니다. 곧 석가모니부처님을 따라 대비원력에 오릅니다. 이것이 우리가 학불하여 현전에서 얻는 좋은 점이고 현전에서 얻는 이익입니다. 대비심은 일체중생에 대한 것입니다. 종전의 업보신은 생각마다 자기를 위하고, 일마다 모두 자기를 위하며, 마음을 일으키고 생각을 움직일 때마다 모두 자기의 이익만 생각하여, 개인을 위하고 가정을 위하였습니다. 이것이 업보입니다. 지금부터는 우리는 명백히 깨달아서, 마음을 일으키고 생각을 움직일 때 생각마다 일체중생을 위하며, 더 이상 자신을 위하지 않고 중생을 위합니다. 생각마다 불법을 위합니다. 어떻게 해야 불법을 위한다고 합니까? 우리는 불법이 세간의 지극히 선하고 원만한 교육임을 이해하고 있습니다. 어떻게 해야 부처님의 교육을 이 세간에 널리 보급하여 이 세간에 광대하게 발휘할 것인가? 일체 중생에게 모두 부처님의 교육을 접촉할 기회를 제공하고, 부처님의 교육을 받을 기회를 마련하여 부처님 교육을 수학하도록 할 것인가? 이것이 바로 업력을 바꾸어서 원력을 이루는 것입니다.

오탁악세五濁惡世

우리는 과거 경문에서 이 문구를 읽은 적이 있지만, 깊이 있게 체득하지 못했습니다. 저는 석가모니부처님께서 3천년 전에 이 경을 강설하실 때 만약 큰 지혜가 없는 사람이라면 석가모니부처님의 이 말을 몸으로 느끼기 매우 어려웠을 것이라 생각합니다. 그러나 오늘날 이 말을 꺼내면 저는 우리들 동학 한 분 한 분께서는 모두 상당한 정도로 이해할 수 있다고 생각합니다. 왜 그렇습니까? 탁濁은 바로 오염입니다. 우리는 오늘날 환경오염을 말합니다. 이 지구상에 이미 상당히 엄중합니다. 그래서 모든 국가, 지역정부마다 환경을 제창합니다. 왜 그렇습니까? 오염이 너무나 엄중하기 때문입니다. 「탁濁」은 바로 혼탁함이고 바로 오염입니다. 「악惡」은 악업을 짓는 것입니다. 사람은 마음이 선하지 않아서 몸으로 살생·도둑질·음행을 짓고, 입으로 거짓말·이간질·꾸미는 말·험한 말을 하며, 뜻으로 탐내고 성내며 어리석습니다. 확실히 지금 사회 속에서 사람들의 마음에 존재하는 십악은 점점 더 많아지기 시작합니다. 이것은 좋은 현상이 아닙니다. 이것이 악한 세상이고 고난의 세계입니다.

석가모니부처님께서는 대자재비로 중생을 구제하겠다는 대원으로 이 시대, 이 사바세계에 태어나셔서 우리가 괴로움의 바다를 벗어나도록 도우시고, 우리가 윤회를 벗어나도록 도우셨습니다. 그는 먼저 깨달으신 분입니다. 그는 우주와 인생의 진상을 철저하게 명백하게 깨달으시고 우리를 가르치셨습니다. 우리는 뒤에 깨달을 것입니다. 부처님의 가르침을 듣고서 우리는 점차 명백히 이해하고 점차 깨달을 것입니다. 선각先覺은 부처님이시고, 후각後覺은 보살입니다. 만약 진실로 명백히 이해하고 부처님의 방법에 따라 수행한다면 이 사람은 보살입니다. 특히 수학하는 법문 가운데 이 경은 대승법문입니다. 《무량수경》은 곧 《아미타경》의 근본으로 이 경의 제목은 「불설대승佛說大乘」으로 시작합니다. 그래서 이 경은 대승이고, 대승보살이 닦는 법문입니다. 우리가 진실로 또렷하게 명백하게 이해하고, 진정으로 발심하여 이 방법에 따라 수행하면 당신은 보살입니다. 당신은 후각後覺을 맡을 수 있습니다. 부처님은 선각으로 우리가 개오開悟하도록 도우십니다.

무법부지無法不知 무법불견無法不見

이 두 마디 말씀은 부처님께서 대각하신 구경원만한 경계를 일컫고, 우리가 최후에 획득할 경계를 일컫습니다. 우리도 부처님처럼 진허공 · 변법계에 알지 못하는 법이 없고, 보지 못하는 법이 없다면 우리들 자신도 성불할 것입니다.

「설說」이란 마음속에 품은 심원에 기뻐하심을 말한다. 부처님께서는 중생제도를 마음속에 품으시고, 이제 중생들이 성불할 기연이 무르익어, 믿기 어려운 법문을 설하시고 중생들이 구경해탈을 얻도록 하시는 까닭에 기뻐하신다.

說者。悅所懷也。佛以度生爲懷。衆生成佛機熟。爲說難信法。令究竟脫。故悅也。

경의 제목에서 두 번째 글자는 「설說」입니다. 불설佛說이란 석가모니부처님의 말씀이라는 뜻입니다. 「설자說者 열소회야悅所懷也」 회懷란 마음에 품음입니다. 마음속으로 기뻐함을 열소회悅所懷라 합니다. 「불이도생위회佛以度生爲懷」 제불여래께서는 그의 마음속에 무엇을 생각하십니까? 무엇을 염하십니까? 마음속에 다른 생각이 없고 생각마다 일체 중생을 도와 빨리 부처를 이루게 하여 자기와 완전히 같아지게 하시려는 생각뿐입니다. 그러면 부처님은 기뻐하시고 그의 심원을 만족시킵니다. 그래서 부처님께서는 중생제도를 마음에 품습니다. 이 부분을 제일 먼저 학습해야 합니다. 우리가 방금 말하지 않았습니까? 업력을 바꾸면 원력이 됩니다. 만약 우리의 심원이 부처님의 심원과 같아지면 업력은 큰 원력으로 즉시 바뀌고 업력에서 벗어나서 깨끗해집니다. 바꾸어 말하면 생각을 한번 바꾸면 우리들 개인은 종전의 육도 중생에서 현재 보살로 바뀌고, 법계의 법신대사로 바뀝니다. 문제는 바로 당신이 바뀌고자 하는가? 기꺼이 변화하려고 하는가? 입니다. 이 마음을 한번 변화시키면 바뀌게 됩니다. 반드시 중생제도를 마음에 품고서 생각마다 중생을 도와야 합니다. 자기를 생각하는 것이 아니라 중생을 생각해야 합니다. 어떻게 해야 불법을, 이렇게 아름다운 교육, 원만한 교육을 일체중생에게 소개해주고 일체중생에게 추천해줄 것인가? 당신이 정말 이런 원을 발한다면 당신은 제불여래와 원도 같아지고, 덕도 같아지며, 행도 같아집니다.

중생성불기숙衆生成佛機熟

이 말씀은 확실히 과거 조사·대덕께서 강경 설법하신 적이 없고, 주해서에도 본 적이 없습니다. 연지대사의 《소초》와 유계대사의 《원중초》에서도 이런 설법은 없습니다. 그는 매우 얻기 어려운, 진실로 부처님의 심원을 말씀하셨습니다. 이 법문을 얻음은 불가사의한데, 중생들이 성불할 기연이 무르익었기 때문임을 알 수 있습니다. 이 법문은 무엇입니까? 이 법문은 **중생 성불의 법문**이라 합니다. 만약 당신이 성불할 기연이 무르익지 않았는데, 이 법문을 말한다면 당신이 받아들일 수 없고, 믿지도 않으며, 쓸모없습니다. 그러면 부처님께서는 말씀하시지 않았을 겁니다. 부처님께서 이 법문을 설하신 것은 당신이 현재 성불할 기회에 이르렀음을 보고서 당신에게 이 법문을 소개한 것입니다. 당신은 이 법문에 따라 닦으면 이번 일생에 성불할 수 있습니다. 생각해보십시오. 부처님께서 이보다 더 기뻐하실 일이 어디 있겠습니까? 없습니다. 《무량수경》의 발기서發起序를 보면, 석가모니부처님께서 얼굴에서 광명을 찬란하게 놓으셨는데, 아난존자께서는 그렇게 오랜 세월 동안 지금까지 오늘처럼 부처님께서 정신이 이렇게 맑고 얼굴의 광명이 이렇게 좋은 모습을 보지 못했습니다.[9] 그 원인이 무엇입니까? 《무량수경》을 강설할 기회가 이르렀기 때문입니다. 바로 대중들이 성불할 기연이 무르익었음을 보았기 때문입니다. 그래서 부처님께서는

---

9) "이때 세존께서 위덕 광명을 혁혁하게 놓으시니, 마치 황금 덩어리가 녹아서 아름답게 빛나는 듯이, 또 맑은 거울에 영상이 안팎으로 비치는 듯이 큰 광명이 수천 수백 가지로 변화하며 나타났다. 아난존자는 곧 스스로 생각하길, '오늘 세존께서는 온몸에 기쁨이 넘쳐나고 육근이 청정하며, 얼굴에 위엄이 빛나서 그 가운데 보배 찰토의 장엄을 나타내시니, 과거 이래로 일찍이 본 적이 없도다.'" 《무량수경》 회집본, 〈제3품 큰 가르침을 베푸신 인연〉

이전에 본 적이 없는 환희심으로 기뻐하셨습니다. 이 일구를 얻기 어려움을 우익대사께서 우리를 위해 설파하셨으니, 대사께서는 이 경계를 직접 보신 것이 확실합니다.

위설난신법爲說難信法 영구경탈令究竟脫 고열야故悅也

당신의 기연이 무르익지 않았다면 부처님께서 이 법을 설하셔도 아무런 쓸모가 없습니다. 당신의 기연이 무르익어야 합니다. 기연이 무르익었음은 무슨 의미입니까? 한 번 들어서 이해가 되면 기연이 무르익었습니다. 한번 들어서 믿고 한 번 들어서 기꺼이 닦고 기꺼이 행하면 이 사람은 기연이 무르익었고, 이 사람은 이번 일생 중에 윤회를 영원히 벗어날 수 있습니다. 바꾸어 말하면 현재 존재하는 이 몸이 불경에서 말하는 「최후신最後身」입니다. 우리는 육도에서 무량겁 동안 생사윤회를 하였는데, 몇 번이나 윤회하였는지, 다음번에는 윤회를 벗어날지 알지 못합니다. 그래서 현재 이 몸은 육도에서 최후신이라 하고, 육도윤회를 벗어날 것입니다. 이는 믿기 어려운 법으로 구경해탈, 즉 성불에 이르게 합니다. 왜 그렇습니까? 왜냐하면 서방극락세계에 태어난다는 것은 일생에 가는 것이지, 두 번째 생에 가는 것이 아님을 반드시 알아야 합니다. 무릇 서방극락세계에 태어나는 사람은 임종 시에 숨이 끊어지지 않고 살아있는 사람으로 아미타부처님께서 오셔서 당신을 접인하심을 보는데, 우리의 이 불상은 접인하는 모습으로 부처님께서 손을 드리워 접인하시고, 우리는 부처님을 따라가므로 살아서 가는 것입니다. 부처님을 따라 가면서 비로소 숨이 끊어지므로 죽은 이후에 비로소 왕생하는 것이 아닙니다. 동수 여러분께서는 이런 사실을 반드시 똑똑히 알아야 합니다. 그래서 이 법문은 정말 죽지 않는 법문입니다. 죽은 이후에 가면 두 번째 생입니다. 두 번째 생에 성취하는 것이 아니라, 바로

이번 생(當生)에 성취하는 법문입니다.

그래서 염불로 공부를 잘한 사람은 때가 이르렀음을 미리 압니다. 즉 언제 부처님께서 나를 접인하실지 자기 스스로 압니다. 병에 걸리지 않고 가는 때에 매우 기뻐하고 즐거워 하며 선 채로 가거나 앉은 채로 가거나 매우 자재합니다! 담허倓虛법사께서는 불칠법문(佛七開示)에서 우리에게 말씀하신 적이 있습니다. 그는 일생 중에 자신이 직접 눈으로 염불하여 임종시에 병에 걸리지 않고 선 채로 가거나 앉은 채로 가거나 자재왕생한 사람을 20여명이나 보았고, 왕생한다는 말을 들은 사람은 숫자를 똑똑히 기억할 수 없을 정도로 많았다고 하셨습니다. 담허대사께서 《염불론念佛論》에서 말한 세 사람은 매우 자재하였습니다! 극락사極樂寺의 수무修無법사와 산동山東의 정석제鄭錫賓 거사, 남편이 청도靑島에서 인력거(黃包車)를 끄는 부인 장씨는 앉은 채로 왕생하였습니다. 이는 대사께서 직접 눈으로 본 것으로 청도靑島 감산사湛山寺 주지住持였을 때입니다.10)

이 법문은 진정으로 **불사의 법문**입니다. 당신은 살아서 서방극락세계에 가고 서방극락세계에서 아미타부처님처럼 수명이 무량하여 일생에 불도를 원만히 성취합니다. 그렇게 성취한 것은 구경원만한 부처입니다. 그래서 이 법문은 당생當生에 성취하는 불법이라고 합니다. 진정으로 믿고 진정으로 기꺼이 닦는 사람의 복보는 매우 큽니다! 우리 육도 중에서 어느 누구라도, 인간의 제왕은 말할 것도 없고 하늘의 왕도 그보다 못합니다. 여러분이 《무량수경》을 독송하면 진정으로 성불할 기연이 무르익은 사람은 과거 무량겁 동안 수행한 선근이 무르익어 현전에서 은연중에 시방 일체제불여래

---

10) 자세한 내용은 《불력수행》(비움과소통), 제4부 염불론 참조.

의 가지를 얻어서 이 법문을 접촉하면 능히 이해하고, 능히 믿으며, 능히 발원하고, 능히 행한다고 합니다. 얼마나 쉬운 이야기입니까! 그래서 우리 자신은 반드시 소중히 여겨야 하고 결코 이번 일생 동안 헛되이 보내서는 안 됩니다. 그렇다면 얼마나 애석하겠습니까?

《요해》에서는 우리에게 이야기합니다. 본사 석가모니부처님께서는 어떤 방법을 닦아서 성불하셨는가? 이것은 예로부터 대덕들께서 우리를 일깨워주신 적이 없습니다. 우익대사께서는 《요해》에서 우리에게 그 답은 바로 《아미타경》에 들어 있다고 일깨워주셨습니다. 《아미타경》에서 부처님께서는 사리불존자에게 말씀하십니다. "사리불아, 내가 이 오탁악세에서 이 어려운 일을 행하여 아뇩다라삼먁삼보리를 얻었고 일체세간을 위하여 이 믿기 어려운 묘법을 설하였으니, 이는 진실로 어려운 일임을 알지니라." 부처님께서 "오탁악세에서 이 어려운 일을 행하여 아뇩다라삼먁삼보리를 얻었다"고 하신 말씀에서 아뇩다라삼먁삼보리를 얻었음이 바로 성불하였다는 뜻입니다. 바꾸어 말하면 **석가모니부처님**께서는 바로 아미타부처님을 염송하는 이 법문을 닦아 성불하셨습니다. 이 말씀은 원래 《아미타경》에 들어있습니다. 우리는 이 경을 날마다 염송하였지만, 이를 소홀히 넘기고 있었습니다. 우익대사께서 이를 깨우쳐 주시자 우리는 비로소 명료하게 알게 되었습니다. "이 믿기 어려운 묘법을 연설하셨다." 여기서 믿기 어려운 법이란 바로 지명염불의 방법입니다. 그래서 석가모니부처님께서 염불하여 성불하셨고, 우리에게 염불하여 성불하는 이 방법을 가르쳐 주셨습니다. 반드시 우리들 자신이 성불할 기연이 무르익어야 부처님께서는 이를 일깨워 주십니다. 그때 비로소 우리는 곧바로 받아들일 수 있습니다.

「아미타阿彌陀」는 설해지는 대상으로, 극락세계의 도사이시다. 아미타 부처님께서는 48원으로써 믿고 발원하여 염불하는 중생을 접인하시어 극락세계에 왕생하게 하시고, 영원히 불퇴전의 자리에 오르도록 하는 분이시다.

阿彌陀。所說彼土之導師。以四十八願。接信願念佛衆生。生極樂世界。永階不退者也。

「피토彼土」는 서방극락세계를 가리킵니다. 아미타부처님께서는 서방극락세계의 도사導師이십니다. 우리는 《무량수경》에서 아미타부처님의 48원을 읽을 수 있고, 48원이 어떻게 유래하였는지 알 수 있습니다. 48원 하나 하나의 원마다 모두 중생을 접인하시어 서방극락세계에 왕생하도록 하십니다. 시방세계 모든 일체제불께서 서방극락세계를 찬탄하십니다. 왜 찬탄하실까요? 왜냐하면 일체제불께서는 모두 다 같은 대원을 지니고 계시기 때문입니다. 그것은 바로 중생을 제도하여 불도를 이루겠다는 원입니다. 비록 대원이 있을지라도 사실상 중생을 돕는 데는 겹겹의 곤란이 가로막고 있습니다. 왜냐하면 중생의 근기와 성향이 다르고, 기호가 같지 않기 때문입니다. 그래서 무량무변의 법문을 사용하십니다. 사홍서원에서 "무량한 법문을 다 배우오리다(法門無量誓願學)"라고 말씀하십니다. 부처님께서는 무량한 법문으로 무량한 중생을 제도하고 계십니다.

비록 생각해본 적이 없을지라도 아미타부처님의 그것은 진실로 고도의 지혜이고, 너무나 절묘하며, 아미타부처님께서는 하나의 법문으로 일체중생을 두루 제도하셨습니다. 그래서 일체제불은 탄복하지 않을 수 없었고, 찬탄하지 않을 수 없었습니다! 부처님과 부처님은 가르침이 같으므로 제불여래께서는 우리 범부와 다르십니다. 범부는 당신이 좋은 법문을 가지고 있으면 나는 당신을 시기질투하고 당신을 방해할 방법을 생각합니다. 이것이 범부입니다. 제불께서는 이와 달리, 당신이 가진 법문이 좋으면 모두 다 당신을 성원하고 나의 학생도 당신에게 보내줍니다. 제불여래께서는 이렇게 하십니다. 그래서 일체제불여래께서는 자신의 제자들을 모두 다 서방극락세계로 가도록 소개하고 추천하였습니다. 우리의 스승님이신 석가모니부처님께서도 마찬가지이십니다. 우리는 왜 석가모니부처님을 염합니까? 석가모니부처님께서는 왜 우리에게 서방극락세계로 가라고 권하십니까? 바로 이런 이치입니다. 아미타부처님의 그 법문이 좋아서 석가모니부처님께서도 아미타부처님의 성취를 함께 나누셨습니다. 석가모니부처님께서 아미타부처님의 성취를 나누신 이상 시방 일체제불여래께서도 예외 없이 모두 다 아미타부처님의 성취를 나누셨습니다. 모두 일체중생에게 아미타부처님을 염하여 서방극락세계에 태어나길 구하라고 권유하셨습니다. 그래서 서방세계는 견줄 수 없을 정도로 수승하고 장엄합니다.

서방극락세계는 어떻게 갑니까? 조건은 너무나 간단합니다. 바로 세 글자, 즉 「믿음·발원·집지명호」로 갈 수 있습니다. 당신이 정말 믿고 발원하여 진실로 기꺼이 가고자 하고, 진정으로 가고 싶다면 단지 하루 종일 노실하게 한마디 아미타불을 염하기만 하면 됩니다. 당신이 보기에도 얼마나 쉽고, 얼마나 간단합니까! 전심으로 수학하기만 하면 임종시에 아미타부처님께서 반드시 오셔서 당신을 접인하십니다. 이것이 바로 그의 본원입니다. 48원에서 우리가 이 업보의 몸을 빨리 다 갚았을 때 아미타부처님께서 우리를 접인하십니다. 「영계불퇴永階不退」, 이 한마디 말씀은 대단히 중요합니다. 왜냐하면 우리가 어떠한 법문을 수학하든지, 일체제불 찰토에서 수행하는 것은 모두 나아가기도 하고 물러나기도 합니다. 그래서 수행 시간이 매우 길고 성취하기기 매우 어렵습니다. 서방극락세계의 최대 장점은 바로 결코 퇴전하지 않는다는 것입니다. 이 세계는 마치 제불여래가 법계 내에 세운 대학과 같아서 아미타부처님께서는 교장이십니다. 제불여래께서는 모두에게 이 학교에 가서 공부하라고 권하십니다. 이 학교에 가면 단지 승급만 있고 유급도 퇴학도 없습니다. 당신은 이런 학교가 매우 많다고 말합니다! 승급은 경전에서도 매우 이치가 있다고 말합니다. 어떤 사람은 매우 빨리 오르고, 어떤 사람은 비교적 조금 느리게 오릅니다. 그것은 당신 개인이 서방극락세계에 가려고 열심히 하는가, 게으른가와 관계가 있습니다. 당신이 열심히 노력하고 매우 성실하면 매우 빠르게 위로 승급합니다. 당신이 조금 게으르면 당신의 진도는 비교적 느립니다. 그러나 퇴보하지 않고 절대로 진보합니다. 단지 나아감에 빠르거나, 느린 차이가 있을 뿐입니다.

「불퇴전不退轉」, 부처님께서 대승경전에서 우리에게 세 가지를 말씀하셨습니다. 첫째는 위불퇴位不退라 하고, 둘째는 행불퇴行不退, 셋째는 염불퇴念不退라 합니다. 우리들 이 세계는 세 가지 불퇴전의 지위가 다릅니다. 첫째 「위불퇴」는 소승이 초과初果를 증득해야 합니다. 이는 성인이라 하고 범부가 아닙니다. 바꾸어 말하면 그는 범부의 자리로 물러나지 않습니다. 이를 위불퇴라 합니다. 그러나 위로 올라가는데 상당히 곤란하고 시간이 매우 길며 완만합니다. 두 번째 「행불퇴」는 대승보살입니다. 보살은 대자대비로 중생을 교화하고, 소승으로 퇴전하지 않으므로 행불퇴라 합니다. 세 번째 「염불퇴」는 생각마다 무상보리를 향해 갑니다. 염불퇴는 법신대사로 《화엄경》에서 말한 41법신대사로 일품의 무명을 타파하고 일분의 법신을 증득한 보살이라야 염불퇴입니다.

염불하는 사람은 매우 기묘합니다. 왜 기묘합니까? 단지 진정으로 믿고, 진정으로 발원하며, 하루 종일 한마디 아미타불을 염하기만 하면 이 세 가지 불퇴가 모두 그 가운데 있으니, 기묘한 일이 아닐 수 없습니다! 우리는 범부이고 소승 수다원보다 못합니다. 소승 수다원이라야 위불퇴인데, 우리는 범부로 뜻밖에 이 한마디 아미타불을 굳건하게 믿고 발원했다고 해서 세 가지 불퇴가 현전하니, 기묘하다고 말하는 겁니다! 이 법문은 진정으로 불가사의하고 진정으로 믿기 어려운 법입니다. 현재 세 가지 불퇴를 얻으면 극락세계에 가서 문제가 있습니까? 당연히 세 가지 불퇴를 원만히 증득하고, 동시에 증득합니다. 특별히 우리들 눈앞의 범부에게 세 가지 불퇴가 현전합니다. 염불법문을 제외하고 그 밖에 어떠한 법문도 해낼 수 없습니다. 이는 매우 불가사의하고 정말 믿기 어려운 법입니다. 그래서 우리는 믿기가 쉽지 않습니다! 진정으로 과거 무량겁 이래 쌓은 선근과 현전하는 시방삼세 일체제불여래 본원 위신력의 가지입니다. 만약 이렇지 않다면 정말 우리는 믿을 수 없습니다.

「아미타」는 범어로 이는 무량수라 하고, 또한 무량광이라 한다. 요컨대 공덕과 지혜, 신통과 도력, 의보·정보의 장엄, 설법과 교화제도 등이 하나하나 무량하다.

梵語阿彌陀。此云無量壽。亦云無量光。要之功德。智慧神通。道力。依正莊嚴。說法化度——無量也。

「광光」과 「수壽」는 석가모니부처님께서 경문에서 우리에게 해석하여 주신 것입니다. 실제로 아미타는 범어를 음역한 것입니다. 이 글자의 뜻에 비추어 보면 「무량無量」입니다. 아阿는 번역하면 무無이고, 미타彌陀는 번역하면 량量으로 곧 무량입니다. 무량은 일체 모든 것이 다 무량함을 가리킵니다. 부처님은 이 두 글자로 대표합니다. 수壽는 바로 시간, 즉 과거·현재·미래를 대표합니다. 광光은 공간, 즉 광명이 두루 비춤을 대표합니다. 무량한 시공 속에는 일체 모든 일, 모든 법을 포함하여 모두가 무량합니다. 이것이 비로소 아미타의 본뜻입니다. 부처님께서 시공을 쓰지 않고 「수」와 「광」을 사용하여 그 뜻이 더욱 깊습니다. 수壽는 수명으로 부처님께서는 무량한 공덕 가운데 수명을 첫 번째 덕이라고 말씀하셨습니다. 만약 수명이 없다면 아래에서 말하는 공덕·신통·도력 갖가지 장엄은 전부 공空에 떨어지지 않겠습니까? 일체의 무량이 모두 공에 떨어집니다. 그래서 수명은 모든 무량에서 가장 중요한 조건입니다. 이것이 있어야 당신은 비로소 일체 무량을 누릴 수 있고, 진정으로 얻을 수 있습니다. 그래서 수명을 제일로 놓습니다. 무량수는 수명이 무량할 뿐만 아니라 일체가 모두 무량함을 알아야 합니다. 「광光」은 광명으로 지혜를 대표합니다. 「요지要之」는 예를 들어 말한 것으로 말로 다하지 못한다는 뜻입니다.

공덕功德

무엇을 공功이라 하고, 무엇을 덕德이라 합니까? 이 두 글자의 뜻을 반드시 똑똑히 알아야 합니다. 잘못 알아서는 안 됩니다. 「공功」은 공부功夫, 공행功行입니다. 수행이 공부입니다. 「덕德」은 과보果報를 말합니다. 일분의 밭을 갈고 김을 매면 일분의 수확이 생깁니다. 밭을 갈고 김을 매는 것(耕耘)은 공이고, 수확은 덕입니다. 「덕德」은 얻을 「덕得」, 득실의 덕과 같은 뜻입니다. 당신에게 공부가 있으면 반드시 수확이 있습니다. 이러한 공부가 진실한 수행입니다. 예를 들면 우리가 계를 지니는 곳은 공功으로 선정을 얻습니다. 계로 인해 선정이 생기니, 선정이 바로 덕입니다. 선정을 닦는 것도 공功이고, 선정으로 지혜가 열리니 지혜 열림이 곧 덕德입니다. 지혜가 열리면 무명을 타파하고 번뇌를 끊어서 자신이 무상보리 열반을 성취할 수 있으면 그것이 바로 덕입니다.

공덕과 복덕은 다릅니다. 선한 일을 좀 하고, 좋은 일에 돈을 내고 노동력을 제공하는 것 같은 것은 복덕에 속합니다. 복덕으로 얻는 과보를 인천의 복보라고 합니다. 인천의 복보로는 윤회를 뛰어넘을 수 없습니다. **공덕으로는 윤회를 뛰어넘을 수 있고 삼계를 벗어날 수 있으나, 복덕으로는 안 됩니다.** 육조대사께서는 《단경》에서 "생사의 대사는 복으로 구할 수 없고, 복덕은 소용이 없다"고 매우 명백하게 말씀하고 계십니다.

과거 중국 양무제 시대의 일입니다. 양무제梁武帝는 학불하는 사람이라면 모두 압니다. 그는 독실한 불제자로 불교를 매우 옹호하였습니다. 그의 지위, 그의 위력으로 그는 재위시에 불교를 위하여 480개의 사원을 지었고, 출가하고 싶은 수많은 사람을 도와 그들 모두를 공양하기로 발원하였으며, 그래서 매우 많은 사람을 계를 받게 하여 출가시켰습니다. 이때 선종의 달마대사께서 중국에 와서 양무제를 예방하였습니다. 양무제는 곧 그를 향해 자랑했습니다. "보시오, 내가 얼마나 공덕을 지었는지, 나의 공덕이 크지 않소. 48개의 큰 도량을 세웠고, 수십만 사람들을 계를 받게 하여 학불하게 하였소." 달마조사께서는 매우 성실한 사람으로 그 말을 듣고 난 후 고개를 저으면서 "전혀 공덕이 없습니다."라고 말씀하셨습니다. 양무제의 머리 위로 찬물 한 그릇을 끼얹는 것 같았습니다. 양무제는 이 말을 듣고서 매우 화를 내었습니다. 서로 대화가 맞지 않아 그만두고 그를 호지하지 않았습니다. 달마는 소림사로 가서 9년 동안 면벽수행을 하였고, 그를 상대하는 사람이 아무도 없었습니다. 만약 양무제가 "나의 복덕이 많소?"라고 물었다면, 달마조사는 분명히 "매우 크고도 큽니다."라고 머리를 끄덕였을 것입니다. 그가 지은 것은 공덕이 아니라 인천의 복덕이었습니다. 그래서 여러분은 공덕과 복덕을 반드시 또렷하게 구분해야 합니다.

복덕은 다른 사람들이 누리도록 나누어줄 수 있습니다. 예를 들면 "나에게 방이 있어 내 방을 네게 줄게. 내게 차가 있어. 차도 네게 줄 테니 타. 그러나 나의 선정력, 나의 지혜는 너에게 줄 방법이 없어 나의 재능도 너에게 줄 수 없어. 그것은 너의 덕이야."라고 말합니다. 그래서 공덕은 다른 사람에게 줄 수 없지만 복덕은 다른 사람에게 나누어 주어 함께 누릴 수 있습니다. 공덕은 반드시 자신이 닦아야 하고 다른 사람이 대신해 줄 수 없으며 당신의 공덕도 다른 사람에게 나누어 줄 수 없음을 알아야 합니다. 이렇듯 공덕과 복덕을 또렷하게 구별해야 합니다. 당신 자신이 확실히 계·정·지혜와 무량한 재능·덕능을 성취합니다.

지혜智慧 신통神通

신통은 요즘말로 말하면 바로 능력입니다. 「통通」은 통달하다는 뜻이고 장애가 없이 통달합니다. 「신神」은 신기하여 헤아릴 수 없어 다른 사람들이 생각해낼 수 없다는 뜻입니다. 당신이 갖가지 것을 모두 장애 없이 해내고, 갖가지 것을 모두 더할 수 없이 훌륭하게 해냅니다. 오늘날 서방 과학자들처럼 수많은 과학기술을 발명하는 것을 불법에서는 신통이라 합니다. 그들은 빛과 전기와 여러 물건에 통달할 수 있는데, 이는 일반 사람들의 눈에는 대단히 신기하게 보입니다. 신통은 이런 뜻입니다. 요즘말로 바로 기술능력입니다.

도력道力

도력은 그가 수양한 공부를 말합니다. 요즘말로 수양공부를 말합니다. 불법에서는 계정혜의 능력을 말합니다.

의정장엄依正莊嚴

「의依」는 생활환경을 향수한다는 뜻입니다. 「정보正報」는 신체로 당신의 몸이 건강하고 오래 살며, 왕성한 체력이 있음을 말합니다. 「의보依報」는 생활환경이 대단히 좋음을 말합니다. 「장엄莊嚴」은 바로 우리가 말하는 진선미혜眞善美慧입니다.

설법화도 일일무량說法化度 ――無量

「설법說法」은 그에게 지혜가 있고 매우 훌륭하고 교묘한 교학방법이 있어 사람들이 그의 말을 들으면 매우 쉽고 명료하며 매우 기쁘게 받아들일 수 있게 합니다. 「도度」는 요즘말로 다른 사람을 돕는 것이고, 「화化」는 그를 도와 기질을 변화시킴으로, 「도화」는 바로 범부를 변화시켜 성인이 되도록 돕는 것입니다. 이것은 교학의 효과로 만약 교학이 변화를 만들어 낼 수 없다면 교학의 목적에 도달할 수 없습니다. 예를 들면 앞에서 말한 것처럼 우리가 업력을 원력으로 변화시켜 정말 수용한다면 이 강의에서 배운 것이 헛되지 않을 것입니다. 이것은 몇 가지 간략히 예를 든 것으로 총괄해서 말하면 "하나하나 무량합니다."

앞에서 부처님을 찬미한 말과 조화시키면 「알지 못하는 것이 없고(無所不知) 할 수 없는 것이 없다(無所不能)」, 이것이 아미타의 뜻입니다. 그래서 다른 일반 종교에서 하나님을 "모든 것을 아시고 모든 것을 할 수 있다(全知全能)"고 찬탄하는데, 바로 이 뜻입니다. 이것이 불법 수학의 최고 목표로 우주와 인생 한가운데 확실히 알지 못하는 것이 없고, 못하는 것이 없을 정도로 해낼 수 있습니다.

부처님께서 금구로 설하신 일체 설법을 통틀어 「경經」이라 한다. 이상 다섯 글자에 대해 이 공통 제목과 개별 제목을 합쳐 경의 제목으로 삼았다. 교법·행법·도리, 세 가지에 대해서도 각각 공통 제목과 개별 제목을 논하고 있는데, 그 자세한 것은 천태의 전적에서 밝힌 것과 같다.

一切金口。通名爲經。對上五字。是通別合爲題也。教行理三。各論通別。廣如台藏所明。

「금구金口」는 부처님에 대한 찬탄으로. 부처님께서 친히 입으로 하신 말씀입니다. 후세의 사람들은 이를 모두 경전이라 존대해 불렀습니다. 실제로는 경은 다섯 종류의 사람이 말한 것으로 완전히 모두 부처님께서 말씀하신 것이 아닙니다. 그러나 부처님께서 자신이 친히 말씀하신 것을 제외하고 다른 네 종류의 사람은 바로 부처님의 제자로 선인仙人과 변화인도 있습니다. 그들이 설한 것은 반드시 부처님의 인증, 동의를 얻으면 이를 모두 「경」이라 부를 수 있었습니다. 이로써 불법은 요즘말로 하면 이치를 강설한 것으로 그것은 부처님만 설한 것이 아니라 단지 사실진상에 완전히 들어맞으면 부처님께서 설하신 것이 아니라고 하더라도 그가 말한 것이 나의 의사・의견・생각과 완전히 일치하면 바로 부처님께서 말씀하신 것이나 다름없다고 승인됩니다. 통상 불법에서는 이를 「법인法印」이라 합니다. 왜냐하면 동양에서는 옛날부터 인印은 표신(表信 ; 믿음을 표시함)으로 인신(印信 ; 인감, 관인 총칭)이라 합니다. 정부기관에서 나오는 공문을 보면 위쪽에 반드시 도장을 찍어야 합니다. 이 도장은 바로 표신입니다. 부처님의 법인은 하나의 형상이 아니라 그 진정한 함의를 명료히 알아야 합니다. 일체 대승법은 「실상實相」을 법인으로 삼습니다. 무엇을 실상이라 합니까? 바로 사실진상으로 부처님께서 말씀하신 일체 대승경은 바로 우주와 인생의 진상입니다. 보살 혹자는 부처님의 제자, 더 나아가서는 외도까지 그가 말한 것이 사실진상이면 부처님께서 동의하고 그것을 경전이라 부를 수 있습니다. 이는 예를 들어 말한 것입니다. 본경은 부처님께서 친히 자신이 말씀하신 것으로 당연히 맞고, 더욱 문제가 없습니다.

　「불설아미타佛說阿彌陀」 이 다섯 글자는 별제別題라고 합니다. 별은 차별로 다른 경의 이름과 다른 것으로 일체 경전 중에서 단지 이 경에 만 「불설아미타」라고 합니다. 아래 한 글자는 통제通題라고 합니다. 부처님께서 설하시기만 하면 모두 「경經」이라 합니다. 그래서 「경經」 이 글자는 통제입니다. 예를 들면 중국인들에게 매우 친숙한 경전인 《금강경》・《묘법연화경》・《대방광불화엄경大方廣佛華嚴經》의 경전 제목에서 아래 글자는 모두 경입니다. 그래서 "통제와 별제를 합쳐서 경의 제목으로 삼았다."고 말합니다. 「불설아미타경佛說阿彌陀經」 이 여섯 글자에는 통제가 있고, 별제가 있으며, 이 통제와 별제를 합쳐 하나의 제목으로 삼았습니다.

　우익대사께서는 "교법·행법·도리, 세 가지에 대해서도 각각 공통 제목과 개별 제목을 논하고 있는데, 그 자세한 것은 천태의 전적에서 밝힌 것과 같다."라고 말씀하시고 생략하셨습니다. 왜 생략할 수 있을까요? 왜냐하면 연지대사께서는 《소초》에서 유계대사께서는 《원중초》에서 매우 또렷하게 강설하고 계시므로 이 두 책을 참조할 수 있기 때문입니다. 만약 더욱 상세한 내용을 알고 싶다면 천태종의 전적을 읽으시면 됩니다. 천태종은 교법·행법·도리에 대해 대단히 또렷하게 설명하고 있습니다. 여기서는 간단히 소개하겠습니다.

　「교敎」는 바로 교학으로 요즘말로 말하면 교과서이고, 우리가 흔히 말하는 과본課本입니다. 부처님의 일체경전은 교과서이자 교학의 과본으로 이 과본에는 반드시 도리가 들어 있습니다. 도리가 없으면 경이라 부를 수 없습니다. 그래서 경은 요즘말로 하면 진리로 영원히 변하지 않아야 할 뿐만 아니라 각각 다른 시대, 다른 지역, 다른 대중에 잘 맞아야, 즉 각 개인의 필요에 맞아야 합니다. 이것은 매우 불가사의한데, 이것이 바로 리理입니다. 도리를 제외하고 그 밖에는 이론이 있어도 만약 수행하는 방법이 없다면 이러한 도리를 우리가 비록 들어도 증명할 수 없습니다. 그래서 반드시 행법이 있어야 합니다. 당신에게 수행하는 방법을 가르침이 있어 이 방법에 따라 수행하면 당신은 장래에 반드시 이러한 도리를 증명할 수 있어야 합니다. 도리는 바로 진여실상이고 당신은 반드시 증명할 수 있어야 합니다. 그래서 경전에는 교경敎經이 있고, 행경行經이 있으며, 리경理經이 있습니다. 그러나 이런 것들은 모두 다 포괄하여 교과서 안에 들어있습니다.

　여기까지 경의 제목을 해석하였습니다. 아래 두 번째 단락은 변체辨體라고 하는데 현대철학에서 말하는 본체론입니다. 경전에서 이 단락은 매우 중요합니다. 그 중요성이 어디에 있습니까? 부처님께서 이 경을 설하신 것은 어떤 말씀에 근거한 것입니다. 바꾸어 말하면 여기서 이론과 사실의 근거를 우리에게 또렷하게 변별해 주십니다. 우리가 그것을 명료하게 이해해야 부처님께서 말씀하신 경에 대해 진정으로 믿음이 생겨날 수 있고, 그런 다음 가르침에 의지해 수행할 수 있습니다. 그래서 이 단락이 매우 중요합니다.

2. 이체 변별(辨體)

둘째, 이 경이 근거하고 있는 이체를 밝힌다. 대승경전은 모두 실상을 이체로 삼는다.

第二辨體。大乘經。皆以實相爲正體。

「제이변체第二辨體」 체體는 경의 이체를 말합니다. 이理는 도리道理입니다. 「대승경전은 모두 실상을 근본바탕으로 삼는다.」 이 일구는 총강령으로 모든 일체 대승경은 모두 실상을 체로 삼고, 실상을 교학의 근거로 삼는다는 뜻입니다. 실상이란 무엇인가? 바로 우주와 인생의 진상을 말합니다. 이로써 이론적 근거는 진실에 불과하고 부처님께서는 우리에게 다른 것을 말씀해 주시는 것이 아니라 우주와 인생의 진상을 설명하십니다. 인생은 곧 자신이고 우주는 곧 자신의 생활환경입니다. 만약 우리가 이 사실을 똑똑히 이해한다면 비로소 대승경전과 우리 자신의 관계가 얼마나 밀접한지, 우리가 이번 일생 동안 반드시 수학해야 하는 것임을 알 수 있습니다. 왜 그렇습니까? 우리는 자신을 알지 않으면 안 되고, 우리 생환환경을 명백히 알지 않으면 안 됩니다. 명료하지 않음을 미혹이라 합니다. 미혹되면 반드시 전도됩니다. 전도顚倒란 무엇입니까? 진실을 거짓으로 여기고 거짓을 진실로 여겨서 진실과 망념(眞妄)이 전도됩니다. 바른 법을 삿된 법으로 여기고 삿된 법을 바른 법으로 여겨서 삿된 법과 바른 법이 전도됩니다. 선을 악으로 여기고 악을 선으로 여겨서 선과 악이 전도됩니다. 이것이 곧 경에서 말한 미혹전도로 미혹은 곧 실상을 모르는 것입니다. 그래서 우리가 일을 처리하고 사람을 상대하며 물건과 접촉할 때 사상 상으로, 관념상으로 모두 잘못이 발생합니다. 이러한 잘못을 전도라고 부릅니다. 대승경에서 이런 사실진상을 우리에게 똑똑하게 명백하고 설해줍니다. 모든 교육에서 대승불교의 교육처럼 우리의 이번 일생에 더욱 밀접하고 더욱 중요한 것을 다시 찾을 수 없고, 정말 찾을 수 없음을 알 수 있습니다. 이런 사실을 알고 열심히 대승을 수학하여야 대승경에서 진정으로 수승한 이익을 볼 수 있습니다.

우리들 현전하는 일념의 심성은 안에 있지도 않고, 밖에 있지도 않고, 중간에 있지도 않다. 과거도 아니고, 현재도 아니고, 미래도 아니다. 푸른 색 · 노란 색 · 붉은 색 · 흰 색도 아니고, 긴 것 · 짧은 것 · 네모난 것 · 둥근 것도 아니고, 냄새도 아니고, 맛도 아니며, 감촉도 아니고, 법도 아니다.

> 吾人現前一念心性。不在內。不在外。不在中間。非過去。非現在。非未來。非靑黃赤白。長短方圓。非香非味非觸非法。

이 단락의 말씀은 매우 알기 어렵고 또한 매우 중요합니다. 이는 정말 사실진상을 간단히 명백하게 우리에게 선설해 주시고 있습니다. 실상은 부처님께서 대승경전에서 우리에게 간단하게 해석해 주셨습니다. 이체로부터 말하면 그것은 상상相狀이 없습니다. 이 단락에서 말하는 것은 본체입니다. 본체란 무엇입니까? 철학에서 이 명사는 우주만법이 어디로부터 발생하는가? 세계는 어디서 유래하는가? 동물과 식물은 어떻게 생겼는가? 이것에 대해 답하는 것입니다. 그것의 근원을 「본체」라고 합니다. 바꾸어 말하면 천지만물 일체만법이 그 하나의 근본으로부터 생겨납니다. 이 근본을 「본체」라 합니다. 그리고 세간의 철학에서 고금의 동서양 철학가들은 모두 본체를 탐구하였지만, 아무도 찾을 수 없었습니다. 각자 자신의 철학을 말했지만 모두 대중의 마음에 기쁨과 공감을 일으킬 수 없었습니다. 이른바 일원론, 이원론, 다원론, 유심, 유식, 심지어 유물론에 이르기까지 수많은 강설을 통해 이 문제를 탐구하였습니다. 실제로 말하면 석가모니부처님께서는 3천 년 전에 이 사실진상을 대승경전에서 우리를 위해 설하셨습니다.

　부처님께서는 우주만유의 본체를 말씀하셨습니다. 이 근원은 무엇인가? 부처님은 마음, 심성이 본체이고 천지만물이 모두 그것이 변하여 나타난 것이라고 말씀하셨습니다. 그것은 변화하는 주체(能變)이고, 우주만물은 변화하는 대상(所變)입니다. 변화하는 주체는 하나이지만, 변화하는 대상은 무량무변입니다. 변화하는 주체는 하나인데, 이것은 무엇인가? 그것은 바로 우리의 진심眞心이고, 우리의 본성이며, 대승경전에서 늘 말하는 진여본성입니다. 이것은 도대체 어디에 있는가? 우리의 몸에 있는 것이 아닙니다. 《능엄경》은 시작하자마자 이것을 찾습니다. 석가모니부처님께서는 아난에게 찾으라고 하십니다. 아난은 매우 총명하여 일곱 장소를 찾지만, 부처님께서는 모두 부정하시고 고개를 저으시면서 틀렸다고 말씀하십니다. 우리는 이런 능력이 없고 일곱 장소를 찾을 수도 없지만 아난은 정말 일곱 장소를 찾을 수 있었습니다. 그래서 "안에 있지도 밖에 있지도 않다(不在內 不在外)"고 말합니다. 이 단락의 말은 여러분이 《능엄경》을 읽어보셔야 비로소 이 몇 마디 말의 느낌을 진정으로 이해할 수 있습니다. 왜 안에도 없고, 밖에도 없다고 말합니까?

바로 그것은 형상이 아니고 형상이 없으며, 그것은 색채가 없고 상상相狀이 없기 때문입니다. 다만 그것은 없는 것(無)이 아니라 있는 것(有)입니다. 그래서 불법에서는 항상 한 가지 글자, 「공空」으로 그것을 형용합니다. 공은 잘 알지 못합니다. 공은 아무것도 없는 것이 아니라, 공 그것은 있는 것입니다. 《심경心經》에서도 이 문제를 강설하고 있습니다. 《심경》을 보시면 "색즉시공色卽是空, 공즉시색空卽是色, 색불이공色不異空, 공불이색空不異色"이라고 말합니다. 색色은 현상을 말하고, 공空은 본체를 말합니다. 색은 어디서 생깁니까? 색은 공이 변해서 나타나는 것입니다. 그래서 공체空體는 변화시키는 주체이고, 색상色相은 변화하는 대상입니다.

우리는 이렇게 많이 골치를 썩을 필요가 없습니다. 왜냐하면 잘 이해하지 못할뿐더러 시간을 많이 허비하기 때문입니다. 하나의 비유로 여러분은 세심하게 체득하면 하나의 개요를 명백히 알 수 있습니다. 제 생각에 여기 앉아있는 동수 한 분 한 분마다 종래에 꿈을 꾼 경험이 있을 것입니다. 꿈속 경계는 어디에서 생깁니까? 반드시 꿈속의 경계를 나타낼 수 있는 것이 있습니다. 꿈속 경계를 나타낼 수 있는 그것을 심성에 비유합니다. 꿈속에 나타나는 경계는 바로 색상이고 색상의 경계는 나타낼 수 있는 주체가 변화되어 나타난 것입니다. 그래서 색상은 가상이고 변화하는 주체가 진실이라고, 진실과 망념, 부처님께서는 우리에게 이렇게 말씀하셨습니다. 변화하는 주체인 심성은 진실한 것입니다. 그래서 마음을 진심이라고 하고, 성을 본성이라고 합니다. 그것은 진실한 것입니다. 변화하는 대상이 나타난 것이 현상입니다. 어떤 사람이 이번 일생에 두 차례, 세 차례 완전히 동일한 꿈을 꾼 적이 있습니까? 없습니다. 그가 꾼 꿈은 같지 않고 다릅니다. 그래서 상相은 망상이라 하고 가상이라고 하며 진실한 것이 아닙니다. 진실한 것은 영원히 변하지 않아야 진실한 것이라 합니다. 무릇 변화되는 것은 모두 진실한 것이 아닙니다.

그래서 부처님께서는 《금강경》에서 우리에게 "무릇 모든 상은 다 허망하니라(凡所有相 皆是虛妄)"고 말씀하셨습니다. 현상은 허망하지만, 현상을 나타낼 수 있는 본체는 진실합니다. 왜 그렇습니까? 그것은 변하지 않기 때문입니다. 상은 변하지만, 본체는 변하지 않습니다. 다시 말해 변화하는 주체는 변하지 않고, 변화하는 대상은 변합니다. 그래서 변화하는 주체는 진실하고, 변화하는 대상은 가상입니다. 우주는 그것이 변화하여 나타난 것이고, 제불보살도 그것이 변하여 나타난 것이며, 천신과 하느님도 그것이 변하여 나타난 것입니다. 우리들 현전하는 자신의 신체와 우리가 접촉하는 세계도 그것이 변화하여 나타난 것입니다. 부처님께서는 또한 우리가 볼 수 없는 아귀도와 지옥도도 그것이 변화하여 나타난 것이라고 말씀하셨습니다. 십법계의 의정장엄, 「의」는 생활환경이고 「정」은 본인으로 십법계의 사람 및 그의 생활환경은 모두 심성이 변화하여 나타난 것입니다. 그래서 선가仙家에서는 "만약 사람이 마음을 알 수 있으면 대지에는 한 치의 땅도 없다(若人識得心 大地無寸土)"라는 말이 있습니다. 만약 어떤 사람이 진정으로 명심견성하였다면 비로소 원래 일체가 모두 자성이 변하여 나타난 것임을 알게 됩니다. 우리의 현재 미혹된 바는 바로 심성을 미혹한 것으로 그것을 미혹하면 괴로움이 말할 수 없습니다. 하루종일 쓸데없는 생각만 하고 쓸데없는 허망한 짓을 하며, 업을 지어 과보를 받고 육도윤회를 감득感得하게 됩니다. 육도윤회는 어디에서 생깁니까? 자신의 심성이 변화하여 나타난 것입니다. 심성을 떠나서 한 법도 얻을 수 없습니다. 이것이 부처님께서 우리에게 말씀하신 진실상입니다.

오인현전일념심성_{五人現前一念心性}

이 일념은 진심이고 본성이며, 모든 사람에게 있습니다. 우리에게만 있는 것이 아니라 축생에게도 있고, 아귀에게도 있으며, 지옥에게도 있습니다. 제불여래와 둘이 아니고 분별이 없습니다. 그러나 두 번째 생각이면 틀렸고, 미혹된 것입니다. 첫 번째 생각은 본성이고, 두 번째 생각은 변하여 망상집착이 됩니다. 그래서 이 부분에서 특별히 일념을 강조하십니다. 만약 우리가 일념을 잘 지켜서 머물 수 있다면 불법에서는 성불이라고 하고, 범부라 하지 않습니다. 왜 그렇습니까? 두 번째 생각일 때 우리에게 분별 집착이 있습니다. 예를 들면 눈이 바깥경계를 보아도 마음이 일어나지 않고 생각이 움직이지 않으며 분별이 없고 집착이 없으면 이때를 첫 번째 생각이라고 합니다. 첫 번째 생각은 바깥경계가 반드시 평등하여 선과 악이 없고, 옳고 그름이 없으며, 삿되고 바름이 없으며, 진실과 망념이 없으니, 당연히 이익과 손해가 없습니다. **만법이 모두 평등한 이런 경계를 일진법계_{一眞法界}라고 합니다.** 이것이 진실이고 반드시 가상이 아닙니다. 왜 두 번째 생각은 미혹되었다고 합니까? 두 번째 생각은 우리에게 분별·집착이 일어나기 때문입니다.

예를 들면 제가 이것을 잡고 여러분에게 보여준다고 합시다. 첫 번째 생각에는 매우 또렷하게 보입니다. 두 번째 생각에 "스님께서 손에 종이 한 장을 가지고 계신다."라고 생각하면 당신은 미혹된 것입니다. 왜 미혹되었다고 말합니까? 틀렸다고 말합니까? 완전히 틀렸습니다. 어디가 틀렸습니까? 이것의 이름이 무엇인가? 이름은 없습니다. 이름은 다른 사람이 그것에 붙여준 것입니다. 노자는 그것을 깨닫고, "도를 도라고 하면 상주하는 도가 아니고, 이름을 이름이라 하면 상주하는 이름이 아니다."라고 하였습니다. 그것에는 이름이 없습니다. 당신이 또렷하게 보이는 것을 첫 번째 생각이라고 합니다. 당신은 그것에 이름을 붙입니다. 그것을 종이라고 하면 틀렸습니다. 이것은 당신이 분별을 일으키고 집착을 일으킨 것입니다. 분별·집착으로부터 탐·진·치·오만이 일어나고 번뇌가 생깁니다. 그래서 제불보살께서는 **어떤 본사本事가 있습니까?** 그의 **본사는 첫 번째 생각을 잘 지켜서 영원토록 변하지 않는 것입니다.** 우리는 너무나 안타깝게도 잘 지켜서 머물 수 없고, 즉시 미혹되어 미혹에 따르고 미혹에 다시 미혹을 덧붙이니, 골칫거리가 여기에 있습니다. 우리가 학불學佛하여 이런 근본적인 도리를 알아야 비로소 불법의 진정한 이익을 얻을 수 있습니다. 진정한 이익이란 곧 명심견성明心見性입니다.

우리는 너무나 안타깝게도 저는 이것을 잡았는데, 당신들은 무엇이라 봅니까? 흰 종이 한 장이라 봅니다. 제가 만약 이것을 제불보살에게 주는 모습을 보았다면 당신들은 이를 보고, 무엇이라 보았겠습니까? 사람들은 진여본성이라 보았을 겁니다. 이것부터 다릅니다. 제불보살은 이것은 진여본성이라 보았고, 우리는 이것을 흰 종이 한 장이라 보았습니다. 당신이 보기에 엉망입니까? 여러분은 일체 망상·집착을 여의면 한 법도 진성이 아님이 없음을 알아야 합니다. 그래서 고인은 비유를 들어 말씀하셨습니다. 비유를 들어 "금으로 기구를 만들면 기구마다 모두 금이다(以金作器 器器皆金)"라 하였습니다. 심성이 변하지 않음을 금으로 만든 기구는 변하지 않음에 비유한 것입니다. 우리가 황금으로 팔찌를 만들면 팔찌는 기구입니다. 그것을 목걸이로 만들면 목걸이도 기구입니다. 무엇을 만들어도 좋아하면 무엇이라도 만들 수 있습니다. 그것으로 불상을 만들어도 기구입니다. 그러나 이것들은 모두 변할 수 있습니다. 제가 팔찌를 좋아하지 않고 목걸이를 좋아하면 저는 팔찌를 새롭게 두드려서 목걸이를 만들 수 있습니다. 제가 목걸이를 좋아하지 않고 불상을 좋아하면 그것을 녹여서 불상으로 주조할 수 있습니다. 금은 변하지 않고, 형상은 지금 변했습니다. 그래서 변하는 것은 형상이고, 변하지 않는 것은 본체입니다. 본체는 금과 그릇처럼 변하지 않습니다.

금과 그릇은 우리에게 매우 쉽게 이해되고 명료합니다. 그러나 어쩌면 물어 볼지도 모르겠습니다. "눈앞의 신체, 눈앞에 놓여있는 만물이 심성이 변화된 것이라면 이것들도 심성입니까?" 당연히 심성입니다. 심성은 불변입니다. 그것은 인연에 따라 변하지 않습니다. 이 몸은 도대체 변하는 것입니까? 우리가 보기에는 변하는 것 같습니다. 만약 당신이 일념이면 그것은 변하지 않습니다. 너무나 안타깝게도 우리의 생각은 망념 하나하나가 계속 이어져서 영원히 멈추지 않습니다. 이 때문에 우리에게 보이는 상은 망상입니다. **만약 어느 날 당신이 진정으로 일심을 얻는다면 당신에게 보이는 일체경계 상은 망상이 아니라 실상이라고 할 것입니다.** 당신은 진정으로 실상을 볼 것입니다. 실상이란 어떤 모양입니까? 「실상」은 모든 일체법이 불생불멸한 것입니다. 불경에서는 「무생법인無生法忍」이란 명사가 있습니다. 「무생無生」은 일체법이 불생불멸함을 말합니다. 「법法」은 일체법을 가리킵니다. 일체법은 확실히 생멸이 없습니다. 「인忍」이란 글자는 인가를 하다, 동의하다는 뜻입니다. **부처님께서 일체법이 불생불멸이라 말씀하셨는데, 저는 동의하고 승인합니다. 왜 그렇습니까? 나도 보았기 때문입니다.** 그러나 우리는 현재 동의할 수 없고, 승인할 수 없습니다. 왜 그렇습니까? 우리는 보지 못했기 때문입니다.

　우리는 동물에게 생로병사生老病死가 있고, 식물에게 생주이멸生住異滅이 있으며, 광물에 성주괴공成住壞空이 있음을 봅니다. 우리가 보는 모든 일체법은 모두 생멸하는 것입니다. 그 원인은 어디에 있습니까? 우리가 생멸심을 쓰기 때문에 보는 견해도 모두 생멸법입니다. 제불보살께서는 불생불멸의 마음을 쓰시기 때문에 일체법이 불생불멸한다고 보십니다. 바로 이런 이치입니다. 어느 날 우리 자신의 공부는 일심에 도달할 것입니다. 불법에서 대승불법의 수학은 이것을 중심으로 삼고 이것을 중추로 삼습니다. 선종에서는 이를 선정이라 부르고 염불법문에서는 일심이라 부릅니다. 명사상으로는 서로 다르지만, 경계 상으로는 완전히 같습니다. 일심이 선정이고 일심이 실상이며, 일심이 진여이고 일심이 본성입니다. 그래서 일심불란에 이르도록 염하면 선종에서 명심견성과 같은 경계이고, 한 가지 사건입니다. 단지 우리가 쓰는 방법과 선종의 방법이 다르고, 효과와 목표는 완전히 같습니다. 이런 비유를 사용하여 성상性相의 관계를 설명합니다. 이것이 일념심성으로 그것은 불변하는 본체입니다.

심성은 아무리 찾으려고 해도 찾을 수 없지만, 그것이 없다고 말할 수 없다. 일백 법계에 일천 여시를 갖추고 있지만, 그것이 있다고 말할 수 없다.

　覓之了不可得。而不可言其無。具造百界千如。而不可言其有。

이것이야말로 진정으로 사실진상입니다. 우리는 그것은 없다고 말하고, 그것이 있다고 말하나 그것은 모두 틀렸습니다. 그렇지만 교학의 측면에서 반드시 이러한 명상名相 술어를 세워야 배우는 사람이 체득하여 깨닫기 편리합니다. 그러나 이런 명사 술어는 가설한 것으로 결정코 사실이 아님을 알아야 합니다. 이 때문에 그것에 집착해서는 안 됩니다. **당신 자신이 그것을 사용하여 진실을 체득하면 됩니다. 이것을 「자수용自受用」이라고 합니다.** 또한 이 술어를 사용하여 다른 사람에게 사실진상을 소개하여 그가 개오하도록 도울 수도 있습니다. 그러나 결코 자신이 집착해서도 다른 사람이 집착하도록 가르쳐서는 안 됩니다. 불법 수학의 가장 곤란한 점은 바로 여기에 있습니다. 왜냐하면 세간 사람에게 무시 겁 이래 세세생생 가장 큰 병폐가 집착이라고 말할 수 있기 때문입니다. 한번 집착하기만 하면 결정코 여래의 진실한 뜻을 얻을 수 없습니다.

그래서 부처님께서는 《금강경》의 최후에 어쩔 수 없이 한마디 말씀을 하셔서 당신이 설하신 일체 모든 것을 부정해버렸습니다. 우리 모두에게 부처님께서는 한마디 법도 설하신 적이 없고, 누군가 부처님께서 법을 설하셨다고 말하면 그것은 부처님을 비방하는 것이라고 말씀하십니다. 부처님께서는 49년간 설법하셨는데, 어떻게 한마디도 설하지 않았다고 합니까? 부처님께서는 확실히 한마디 말씀도 하지 않았습니다. 우리는 이 말이 의미하는 뜻으로부터 체득해야 합니다. 부처님께서 말씀하신 것을 모두 집착해서는 안 됩니다. 한번 집착하면 틀렸고, 집착하면 미혹에 빠집니다. 부처님께서는 《화엄경華嚴經, 출현품出現品》에서 "일체중생에게는 모두 여래의 지혜덕상이 있다(一切衆生 皆有如來智慧德相)"고 잘 말씀하셨습니다. 바꾸어 말하면 일체중생은 부처님과 같습니다. 차이가 없고,

본래 부처님입니다. 왜 당신은 이런 모양으로 변해버렸는가? "단지 망상·집착으로 인해 증득할 수 없다(但以妄想執著而不能證得)." 이것이 진실한 지식입니다. 한마디 말로 우리들 병의 뿌리를 말하자면 우리의 병의 뿌리는 바로 분별·집착입니다. 그래서 여러분은 일체 분별·집착을 여의면 대자재를 얻을 수 있고 일진법계에 계입할 수 있음을 알아야 합니다. 일진법계는 어디에 있는가? 바로 우리들 눈앞의 생활에 펼쳐져 있습니다. 설사 당신이 서방극락세계에 가더라도, 화장세계에 가더라도 만약 일념에 집착을 일으키면 당신은 여전히 범부입니다. 이로써 불법은 다른 것이 없고 처음부터 마지막까지 집착을 깨뜨릴 뿐입니다. 이 말이 진실입니다.

소승에서는 아집我執을 깨뜨려 없애면 아라한의 과위를 증득한다고 하고, 대승에서는 법집法執을 깨뜨려 없애면 원만히 성불한다고 합니다. 성불은 아집과 법집, 두 가지 집착을 깨뜨릴 뿐입니다. 두 가지 집착은 두 가지 장애의 근원입니다. 아집은 번뇌장煩惱障의 근원입니다. 당신에게 아집이 있으면 결정코 번뇌가 있습니다. 당신이 번뇌를 어떻게든 여의어야 개오할 수 있습니다. 당시에게 법집이 있으면 결정코 무명이 있습니다. 그래서 법집이 없으면 무명이 끊어져버리고, 아집이 없으면 견사번뇌가 깨뜨려져 육도윤회를 벗어납니다. 대소승 경전에서 모두 이렇게 말하고 있습니다. 그래서 학불(學佛 ; 부처님 공부)은 다른 것이 없고, 바로 망상·집착을 깨뜨리는 것일 뿐입니다. 대승의 수많은 종파에서 말하는 무량한 법문의 방법과 이론은 모두 사람들을 집착을 깨뜨리도록 돕고, 사람들이 명심견성하도록 돕습니다. 오늘 우리가 선택한 것은 염불 법문으로 그 방법은 간단하고 손쉬운 것입니다. 곧 한마디 아미타불을 염하는 것을 자신의 진실한 공부로 삼고, 거기다가 아미타부처님 본원 위신력의 협조를 덧붙이면 됩니다. 근기 성향이 예리한 사람, 무엇이 근기와 성품이 예리하다고 하고 근기 성향이 둔하다고 합니까? 예리하고 둔하고는 다른 점에 있는 것이 아니라 기꺼이분별 집착을 내려놓을 수 있느냐에 달려있습니다. 분별 집착을 기꺼이 내려놓을 수 있는 사람의 근기 성향은 예리하고 기꺼이 내려놓지 못한 사람의 근기 성향은 둔합니다. 바로 이렇게 된 일입니다. 그래서 당신이 기꺼이 내려놓으면 손쉽게 개오할 수 있고 계입할 수 있지만, 당신이 기꺼이 내려놓지 않으면 개오하기가 매우 어렵습니다. 왜 그렇습니까? 깨달음의 문제에서 큰 장애가 있으니 바로 집착입니다.

여기서 말하는 것은 체요, 심성입니다. "심성은 아무리 찾으려고 해도 찾을 수 없다(心性覓之了不可得)." 선종에는 이야기가 하나 있습니다. 달마達摩조사께서 중국에 오셨을 때 소림사에서 9년을 면벽수행 하고서 법을 전할 수 있는 사람을 찾았지만, 찾을 수 없었습니다. 9년을 기다렸습니다. 선종의 2조인 혜가慧可를 기다렸습니다. 혜가 는 달마는 대단히 훌륭한 분임을 알고서 그를 참으로 정성을 다해 공경하였습니다. 스승과 제자(師資)의 도는 차이가 없습니다. 「성경誠敬」, 참된 정성의 마음으로 진실히 공경해야 비로소 법익을 얻을 수 있습니다. 바로 인광대사께서 "일분의 성경이면 일분의 이익을 얻고 십분의 성경이면 십분의 이익을 얻는다(一分誠敬得 一分利益 十分誠敬 得十分利益)"라고 말씀하신 대로입니다. 혜가는 달마에 대해 그 십분의 성경을 다하여 원만한 이익을 얻었습니다. 그는 그곳에서 9년을 기다렸습니다. 성경을 다하는 한 사람을 기다리지 못하면 진실로 어렵습니다! 혜가대사는 법을 구했습니다. 달마는 그곳에서 좌선을 하며 전혀 아랑곳 하지 않았습니다. 그를 불러도 응답하지 않았습니다. 혜가는 자신의 성심을 표시하기 위해 칼로 자신의 팔뚝을 잘랐고, 이 자른 손을 달마조사에게 공양하였습니다. 달마조사는 이 모습을 보고서 비로소 말했습니다. "무엇 때문인가? 도대체 왜 그러는가?" 혜가는 말했습니다. "저의 마음이 불안합니다. 대사께서 저를 도와 안심시켜주십시오," 달마조사는 이 말을 듣고서 손을 펴 내밀며 "너의 마음을 가지고 와라. 내가 너를 위해 안심시켜주마." 우리는 현재 수많은 달마조사의 상을 보면 모두 손을 펴고 있는데, 그것은 바로 혜가를 제도하는 자세입니다. "너의 마음을 가지고 오면 너를 위해 안심시켜주마." 혜가는 이 말로부터 바로 빛을 돌이켜 관조하여 마음을 찾았습니다. 마음이 어디에 있는가? 최후에 그는 말했습니다. "저는 마음을 아무리 찾으려고 해도 찾을 수 없습니다." 저는 찾을 수 없습니다. 도심道心이 어디에 있는지 모르겠습니다. 달마조사께서는 그 다음에 이어서 말했습니다. "너에게 안심의 경지를 주었다(與汝安心竟)." 나는 이미 당신의 마음을 잘 안심시켰는데, 찾을 수 없었다면 아무 일도 없지 않았느냐? 그의 이 한마디 말에 확철대오 하였습니다. 이것이 심성을 본 것입니다.

우리는 오늘 이 공안을 읽고서 몇 마디 되풀이 하였지만, 우리는 아직도 심성을 깨닫지 못하고 있습니다. 우리는 도대체 장애가 어디에 있습니까? 그들 두 사람은 당시 대화에서 달마는 "말했으나 말한 것이 없고(說而無說)", 혜가는 "들었으나 들은 것이 없는(聽而無聽)", 이 경계에 들어갔습니다. 우리는 오늘 말함이 있고 들음이 있어 모두 분별 집착 위에 떨어집니다. 그러면 어떻게 깨달을 수 있습니까? 이 말을 일천 번 거듭 되풀이 하여도 깨달을 수 없습니다. 그래서 심성을 아무리 찾으려고 해도 얻을 수 없습니다. 그것은 없다고도 말할 수 없습니다. 진허공盡虛空·변법계遍法界에 그것은 확실히 있습니다.

구조백계천여具造百界千如

「백계천여百界千如」는 바로 오늘날 말하는 우주만법입니다. 우주만법은 심성이 변화한 것이지만, 우주만법은 진실로 존재한다고 말할 수 없습니다. 우리는 우주만법이 진실로 존재한다고 보지만 실제로 말해서 잘못 본 것입니다. 우리는 분별심으로 보고, 집착심으로 보고 존재하는 줄로 압니다. 실제로 존재합니까? 결정코 존재하지 않습니다. 진상眞相은 무엇입니까? 진상은 「당체즉공當體卽空」입니다.[11] 고인께서는 늘 지혜를 여는 《능엄경》과 성불하는 《법화경》, 이 두 경전에 대해 이와 같이 찬탄하셨습니다. 확실히 《능엄경》에서 이 문제를 말하고 있습니다. 재삼 토론 변론하고, 상세하게 말하여 진실로 우리의 지혜를 열도록 합니다. 《능엄경》이 우리에게 말해 주는 사실진상이란 이른바 **"당처에 출생하고 당처에 멸진한다(當處出生 當處滅盡)"**는 것으로 이것도 여전히 하나의 생멸을 말합니다. 만일 생멸을 말하지 않으면 우리는 생과 멸이 하나이고 둘이 아님을 체득할 수 없습니다. 왜 그렇습니까? 그것은 너무나 빨라서 정말 변별할 수 없습니다. 그래서 상은 환상幻相이고 가상假相입니다. 경에서 말하는 유는 묘유妙有라 하고, 이러한 공을 진공眞空이라 합니다. 진공은 공이 아니고, 묘유는 유가 아닙니다. 이것이야말로 사실진상입니다. 이것은 너무나 체득하기 어렵습니다. 마음이 청정하여 상당한 정도까지 이르러야 이런 경계를 비로소 완전히 볼 수 있습니다. 우리는 오늘 마음이 너무나 거칠어서 사실진상이

---

11) 모든 법(萬法)은 인연에 의해 생겨나고, 인연에 의해 생겨나는 법은 모두 자성이 없으며, (모든 법의 실상인) 당체當體는 즉공(卽空; 공에 연합해 있음)이라 얻을 수 없습니다. 《당생성불》(정공법사, 비움과소통).

비록 우리들 눈앞에 있을지라도 우리는 볼 수 없습니다.

　우리는 하나의 비유로부터 체득할 수 있습니다. 마치 우리가 영화를 보는 것처럼 영화(필름)를 보지 못하여 영화를 보는 것과 같습니다. 영화에서 상영되는 영화 필름은 한 장 한 장입니다. 그러나 그것은 상영될 때 속도가 매우 빨라서 한 장 한 장을 우리가 보지 못하고 우리가 보는 것은 연속된 상입니다. 한 장 한 장의 차별상은 그 속도가 매우 빨라서 그것을 보지 못합니다. 어느 정도까지 빠릅니까? 1초에 슬릿이 24번 열렸다 닫히는데, 우리는 한 장 한 장을 분별할 수 없습니다.[12] 이것은 마음의 거칠기 때문입니다. 마음이 세밀한 사람은 한 장마다 열리고 닫히는 것을 모두 또렷하게 보아 한 장 한 장을 또렷하게 볼 수 있습니다. 우리는 현재 이런 능력이 없고 마음이 거칠어서 선정의 공덕(定功)이 부족하면 판별할 수 없습니다. 부처님께서는 이 비유를 들어서 우리에게 우주만유의 이런 가상적 생멸의 속도가 단지 1초에 24장에 그친다고 말씀하셨습니다. 부처님께서는 《능엄경》에서 일탄지—彈指를 말씀하십니다. 손가락을 한번 튕기는 시간은 매우 짧습니다. 우리는 1초 동안에 손가락을 네 번 튕길 수 있는데 1초의 1/4입니다. 일탄지는 60찰나입니다. 60찰나는 9백번의 생멸이 있습니다. 슬릿이 열리고 닫히는 것처럼 일찰나는 몇 번 열리고 닫힙니까? 900번입

---

[12] "지금까지 영화의 역사에서 가장 완고하게 지키고자 했던 비밀은 영화가 24장의 스틸 사진의 강제적 운동 속에서 움직임이라는 환영을 제공한다는 사실이었다. 누벨바그의 기수였던 장 뤽 고다르는 〈작은 병정〉(1960)에서 '영화란 무엇인가'라는 질문에 대해 '1초에 24번의 진실'이라 답한다. 고다르는 1초에 24장의 스틸 사진이 빠르게 움직이며 거대한 환영을 창출하는 영화의 진짜 진실은 '정지된 각각의 스틸 사진' 속에 존재한다고 보았다." 로라 멀비, 〈1초에/24번의 죽음〉: 나만의 영화를 욕망하는 소유적인 관객.

니다. 일탄지는 60찰나이고 60×900으로 만약 1번 튕기면 다시 4를 곱하고 1초에 몇 번 열리고 닫힙니까? 곱하기에 곱하기를 하면 바로 1만8천 번이 두 개입니다. 그것이 가상인 것을 어떻게 알아차릴 수 있겠습니까? 결정코 관찰할 수 없습니다.

이 진상을 보려면 불경에서 말하는 대승 8지보살은 선정의 공덕이 얼마나 깊어야 볼 수 있을까요? 1찰나 9백번의 생멸을 그는 모두 또렷하게 봅니다. 사람들은 염불기로 정공을 닦아 원판을 봅니다.13)

---

13) [보충법문] 염불기로 선정의 공덕(定功)을 닦으십시오 : 24시간 부처님명호가 중단되지 않은 염불기는 바로 옛 도량입니다.

우리는 불당에서 24시간 1년 내내 부처님 명호가 결정코 중단되지 않습니다. 우리가 강경할 때 부처님 명호를 가장 낮게 해두고 강경을 하지 않을 때는 부처님명호를 조금 크게 틀고 밤낮으로 끊어지지 않게 합니다. 왜 부처님 명호를 중단해서는 안 될까요? 우리는 부처님 명호의 공덕은 불가사의함을 알아야 합니다. 염불기가 망가지면 한 대 이어서 한 대를 바꾸어서 틀면 되는데, 하물며 한 대의 염불기를 몇 개월 사용해도 망가지지 않으면 말해 무엇 하겠습니까? 종전 도량은 수승하여 그곳에서는 매일 경전을 강설하고 매일 염불하여 하루 8시간 동안 경전을 듣고 8시간 동안 염불을 할 수 있었습니다. 우리는 오늘날 워크맨으로, 염불기로 다른 사람의 방해를 받지 않고 부처님 명호를 들을 수 있어 옛날 도량에 결코 뒤떨어지지 않습니다.

염불기를 틀고 24시간 부처님 명호를 중단하지 않으면 옛날의 그 염불당과 아무런 차이가 없습니다! 지금 사람은 이런 복보가 있으니 이는 옛날 사람들이 꿈에도 감히 바라지 못하던 일입니다. 지금 사람들이 비록 이런 복보가 있다고 하더라도 그는 사용하고 있습니까? 이 복을 누리고 있습니까? 실제로 말하면 오늘날 진정 노력하기만 하면 자기 집에 있는 편이 낫습니다. 현재 수학환경은 종전보다 못하지만 방편을 말하면 종전보다 수승해야 합니다. 현재 우리는 워크맨이나 염불기를 이용할 수 있습니다. 부처님 명호를 말하자면 중단하지 않을 수 있으니, 이는 종전에는 없던 일입니다.

우리는 현재 염불기로 부처님 명호를 24시간 중간에 끊어지지 않게 할 수 있습니다. 우리는 스님에게 우리를 도와 염불을 하도록 요청할 수 있지만 24시간 다른 사람에게 염불하게 할 수는 없습니다. 염불기는 확실히 밤낮으로 중단하지 않을 우리가 은막에서 보는 것은 이어지는 화면입니다. 부처님께서 말씀하신 것은 사실진상입니다. 부처님께서는 우리에게 선정을 닦으라고, 청정심을 닦으라고 가르치십니다. 우리는 염불합니다. 염불하는 방법으로 먼저 공부가 한 덩어리가 될(工夫成片) 때까지 염불합니다. 이것이 첫 번째 단계입니다. 한발 더 나아가 사일심불란事一心不亂에 이르도록 염불하고 더 나아가 이일심불란理一心不亂에 이르도록 염불하면 이러한 생명의 경계가 보입니다. 그래서 부처님께서 말씀하신 것은 우리들 자신이 직접 스스로 증명할 수 있고 그런 다음에 비로소 부처님께서 하신 말씀이 허망하지 않고 진실임을 알 것입니다. 부처님께서는 우리를 속이지 않습니다. 그래서 상은 진상이 아니라 환상입니다.

만약 이를 확실히 체득할 수 있거나 확신할 수 있다면 《금강경》에서 "무릇 모든 상은 다 허망하다(凡所有相 皆是虛妄)," "일체 유위법은 꿈·환·물거품·그림자 같다(一切有爲法 如夢幻泡影)"라고 하신 말씀을 이해할 수 있습니다. 유위법有爲法에 대해 이해하려면 유식의 상식을 조금 알아보아야 합니다. 《백법명문론百法明門論》은 유식법상종唯識法相宗을 배우는 입문과정의 하나입니다. 그것은 모든 일체법을 귀납시켜 일백법으로 만듭니다. 일백법은 귀납한 것이고, 전개하면 우주만유입니다. 그것을 귀납시켜 백 가지 큰 부류로 만든 것입니다.

수 있습니다. 이것을 사용하면 부처님 명호를 중단하지 않고 밤낮으로 자신을 일깨울 수 있어 대단히 좋습니다. 이것은 진정으로 발심하여 정토에 태어나길 구하면 매우 크게 도움이 됩니다. 집에서 염불기를 24시간 중단하지 말고 틀어놓으면 수많은 저승과 이승 세계의 중생들도 모두 당신을 따라 염불할 수 있습니다. "이렇게 되면 나는 귀신을 모두 찾아내어야 하지 않나요?" 두려워할 필요가 없습니다. 맞습니다. 귀신은 매우 많습니다. 모두 당신의 집에 있고 당신의 호법신입니다. 왜 그렇습니까? 당신에게 은혜를 입고 나서 귀신은 은혜를 알고 갚습니다.

이 백 가지 큰 부류는 또한 심법心法·심소유법心所有法·색법色法·불상응행법不相應行法·무위법無爲法의 다섯 가지 큰 부류로 나뉩니다. 여섯 가지 무위법無爲法을 제외하고 나머지 94가지 법을 유위법이라고 합니다. 모든 일체 유위법은 부처님께서 모두 "꿈·환·물결·그림자 같고, 이슬 같으며 또 번개 같나니, 마땅히 이와 같이 관하라(夢幻泡影 如露亦如電 應作如是觀)" 하셨습니다. 이것이 사실진상입니다. 《금강경》의 몇몇 문구 경문을 진실로 알고 믿을 수 있다면 당신은 모든 우려·번뇌·근심거리(牽掛)를 모두 없앨 수 있습니다. 왜 그렇습니까? 모두 허망하고 실재가 아니고 진실이 아니어서 어떻게 청량 자재할 수 있겠습니까? 이것이 대승불법을 진실로 수용하는 것입니다.

「백계百界」는 바로 십법계를 전개한 것으로 십법계의 한 법계에 또한 십법계를 구족한 것이 일백계입니다. 이 일백계에서 법계마다 또한 일백계를 구족하는 것은 말할 필요도 없습니다. 당신이 이런 선상에 머물러 밀고 가면 법계는 무량무변 불가사의합니다! 「천여千如」는 법계마다 모두 십여시十如是가 있습니다. 십여시는 《법화경》에서 나오는 말로 부처님께서 말씀하신 것입니다. 십여시는 여시상如是相·여시성如是性(상相은 현상이고 성性은 본체임)·여시체如是體·여시력如是力·여시작如是作·여시인如是因·여시연緣·여시과果·여시보報·여시본말구경如是本末究竟으로 모두 합쳐서 십구十句를 말합니다. 매 법계마다 십여시가 있어 일백 법계이면 일천 여시이므로 백계천여百界千如라고 하였습니다. 천태대사께서는 이것으로부터 깨달아 들어가셨습니다. 이것은 우리에게 사실진상을 설명해 줍니다. 우리의 심지를 똑똑히 명료하게 이해하여야 진정으로 양변兩邊에 떨어지지 않고 유에 집착하지 않고 공에 집착하지 않습니다. 이것이 바로

대승보살입니다. 대승보살 이하로 이승의 사람은 공에 집착하고, 육도범부는 유에 집착합니다. 우리들처럼 육도범부는 무엇이라도 모두 진실로 존재한다고 여기고, 아라한·벽지불은 일체가 모두 공이라고 여깁니다. 공에 집착하는 것과 유에 집착하는 것은 모두 일변에 치우쳐 모두 잘못입니다. 유에 집착하면 매우 괴롭고 육도윤회를 합니다. 공에 집착하면 견성을 할 수 없고, 비록 육도를 벗어날지라도 명심견성을 할 수 없으며, 이 때문에 그도 상당히 고민합니다. 오직 대승보살만이 사실진상에 대해 깨달아 이해하므로 그래서 그들은 양변에 모두 집착하지 않습니다.

이에 우리는 결론에 이르렀습니다. 심성은 아무리 찾으려고 해도 찾을 수 없습니다(覓之了不可得). 심성은 얻을 수 없고, 경계도 얻을 수 없습니다. 우리들 눈앞의 모든 일체 경계는 얻을 수 없는 것이 진실이고, 얻을 수 있다고 여기는 것은 거짓이며, 당신의 잘못된 관념입니다. 오늘 이것도 나에게 존재하는 것이고, 저것도 나에게 존재하는 것이라고 할 수 있겠습니까? 솔직하게 말해서 몸을 있는 그대로 계속 유지할 수 없는데, 하물며 몸 밖의 물건이겠습니까? 몸을 어떻게 있는 그대로 유지할 수 있겠습니까? 당신이 집에서 학교로 갔는데 여전히 같은 몸이라 여기십니까? 틀렸습니다. 다릅니다. 몸 안의 세포는 신진대사로 얼마나 바뀌었는지 모릅니다. 그래서 가정에 있던 그 당신과 현재의 당신은 하나가 아니고 다릅니다. 제발 착각하지 마십시오. 그래서 우리들 몸은 찰나찰나 생멸하고 있고 유지될 수 없으므로 얻을 수 있는 것은 없습니다. 하물며 몸 바깥의 물건이겠습니까? 몸은 얻을 수 없고, 만사 만법은 찰나찰나 변천하고 있습니다. 어찌 같은 것을 얻을 수 있겠습니까? 얻을 수 있는 법은 하나도 없습니다.

만약 정말 이런 사실을 명백히 안다면 얻지 못할까, 잃지 않을까 라는 생각이 없어질 것입니다. 원래 얻을 수 없으니 내가 하필 이것을 생각하겠습니다. 세상 사람들의 우려·번뇌의 80%가 모두 얻지 못할까, 잃지 않을까에 있으므로 얻지 못할까, 잃지 않을까 라는 생각을 없애면 번뇌·우려가 80% 줄어들 것입니다. 그러면 그 사람은 진정으로 행복하고 진정으로 즐거우며 진정으로 자재할 것입니다. 《반야심경》에 이르길, "지혜도 없고 또 얻을 것도 없다(無 智亦無得)"라고 합니다. 우리는 《반야심경》에서 말한 것처럼 오음五陰 ·육입六入·십팔계十八界는 얻을 수 없을 뿐만 아니라 이어서 증득 할 수 있는 주체인 지혜와 증득할 대상인 보리열반도 얻을 수 없습니다. 당신은 왜 그렇습니까? 물어야 합니다. 심성이 본래 공한 까닭입니다. 이러한 이치입니다. 변화의 주체도 아무리 찾으 려고 해도 찾을 수 없는데 변화의 대상인 그 경계를 어떻게 얻을 수 있겠습니까? 혜가대사가 개오開悟하고 계입契入한 것은 이 경계에 든 것입니다. 이 경계에 들면 바로 사실진상을 모두 명백히 이해하고 모두 깨달아 이해합니다. 진상이 크고 명백히 드러남(眞相大白)[14]은 바로 제법의 실상에 깨달아 들어감(悟入實相)입니다. 그래서 우리는 일체현상 속에서 대자재를 얻고, 갖가지 신통에 자재하게 노닐며, 마음껏 수용할 수 있고, 마음껏 향수할 수 있지만, 결코 차지하려고 해서는 안 됩니다. 당신은 이런 것이 존재한다고 말한다면 틀렸습니 다. 당신은 마음껏 향수할 수 있지만, 결코 이것은 존재한다, 이것이 진짜이고 저것은 틀렸다고 생각을 움직여서는 안 됩니다. 그래서 제불보살께서는 9법계에서 갖가지 신통에 자재하게 노닌다고 말합

---

14) "진상眞相은 본래면목本來面目, 즉 진여의 본성을 가리키고 대백大白 은 크고 완전하게 명백한 것을 뜻하므로 우리가 가진 모든 고정된 개념 들로부터 벗어나게 되면 청정한 본성이 스스로 드러나게 됨을 가리킨다."

니다. 당신이 제불보살께서 갖가지 신통에 자재하게 노니는 모습을 보면 그들이 자신의 시간을 얼마나 자재하게 보내었는지, 얼마나 소탈하게 보내었는지 보게 됩니다. 우리는 왜 불보살처럼 그렇게 자재하고 소탈할 수 없습니까? 우리가 망쳐버린 것은 바로 곳곳마다 있다고 집착하고, 생각마다 차지하려고 한 것에 있습니다. 일체법이 본래 공함을 모르고 일체법은 얻을 수 없음을 모르기 때문입니다.

일체 연려분별과 언어문자상을 여의지만, 연려분별과 언어문자를 여의고서 따로 자성이 있는 것이 아니다.

離一切緣慮分別。語言文字相。而緣慮分別語言文字 , 非離此別有自性。

이는 진심본성은 결코 허망한 모습이 없음을 설명하고 있습니다. 허망상은 어떤 것입니까? 연려緣慮는 우리의 망상, 상상을 말합니다. 우리는 오늘날 사상, 견해를 말합니다. 사상은 연려이고, 견해는 분별입니다. 우리의 사상, 견해는 모두 심성에 본래 존재하는 것이 아닙니다. 심성에는 사상도 없고 견해도 없습니다. 이 때문에 옛 대덕들께서는 불법을 처음 배우는 사람에게 어느 부분에 힘써야 한다고 가르쳤겠습니까? 근본지를 훈련해야 한다고 가르치셨습니다. 근본지根本智란 무엇입니까? 무지無知입니다. 이것으로부터 시작하십시오. 요즘 사람들은 학불學佛을 하여도 성취하기가 매우 어렵습니다. 요즘 사람들이 학불을 할 때 어디서부터 시작합니까? 유지有知로부터 시작합니다. 옛사람들은 무지로부터 시작했습니다. 무지란 무엇을 닦는 것입니까? 청정심을 닦는 것입니다. 바꾸어 말하면 당신에게 사상이 있어도 안 되고, 견해가 있어도 안 됩니다. 이것으로

부터 시작하는 것을 「근본지로부터 닦음」이라 합니다.

　요즘 사람들은 부처님 공부(學佛)를 할 때 사상이 있어야 하고, 견해가 있어야 한다고 생각합니다. 이러면 망칩니다. 이는 큰 잘못이고, 아주 잘못입니다. 당신이 설사 잘 배워서 대단한 불교학자라고 할지라도, 번뇌를 끊을 힘이 없고, 청정심을 얻을 능력이 없으며, 생사를 마치고 삼계를 벗어날 능력이 없으면 아무리 배워도 여전히 범부이고, 결코 범부의 경지를 뛰어넘어 성인의 경지로 들어갈 수 없습니다.

　그러나 옛 대덕의 교학법은 매우 효과가 있어서 확실히 당신이 명심견성明心見性하여 범부의 경지를 뛰어넘어 성인의 경지로 들어가게 합니다. 그는 일체 연려·분별을 여의고, 일체 사상과 일체 견해를 여의며, 일체 언어문자상과 일체 문자를 여의고서, 이러한 것들 전부에 집착하지 않습니다. 그래서 그의 마음은 청정하고, 영원히 선정의 경계에 머뭅니다. 진정으로 공부를 한 사람은 경전에서 부처님을 찬탄하는 것처럼 이른바 "부처님께서는 늘 선정에 머무시고, 선정에 들지 않은 때가 없습니다(那伽常在定 無有不定時)." 이 말씀은 매우 뜻이 깊습니다. 이것이 우리가 수학해야 하는 것입니다. 우리의 마음은 늘 선정에 머물러야 합니다. 당연히 이것은 매우 높은 공부입니다. 그러나 우리는 그것을 배우고 싶어도 배울 수 없습니다.

　정토법문의 방법은 이에 비해 특별하여 누구나 배울 수 있습니다. 그것은 우리에게 선정에 머물러 있으라고 가르치지 않고, 우리의 마음을 「아미타부처님」께 머물러 있으라고 가르칩니다. 아미타부처님께 머물러 있는 것은 선정에 머물러 있는 것보다 훨씬 쉽습니다.

마음속에 하루 종일 아미타부처님이 계셔야 합니다. 아미타부처님을 제외하고 그 밖에는 아무것도 없어야 당신의 마음에 아미타부처님께서 머물러 계신다고 할 수 있습니다. 이것이 바로 정토를 닦는 것이고, 이것이 바로 마음속에 진정으로 정토가 있다고 하는 것입니다. 영명연수永明延壽선사께서는 "선도 있고, 정토도 있다(有禪 有淨土)"[15]고 말씀하셨습니다. 어떻게 수행해야 「있다(有)」고 말할 수 있습니까? 마음속에 아미타부처님을 제외하고 그 밖에 다른 것은 아무것도 없고, 단지 아미타부처님 한 분만 계셔야 당신에게 정토가 있다고 말할 수 있습니다. 정토가 있으면 결정코 당신은 정토에 태어나고, 결정코 왕생합니다.

마음속에 아미타부처님께서 계시고, 다른 것은 아무것도 없어야 합니다. 아마도 동수 여러분은 저에게 물어 볼 것입니다. "저는 여전히 출근을 해야 하고, 일을 해야 하며, 집에서도 할 일이 매우 많은데, 어떻게 해야 합니까? 모두 다 상관하지 말아야 합니까?" 그렇지 않습니다. 세간의 일들도 무엇이든 계속해서 다 해야 합니다. 보이는 대로 더욱 더 원만하게 책임감 있게 일을 하되, 마음에 집착이 없어야 합니다. 여러분은 올바로 알아야 합니다. 이것이 바로 부처님께서 "불법은 세간에 있고 세간법을 허물지 않는다(佛法在世間 不壞世間法)"라고 늘 말씀하신 이유입니다. 절대로 세간법을 파괴해서는 안 됩니다. 세간법을 파괴하지 않을 뿐만 아니라 세간법을 더욱 원만하게 성취해야 합니다. 《화엄경》에 이르길 "이와 사가 장애하지 않고, 사와 사가 장애하지 않는다(理事無礙 事事無礙)"라고

---

15) "有禪有淨土 참선수행도 하고 염불수행도 하면 猶如戴角虎 마치 뿔 달린 호랑이 같아 現世爲人師 현세에 사람들의 스승이 되고 來世作佛祖 장래에 부처나 조사祖師가 될 것이다." 《선정사료간禪淨四料簡》

하였습니다. 이理는 심성을 말하고, 사事는 바로 일체현상을 말합니다. 심성과 만상萬象이 모두 장애함이 없습니다. 심성은 영원히 청정하고, 사상事相은 다시는 번잡하여 심성의 청정을 파괴해서는 안 됩니다. 하물며 청량淸涼대사께서 말씀하신「사와 사가 장애함이 없는(事事無礙)」경지이겠습니까? 그것은 바로 일체가 모두 방해하지 않는 경지입니다. 마음속에 아미타부처님께서 계시면 마음이 아미타부처님 위에 안정되고, 육근이 더욱 총명해지며 더욱 영리해집니다. 왜 그렇습니까? 그에게는 망념이 없고 망상이 없기 때문입니다. 그래서 눈으로 보고 귀로 듣는 것이 일반인에 비해 총명해지고, 더욱 원만하게, 더욱 빈틈없이 일을 하여서 마음이 갈수록 청정해집니다.

오늘날 수행은 이런 수법으로 해야 하고, 이런 강령을 잡아야 합니다. 이런 수행방법이 현재 개방사회에 적합합니다. 과거 보수적인 방법을 그대로 적용한다면 오늘날 사람은 받아들일 수 없고 오늘날 환경에 적합하지 않습니다. 이런 시대에 어떤 방법으로 자기를 제고하고 어떤 방법으로 다른 사람을 도와야 할까요? 열린 마음을 쓸 줄 알아야 하고 대승불교 중에서 원만하고 단박에 뛰어넘는 교학을 적용해야 대단히 수승한 효과를 거둘 수 있고 모두가 기뻐하며 받아들일 수 있습니다. 나아가 대중의 생활을 더욱 아름답고 원만하게 만들 수 있도록 돕고 대중의 마음을 더욱 잘 순응하도록 도울 수 있을 것입니다. 그래서 시대마다 교학에 있어 확실히 사용되는 방법과 근거로 하는 이론이 각각 다르므로 반드시 지금 어떤 시대인가를 똑똑히 보아야 합니다. 지금 시대에서는 위에서 아래까지 남녀노소 누구나 명예와 이익을 추구하지 않는 사람이 있습니까? 어떻게 해야 하겠습니까? 과거의 불법은 우리에게 명성과 이익을 모두 다 끊으라고 가르쳤지만, 지금 시대는 한 사람 한사람 모두 명예와 이익을 위해 경쟁합니다. 명예와 이익은 모두 필요 없다고 말한다면 아무도 부처님공부를 하지 않을 것입니다. 부처님께서는 어떤 사람을 제도하려고 하실까요? 부처님께서는 중생을 널리 제도 하려고 하십니다. 이미 명예와 이익이 범람하고 있는 이상 부처님께 서는 어떻게 대중을 교화하시겠습니까? 그에게 명예와 이익을 추구 하는 정확한 방법을 가르치시고, 진정으로 마음에 꼭 드는 명예와 이익을 얻으라고 가르치실 것입니다. 그러면 가르침을 받으러 전부 다 올 것입니다. 이것이 불법에 위배됩니까? 위배되지 않습니다. 불법은 바로 일체중생에게 괴로움을 여의고 즐거움을 얻는 방법을 가르치는 것입니다.

이런 도리를 똑똑하게 알고 명백히 이해한다면 "불씨 문중에서 구함이 있으면 반드시 감응합니다." 달리 말해 구하지 못하는 것이 없어서 우리가 자기 일생의 행복을 구하고, 가정행복, 사회안정, 천하태평 모든 것을 구하기만 하면 다 얻을 것입니다. 여러 가지 경전과 논서를 많이 찾고 모두 섭렵할 필요가 없습니다. 우리에게 이렇게 많은 시간이 없습니다. 《정토삼부경》 안에 원만한 답안, 원만한 이론과 원만한 방법을 찾을 수 있습니다. 단지 여러분이 세심하게 체득하여 이 가르침에 따라 행하면 반드시 마음에 꼭 들고 얻지 못하는 것이 없을 것입니다.

연려 · 분별 이런 것들을 여의면 청정심을 얻고 원만한 지혜를 얻어 지혜가 있으면 마음에 꼭 들지 않는 것이 없을 것입니다. 이어서 이 경문을 보충합니다. "망상 · 분별과 언어 · 문자는 이것을 여의고서 따로 자성이 있는 것이 아니다." 이로써 알 수 있습니다. 우리에게 사상이 필요합니까? 견해가 필요합니까? 언어문자가 필요

합니까? 필요합니다. 자기를 위해서 필요한 것이 아닙니다. 자기를
위해서 필요하다면 당신은 괴롭습니다. 자기에 대해 말하면 전부
다 필요 없습니다. 방금 전에 말씀드린 것처럼 정종淨宗을 닦는
사람은 하루 종일 한마디 「나무아미타불」이면 자수용(自受用)으로
맞습니다. 이런 사상·견해·언어·문자는 타수용他受用으로 내가
다른 사람을 도우려면 이런 것은 모두 수단으로 필요합니다. 이런
수단이 내가 다른 사람을 돕는데 필요합니다. 나 자신에게는 필요하
지 않으면 자재하고 진정으로 즐겁습니다. 그래서 하나는 자수용이
고, 하나는 타수용으로 이것이 뒤바뀌어서는 안 됩니다. 한번 뒤바뀌
면 큰 잘못이고, 아주 잘못입니다. 뒤바뀌지 않으면 원만합니다.
그래서 공空과 유有 이변二邊에 모두 집착하지 않고 떨어지지 않아야
중도中道라고 합니다.

요컨대 일체 상을 여의지만, 일체 법에 즉해 있다. 여읜 까닭에 상이
없고, 즉한 까닭에 상 아닌 것이 없으므로, 어쩔 수 없이 억지로 이름하여
실상이라 한다.

> 要之離一切相。卽一切法。離故無相。卽故無不相。不得已强名實相。

 그래서 실상 이것도 명사입니다. 이런 명사에도 집착해서는 안
됩니다. 집착하면 틀렸습니다. 이는 어쩔 수 없이 이름을 취한
것으로 가명假名입니다. "이름할 수 있는 이름은 늘 변함없는 이름이
아니다(名可名 , 非常名)"라 했습니다. 이름은 진실이 아니고 가상임을
알아야 합니다. 「일체 상을 여의지만, 일체 법에 즉해 있다(離一切相 , 卽一
切法)」, 이런 명자상名字相을 여의면 우주와 인생의 진실상을 봅니다.

그래서 그것을 보려면 일념이 일어나지 않았을 때 보아야 진상입니다. 일심을 쓰면 진상을 보지만, 여기에 한 생각이 생기면 곧 이심이고, 다시 분별이 생기면 곧 삼심입니다. 이를 딴마음을 품는다(三心二意)고 합니다. 이때 당신은 진상을 볼 수 없습니다. 일심 속에는 결정코 한 생각도 없습니다. 이때 당신은 진상을 봅니다. 그래서 일체법에 즉해 있어야 합니다.

「여윔(離)」 우리는 무상無相을 짓는다고 하는데, 무상은 허망한 상이 없음을 말합니다. 말하자면 망상이 없고 분별이 없으며 집착이 없습니다. 이런 것들이 없고 생각이 없음을 무상이라고 합니다. 즉 이런 것들을 여윈 까닭에 무상입니다.

「즉함(卽)」 우리는 이 속에서 생활하면서 그것을 수용하므로 상 아님이 없습니다. 상 아님이 없음은 곧 유상有相입니다. 일체 만사만법이 모두 존재하고 우리는 모두 매우 자재하게 향수하고 수용할 수 있으므로 상 아님이 없음(無不相)이라 합니다. 그것에는 상이 있을지라도 우리가 그것을 집착하지 않고 향수하면 진정한 향수입니다. 집착하면 틀렸습니다. 집착하면 그 속에 번뇌가 생깁니다. 바꾸어 말하면 그것이 부작용을 일으킵니다. 이는 어쩔 수 없이 이런 상황을 억지로 이름을 취해 실상이라 합니다. 그래서 당신은 진실로 하나의 실상이 있다고 집착해서는 안 됩니다. 그러면 또 틀렸습니다. 불법은 결코 집착해서도 안 되고, 그것을 버려서도 안 됩니다. 버리는 것 또한 집착입니다. 왜 그렇습니까? 유에 대한 집착을 버리지 못하는 것이나, 공에 대한 집착을 버리지 못하는 것이나 전부 다 집착이기 때문입니다. 그래서 공과 유, 이변二邊에 집착하지 않도록 해야 맞습니다. 이래야 진실한 수용을 얻습니다.

실상의 본체는 고요함도 아니고 비춤도 아니다. 그러나 또한 고요하면서 항상 비추고, 비추면서 항상 고요하다.

實相之體。非寂非照。而復寂而恆照。照而恆寂。

이는 우리를 위해 이변에 떨어지지 않음이 무슨 의미인지 설명하고 있습니다. 「고요함(寂)」과 「비춤(照)」은 서로 체體와 용用이 됩니다. 실상은 곧 심성으로 그 심성의 본체는 고요함이고, 그것이 작용을 일으킴이 비춤이라고 말하면 뜻이 통하게 말했습니다. 또한 심성의 본체가 비춤이고 그것이 작용을 일으킴이 고요함이기도 합니다. 그래서 고요함과 비춤은 서로 체와 용이 될 수 있습니다. 고요함은 청정함으로 바로 한 생각도 생기지 않는 경지를 이릅니다. 육조대사께서 말씀하신 「본래 한 물건도 없음(本來無一物)」이 바로 고요함입니다. 그렇다면 비춤은 무엇입니까? 비춤은 명료함으로 바로 마음속에 확실히 본래 한 물건도 없지만, 우주와 인생 만사만물이 또렷하고 명백한 경지를 이릅니다. 일면 거울처럼 사실진상을 똑똑하게 비춥니다. 이러한 본체는 이른 바 「고요함도 아니고 비춤도 아님(非寂非照)」으로 본래 고요함과 비춤을 단언할 수 없습니다. 왜 그렇습니까? 고요함과 비춤에 떨어지면 분별·집착이 생기기 때문입니다. 그것은 확실한 사실로 절대 분별·집착을 일으켜서는 안 됩니다. 체는 반드시 용이 있고, 작용이 있습니다. 이 용用은 불법에서 우리에게 중中을 쓸 것을 가르치고, 유가에서도 중을 쓸 것을 가르칩니다. 세간·출세간의 성인들께서 우리에게 모두 중을 쓸 것을 가르치신 것으로 보아 이것이 매우 대단한 것임을 알 수 있습니다. 「중中」은 결코 한 쪽으로 치우치지 않음을 말합니다. 중을 쓸 줄 아는 사람은 바로 불보살입니다. 앞에서 말씀드렸듯이 소승인은 공을 쓰고 공에 치우쳐 있습니다. 우리 범부는 유를 쓰고 유에 치우쳐 있고 집착하고 있습니다. 이렇게 공과 유 이변에 치우쳐 있고, 중을 쓸 줄 모릅니다. 오직 불보살들께서는 중을 쓸 줄 압니다. 「고요하면서 항상 비추고, 비추면서 항상 고요하다(寂而恆照 照而恆寂)」 이것이 바로 중을 쓰는 것입니다. 또렷하되 여여부동하라(淸淸楚楚 如如不動). 여여부동이 비춤이고, 또렷함이 비춤입니다. 또렷하면서 여여부동하고, 여여부동 하면서 또렷함을 배워야 합니다. 이것이 매우 중요합니다.

이 단락의 의미는 매우 깊습니다. 정종 경전이 실상을 본체로 삼을 뿐만 아니라 바로 사실진상에 근거함을 우리를 위해 말씀하신 것입니다. 모든 일체 대승경전은 다 실상에 근거하여 설한 것입니다. 이는 우리에게 청정한 믿음을 세우게 할 뿐만 아니라 동시에 우리도 모든 일체 대승경론이 평등하고 제법이 위아래 없이 평등함을 진정으로 명백히 알아야 합니다. 왜 평등합니까? 모두 실상이체實相理體에 의지해 설한 것이기 때문입니다. 이로써 대승법문은 어떠한 법문이든 상관없이 최후의 결과는 우리에게 실상을 실증할 것을, 즉 이런 진상을 증명하고 직접 증득할 것을 가르쳐 줍니다. 이것이 바로 불문에서 항상 말하는 성불입니다. 「성불成佛」은 바로 실상을 직접 증득하는 것입니다. 바로 일체법이 평등할 뿐만 아니라 일체법이 원융함을 설명하고, 또한 부처님과 부처님의 도가 같음을 드러내어 보여줍니다.

그런 본체를 억지로 어쩔 수 없이 설법한 것입니다. 왜 그렇습니까? 왜냐하면 대사께서 앞에서 그것은 언설을 여의고, 문자를 여의고, 심연心緣을 여읜다고 말씀하셨기 때문입니다. 실제로 말해서 그것은 언어로 표현할 방법도 없고 말할 수도 없으며, 사유와 상상으로도 도달할 수 없습니다. 고덕께서는 늘 "입을 열면 더욱 틀리고,

생각을 움직이면 어긋난다(開口便錯 動念卽乖)"고 하셨습니다. 마음을 일으키고 생각을 움직이면 이미 실상의 본체가 아닙니다. 그러나 실상의 모습은 여기 이 단락에서 몇 마디 말로 매우 잘 그려내었습니다. 그것에 비록 고요함과 비춤을 모두 쓰지 못하고, 이들 이름을 모두 달지 못하지만, 사실상 실상에는 확실히 이러한 의미가 있습니다. 「고요함(寂)」은 적정이고, 「비춤(照)」은 명료함으로 마치 물이 대단히 맑아서 풍랑도 일지 않으며, 매우 깨끗하여 티끌 하나에도 물들지 않을 때 우리가 수면에서 바닥까지 또렷하게 보이는 것과 같습니다. 이는 실상의 청정함으로 티끌 하나에도 물들지 않아 수면 위에서 일면 거울처럼 그것은 바깥 풍경을 또렷하게 비출 수 있습니다. 그것에는 확실히 마음이 일어나지도 않고, 생각이 움직이지도 않습니다. 그것에는 또한 비춤이란 의미도 없고 고요함이란 의미도 없지만, 확실히 이런 현상이 있습니다. 이것은 우리에게 진실한 인생, 진정한 수용을 설명해줍니다. 마음은 청정합니다. 청정함은 고요하다는 의미입니다. 만사 만물에 명료하지 않은 것이 없습니다. 눈앞에 펼쳐지는 일체 일을 명료하게 통달할 뿐만 아니라 과거의 일도, 미래의 일도, 타방세계의 일도 전부 다 명료하게 이해할 수 있습니다. 이것이 「비춤」입니다. 이것은 일반인이 흔히 말하는 신통입니다. 「통通」은 바로 장애 없이 통달함으로 시방에 통달하고, 과거ㆍ현재ㆍ미래 삼세에 통달하며, 일체에 통달함을 말합니다. 이것이 통의 뜻입니다. 「신神」은 신기로 범부가 가진 지식으로 능히 이해할 수 있는 것이 아닙니다. 그래서 이것은 불가사의한 능력의 일종입니다.

부처님께서는 이런 능력은 제불여래에게만 이롭고, 그들만 가지고 있는 것이 아니라고 말씀하셨습니다. 부처님께서는 또 일체중생한 사람 한 사람 모두 가지고 있는 것이 본래 모습이라고 말씀하셨습니다. 비록 우리에게도 있지만, 우리는 오늘 이런 능력을 상실해버렸습니다. 그러나 전부 상실한 것은 아니고 대부분 상실하였습니다. 우리는 오늘 눈으로 사물을 볼 수 있고, 귀로 소리를 들을 수 있으며, 코로 냄새를 맡을 수 있음이 바로 이런 능력을 사용하는 것입니다. 그러나 우리의 현재 능력은 매우 작아서, 예를 들면 우리 눈으로는 종이 한 장을 사이에 두고 볼 수 없고 종이의 겉면도 볼 수 없을 정도로 작습니다. 만약 부처님께서 경전에서 말씀하신 능력에 따르면 우리의 보는 능력은 어떠한 물질도 전혀 장애할 수 없습니다. 이것은 보는 능력을 말한 것입니다. 듣는 능력도 이와 같아서 이른바 진허공·변법계의 소리도 모두 들을 수 있고, 시방세계 과거미래도 모두 볼 수 있습니다. 이것이 우리가 갖춘 본래의 능력인 고요하면서 비춤(寂照)입니다.

우리는 이런 능력을 어떻게 상실해버린 것일까요? 그 이유를 알아야 합니다. 이는 부처님께서 경전에서 언제나 우리에게 설하신 말씀입니다. "한 생각 깨닫지 못해 무명이 생겼느니라(一念不覺而有無明)." 무명無明은 바로 밝지 못함(不明)입니다. 본래는 명明으로 명은 바로 비춤입니다. 무명은 바로 비추는 능력을 잃어버렸음을 말합니다. 여러분은 기억해야 합니다. 비추는 능력을 잃어버려서 이 일념무명一念無明으로 마음속에 생각이 일어납니다. 그래서 진심眞心이 염念을 여의었다고 말합니다. 진심 속에 생각이 없으면 육조께서 잘 말씀하셨듯이 "본래 한 물건도 없습니다." 그것이 진심입니다. 일념이 생기면 진심은 장애를 일으킵니다. 이 일념이 바로 장애이고, 그 일념을 무명이라고 합니다. 이 일념이 미혹되면 이 미한 일념이 일어난 후 결정코 미혹이 갈수록 깊어지고 번뇌가 지금부터

찾아옵니다. 부처님께서는 이러한 이치를 《법화》와 법상유식종의
경론과 같은 대승경론에서 매우 상세하게 설하였습니다. 부처님께
서는 우리에게 구경에 어떻게 미혹되었고 미혹된 후에 또 어떻게
이 미혹을 타파하여 청정한 심성으로 회복할 수 있는지 말씀해
주셨습니다. 법상유식의 전적에는 저명한 《육경십일론六經十一
論》16)이 있고 기타 대승경전에서는 설한 것이 적고 그렇게 철저하
지 못합니다. 그래서 청정심이 비춤의 작용을 일으킵니다.

  요즘말로 하면 미迷는 감정, 정, 미정迷情17)이고, 지智는 이지理智입
니다. 비춤은 바로 이지理智입니다. 정이 깊어질수록 미혹은 무거워
져서 사실의 진상을 보기가 매우 어렵습니다. 세간 사람들은 모두
정이 깊어야 좋아하고, 하루아침에 정이 사라진다면 사는 것이
무슨 의미가 있을까? 사람들은 모두 이를 두려워합니다. 그러나
사실은 여러분은 세간 사람들의 정은 미망에서 생겨난다는 것을
알지 못합니다. 그러한 정의 진상은 겉치레이고 진실이 아닙니다.
왜 그렇습니까? 그것은 변하기 때문입니다. 변하면 당연히 진실이
아닙니다. 오직 이지理智에서 생겨나야만 그것이 진실이고 영원히
변하지 않습니다. 진眞은 곧 진실한 정(眞情)입니다. 여러분은 세간에
는 진실한 정이 없음을 기억해야 합니다. 우리는 절대 속아 넘어가서

---

16) 법상종에서 소의所依로 삼는 경에 6부, 논論에 11부가 있음을 말함. 『화엄경』·
『해심밀경解深密經』·『여래출현공덕장엄경如來出現功德莊嚴經』·『아비달마경阿
毘達磨經』·『능가경楞伽經』·『후엄경厚嚴經』·『유가사지론瑜伽師地論』·『현양성
교론顯揚聖教論』·『대승장엄경론大乘莊嚴經論』·『집량론集量論』·『섭대승론攝大
乘論』·『십지경론十地經論』·『분별유가론分別瑜伽論』·『관소연연론觀所緣緣論』·
『이십유식론二十唯識論』·『변중변론辯中邊論』·『아비달마잡집론阿毘達磨雜集論』.
17) 범부는 만상의 실상을 알지 못하므로, 인연으로 생긴 가상적 존재인 사물의
상相에 집착하며, 허망한 생각이 끊이지 않으므로 범부의 사물에 집착하는 마음을
미정迷情이라 한다.

는 안 됩니다. 세간에는 결코 진실한 정이 없습니다. 모두 가상이고 겉치레입니다. 그래서 우리는 사람에게 속지 말아야 하고, 자신도 자기를 속이지 말아야 합니다. 이래야 지혜가 있다 합니다. 언제가 되어서야 진실한 정이 있습니까? 실제로 말해 부처님께서는 대소승 경전에서 모두 우리에게 말씀해 주셨습니다. **부처님께서는 아라한 과를 증득한 후에야 자기 심성을 믿을 수 있다고 말씀하십니다.** 바꾸어 말하면 아라한의 정은 비교적 진실이고 가상이 아닙니다. 왜 그렇습니까? 변하지 않기 때문입니다. 자신의 감정에 따라 변하지 않고 바깥 경계에 따라 변하지 않아야 진실입니다. 진실한 정은 불법에는 이 글자를 사용하지 않고 「자비慈悲」라는 명사로 바꾸어 사용합니다. 여러분은 **자비야말로 변하는 것이 아니라 진실한 정임을 알아야 합니다.** 그래서 우리는 자비를 사용하는 것과 정과 사랑을 사용하는 것을 진실과 가상으로 변별할 줄 알아야 합니다. 정과 사랑은 모두 가상이고 모두 변하여 영원하지 않습니다. 자비는 변하지 않습니다. 왜 그렇습니까? 자비는 고요함과 비춤으로부터 생겨나는 것이기 때문입니다.

「고요함(寂)」은 바로 청정심이고, 「비춤(照)」은 바로 청정심이 작용을 일으키는 것입니다. 불교에서는 "불변은 수연을 장애하지 않고, 수연은 불변을 장애하지 않는다(不變隨緣 隨緣不變)"고 늘 말합니다. 불변不變은 바로 고요함의 뜻으로 본래 한 물건도 없는데, 그것은 어떻게 변하는가? 한 물건이 있어야 변하고, 한 물건도 없으면 당연히 변하지 않습니다. 비춤은 바로 수연隨緣입니다. 일면 거울처럼 그것은 변하지 않지만 그것이 비출 때는 바깥 경계에 따릅니다. 중국에서는 "호인胡人이 오면 호인이 나타나고, 한인漢人이 오면 한인이 나타나난다"라는 비유를 쓰곤 합니다. 한漢은 중국인으로 중국인을 이 거울에 비추면 거울에 중국인이 나타납니다. 호인胡人은 외국인으로 외국인은 우리와 모습이 다릅니다. 외국인을 거울에 비추면 거울에 외국인이 나타납니다. 거울은 인연을 따릅니다. 비록 인연을 따르지만 그것은 변하지 않습니다. 그것이 변하지 않음은 곧 그것이 자취(跡相)를 남기지 않는 것입니다. 당신이 경계에 접하더라도 그 속에는 인상印象을 남기지 않습니다. 이것을 수연隨緣이라 합니다. 우리가 오늘 수연하지 못한 것은 왜 일까요? 인상을 남기려 하기 때문입니다. 인상을 남기지 않아야 수연이라고 합니다. 인상을 남기면 어떤 수연을 계산에 넣은 것입니다. 그러면 번뇌가 생깁니다. 그래서 이런 능력이 있으려면 마음바탕이 영원히 청정해야 일체 경계의 인연을 따를 수 있습니다. 수연이 절대 인상을 남기지 않음은 바로 결코 분별·집착이 없다는 뜻임을 알아야 합니다.

《무량수경》 선본18)의 경전 제목에 사실은 중요한 이론·경계를 우리에게 설하고 있습니다. 경전의 제목에는 「청정淸淨·평등平等·각覺」 다섯 글자가 있습니다. 청정·평등은 「고요함」의 뜻이고, 각은 바로 「비춤」의 뜻입니다. 청정평등각에서 바로 대자대비의 마음이 생깁니다. 어떤 부분에서 시작해야 이런 경계에 진정으로 계입契入할 수 있겠습니까? 우리는 이를 몰라서는 안 됩니다. 자고이 래로 대덕께서는 「알아차리고 내려놓음(看破 放下)」에서 시작하라고 가르쳤습니다. 먼저 알아차릴 수 있어야 합니다. 알아차림은 지혜이고 내려놓음은 공부입니다. 당신의 망상, 즉 모든 생각을 내려놓아야

---

18) 하련거 거사가 무량수경 5종 역본을 회집한 《불설대승무량수장엄청정평등각경佛說大乘無量壽莊嚴清淨平等覺經》을 말한다. 전체 경문은 《한글 한문 독송용 무량수경》(비움과소통) 참조.

분별과 집착, 근심과 걱정을 내려놓아야 당신의 마음이 청정해지고 당신의 진실한 마음(眞心)을 볼 수 있습니다. 당신은 현재 진실한 마음을 왜 완전히 이해하지 못하고 있습니까? 근심 걱정, 이런 것들이 장애하고 있기 때문입니다. 이런 것들은 전부 진실이 아니고, 가상입니다. 당신이 진심과 망심을 또렷이 변별하려면 이런 가상의 것들은 전부 내려놓고 모두 버려야 합니다. 세간 사람들은 이런 말을 들으면 어렵다고 말합니다! 이것은 너무 어렵다! 그는 내려놓지 못합니다. 이것저것 마음에 걸리는 일들이 너무나 많아서 기꺼이 그것을 내려놓지 못합니다. 그는 이것을 모릅니다. 미혹에 빠져있습니다! 하루 종일 자신은 자재하다고 생각하고 자기에게 지혜가 있고 능력이 있다고 생각합니다. 사실은 자재·지혜·진실할 수 있는 능력을 모두 다 가지고 있지만, 이런 사소한 것들이 장애하고 있습니다. 정말 그것을 내려놓기만 하면 지혜와 자재가 현전하고, 스스로 진정한 자재를 얻어 생활 속에서 인연에 따라 살아갈 수 있습니다. 이것이야말로 진정한 행복입니다. 그래서 우리는 알아차리고·내려놓으며·자재하여·수연하는 삶(看破 放下 自在 隨緣)을 시작해야 합니다. 이래야 진정으로 청정·평등·정각·대자비의 경계에 계입할 수 있습니다.

비추면서 고요함을 억지로 이름하여 상적광토라 하고, 고요하면서 비춤을 억지로 이름하여 청정법신이라 한다.

照而寂。强名常寂光土。寂而照。强名清淨法身

이 두 문구는 우리에게 고요함과 비춤, 비춤과 고요함은 서로 체와 용이 될 수 있음을 말합니다. 앞에서 말씀드렸듯이 고요함은 체이고 비춤은 작용입니다. 강强은 억지로 라는 뜻입니다. 실제 어쩔 수 없이 가명을 세웠습니다. 고요함을 체로 삼아, 비추면서 고요합니다. 이것을 상적광토라 합니다. 고요하면서 비춤은 비춤을 체로 삼았고, 고요함이 작용입니다. 이것을 억지로 청정법신이라 하였습니다. 이 두 문구는 곧 우리 자신의 일념심성이고, 진심이자 본성이며, 제불여래의 몸이자 국토입니다. 몸과 국토는 둘이 아닙니다. 왜 둘이 아닐까요? 고요함과 비춤은 둘이 아니고, 비춤과 고요함도 둘이 아니기 때문입니다. 이 뜻은 매우 깊지만, 진정한 사실입니다. 대사께서는 우리를 위해 본체를 변별하여 말해주지 않을 수 없었습니다. 이것이 가장 원시적인 이론근거입니다.

또한 비추면서 고요함을 억지로 이름하여 법신이라 하고, 고요하면서 비춤을 억지로 이름하여 보신이라 한다.

又照寂强名法身。寂照强名報身。

앞에서는 이체를 말하였고, 아래에서는 점차로 현상 상에서 말합니다. 적광토·청정법신은 모두 심성의 본체에 속합니다. 부처님의 삼신인 법신·보신·응화신은 본체에서 작용을 일으킨 것으로 비교적 쉽게 이해할 수 있습니다. 비추면서 고요함을 일러 법신이라 합니다. 법은 일체만법을 가리킵니다. 그래서 법신의 뜻을 또렷하게 인식해야 합니다. **법은 일체만법이고, 일체만법은 바로 자신입니다. 이를 법신이라고 합니다.** 이 말은 확실히 우리에게 대단한 미혹을 느끼게 합니다. 어떻게 일체만법이 자신이란 말인가? 일반 사람들은 모두 이 몸이 자신이고 이 몸 바깥은 자신이 아니라고 생각합니다. 자신이 아니라 몸 바깥의 물건이라 하고, 줄곧 몸을 자신이라고 여깁니다. 부처님께서는 우리에게 **몸은 자신이 아니고 일체만법이 자신이며, 당연히 몸은 만법 가운데 하나**라고 말씀하십니다.

이것은 이해하기 어렵습니다. 부처님께서는 경전 상에서 늘 비유를 사용하십니다. 그래서 지혜를 가진 사람은 언제나 비유 가운데서 이러한 이치를 깨칠 수 있습니다. 부처님께서는 늘 꿈과 환을 사용하여 비유하셨습니다. 우리가 꿈을 꾸는 것과 같습니다. 사람들은 모두 꿈을 꾼 경험이 있습니다. 꿈속에서는 경계 현상이 있습니다. 꿈속에서도 당연히 자신이 있습니다. 꿈을 꾸는데 꿈속에 자신이 없는 경우가 있었습니까? 여러분은 이런 경험이 없습니까? 꿈을 꿀 때 자신이 없는 이런 경험은 결코 없습니다. 자신 이외에도 꿈에는 많은 사람들이 있습니다. 산하대지도 있고 심지어 누대 전각들도 있어, 마치 이 세상과 같습니다. 꿈에서 깨어난 후 꿈속의 경계가 어디에서 오는가 생각해 본적이 있습니까? 꿈꾸는 시간은 짧아서 세심하게 추구하면 매우 쉽게 알아차릴 수 있습니다. 꿈은 현재 과학자들이 이것은 의식의 작용이라고 말하고 불법에서도 심리작용이라고 말합니다. 꿈은 우리의 마음이 변하여 나타나는 것입니다. 앞에서 말한 심성에는 진심이 있고 망심이 있는데, 우리가 꿈을 꿀 때 꿈의 경계는 망심이 변하여 나타난 것입니다. 어떤 망심입니까? 바로 망상·분별·집착으로 이런 마음이 변하여 나타난 것입니다. 꿈을 꿀 때 꿈에서 자신인 사람은 당연히 우리의 마음이 변하여 나타나는 것이고 다른 인물과 산하대지도 이 마음이 변하여 나타난 것입니다. 이 마음을 제외하고 그 밖에 아무것도 없습니다. 당신이 깨달으면 꿈은 전부 원래 자신입니다. 꿈속의 자기 몸도 자신이고, 꿈속의 산하대지도 자신이며, 꿈속의 모든 일체 인물도 다 자신입니다. 원래 전체 그대로 꿈이 곧 마음이면 법신이라 합니다. 당신이 이를 승인할 수 있으면, 원래 모든 일체경계도 모두 나의 자성이 변하여 나타는 것임을 쉽게 승인하고, 이런 사실을 확신할 수 있습니다. 확실히 꿈의 경계는 나의 자성이 변하여 나타난 것입니다.

그러나 현재 바깥 경계는 어떻습니까? 어디에서 온 것입니까? 이는 꿈을 꾸는 것이 아닙니다. 사실 이것은 여전히 꿈을 꾸는데 있습니다. 우리가 꿈을 꿀 때 꿈속에서 자신이 꿈을 꾸는 것이 모두 진실로 꾸는 것임을 모르고 깨어난 후에야 꿈을 꾸었음을 압니다. 부처님께서는 우리에게 우리는 현재 꿈을 꾸는 중에 있고 십법계의 의정장엄·허공대지는 우리의 진심 본성이 변하여 나타난 것으로 심성을 제외하고, 그 밖에 한 법도 얻을 수 없다고 말씀하셨습니다. 부처님과 대보살들께서 이런 사실진상에 대해 분명히 알고 또렷하게 인식하면 법신을 증득했다고 합니다. 그래서 일체중생에 대한 사랑하는 마음이 결코 차별이 없고 평등하여 아무런 조건도 없습니다. 그래서 「무연자비無緣大慈」라고 합니다. 연緣은 조건으로 조건이 없는 「동체대비同體大悲」입니다. 왜냐하면 허공법계와 자신은 일체인데, 어떤 조건을 이야기하겠습니까?

세간의 부자지간 사랑은 조건적입니다. 왜 그렇습니까? "그는 나의 자식이다. 나는 그를 사랑해야 한다." "그는 나의 부친이다." 또한 조건적입니다. 오직 자신이 자신을 대해야 무조건적입니다. 그래서 제불보살이 일체중생을 대하는 것은 자신이 자신을 대하는 것이고, 이러한 사실진상에 근거하여 저절로 드러나는 것으로 대자비라 합니다. 세간의 사람들은 이러한 사실을 이해하지 못합니다.

나아가 아라한 벽지불 권교보살도 모두 이해하지 못합니다. 어떤 사람에 이르러야 이해할 수 있습니까? 이 경전은 원교경전으로 원교圓教의 초주보살初住菩薩이라야 이해할 수 있습니다. 원교의 초주보살은 일품의 무명을 깨뜨려 일분 법신을 증득하여 이 경계에 들어가 이런 사실진상을 직접 실증하고 명백히 이해합니다. 그래서 이때 그의 사상과 견해, 생각과 의견이 제불여래와 다르지 않아 「부처님의 지견에 들어감(入佛知見)」이라 합니다. 《법화경》에서 부처님의 지견에 들었다 함은 그가 부처님과 견해와 사상이 서로 같다는 뜻입니다. 이를 청정법신을 증득하였다고 합니다. 이것은 적조照寂의 공부가 일정한 정도에 이르렀음입니다. 그래서 고요함은 정定이 일정한 정도에 도달한 것입니다. 비춤은 지혜입니다. 지혜가 작용하여 일품 무명을 깨뜨리면 당신은 이런 사실진상을 명료하게 이해하고 실증합니다. 이때를 법신이라 합니다.

또한 성덕이 고요하면서 비춤을 이름하여 법신이라고 하고, 수덕이 고요하면서 비춤을 이름하여 보신이라 한다.

又性德寂照。名法身。修德寂照。名報身。

고요하면서 비춤(寂照)은 공부로, 바로 청정심이 작용을 일으키는 것입니다. 청정심이 작용하면 지혜가 충만합니다. 보신報身은 바로 지혜의 몸입니다. 그래서 청정심에서 작용을 일으켜야 사실진상을 볼 수 있습니다. 사실진상은 고요하면서 비춤입니다. 그래서 진허공·변법계가 보이는 것은 어떤 현상입니까? 적멸寂滅의 현상입니다.

"또한 성덕이 고요하면서 비춤을 이름하여 법신이라고 하고, 수덕이 고요하면서 비춤을 이름하여 보신이라 한다." 이것은 성수性修의 측면에서 논한 것입니다. 성性은 본성입니다. 진여본성이 고요하면서 비춤은 실제로 말해서 한 사람 한 사람 누구나 다 가지고 있는 것입니다. 왜 그렇습니까? 미혹하든 깨달았든 관계없이 이른바 부처님에게도 증가하지 않고, 우리 범부에게도 감소하지 않습니다. 성덕은 심성 속에 본래 구족하고 있습니다. 그러나 수덕은 같지 않습니다. 불보살은 수행을 하여서 사실진상을 완전히 분명하게 압니다. 우리는 미혹하고 수행이 없어 사실진상에 대해 완전히 이해하지 못합니다. 불보살께서는 우리에게 말씀해 주시지만, 우리는 반신반의하고 심저에 완전히 받아들일 수 없습니다. 이것은 우리에게 수덕이 없기 때문입니다. 그래서 중요한 것은 어떻게 수행할 것인가 알아야 합니다.

또한 수덕이 비추면서 고요함을 이름하여 이름하여 수용신이라 하고, 수덕이 고요하면서 비춤을 이름하여 응화신이라 한다.

又修德照寂名受用身。修德寂照名應化身.

우리가 가장 간단하고 가장 통속적인 말로 하면「비춤」은 바로 또렷함입니다. 우리는 눈으로 또렷하게 명료하게 보고, 귀로 또렷하게 명료하게 듣습니다. 이것이 비춤입니다.「고요함」은 무엇입니까? 고요함은 여여부동如如不動입니다. 결코 경계 상에서 마음을 일으키고 생각을 움직이지 않는 것이 고요함입니다. 바꾸어 말하면 또렷하고 분명하며, 마음바탕이 청정하여 일념도 생기지 않음을

「자수용신自受用身」이라 합니다. 「수受」는 향수享受입니다. 세간 사람들은 한 사람 한사람 모두 복을 누리는 것을 부러워하면서도 정작 복福이 무엇인지 알지 못합니다. 이 사람이 진정으로 복을 누린다고 하면 모든 것들이 명료하게 보여 여여부동합니다. 「여여부동」이란 결코 번뇌가 없다는 뜻입니다. 모든 것들이 명료하여 지혜가 충만합니다. 이것이 자수용自受用으로 자신이 진정으로 향수하는 것입니다. 이것이 우리가 배워야 하는 것입니다. 날마다 우리는 괴로운 나날을 보내고 있고, 번뇌 또한 너무나 많아서 이와는 상반됩니다. 우리에게는 비춤이 없어, 바깥세계의 어떠한 것들도 분명히 알지 못하고, 마음속으로 하루 종일 쓸데없는 생각을 합니다. 그래서 비춤도 없고 고요함도 없습니다. 이것이 범부의 삶입니다. 부처님과 대보살께서는 비춤도 있고 고요함도 있습니다. 이를 자수용이라 하고, 보신이라고 합니다.

수덕적조명응화신修德寂照名應化身

고요함이란 무엇입니까? 다른 사람을 돕는 것입니다. 바꾸어 말하면 나 자신이 향수하는 것이 곧 비추면서 고요함(照寂)이고, 내가 다른 사람을 돕는 것이 곧 고요하면서 비춤(寂照)입니다. 내가 다른 사람을 도우려면 반드시 자신이 여여부동해야 하고, 바깥 경계의 모든 것들이 또렷해야 합니다. 모든 것들이 또렷해야 다른 사람을 지도할 수 있습니다. 자신이 여여부동하여 다른 사람에게 끌려 다니지 않고, 결코 바깥 경계에 영향을 받지 않으면 대자재를 얻습니다. 만약 비춤만 있고 고요함이 없으면 중생을 제도하는 최후에 모두 중생에게 제도당해 도망쳐버립니다. 이런 경우는 자고 이래로 종종 있었습니다. 왜 그렇습니까? 그의 마음이 불안정하고 공부가 없어서 선정의 마음이 없기 때문입니다. 중생을 제도하려고 광대한 중생과 접촉하다 보면 문제가 있게 마련입니다. 일단 접촉하면 날마다 명성과 이익, 그 무엇이든 간에 모두 자신에게 찾아와서 점차 탐·진·치·교만도 생겨나게 되고, 중생에게 제도당해 도망쳐버립니다. 그래서 고요함은 대단히 중요합니다. 바꾸어 말하면 여여부동하고 또렷해야, 다른 사람을 도울 수 있습니다. 여여부동하고 자신의 선정력을 성취할 수 있으면 바깥세계에 영향을 받지 않습니다. 그래서 응화신應化身은 바로 타수용신他受用身으로 다른 사람을 돕는 존재입니다.

고요함과 비춤도 둘이 아니며, 몸과 국토도 둘이 아니며, 성덕과 수덕도 둘이 아니며, 진신과 응화신도 둘이 아니어서 실상 아님이 없다. 따라서 실상은 (심성 능변能變에서) 둘이 아니며, 또한 (십법계 의정장엄 소변所變에서) 둘 아님이 없다.

寂照不二。身土不二。性修不二。眞應不二。無非實相. 實相無二。亦無不二。

마지막 이 두 문구는 매우 맛깔납니다. 약간은 《금강반야金剛般若》에 있는 구성방식과 같습니다. 앞에는 다만 몇 가지 예를 들었을 뿐입니다. 이 몇 개의 예로부터 우리는 진정으로 우주만유가 원래 평등한 일상一相임을 체득할 수 있습니다. 이 한가운데 차별은 없어 비로소 불이不二를 말합니다. 고요함과 비춤도 한 가지 일이고, 몸과 국토도 하나입니다. 《금강경》에서는 우리에게 대천세계가 어떻게 유래하였는지 설명합니다. 부처님께서는 우리에게 「일합상一合相」에서 유래하였다고 말씀하셨습니다. 합습은 무슨 뜻일까요? 조합입니다. 요즘 과학자들은 이것의 의미에 대해 점점 잘 알아가고 있습니다. 모든 물질, 기본적인 물질은 같습니다. 오직 그것은 과학 용어로 방정식이라 하는 배열된 모습이 다를 뿐입니다. 화학원소처럼 기본적인 물질은 하나이지만, 배열된 방정식이 달라져서 원자가 됩니다. 원자는 다시 조합하여 수량이 달라져서 분자가 됩니다. 이렇게 조합되어 우주 만물을 이룹니다. 사실은 우주 만물이 바로 일합상입니다. 석가모니부처님께서는 3천 년 전에 과학기기가 없어도 또렷하게 보았습니다. 그래서 일체 우주만법은 평등한 일합상으로 차별이 없습니다. 단지 배열 조합하는 모습이 다르지만, 사실은 한 물건입니다. 너무나 애석하게도 이들 과학자들은 불경을 읽지 않습니다. 그들이 불경을 읽는다면 석가모니부처님께 감복하여 오체투지의 예를 올릴 것입니다. 그는 몇 천년 전에 어떻게 이런 일들을 또렷하게 이해하고 명백하게 알 수 있었을까요? 현재 과학자들은 여전히 모색하고 있지만 또렷하게 알 수 없습니다. 부처님께서는 경전 상에서 전부 다 또렷하게 말씀하셨습니다. 이는 바로 사실진상을 보고서, 진실한 지혜를 설명한 것입니다.

그래서 일체 법은 모두 다 평등하여 둘이 아닙니다. 평등무이平等無二 한 일체법 속에서 다시 분별을 일으키고 집착하며, 시비를 일으키고 심지어 선과 악, 진심과 망심을 일으킨다면 큰 잘못이고 아주 잘못입니다! 어쩌면 물어 볼지도 모르겠습니다. "이것이 모두 잘못이라면 부처님께서는 왜 이것은 진심이라 말씀하시고 저것은 망심이라고 말씀하셨습니까?" 부처님께서 이렇게 말씀하신 것은 모두 방편설方便說이지 진실한 말씀이 아닙니다. 진실한 말씀은 어떤 설법입니까? 진실한 말씀이라면 입을 열 수가 없습니다. 입을 열면 틀렸습니다. 진실한 말씀이라면 생각을 움직일 수 없습니다. 생각을 움직이면 틀렸습니다. "입을 열면 더욱 틀리고, 생각을 움직이면 어긋납니다." 그것이 진실한 말씀이면 진설(眞說)19)이라고 합니다. 세존께서 49년 설하신 것은 모두 다 방편설입니다. 우리는 방편 속에서 진실로 깨달아 들어가야 합니다. 이것이 부처님께서 우리에게 기대하신 것으로 부처님 교학의 진실한 뜻입니다. 부처님께서 품으신 본래 뜻이 여기에 있습니다. 그래서 우리는 부처님의 언어에 집착해서도 부처님께서 말씀하신 저 명상名相에 집착해서도 안 됩니다. 대승기신론에서는 다시 한번 우리에게 "일체법은 본래부터 언설의 상을 여의었으며 명자의 상을 여의었으며 심연의 상을 여의어서(一切法從本已來 離言說相 離名字相 離心緣)"라고 가르쳐 주십니다. 명자名字는 바로 명사 술어(용어)로 이것을 여의어야 합니다. 또한 심연을 여의라. 심연을 여읨(離心緣)은 바로 마음속에서 이것을 생각하지 않고 망상을 짓지 않는 것을 말합니다. 망상을 지으면 틀렸습니다. 그래서 경전과 법문의 말씀을 어떻게 들어야 합니까? 청정심으로 들어야 합니다. 듣고 생각해서는 안 됩니다. 생각하면 틀렸습니다. 생각하지 말고 매우 청정한 마음으로 들으면 깨달음이 열릴 것(開悟)입니다. 청정심이면 깨달음의 자리(悟處)가 있습니다. 만약 생각하면 그르칩니다. 깨달음의 문(悟門)이 막혀버립니다. 그러면 당신이 들은 것은 바로 세간에서 말하는 불학佛學입니다. 불법을 세간법으로 여기고 수학하는 것을 「불학佛學」이라 합니다. 불학佛學과 학불學佛

---

19) 진설진문(眞說眞聞) "참으로 법문이라 하는 것은 설할 것도 없고 들을 것도 없는 것無說無聞이 진설진문眞說眞聞이 되는지라. 상승법문上乘法門과 종승법문宗乘法門은 불조께서 출현하시기 이전에 설해 마쳤고, 오대산이 생기기 전에 설해 마쳤고, 상원사가 건립되기 전에 설해 마쳤고, 대중 스님네가 오시기 전에 살해 마쳤습니다. 그러므로 무설무문無說無聞이 참으로 법문을 듣는 소식이라. 이것이 진설진문眞說眞聞이 되는 것입니다. 불교의 본지本旨가 이러하며, 선지禪旨의 면목面目이 원래 이러한 것이니, 내가 무슨 법문을 설할 것이 있으며, 대중이 무슨 법을 들을 것이 있겠습니까." 한암스님.

은 크게 다릅니다. 학불學佛은 개오開悟하여야 하고, 청정심을 닦아야 하며, 고요함과 비춤을 배워야 합니다. 이것을 「학불(學佛 ; 부처님 공부)」이라 합니다. 학불하려면 먼저 원리를 말하고, 그런 다음 사상事相 위에서 실천해야 합니다.

* 보충법문 (1994년 《아미타경요해현의阿彌陀經要解玄義》 강설)

무비실상無非實相

「불이不二」를 실천해야만 「실상實相」이 비로소 현전합니다. 둘(二)은 어떤 모양입니까? 둘은 능소(能所; 주체와 대상)가 있고, 그것은 상대하는 것입니다. 상대하는 것이면 진실에 들어가지 못합니다. 진실한 법속에는 상대하는 것을 찾을 수 없습니다. 그래서 대승법에서는 「입불이법문入不二法門」(모든 법이 둘이 아닌 도리에 증입證入하는 법문)을 말하고 선종에서는 「명심견성明心見性」을 말하는데 「입불이법문」이 바로 명심견성입니다. 왜냐하면 심성은 둘이 아니기 때문입니다. 둘이면 결코 성품을 볼 수가 없고, 마음을 밝힐 수 없습니다. 《금강경》에 있는 말씀을 생각해봅시다. 부처님께서는 "보살에게 아상我相·인상人相·중생상衆生相·수자상壽者相이 있다면 보살이 아니니라."라고 말씀하셨습니다. 생각해보십니다. 내가 있다면 나의 맞은편에는 남이 있습니다. 나와 남이 둘이면 견성할 수 없고, 견성할 수 없으면 진실한 보살이 아닙니다. 교教에는 실實이 있고 권權이 있습니다. 앞에서 말한 것처럼 실實은 진실한 것입니다. 진실에는 둘이 없습니다. 둘은 진실이 아닙니다. 그래서 우리는 이러한 보살은 권교보살權教菩薩이라고 합니다. 권교보살은 견성하지 못한 보살입니다. 견성한 보살은 권교가 아니라 실교實教입니다. 명심견성, 견성은 실교라고 합니다. 그래서 이 단락에서 불이不二가 진실임을 알아야 합니다. 둘은 진실이 아닙니다. 둘은 우리가 잘못 본 것이고 잘못을 인정하는 것입니다. 그래서 부처님과 대보살들의 경계 속에서는 진허공·변법계가 하나의 자신입니다. 이를 「입불이 법문入不二法門」이라고 합니다.

그래서 부처님께서 일체중생을 바라보시는 자비를 동체대비同體 大悲라고 합니다. 어떤 체입니까? 성체性體를 말합니다. 동일한 진성眞性, 하나의 진심자성眞心自性이 변하여 나타난 것입니다. 진허공·변 법계가 하나의 자신이므로 무연대비無緣大慈라고 합니다. 연緣은 조건 이 없는 것입니다. 여전히 분별 집착이 있으면 잘못입니다. 이 점을 알아야 합니다.

이理 상에서 「고요함과 비춤은 둘이 아님」을 말한 것이고 사事 상에서 「신토身土」, 「성수性修」, 「진응眞應」을 말한 것입니다. 「진응眞 應」은 무엇을 말합니까? 진眞은 제불보살이고, 응應은 응화應化입니 다. 중생에게 감感이 있으면 불보살에게 응應이 있어 감응도교感應道 交합니다. 왜 감응이 있습니까? 왜냐하면 하나의 심성이 변한 것으로 일체이기 때문입니다. 그래서 불보살과 감응이 있고, 귀신과 감응이 있으며, 일체중생 모두와 감응이 있습니다. 마음으로 전하기만 하면, 만약 마음이 다시 청정해지면 감응하는 힘은 특별히 강대해집 니다. 이 감응은 바로 과학에서 이른바 자장과 같은 종류이고, 불법에서 말하는 감응의 도리입니다. 그 주파수, 마음바탕의 청정한 진성眞誠의 주파수가 같으면 그 감응은 대단히 빠르게 이루어집니다.

실상무이實相無二 역무불이亦無不二

이는 이 단락의 총결總結로 「실상불이實相不二」의 이치를 설명한 후 다시 우리를 위해 심성이 십법계 의정장엄으로 변하여 나타났고, 이런 차별이 있게 된 까닭을 설명합니다. 십법계 삼라만상의 무량한 차별은 모두 일심이 지은 것임을 알아야 합니다. 선도대사께서는 《관경사첩소觀經四帖疏》에서 우리에게 "일체 현상은 진실한 마음 가운데 지어야 한다(一切從眞實心中作)"[20]라고 말씀해주십니다. 이는 매우 이치 있는 말입니다. 모두 진실한 마음 가운데 있습니다. 왜냐하면 무량한 차별 인연이 변하여 이들 현상이 나타나고, 이렇게 변해서 나타난(所變) 일체 현상은 줄곧 일심을 벗어나지 않기 때문입니다. 그래서 일심은 일체법을 언제나 거두어들이고 일체법은 일심을 벗어나지 않습니다. 그래서 십법계 의정장엄을 또렷하게 명백하게 이해하면 이것이 바로 「둘이 아님이 없는(無不二)」 실상입니다. 심성 능변能變에서 말하면 둘이 아닌 실상이고, 십법계 의정장엄 소변所變의 측면에서 말하면 둘이 아님이 없는 실상입니다. 그래서 실상무상無相무불상無不相이 바로 이런 이치를 해석한 것입니다.

능변의 심성은 비추면서 고요함(照寂)·고요하면서 비춤(寂照) 이 두 글자는 매우 맛깔납니다. 비추면서 고요함·고요하면서 비춤 속에는 아무것도 없고 공空한 것으로 상분相分[21]의 존재가 없습니다.

---

20) 『사첩소四帖疏』의 원문은 다음과 같다. "경에 이르길, 첫째 지성심至誠心이다. 지성은 진실이란 뜻이다. (지성심을 내걸음은) 일체중생에게 신구의로 닦은 바 이해와 행위는 반드시 진실한 마음 가운데 지어야 함을 설명하고자 함이다."
21) "심법사분心法四分의 하나로 즉 자기 심성의 체상이 변하여 견분見分 소연所緣의 경계상이 된다. 이는 유식학에서 이른바 일체 객관 현상을 다 거두어들인다. 심식이 연려緣慮할 수 있는 법이다. 심식이 생겨날 때 식의 체가 변해 상相과 견見의 이분分이 나타난다. 견분은 연려할 수 있는 작용이고, 상분은 연려하는

요즘말로 하면 그 속에는 물질존재가 없고 색법色法존재가 없습니다. 그것은 진성공적眞性空寂으로 비춤과 고요함, 고요함과 비춤이 모두 다 공적합니다. 이를 불법에서는 진공眞空이라 합니다. 나타난 바의 현상, 이들 현상도 진유眞有가 아닙니다. 그래서 「만법이 모두 공하다(萬法皆空)」고 합니다. 이런 것들은 실제로 말해서 꿈을 꾸는 것과 같습니다. 꿈속에서 이런 경계는 눈앞에 있지만 꿈에서 깨어난 후 확실히 꿈을 꿀 때 꿈의 대상(境)은 공적한 것으로 불가득不可得입니다. 실제로 불가득이지만 꿈을 꿀 때는 모르고 그것이 진실로 존재한다(眞有)고 여깁니다. 꿈에서 깨어나고서야 알고 그것이 가상이고 불가득임을 깨닫습니다. 십법계 의정장엄은 실제로 말해서 꿈속 경계입니다. 부처님께서 「꿈같고, 물거품 그림자 같다(如夢幻泡影)」하신 말씀은 틀리지 않습니다! 그것을 진실로 받아들이면 너무나 괴롭습니다. 그것은 미혹 전도되어 업을 짓는 것으로 「헛되이 과보 받음」이라 합니다. 당신이 깨달으면 불보살과 같아서 이 경계 속에서 대자재를 얻고 일체중생을 깨닫도록 돕고 자기 심성이 청정하여 조금도 염착이 없습니다. 이것이 바로 비추면서 고요함의 자수용自受用이고 고요하면서 비춤의 타수용他受用으로 「진실한 쾌락」이라 합니다. 세간 사람들의 그 즐거움은 즐거움 끝에 슬픈 일이 생깁니다. 이는 사실입니다. 자신이 즐겁다 여기면 불보살께서는 당신이 불쌍

경계상境相이다. 유식종唯識宗의 입론立論에서 우주만법은 모두 식 안에서 변하여 나타난 것으로 이른바 상분相分은 제8식의 색법종자로 즉 상분은 색이 변하여 나타나는 경계상이다. 상분의 상相은 상像자와 통용되어 상편相片처럼 상편像片이라 불리고 또 초상肖像이라 불린다. 그래서 이른 바 상相은 또한 영상이다. 이 영상은 바깥 경계의 '본질색本質色'이 아니고 제8아뢰야식을 드러내는 '상분색相分色'이다. 안식 상에서 다시 변하여 한 가지 '상분相分'(영상)이 나타난다. 안식의 견분에 연함으로 말미암는다."《유식명사백화사전唯識名詞白話辭典》어릉파於凌波 거사 저.

해 보입니다! 너무나 가련합니다.

이런 까닭에 이체를 들어 의보를 짓고 정보를 짓고, 법신을 짓고 보신을
짓고, 자신을 짓고 다른 사람을 짓는다. 내지는 설법하는 주체와 설해지
는 대상, 제도하는 주체와 제도 받는 대상, 믿는 마음과 믿는 법문,
자신의 원과 구하려는 것, 수지하는 방법과 수지하는 명호, 왕생의
조건과 왕생하려는 정토, 찬탄하는 주체와 찬탄 받는 대상이 모두
실상의 정인으로 찍히지 않는 것이 없다.

> 是故擧體作依作正。作法作報。作自作他。乃至能說所說。能度所度。能信所信。能
> 願所願。能持所持。能生所生。能讚所讚。無非實相正印之所印也.

시고거체작의작정是故擧體作依作正

체體는 곧 심성이자 실상입니다. 작의作依에서, 의는 의보依報로
우리의 생활환경을 말합니다. 작정作正에서 정은 정보正報로 자신의
신체를 말합니다. 몸 밖의 물질은 모두 다 의보입니다. 허공 법계에
이르기까지 전부가 우리의 생활환경이고, 자신의 진심본성이 변하
여 나타난 것입니다. 그래서 진정으로 학불하는 사람은 마음 씀이
일반인과 다릅니다. 그는 일을 처리하고 사람을 상대하며 물건을
접할 때 진심을 사용하지 결코 망심을 사용하지 않습니다. 왜 그렇습
니까? 진심이 있어야 사실진상과 상응하고 진실한 수용을 얻을
수 있기 때문입니다.

작법작보作法作報 작자작타作自作他

법은 법신法身이고, 보는 보신報身입니다. 제불여래의 법신·보신도 자성의 실상이 변하여 나타난 것입니다. 자는 자기이고 타는 다른 사람입니다. 지기도 자성이 변하여 나타난 것이고, 다른 사람도 자성이 변하여 나타난 것으로 자타는 둘이 아닙니다. 그래서 다른 사람을 돕는 것은 분分 안의 일입니다. 다른 사람을 돕는 것은 자신을 돕는 것입니다. 우리 범부들은 이런 사실의 진상을 모릅니다. 제불 여래께서는 사실진상을 아십니다.

내지능설소설乃至能說所說 능도소도能度所度 능신소신能信所信

능설能說은 석가모니부처님이고, 소설所說은 아미타부처님입니다. 석가모니부처님께서는 어디서 오셨습니까? 우리들 진심·본성이 변하여 오신 것입니다. 아미타부처님께서도 예외가 아닙니다. 이른바 「자성미타自性彌陀 유심정토唯心淨土」, 모두 다 이렇습니다. 능도能度는 제불이고, 소도所度는 중생입니다. 능신能信은 우리의 마음이고, 소신所信은 부처님께서 말씀하신 이 법문·이 경전입니다. 이 경전·이 법문도 자성이 변하여 나타난 것입니다. 자성을 여의고서 진실한 것은 아무것도 없습니다. 전체 그대로 자성이 지은 것입니다.

능원소원能願所願

원願은 우리의 소원입니다. 능원能願은 우리의 동경이고 우리 자신의 희망입니다. 소원所願은 서방극락세계이고 우리가 구하려는 것입니다. 능원能願, 우리는 서방극락세계를 그리워하는 마음이 있습니다.

능지소지能持所持

이는 수행하는 방법을 말합니다. 능지能持는 우리의 신구의 삼업입니다. 마음으로 아미타부처님을 생각하고 입으로 아미타부처님을 염불하고 몸으로 아미타부처님을 예배 공경합니다. 소지所持는 한마디 부처님 명호입니다. 「나무아미타불」, 이 한마디 부처님 명호의 공덕은 불가사의합니다. 이는 진실입니다.

능생소생能生所生

능생能生은 곧 왕생의 조건입니다. 부처님께서는 이 경전에서 우리에게 「신信·원願·행行」이 세 가지 조건을 말씀하십니다. 이는 삼자량三資糧이라고 합니다. 소생所生은 서방극락세계입니다. 서방극락세계에는 네 가지 정토가 있습니다. 비록 네 가지가 있을지라도 그 네 가지는 한곳에 융합되어 있습니다. 이는 대단히 미묘하고 불가사의합니다! 그래서 일생이 일체 생으로, 네 가지 정토 중 어느 것에 태어나도 다른 세 가지 정토를 동시에 얻을 수 있습니다. 이는 타방 제불세계에는 없는 점이고, 오직 서방 아미타부처님 세계에만 있는 매우 특별한 것으로 진정으로 불가사의합니다.

능찬소찬能讚所讚

이는 부처님께서 《아미타경》에서 하신 말씀입니다. 시방제불여래께서는 서방극락세계 아미타부처님을 능히 찬탄합니다. 시방제불여래께서 찬탄하는 것은 서방정토입니다. 시방제불여래께서는 아미타부처님을 찬탄하고 아미타부처님의 이 세계를 찬탄합니다.

무비실상정인지소인無非實相正印之所印

부처님께서 우리를 위해 설법하시는 근거는 바로 사실진상입니다. 우리는 똑똑히 알고 명백하게 이해하여야, 비로소 부처님께서 하신 말씀을 의심하지 않고 깊이 믿을 수 있고, 비로소 진정으로 기꺼이 원하고 가르침대로 봉행하여, 비로소 이익을 얻을 수 있습니다. 특별히 제가 거듭 동수 여러분에게 주의를 환기하고 싶은 것은 이 이치가 모든 일체 대승경에 통한다는 것입니다. 이로써 우리는 이 방법으로 이 경계에 깨달아 들어가서 모든 일체 대승경을 당신도 모두 통달하게 됩니다. 이것이 바로 이른 바 "일경에 통달하면 일체경에 통달합니다(一經通一切經通)." 왜 일경에 통달하면 일체경에 통달할 수 있습니까? 이치가 여기에 있습니다. 이 경전에서 견성을 하면 모든 일체경도 심성에서 흘러나오기 때문에 어찌 통달하지 못하겠습니까? 일체경에 통달할 뿐만 아니라 세간 출세간 모든 일체법도 통달합니다. 왜 그렇습니까? 왜냐하면 한 법도 심성으로부터 흘러나오지 않는 것이 없기 때문입니다. 예를 들어 말씀드려 보겠습니다. 만약 당신이 심성에 계입契入하였다면 오늘 어떤 기독교도가 당신에게 경전 강의를 요청해서 당신이 성경을 강연하여도 하나님의 말씀과 완전히 같습니다. 이는 조금도 틀리지 않습니다. 어떤 이슬람 교도가 당신에게 경전 강의를 요청해서 당신이 고란경(古蘭經·이슬람교의 코란)을 강연하여도 모하메드에 견줄만큼 잘 말할 수 있습니다. 바로 이런 이치로 통달하지 못하는 것이 없습니다. 세간 출세간의 일체법은 모두 심성을 여의지 않습니다. 그래서 원교圓教의 초주初住 이상 보살은 그 지혜능력이 우리가 상상할 수 있는 것이 아닙니다. 정말로 종교에서 하나님의 「전지전능全知全能」함을 찬탄하는 것처럼 심성을 보게 되면, 확실히 원만한 지혜가 있어 모르는 것이 없고, 원만한 덕능이 있어 할 수 없는 것이 없습니다. 하나의 방법으로 계입해야만 됩니다.

　우리가 이런 이치를 명백히 이해하면 어떤 좋은 점이 있습니까? 가장 큰 좋은 점은 우리가 수학하는 마음을 결정할 수 있을 겁니다. 천태종도 괜찮아 천태종도 배우고, 선종도 괜찮아 참선도 하고, 밀종도 괜찮아 밀종도 닦겠다고 생각하여 혼란해지는 지경에는 이르지 않을 것입니다. 실제로 어떤 종파이든 어떤 법문이든 계입할 수 있다면 통하지 않는 것이 없습니다. 종문 교하, 현교 밀교 어느 것이나 다 통달할 수 있습니다. 중요한 것은 잡되게 닦지 말고 전일하게 닦아야 합니다. **잡수雜修하면 성취할 수 없고, 전수專修하면 쉽게 성취할 수 있습니다. 그래서 한 경에 통달하면 일체 경에 통달할 수 있습니다.** 불법의 진상, 불법의 사실은 확실히 이와 같음을 반드시 기억해야 합니다. 이로써 옛날부터 대덕께서는 비록 서로 수학하는 경론과 방법이 다를지라도 서로 이런 사실진상을 명료하게 이해하였습니다. 그래서 비방하는 일은 없었고, 오직 찬탄만 있었습니다. 즉 방법이 다르지만, 도달하는 목적지는 같고, 방향도 같고 목표도 같지만, 방법만 다를 뿐입니다. 그래서 서로 모두 찬탄하였습니다. 그러나 오늘날은 찬탄하는 사람은 작고 비방하는 사람은 많습니다. 모두 자신이 자신을 찬탄하고 다른 사람들은 비방합니다. 이는 대단히 큰 잘못입니다. 이는 사실진상에 대해 아는 것이 없어서 만들어진 것입니다.

3. 수행 종지(明宗)

「종宗」은 수행의 중요한 첩경이며, 이체에 계입하는 추기(관건)이며, 모든 행의 강령이다. 그물의 벼리를 들면 모든 그물눈들이 저절로 펼쳐지며, 옷의 깃을 잡으면 옷자락이 저절로 따라 온다. 그러므로 이체를 밝힌 뒤에는 마땅히 종지를 밝혀야 한다.

第三明宗。宗是修行要徑。會體樞機。而萬行之綱領也。提綱則衆目張。挈領則襟袖至。故體後 , 應須辨宗。

세 번째 단락은 「명종明宗」으로 우리에게 수학의 강령을 말해줍니다. 앞 단락은 이론이 근거하는 사실을 이해하면 우리에게 신심이 생기고 그리움이 깊어지지만, 어떻게 해야 도달할 수 있을 것인가? 이것이 매우 중요합니다. 그래서 우리에게 수학하는 방법을 말해주어야 합니다.

제삼명종第三明宗 종시수행요경宗是修行要徑 회체추기會體樞機

요要는 중요이고, 경徑은 지름길이며, 종지宗旨는 수행에 가장 중요한 한줄기 길입니다. 추기樞機는 비유입니다. 「회會」는 무엇입니까? 계입契入을 뜻합니다. 체體는 바로 심성이고, 실상입니다. 선종에서 표방하는 명심견성明心見性처럼 회체會體는 바로 심성에 계회契會함입니다. 심성은 본체이고, 이체이며, 만사만물의 바탕이고, 앞에서 말한 실상입니다. 어떻게 계입할 수 있습니까? 어떻게 체회體會할 수 있습니까? 「추樞」는 곧 가장 중요한 관건으로 대사께서는 이 두 글자로 비유하였습니다. 추기樞機는 옛날 전통가옥의 문을 말합니다.22) 이것은 문짝에서 가장 중요한 부분으로 대사께서는 이것으로 비유하셨습니다. 「기機」는 한 번에 몇 개의 화살(箭)을 쏠 수 있는 기관機關입니다. 이것은 모두 그것의 중요성을 비유한 것입니다. 곧 명심견성의 가장 중요한 방법이란 뜻을 비유한 것입니다.

이만행지강령而萬行之綱領

강령은 비유입니다. 강은 고기를 잡는데 쓰는 그물의 앞쪽 밧줄 전체를 벼리(綱)라 합니다. 벼리를 잡아야 망이 비로소 펼쳐질 수 있습니다. 녕領은 의복의 깃입니다. 옷의 깃을 잡으면 이 옷은 막힘이 없습니다. 이는 옷과 그물에서 가장 중요한 부분을 말합니다. 추기와 강녕은 모두 가장 중요한 부분을 비유한 것입니다.

고체후응수변종故體後應須辨宗

이체를 변별한 후 반드시 수학의 강령, 즉 가장 중요한 방법을 소개해야 합니다. 그런 다음에야 진정으로 앞에서 말한 심성 이체에 도달하고 실증할 수 있습니다. 이 단락에서 종宗의 뜻을 소개하는 것은 종의 정의입니다.

이 경은 믿음·발원·집지명호를 수행의 종요로 삼는다. 믿음이 없으면 간절한 발원이 일어나지 않으며, 발원이 간절하지 않으면 수행으로 옮겨지지 않으며, 집지명호의 묘행이 아니면 구하려는 것을 얻을 수

---

22) 추기樞機는 문틀 전체를 의미한다. 즉 문이라고 하면 보통은 주변의 장치를 모두 뺀 네모난 문짝만을 연상하지만 「추기」라 할 때는 여닫는 기능과 문이 문답기 위한 기틀까지를 포함한 넓은 의미의 「문門」틀 전체를 말하는 것이다. 《문화유산에 담긴 우리 용어》, 이윤숙.

없고 믿는 법문을 증명할 수 없다. 따라서 경문에서 먼저 의보와 정보를 설명하심으로써 믿음이 생기도록 하신다. 다음으로 발원을 권하심으로써 수행으로 인도하신다. 그 다음으로 집지명호를 보이심으로써 불퇴전의 자리에 곧바로 오르도록 하신다.

此經以信願持名爲修行之宗要。非信不足啟願。非願不足導行。非持名妙行。不足滿所願而證所信。經中先陳依正以生信。次勸發願以導行。次示持名以徑登不退。

차경이신원지명 위수행지종요此經以信願持名 爲修行之宗要

이 문구는 총강령입니다. 이 경전에서 말하는 수행방법은 한마디 말로 잘라 말하면 「믿음·발원·집지명호」입니다. 집지명호는 행行입니다. 신원행, 이 셋은 이 경에서 말하는 수행의 강령입니다.

비신부족계원非信不足啟願

「계啟」는 개방(開啟)으로 일으킨다는 뜻입니다. 신심이 없는데 원이 어떻게 생기겠습니까? 그래서 서방극락세계에 태어나고 싶다면 반드시 서방극락세계에 대해 상당한 정도의 이해가 있어야 합니다. 진정으로 믿어야 합니다. 무엇을 믿어야 할까요? 서방극락세계가 가상이 아니라 진실로 존재함을 믿어야 가고 싶은 마음이 비로소 생길 수 있습니다.

비원부족도행非願不足導行

「행行」은 수행, 실천을 말합니다. 원, 강렬한 염원이 없으면 어떻게 행하겠습니까? 행行은 곧 염불입니다. 그래서 반드시 대우 강렬한 염원이 있어야 염불을 잘할 수 있고, 그 효과를 거둘 수 있습니다. 우리는 염불하는 사람들이 몇 년을 염하면서 갈수록 신심이 없어지고, 갈수록 퇴전하여 마침내 염불하고 싶지 않게 된다는 이야기를 자주 듣습니다. 원인이 어디에 있습니까? 그 원인은 모두 믿음에 문제가 있어 반신반의하는데 발생합니다. 원에 문제가 생기면 또한 극락세계에 가고 싶지도 않고, 사바세계를 버릴 수도 없습니다. 이 세계에 대해 미련이 많이 남아 문제가 생기면 당연히 효과를 볼 수 없습니다. 따라서 진실한 믿음과 간절한 원으로 염불해야 비로소 효과가 있습니다.

비지명묘행非持名妙行 부족만소원이증소신不足滿所願而證所信

이 단락에 이 한마디가 없다면 그 뜻은 원만하지 않을 것입니다. 이것이 있어 원만합니다. 진정으로 염불하면 효과가 있습니다. 무슨 효과입니까? 발원을 만족시켜 줍니다. 현재의 원망은 일심불란으로 청정심을 얻고 지혜를 증장시키는 것입니다. 이것이 현재의 원입니다. 현재의 원을 구하지 않아도 얻을 수 있습니다. 구하지 않아도 얻을 수 있는 것이 효과입니다. 염불을 하면 이런 효과를 얻을 수 있습니다. 장래의 원은 아미타부처님께서 당신을 접인하여 왕생하게 하는 것입니다. 부처님을 친견하고 서방극락세계를 보아서 당신의 믿음이 증명됩니다. 서방세계와 아미타부처님이 가상으로 있는 것이 아니라 진실로 존재함을 증명합니다. 확실히 사실이고 존재하는 것입니다.

경중선진의정이생신經中先陳依正以生信 차권발원이도행次勸發願以導行 차시지명이경등불퇴次示持名以徑登不退

이는 《아미타경》 가운데 있습니다. 《아미타경》의 경문은 그리 길지 않습니다. 글자 수로 말하면 그것은 작은 경전이지만, 의리상으로 말하면 그것은 《대방광불화엄경》과 차이가 없습니다. 그것은 작은 경전이 아니라 가장 큰 경전입니다. 그래서 고인께서는 그것을 「소본화엄小本華嚴」이라 하였습니다. 단지 문자 상으로 많고 적은 다름이 있을 뿐이고, 의리와 경계 상으로는 완전히 차이가 없습니다. 바꾸어 말하면 이것은 곧 《화엄경》의 농축입니다.

《아미타경》은 세 가지 단락으로 나뉩니다. 첫 번째 단락은 먼저 서방극락세계의 상황을 소개하여 우리가 신심을 일으키도록 돕습니다. 진陳은 진술陳說로 설명한다는 뜻입니다. 의보依報는 극락세계의 물질환경을 말하고, 정보正報는 극락세계의 인사환경을 말합니다. 이는 곧 극락세계 전체를 포괄하고 서방극락세계의 상황을 우리에게 설명해줍니다. 우리의 신심은 어디에서 생깁니까? 부처님께서 우리에게 하신 말씀은 진실어입니다. 《금강경》에 이르길, "여래는 진실한 말을 하는 이(如來是眞語者)"라 하였습니다. 진실이며 거짓이 아닙니다. "실다운 말을 하는 이(實語者)"라 하였습니다. 실답지 허망하지 않습니다. "여법한 말을 하는 이(如語者)"라 하였습니다. 여如란 말한 것이 사실과 완전히 일치하고 말한 것이 늘지도 줄지도 않고 과장도 없으며 빠뜨리지도 않음을 여법한 말이라 합니다. 허황된 말도, 터무니없는 말도 하지 않습니다. 이는 결코 거짓말을 하지 않고 중생을 속이지 않음을 뜻합니다. 따라서 부처님께서 우리를 위해 소개한 것은 믿을 만합니다. 부처님의 말씀에 대해 의심하지 말고 깊이 믿으십시오.

부처님께서 이 경에서 말씀하시는 어투는 대단히 확신에 차 있습니다. "극락이라 하는 세계가 있고(有世界名爲極樂)" "명호가 아미타이신 부처님께서 계신다(有佛號阿彌陀)." 두 가지가 있다고 확신합니다.

그래서 우익대사께서는 「서유도인西有道人」이라는 별호를 취하셨습니다. 이는 서방세계가 진실로 존재한다는 뜻입니다. 대사의 저 「유有」는《아미타경》의 두 가지 유에서 생긴 것입니다. 대사께서는 부처님의 말씀을 믿었습니다. 서방세계는 확실히 있습니다. 실제로 말하면 대사께서는 이 두 가지 「유有」를 진정으로 실증하였습니다. 앞에서 저는 이런 소식을 여러분에게 분명히 밝혔습니다. 대사께서는 연지대사와 유계대사에 대해 찬탄하셨는데, 실제로 말하면 그 자신이 연지, 유계와 동류의 인물이지 그들의 아래가 아니라는 그러한 느낌을 분명히 밝혔습니다. 이는 곧 그가 진정으로 실증하였고, 진정으로 서방극락세계를 직접 본 것입니다.

중국 역사상, 동진시대 여산 혜원대사는 정토종 제1대 조사로 그의 전기에서는 일생동안 서방극락세계를 세 차례 보았다고 기록하고 있습니다. 대사께서는 타좌하여 선정 중에 아미타부처님과 극락세계를 직접 보았고, 본 상황이 부처님께서 경전에서 말씀하신 것과 완전히 같았습니다. 혜원대사께서 그때 소의한 경전은《무량수경》이었습니다. 왜냐하면《아미타경》과《관무량수경》은 모두 번역되지 않았기 때문입니다. 정토경전에서 중국에서 가장 일찍 번역된 것은《무량수경》입니다. 대사께서 본 것은 경전에서 말씀한 것과 완전히 같았습니다. 대사께서는 세 차례 보았지만, 여태껏 다른 사람에게 말한 적이 없었습니다. 왕생할 때 이르러서야 대중에게 말씀하셨습니다. "서방정토에 대해 나는 이미 무르익었다. 여러 차례 보았고 지금도 현전하였으니, 나는 가야만 한다."고 말씀하셨습니다. 원공(遠公 ; 혜원) 대사의 이런 사례에서 우리는 우익대사, 유계대사와 연지대사 같은 분들도 반드시 이런 경계가 있었을 것이라 상상할 수 있습니다. 곧 사람이 비록 왕생하지 않았을지라도 서방정토를 확실히 본 적이 있습니다. 그래서 부처님께서 이 경에서 말씀하시는 어투는 대단히 확신에 차 있습니다.

차권발원이도행次勸發願以導行

"저 불국토의 극락장엄을 들은 중생들은 마땅히 저 국토에 태어나길 발원해야 하느니라(衆生聞者應當發願, 願生彼國)." 부처님께서는《아미타경》에서 이 말을 세 차례 말씀하십니다. 한 번 그리고 두 번, 두 번 그리고 세 번, 우리에게 거듭 권하십니다. 우리에게 마땅히 서방극락세계에 가길 발원하라고 권하십니다. 왜냐고 묻는다면, 서방극락세계에 가면 네 가지 이익이 있기 때문입니다.

첫 번째 이익은 수명이 장구하여 무량수입니다. 우리 사바세계는 수명이 너무 짧아서 어떤 일을 하더라도 시간이 충분하지 않아 성취할 수 없습니다. 큰 사업을 하기 위해서는 반드시 장수해야 합니다. 서방극락세계는 수명이 무량합니다. 석가모니부처님께서는 사바세계에서 성불하기 위해서는 시간이 얼마나 필요한가 하면 3대아승지겁이 필요하다고 말씀하십니다. 이 시간은 너무나 깁니다. 그러나 서방극락세계 사람의 수명은 무량하여 그에게 3대아승지겁은 전혀 길지 않아 구애받지 않습니다. 예컨대 사람의 수명이 1백세이고 성불하는데 걸리는 시간이 3일이라고 하면 그것이 길게 느껴지겠습니까! 근본적으로 구애받지 않습니다.

두 번째 좋은 점은 아미타부처님을 친견할 수 있습니다. 부처님께서는 가장 훌륭한 스승이시고 정말로 전지전능하십니다. 사바세계에서는 선지식을 만나기가 쉽지 않습니다. 설사 선지식을 만나더라도 선지식이 우리를 위해 말하는 것은 부처님과 비교해 차이가 많습니다. 그래서 부처님이야말로 가장 훌륭한 선지식입니다. 가장 훌륭한 스승과 가까이 지내려면 반드시 서방극락세계에 가야 합니다. 이것이 두 번째 좋은 점입니다.

　　세 번째 좋은 점은 법을 들을 수 있습니다. 경전에 따르면 서방극락세계에서는 육진설법六塵說法이 이루어지고 있고23), 듣는 시간도 거의 중단되지 않는다24)고 말합니다. 이는 어떤 세계에도 없는 것입니다. 서방극락세계에서는 중단없이 법을 들을 수 있습니다. 그래서 퇴전하지 않고 단지 진보할 뿐입니다.

　　네 번째 좋은 점은 수많은 상선인上善人들과 한곳에 모여 살 수 있습니다. 극락세계에서는 좋은 동학과 좋은 벗들과 함께 합니다. 어떤 사람들과 벗이 됩니까? 서방극락세계에서는 관세음·대세지·문수·보현 대보살들이 동학이자 동참도우同參道友입니다. 이분들과 날마다 한곳에 있으니, 어찌 타락할 수 있고 어찌 진보하지 않을 수 있겠습니까? 이러한 네 가지 좋은 점이 있으므로 그것을 생각해보기만 하면 극락세계에 꼭 가야겠다고 결심할 수 있습니다. 이런 좋은 점은 사바세계에서는 하나도 찾을 수 없습니다. 그래서 우리에게 극락세계에 태어나길 발원하고 반드시 가야한다고 권하시는 것입니다.

---

23) "만약 어떤 중생이 보리수를 보거나, 소리를 듣거나, 향기를 맡거나, 그 열매를 맛보거나, 그 빛과 그림자에 닿거나, 보리수의 공덕을 생각하면 모두 다 육근이 청정·명철해져서 갖가지 번뇌와 근심이 없어지며, 불퇴전의 자리에 안온히 머물러서 불도를 이루는 경지에 이르게 되느니라."《무량수경》
24) "저 국토에는 늘 갖가지 기묘한 여러 빛깔의 새들이 있나니, 백학·공작·앵무새·사리새·가릉빈가·공명조 등과 같은 온갖 새들이 밤낮으로 여섯 때에 평안하고 단아한 소리를 내어서 그 소리가 오근·오력·칠보리분·팔정도 등 이와 같은 법을 연설하나니, 그 국토의 중생들은 그 소리를 듣고서 부처님을 생각하고 불법을 생각하며 승가를 생각하느니라."《아미타경》

시지명이경등불퇴示持名以徑登不退

시示는 개시·지시·전시로 곧 우리에게 가르쳐 주는 것입니다. 서방극락세계에 가고 싶다는 마음을 진정으로 발하였다면 어떤 법문을 닦아야 갈 수 있는가? 염불법문을 닦아야 합니다. 곧 한마디 부처님 명호를 염하는 것입니다. 그래서 매우 간단하고 매우 쉽지만, 명호의 공덕은 불가사의합니다! 절대로 한마디 아미타부처님 명호가 쓸데없고 힘이 모자란다고 생각해서는 안 됩니다. 이것은 너무나 간단하고 너무나 쉬워서 세 살 아이도 할 수 있는데, 과연 서방극락세계에 가서 일생에 성불할 수 있을까? 이렇게 의심하면 잘못입니다. 큰 잘못이고 아주 잘못입니다. 명호공덕은 진정으로 불가사의합니다.

「아미타불」, 이 한마디 부처님 명호는 어떻게 염해야 합니까? 대세지보살께서는 우리에게 "육근을 모두 거두어 들여 정념을 이어가라(都攝六根 淨念相繼)." 가르쳐 주셨습니다. 이렇게 염불하는 방법을 가르쳐 주셨습니다. 염불은 정념淨念으로 「정淨」자에 역점을 두어야 합니다. 어떻게 해야 마음을 청정하게 할 수 있습니까? 나의 마음속에 망상이 있으면 청정하지 못하고, 잡념이 있어도 청정하지 못하며, 의심이 있어도 청정하지 못합니다. 청정한 마음으로 염불해야 합니다. 그래서 의심이 없고 뒤섞지 않는 것을 정淨이라 합니다. 그 다음에는 「상속相繼」입니다. 상속은 중단하지 않음을 뜻합니다. 그래서 의심하지 않고, 뒤섞지 않으며, 중단하지 않으면 성공합니다.

염불하는 방법으로는 큰 소리로 염하거나 작은 소리로 염하거나 묵념으로 하여도 가능합니다. 어떤 방법으로 염하든 가장 중요한 것은 정념淨念을 달성해야 합니다. 이것이 불변의 원칙입니다. 「나무아미타불」 여섯 글자를 염해도 좋고 「아미타불」 네 글자를 염해도 좋습니다. 《아미타경》에서 집지명호執持名號를 말하는데, 여기서 명호는 바로 「아미타불」 네 글자입니다. 「나무」, 이 두 글자는 범어를 번역한 것으로 그 뜻은 귀의하고 공경한다는 뜻입니다. "아미타부처님께 귀의합니다." "아미타부처님을 공경합니다." 바로 이 뜻입니다. 진정으로 서방극락세계에 왕생하겠다 결심하였다면 연지대사를 배우십시오. 즉 공경하고 겸손한 말은 필요 없고, 오직 「아미타불」 네 글자를 염하십시오. 연지대사 자신은 「아미타불」 네 글자를 염하였습니다. 다른 사람에게 「나무아미타불」 여섯 글자를 염하라고 가르치면서 정작 자신은 「아미타불」 네 글자를 염하였을까요? 대사께서는 말씀하셨습니다. "나 자신은 이번 일생 동안에 결정코 왕생을 구할 것이다. 그래서 인사치레 말은 모두 빼버렸다. 다른 사람에게는 아직 극락세계에 태어나고자 하는 생각이 없기 때문에 귀의를 붙여서 염하라고 가르친다. 공경 겸손한 자세로 아미타부처님과 인연을 맺겠다는 뜻이다." 그래서 「아미타불」 네 글자를 염하든지 「나무아미타불」 여섯 글자를 염하든지 자신이 결정하십시오.

마지막 이 단락은 우리에게 방법을 가르쳐 줍니다. 우리가 극락세계 아미타부처님을 너무나 그리워하지만 어떻게 해야 갈 수 있습니까? 부처님께서 우리에게 가르쳐 주신 수학방법은 바로 아미타경의 말씀입니다. 부처님께서는 사리불에게 이르시길, "선남자 선여인이 아미타부처님에 대한 설법을 듣고, 그 명호를 집지하여(若有善男子 善女人 聞說阿彌陀佛 執持名號)."라고 하셨습니다. 이것이 우리에게 가르쳐주신 방법입니다. 그러나 경문 앞쪽의 문구를 결코 소홀히 해서는 안 됩니다. 그것은 바로 「선남자 선여인」으로, 여기서 이 「선善」

자는 염불하여 왕생할 수 있는지 없는지, 관건이 되는 한 글자입니다. 그래서 염불한 사람은 매우 많으나 왕생한 사람이 결코 많지 않은 원인은 바로 이 「선善」 자에 있습니다. 무엇이라야 선이라 하겠습니까? 정종의 견해에 비추어보면 대단히 간단합니다. 즉 진실로 믿고 진실로 발원하여 믿음과 발원에 털끝만큼도 거짓이 없어야 선이라 합니다. 이러한 선은 대소승경전에서 말하는 조건과 달라서 그 조건이 대단히 간단함을 알 수 있습니다. 그래서 집지명호는 반드시 의심하지 말고, 뒤섞지 말며, 중단하지 말아야 합니다. 이 방법에 따라 염불하면 결정코 왕생할 수 있습니다. 그래서 선의 조건은 이런 견해입니다.

진정으로 공부하는데 걸리는 시간은 실제로 말해서 긴 시간이 필요하지 않습니다. 《아미타경》에서는 우리에게 "하루나 이틀이나 사흘이나 나흘이나 닷새나 엿새나 이레 동안"이면 성공할 수 있다고 말합니다. 그래서 정토종에서 기한을 정해 염불하여 매듭짓는 것(結期念佛)을 통상 「타불칠打佛七」이라고 합니다. 타불칠의 뜻은 완전히 《아미타경》에 근거합니다. 7일을 한 기한으로 삼아 우리는 하나의 결과(증명)를 얻어야 합니다. 7일 동안 반드시 성취가 있어야 합니다. 7일 염불은 밤낮으로 중단하지 않는 것임을 기억해야 합니다. 우리는 현재 타불칠 동안에 거의 이런 효과를 거두지 못합니다. 원인은 어디에 있습니까? 중단하는 시간이 너무 길기 때문입니다. 예를 들어 아침에 두 개의 향을 피우는데 하나에 1시간 반이고, 두 개에 3시간 반이지만, 중간에 대략 30분의 휴식이 있습니다. 1시간 반 염불을 끝내고 휴식하는 시간에 뒤섞인 마음에 한가로이 이러쿵 저러쿵 수군거리면서 시비是非와 인아人我가 다 드러납니다. 이렇게 염불하면 아무런 소용이 없습니다. 이것을 뒤섞음이라 하고 중단이라 합니다. 이로 인해 불칠佛七이 효과를 거둘 수 없습니다. 그래서 현재 일반적인 불칠은 실제로는 불칠법회佛七法會입니다. 모두가 한곳에 모여 법회를 여나, 진정한 효과를 달성할 수 없습니다. 진정한 염불은 밤낮으로 중단하지 않습니다. 그것은 확실히 경전에서 말하는 수승한 효과에 도달할 수 있습니다.

여러분이 《정토성현록淨土聖賢錄》이나 《왕생전往生傳》을 보면, 송나라 때 영가瑩珂법사는 대단히 좋은 사례입니다. 진정으로 이런 사람이 있었고, 진정으로 이런 일이 있었습니다. 전기상의 기록에 근거하면 영가법사는 평상시 매우 열심히 공부한 사람이 결코 아니었습니다. 게다가 언제나 파계를 일삼았고 업을 지었습니다. 요즘말로 하면 나쁜 짓을 일삼고 스님이 지켜야 할 계율(淸規)을 지키지 않는 땡중이었습니다. 이런 사람은 얻기가 어렵습니다(難得). 그러나 그는 다행히 선근이 있었습니다. 어떤 선근이 있었을까요? 그는 인과응보를 믿었습니다. 그래서 자신이 출가하여 이렇게 여러 해 수행하면서 이들 죄업을 짓고 계율을 지키지 않으면 장래에 반드시 지옥에 떨어질 것이라고 생각하였습니다. 이러한 생각에 매우 두려운 느낌이 들었습니다. '장래의 과보가 지옥이라니 이 얼마나 끔찍한 일인가?' 즉시 동학들에게 가르침을 청하였습니다. "내가 지옥에 떨어지지 않을 수 있는 방법으로 무엇이 있나?" 동학 가운데 누군가 그에게 서방극락세계의 의정장엄을 말해주면서 염불하여 정토에 태어나길 구하라고 권하였습니다.

그는 이 말을 듣고서 대단히 감동하여 이것이 확실히 살길이라고 느꼈습니다. 이에 곧 모질게 마음을 먹고 자신이 머무는 작은 방안에서 문을 닫아걸고, 한마디 부처님 명호를 끝까지 염하였습니다. 잠자지도 쉬지도 않고, 밥을 먹지도 물을 마시지도 않으며, 3일

밤낮 한 호흡으로 아미타부처님을 염하였습니다. 생각해보십시오. 그가 이룬 효과는 의심하지 않고, 뒤섞지 않으며, 중단하지 않음과 바로 부합됩니다. 마침내 아미타부처님께서 그의 면전에서 나타나셔서 그에게 말씀하셨습니다. "너의 세간 수명(陽壽)은 아직 10년이 남았으니, 이 10년 동안 잘 수행하거라, 네가 임종할 때 너를 접인하러 오마." 아미타부처님께서 출현하셔서 그에게 위안을 주셨습니다. 이 말씀을 듣고서 그는 아미타부처님께 말했습니다. "저는 근기가 하열하고 업장이 무거워 유혹을 이겨내지 못합니다. 바깥 유혹을 보기만 하면 저는 또 죄업을 지을 것입니다. 남은 10년 동안 저는 얼마나 많은 죄업을 다시 지을지 알 수 없고, 장래에 왕생할 수 있을지 확실하지 않습니다. 10년 수명은 필요 없고, 지금 부처님과 같이 가는 것이 제일 좋습니다." 아미타부처님께서 듣고서 머리를 끄덕여 동의하시며 말씀하셨습니다. "그래 좋다. 3일 후에 너를 접인하러 오마. 괜찮겠느냐?" 그는 매우 즐거워하며 "좋습니다. 3일 후, 좋습니다!" 하였습니다. 그는 승방의 문을 열어젖히고 곧 대중에게 말했습니다. "3일 후에 아미타부처님께서 저를 접인하셔서 왕생할 것입니다."

이 절에 있던 대중들이 보기에, 평상시 아무도 이 사람을 존중하지 않았고 그는 대책이 없는 사람이었는데, 3일 후에 왕생한다고 하니, 어찌 이렇게 적절한 일이 있겠습니까? 그러나 시간이 삼일로 너무 짧았습니다. "우리는 당신이 왕생할지 못할지 두고 볼 뿐이야." 그러나 그가 말하는 어투로 보아서는 사람을 속이는 것 같지 않았고 정말로 일이 이렇게 돌아갈 것처럼 들렸습니다. 3일차 아침 예불(早課) 때에 이르러 그는 대중에게 염불해줄 것을 요청하였습니다. 본래 절의 아침예불에는 능엄신주(楞嚴神咒)와 십소주(十小咒 ; 관세음보살 영감진언)를 염송하는 것이었는데, 그는 아미타불을 염송하여 그가 왕생할 수 있도록 배웅해 줄 것을 요청하였습니다. 당연히 이는 대중에게 매우 기쁜 일이었습니다. "당신이 진정으로 왕생할 수 있다면 우리도 염불하여 당신을 배웅하겠소." 이러한 수승한 인연을 맺는 것은 매우 얻기 어렵습니다. 염불을 15분도 염불하지 않고서 거의 15분밖에 안 되어 영가법사는 대중에게 말하였습니다. "아미타부처님께서 오셨습니다." 그는 아미타부처님을 보았으나 다른 사람은 보지 못했습니다. "나는 아미타부처님을 따라 가야겠습니다." 이리하여 그는 왕생하였습니다.

이는 파계하여 악업을 지은 출가인이 3일 만에 왕생한 사례입니다. 이로 보아 《아미타경》에서 "하루나 이틀이나 사흘이나 나흘이나 닷새나 엿새나 이레 동안"에 왕생한다는 말씀이 틀리지 않습니다! 게다가 여태껏 이 법문을 들은 적이 없었으나, 한번 듣고 믿고 받아 지녀서 발원하여 열심히 염불한다면 결정코 왕생합니다. 그래서 정토법문은 조사께서 주석에서 말씀하신 것처럼 곧장 질러가고(直捷)·온당하며(穩當)·가장 빠르며(快速), 정말 「요의 중의 요의(了義 中之了義)이고, 원돈 중의 원돈(圓頓中之圓頓)」입니다. 이는 조금도 틀리지 않습니다. 서방극락세계에 태어나면 세 가지 불퇴三不退를 원만히 증득합니다. 세 가지 불퇴를 원만히 증득함은 뒤쪽에 상세히 설명 드리겠습니다. 이는 정종의 과보가 수승함을 말합니다.

믿음(信)이란 자기 심성을 믿고·저 부처님을 믿고·성불의 인을 믿고·왕생의 과보를 믿으며·일체 현상을 믿고·이체를 믿는 것을 말한다. 발원(願)이란 사바를 싫어하여 떠나고 싶어 하고, 기쁜 마음으로 극락에 태어나길 구하려고 함을 말한다. 행(行)이란 명호를 집지하여 일심에 이르러 산란하지 않음을 말한다.

信則信自。信他。信因。信果。信事。信理。願則厭離娑婆。欣求極樂。行則執持名號。一心不亂。

여기서는 신원행信願行을 해석해 줍니다. 맨 먼저 믿음을 말합니다. 「신즉신자信則信自 , 신타信他 , 신인信因 , 신과信果 , 신사信事 , 신리信理」이 단락에서 대사께서는 우리에게 믿음에 대해 여섯 가지를 말씀해 주십니다. 「원즉염리사바願則厭離娑婆 흔구극락欣求極樂」이 것은 원願으로, 첫 번째 당신은 진정으로 현재 이 세계를 버리고 내려놓고서 한마음 한뜻으로 정토에 태어나길 구해야 진정한 원입니다. 「행즉집지명호行則執持名號 일심불란一心不亂」곧 일심으로 염불하는 것으로 행입니다.

먼저 우리에게 강령을 말하고 아래에서는 하나하나씩 우리를 위해 설명합니다. 먼저 「신자信自」를 말합니다. 이는 대단히 중요합니다. 불법의 수학을 얻음은 믿음을 말한다고 볼 수 있습니다. 일반 종교교리에 나오는 믿음과 다릅니다. 종교에서도 믿음을 말하지만 그것은 제일 먼저 믿어야 한다고 말합니다. 불법에서 믿음을 말하지만 제일 먼저 자기 심성(自心)을 믿으라고 말합니다. 당신이 자기 심성을 믿지 않으면 불보살이 큰 지혜와 능력이 있어도 도와주지 못합니다. 그래서 반드시 견고한 자기 심성에 대한 믿음이 있어야 합니다. 이번 일생 동안 이 이론과 수행방법에 비추어 결정코 자신의 원에 도달할 수 있으려면 강렬한 믿음이 있어야 합니다.

「자기 심성을 믿음(信自)」이란 나의 현전하는 일념의 마음은 본래 사대오온의 육단심도 아니고 또한 육진경계에 반연하는 그림자 같은 연영심도 아니며, 시간상으로 시작도 마침도 없고, 공간상으로 변제가 끊어져, 하루 종일 인연을 따르지만 하루 종일 변하지 않으며, 시방 허공법계의 미진 국토도 그 근원은 나의 일념심 가운데 나타난 사물임을 믿는 것이다. 또한 내가 비록 혼미하여 미혹 전도되어 있지만, 일념으로 마음을 돌리면 자기 심성에 본래 갖추어진 극락에 왕생할 수 있음을 확실히 믿어 다시는 의심하고 염려하지 않는 것을 자기 심성을 믿음이라 한다.

信自者。信我現前一念之心。本非肉團。亦非緣影。豎無初後。橫絶邊涯。終日隨緣。終日不變。十方虛空微塵國土。元我一念心中所現物。我雖昏迷倒惑。苟一念回心。決定得生。自心本具極樂。更無疑慮。是名信自。

신자자信自者 신아현전일념지심信我現前一念之心 본비육단本非肉團 역비연영亦非緣影

이 단락의 뜻은 매우 깊습니다. 명백히 또렷이 이해해야 믿음을 확실히 건립할 수 있습니다. 왜냐하면 그것은 미신이 아니기 때문입니다. 이 믿음은 지혜와 사실의 진상 위에서 건립되고 이로부터 신심이 건립됩니다. 우리의 「현전일념지심現前一念之心」, 일념의 마음은 곧 진심으로 육단심이 아닙니다. 육단심肉團心은 오장五臟 중에서 심장을 말합니다. 이 마음은 그리 큰 작용이 없습니다. 그리고 연영심緣影心도 아닙니다. 연영緣影은 제6의식을 말합니다. 곧 우리가 사유하고 상상하며 하루 온종일 이것저것 잡생각을 하는 마음입니다. 불법에서는 이를 망심을 짓는다고 합니다. 그것은 가상으로 진실이 아닙니다. 그래서 이 마음을 잘못 보아서는 안 됩니다.

수무초후竪無初後

「수竪」는 세로 방면에서 말하는 것입니다. 곧 시간상으로 말하면 과거가 있고, 현재가 있으며, 미래가 있습니다. 처음에는 과거이고, 뒤에는 미래이고, 중간에는 현재가 있습니다. 이 마음에는 삼세가 없습니다. 과거도 현재도 미래도 없는 것이 진심입니다. 삼제三際에 떨어져 바로 삼세 안이면 망심이고 앞에서 말한 연영심입니다. 연영심에는 삼세가 있습니다.

횡절변애橫絕邊涯

「횡橫」은 가로 방면에서 말하는 것입니다. 변애邊涯는 변제, 한계를 뜻합니다. 즉 변제(궁극)가 없습니다. 그래서 그것은 연영緣影의 망심이 아닙니다. 연영의 망심에는 과거·현재·미래의 삼세가 있고 시비·인아의 한계가 있습니다. 그것은 망심 속에 있고 진심에는 없음을 기억해야 합니다. 이 점이 대단히 중요합니다. 정토에 태어나길 구하는 이 뜻이 순정한 말이면 결정코 왕생할 뿐만 아니라 서방극락세계에 태어나는 품위도 반드시 매우 높습니다. 그래서 이를 몰라서는 안 됩니다. 대사께서는 우리에게 반드시 진심으로 염할 것, 즉 일심으로 칭념할 것을 권하십니다. 《무량수경》에서는 말하지 않습니까? "일향으로 전념하라(一向專念)." 일一은 일심이고, 향向은 방향입니다. 곧 일심으로 서방극락세계로 향할 뿐입니다. 이를 「일향전념아미타불一向專念阿彌陀佛」이라 합니다. 이것이 대본《무량수경》이 우리에게 가르쳐주는 것입니다. 망심을 쓰지 말고, 진심을 써야 합니다. 진심은 삼제에 떨어지지도 시방세계에 떨어지지도 않습니다. 이로써 진심은 불가사의함을 알 수 있습니다. 진심은 너무나 커서, 진허공·변법계가 진심 안에 포용됩니다.

종일수연終日隨緣 종일불변終日不變

「수연隨緣」은 십법계의 인연을 따른다는 뜻입니다. 우리는 오늘 사람 몸을 얻어 인간 세상에 모습을 나타내어 눈앞의 사회 대중과의 인연을 따라 날마다 수연하면서 살고 있습니다. 수연하면 변합니까? 변하지 않습니다. 진심眞心은 불변임을 알아야 합니다. 우리는 수연을 따라서 변합니다. 그것은 망심을 따라 변하는 것이지, 진심을 따라 변하는 것이 아닙니다. 이 일은 《대불정수능엄경大佛頂首楞嚴經》에서 가장 상세하게 분석하고 있습니다. 이 경문의 앞부분 절반인 「십번현현十番顯見」에서 석가모니부처님께서 한 가지 일을 꺼내시는데, 바로 「견성見性」입니다. 견성이 바로 진심이며, 삼세와 시방을 초월합니다. 대사께서는 여기서 우리에게 **견성·문성聞性**이 곧 우리들 자신의 진심임을 분석하고 설명합니다. 설령 범부의 자리에 있으면서 하루 종일 인연을 따를지라도 우리의 진심은 털끝만큼도 바뀌지 않습니다. 석가모니부처님이 사셨던 당시, 파사익波斯匿 왕은 부처님의 말씀을 알아듣고서 매우 기뻐하였습니다. 무엇을 깨달았을까요? 그는 **사람의 몸에는 생로병사의 생멸이 있지만, 원래 이 생멸하는 몸 가운데 불생불멸하는 진성眞性**이야말로 자신임을 깨달았습니다. 불생불멸하는 것은 진아眞我이고, 생멸하는 것은 가아假我입니다. 반드시 이 사실진상을 또렷이분별해야 합니다.

시방허공미진국토十方虛空微塵國土 원아일념심중소현물元我一念心中所現物

「시방허공」은 요즘말로 우주입니다. 미진국토는 바로 우주 가운데 무량무변한 행성으로 일체중생이 의지하며 생존하는 환경입니다. 국토는 곧 행성이나 성좌(星系)로 이것은 어디서 유래합니까?

바로 자기 일념의 진심 한가운데서 변하여 나타납니다. 이 세계의 무수한 과학자 철학자 종교가는 이 부분에서 탐색하고 있습니다. 이 우주 가운데 행성은 어떻게 발생하는지? 어디서 유래하는지? 생명도 어떻게 변화 발전하는지? 여기서 모두 연구 탐색하고 있습니다. 그들은 진상을 찾아낼 수 있을까요? 장래에는 감히 말할 수 없고, 적어도 아직 가까운 장래에도 멀었으며 찾지 못할 것입니다. 왜? 찾지 못합니다. 과학의 진보는 실제로 경전의 말씀을 실증하고 확실히 증명하지만 그 근원은 과학이 아직도 도달하지 못하였습니다. 왜 도달하지 못하는가 묻는다면 과학은 시종 분별·집착을 떠나지 못하기 때문입니다. 바꾸어 말하면 그것은 의식하는 마음 가운데 바뀌어 나타나는 것입니다. 그래서 의식하는 마음의 공능이 대단히 커서 허공법계를 반연할 수 있지만, 진성은 인연할 수 없습니다. 말하자면 허공법계의 근원에 인연할 방법이 없고 도달할 방법이 없습니다.

그렇다면 어떤 방법으로 도달할 수 있습니까? 실제로 말해서 현대과학의 이론과 불법이 말하는 이론은 같습니다. 이 이론은 동動과 정靜, 두 가지 방법입니다. 현대과학은 가속도를 사용한, 동을 사용한 방법이고, 불법은 정을 사용한 방법입니다. 동과 정이 하나임을 알지 못합니다. 동이 극점에 이르면 곧 정이고, 정이 극점에 도달하면 곧 동입니다. 만약 이 두 가지 것이 하나임을 알아야 한다면 하나에 도달하였을 때 확철대오합니다. 원의 형상을 그려 원만한 마음에 도달하는 것과 같아서 이 전부는 동적이고 동이 최후에 이르면 그것은 정입니다. 이때에 이르면 개오하게 됩니다. 그래서 불법이 사용하는 공부는 정定을 사용하는 것이고, 과학자들이 사용하는 방법은 동을 사용하는, 가속도를 사용하는 것으로 이 두 가지 방법은 모두 올바릅니다. 그러나 과학기술을 이용하지 않으면 속도를 아무리 가해도 한계가 있습니다. 그래서 대단히 곤란한 경우에는 반드시 기계를 이용해야 합니다. 그러나 정定의 방면에서는 외부에서 와서 도와줄 필요가 없습니다. 부처님께서 사용하는 방법은 정定을 사용하는 방법입니다. 그런 다음에야 진정으로 사실진상을 볼 수 있습니다. 사실진상이란 무엇입니까? 진허공·변법계가 자신의 일념심성一念心性이 변하여 나타나면 당신은 사실진상을 보게 됩니다. 이런 경계를 보는 것을 불경에서는 입불지견入佛知見·불지불견佛知佛見이라 합니다. 이것이 진정한 사실임을 당신은 보게 됩니다. 부처님께서 경전에서 말씀하신 것을 확실히 증명하고 실증하는 것이 자기 심성을 믿는 것입니다.

허공법계가 자기 심성自心이 변하여 나타난 것이라면 서방극락세계는 어디에서 유래한 것입니까? 자기 심성이 변하여 나타난 것입니다. 아미타부처님·관세음보살·대세지보살 이들 제불여래께서는 어디에서 유래한 것입니까? 자기 심성이 변하여 나타난 것입니다. 자기 심성을 떠나서 얻을 수 있는 한 법도 없습니다. 우리들 자기 심성이 변하여 나타난 정토에 내가 현재 왕생하고자 하는데 무슨 장애가 있겠습니까? 나의 자기 심성이 변하여 나타난 아미타부처님을 내가 가서 친견하려는데 어떻게 친견하지 못한다고 말할 수 있겠습니까? 이런 도리는 없습니다! 그래서 믿음의 건립은 「유심정토唯心淨土 자성미타自性彌陀」를 철저하게 명료하게 하는 것입니다. 믿음은 이 부분에서 건립됩니다. 비록 청정하고 견고한 믿음이 있을지라도 이는 단지 이론상으로 맞을 뿐, 사실은 어떠합니까? 사실상 우리의 현재 마음은 청정하지 않습니다. 「일념심 가운데 나타난 것입니다.」 그러나 우리는 현재 생각이 너무 많아서 일념이 아닙니다. 우리의 생각은 엉망진창이고 무량무변하며, 하루 종일 잡념과 망상으로 일념을 얻을 수 없습니다. 이러면 어떻게 해야 합니까? 두 번째로 「저 부처님을 믿어야(信他)」합니다. 「타他」는 곧 석가모니부처님이고, 곧 아미타부처님으로 우리에게 와서 도와주십니다.

「아수혼미도혹我雖昏迷倒惑」, 미혹 전도된 것이 우리의 현재 상황입니다. 「구일념회심苟一念回心 결정득생決定得生」, 그래서 관건은 바로 「일념회심一念回心」이 한 마디에 있습니다. 회回는 머리를 돌림입니다. 우리는 일체 잡념에서 일념으로 고개를 돌려야 합니다. 이 일념을 어떻게 돌릴 수 있습니까? 우리는 극락세계와 아미타부처님이 우리의 자성이 변하여 나타난 것임을 잘 알고 있습니다. 그래서 아미타부처님을 염하고 서방세계 의정장엄을 생각하면 바로 자성으로 돌아가게 됩니다. 이 일념회심이면 맞습니다. 「나무아미타불」 부처님 명호 여섯 글자에서 「나무」는 곧 일념회심의 뜻입니다. 나무는 범어로 귀의歸依한다는 뜻이 있습니다. 귀歸는 회귀回歸이고, 의依는 의지입니다. 우리가 일체 망상 잡념에서 머리를 돌리고 회귀하여 한마디 아미타불에 의지하면 이는 맞고, 이것이 곧 일념회심입니다. 일념회심을 얻는 것은 다른 종에서는 확실히 대단히 어렵다고 말함을 알 수 있습니다. 그 회심은 자성으로 회귀하는 것이고 선종에서 말하는 명심견성은 확실히 쉽지 않습니다. 이른바 견사見思·진사塵沙 번뇌를 다 끊어야 하고, 그런 후에 다시 몇 품의 무명을 깨뜨려야 비로소 이런 경계에 도달할 수 있습니다. 정종淨宗은 방편으로 진실한 사람은 누구나 해낼 수 있고, 사람마다 모두 성취할 수 있습니다. 단지 일념을 아미타부처님께 회귀하고 하루 종일 생각마다 이 한마디 아미타부처님을 움켜잡고 결코 놓지 말아야 성공할 수 있습니다.

이를 자기 심성을 믿음이라 합니다.

「저 부처님을 믿음(信他)」이란 석가여래께서는 절대로 거짓말을 하시지 않고, 미타세존께서도 절대로 거짓된 발원을 세우지 않으시며, 육방제불께서도 광장설로 증명하심에 결코 다른 말씀을 하시지 않음을 믿는 것이다. 제불의 진실한 가르침과 훈계에 수순하여 서방정토에 왕생하고 말겠다는 굳은 각오를 세우고 다시는 어떤 의혹도 없음을 「저 부처님을 믿음」이라 한다.

> 信他者。信釋迦如來決無誑語。彌陀世尊決無虛願。六方諸佛廣長舌決無二言。隨順諸佛眞實教誨。決志求生。更無疑惑。是名信他。

방금 전에 말씀드린 것처럼 우리 자신의 능력과 지혜는 모두 부족합니다. 그래서 우리는 「저 부처님(他)」에게 의지해야 합니다. 저 부처님을 믿는 것은 첫 번째가 아니라 두 번째입니다. 첫 번째는 자기 심성을 믿어야 합니다. 자기 심성을 믿으면 결정코 왕생할 능력이 있고, 결정코 성불할 능력이 있지만, 우리는 불보살님의 도움이 필요하고 불보살님을 믿습니다. 그래서 「저 부처님을 믿음(信他)」이란 석가여래께서는 절대로 거짓말을 하시지 않음입니다.」 석가모니여래의 말씀은 곧 정토삼부경입니다. 《아미타경》·《무량수경》·《관무량수경》, 이 3부경에서 하신 한마디 한마디 말씀은 모두 진실이고 결정코 거짓말이 아닙니다. 이는 석가모니부처님을 믿는 것으로 이것이 저 부처님을 믿음입니다. 경전의 이론·방법·경계에 비추어 수학하면 결정코 성취합니다. 「미타세존께서도 절대로 거짓된 발원을 세우지 않으셨습니다.」 석가모니부처님을 믿을 뿐만 아니라 서방세계 아미타부처님을 우리에게 소개해 주신 일도 거짓이 아니라 진실입니다. 아미타부처님의 48원, 대원 하나하나마다 모두 중생을 구제하고, 대원 하나하나마다 모두 우리를 돕고 성취시킴을 믿어야 합니다.

세 번째, 「육방제불께서도 광장설로 증명하심에 결코 다른 말씀을 하시지 않습니다.」 우리가 사용하는 판본은 구마라즙대사께서 번역한 《아미타경》입니다. 이 어르신이 번역한 판본에는 단지 육방불밖에 없지만, 《아미타경》 원본은 시방제불임을 알아야 합니다. 원본에는 시방제불입니다. 구마라즙대사께서는 인도인과 습성이 달라 중국인이 장황한 것을 좋아하지 않고 간단한 것을 좋아함을 알았습니다. 그래서 번역할 때 시방을 생략하여 육방이 되었습니다. 비록 육방을 말하였을지라도 그 뜻은 시방과 다름이 없습니다. 시방은 사방·사유四維·상하를 말합니다. 현장玄奘대사의 역본은 시방으로 완전히 번역하였습니다. 육방제불께서 모두 광장설상을 내밀어 석가모니부처님께서 하신 말씀이 진실하고 허망하지 않음을 증명하였습니다. 일체제불도 와서 증명하였습니다. 일체제불께서 어찌 다른 말씀이 있겠습니까? 그래서 결정코 진실한 말씀입니다. 아래 네 마디는 대단히 중요합니다.

수순제불진실교회隨順諸佛眞實敎誨 결지구생決志求生 갱무의혹更無疑惑 시명신타是名信他

이 네 마디는 얻을 수 없습니다! 어떤 큰 지혜도 어떤 기백도 일단 수순하면 당생성불當生成佛합니다. 「수순제불隨順諸佛」, 본사 석가모니부처님께 수순하고 아미타부처님의 48원에 수순하며 시방 일체제불의 권유증명(勸證)에 수순하면 진허공·변법계의 부처님

한 분도 빠뜨리지 않고 육방제불에 다 포괄됩니다. 그래서 한마디 아미타불을 죽을 때까지 염함이 제불의 진실한 가르침에 수순하는 것입니다. 만약 석가모니부처님께서 49년 동안 설하신 일체경을 가지고 와서 비교해 보면 어느 경이 가장 진실합니까? 여러분에게 《아미타경》이 가장 진실하다고 말씀드리고 싶습니다. 《아미타경》 이 경전은 곧장 질러가는 길로 마땅히 우리에게 당생성불하는 방법을 가르쳐줍니다. 어떤 경론도 모두 이것과 비교할 수 없습니다. 대승경은 소승경에 비해 더 진실하고, 일승경은 대승경에 비해 더 진실하며, 《아미타경》은 진실한 가운데 진실한 것이라 말할 수 있습니다. 우익대사께서는 대단히 얻기 어려운 이 네 마디 말을 말씀하신 것이 쉽지 않았습니다. 만약 다녀온 경험자가 아니라면 이 말을 하지 못했을 것이고 이것에 비해 더 진실한 것이 없을 것입니다. 이것이 저 부처님을 믿음입니다.

「성불의 인을 믿음(信因)」이란 산란하게 부처님 명호를 불러도 오히려 성불할 수 있는 종자가 되는데, 하물며 일심불란하면 어찌 정토에 왕생하지 못하겠는가? 이렇게 깊이 믿는 것을 「성불의 인을 믿음」이라 한다.

信因者。深信散亂稱名。猶爲成佛種子。況一心不亂。安得不生淨土。是名信因。

이 부분에서 우리에게 가르쳐 준 것은 부처님께서 《법화경》에서 말한 "한 번 「나무불」하고 부르면 누구나 다 불도를 이룬다(一稱南無佛 皆已成佛道)"는 문구와 같습니다. 그것은 단지 성불의 인因 하나를 심을 뿐으로 곧 「산란칭명散亂稱名」입니다. 마음이 있든 없든 관계없이 한마디 아미타불을 염하면 곧 당신이 장래에 서방정토에 태어나는 종자를 심습니다. 이 사실을 분명히 알면 어떻게 다른 사람을 도울 것인가? 불교 술어로 말해서 어떻게 중생을 제도할 것인가? 그 방법을 알 수 있습니다. 뜻이 있든 없든 막론하고 그에게 아미타불을 소리 내어 한번 염하라고 가르쳐 주면 그는 제도 받을 것입니다. 우리들 이 세계와 아미타부처님의 인연은 매우 깊어서 당신이 믿던 믿지 않던 간에 그의 뇌 속에는 누구나 다 아미타부처님이 계시다는 것을 모두 압니다. 바꾸어 말하면 이들은 장래에 모두 다 정토에 왕생할 것이고, 어느 때인지 모르는 것에 불과할 뿐입니다. 이는 언젠가 일어날 일인데, 뭘 그리 안달인가? 마음 졸일 필요가 없습니다. 자신의 가친 권속을 제도하려고 마음을 졸이는 동수분들이 매우 많습니다. 그러나 실제로 당신은 이미 제도 받았습니다. 그가 믿던 믿지 않던 간에 그가 아미타부처님의 상을 보고 아미타부처님의 명호를 염하면 인연을 맺었습니다. 이것이 바로 종자입니다

이번 생에 성취하려면 반드시 일심으로 칭념해야 합니다. 이 경에서는 말하는 「일심불란一心不亂」의 표준은 매우 높습니다. 이 표준으로 어떤 사람들은 근심합니다. "나는 이번 생에 일심불란에 이르도록 염하지 못해서 왕생하지 못할지도 몰라." 그는 의심합니다. 그래서 하련거 노거사께서는 《아미타경》 2종의 역본을 하나의 판본으로 회집하셨습니다. 2종의 판본은 곧 구마라즙대사의 역본과 현장대사의 역본입니다. 현장대사의 역본은 일심불란이 아니라 일심계념一心繫念입니다. 일심계념이란 말을 들으면 할 수 있을 것처럼 보이나, 일심불란은 할 수 없을 것 같습니다. 《무량수경》에도 일심불란이란 말은 없습니다. 《무량수경》에서는 말하는 「일향전념 아미타불一向專念阿彌陀佛」은 일심계념과 뜻에 있어 큰 차이가 없습니

다. 그래서 이것을 생각해보면 누구나 다 해낼 수 있을 것 같습니다.

그러면 구마라즙대사께서 이 경을 번역하실 때 번역을 잘못하신 것일까? 만약 잘못 번역하였다면 현장대사께서 반드시 이를 수정하였을 것입니다. 현장대사께서는 구마라즙대사의 판본에 매우 감탄하여 어떠한 비평도 하지 않았습니다. 게다가 현장대사의 대제자인 규기窺基대사는 현장대사의 학생 중에서 가장 득의한 문하생이자 중국 법상유식종法相唯識宗을 여신 조사로 그는 《아미타경》을 주해하셨는데, 우리들 현대인의 인정에 비추어 보면 스승의 역본을 사용하였을 것입니다. 즉 현장대사의 번역본이 있으므로 그의 판본을 사용하여 주해했어야 사제지간이라 할 수 있고, 한 집안 사람이라 할 수 있습니다. 그러나 규기대사는 이렇게 하지 않았습니다. 그가 선택한 판본은 구마라즙대사의 판본으로 현장대사는 그가 스승을 존경하지 않는다고 여기지 않았고, 규기대사도 스승에 대해 미안한 느낌을 갖지 않았습니다. 스승과 제자 두 사람 모두 구마라즙대사의 판본에 감탄하였고, 게다가 이 판본이 이미 유통되고 있어 쓸데없는 일을 할 필요가 없었습니다. 그래서 구마라즙대사의 판본을 선택하였음은 구마라즙대사의 이 판본이 잘 번역되었고 잘못 번역되지 않았음을 증명합니다.

하지만 이 한마디 말은 우리들 믿음이 관건이 되는 장소입니다. 경의 원본은 이렇게 쓰여 있지 않지만 뜻은 틀리지 않습니다. 왜 뜻이 틀리지 않다고 말하겠습니까? 우리들 자신의 염불공부가 염이 성편(成片 ; 한 덩어리)에 이를 수 있음을 알아야 합니다. 성편은 바로 《무량수경》에서 말하는 일향전념一向專念입니다. 일반적으로 공부하여 한 덩어리를 이룬다고 말하는 경계는 어렵지 않습니다. 자신이 **공부하여 한 덩어리를 이르도록 염불하면 왕생할 때 아미타부처님께**

서 접인하셔서 먼저 방광을 하여 당신을 비춥니다. 당신이 불광에 한번 접촉하면 불광의 가지加持로 당신의 업장이 소멸되고, 당신의 공부가 배로 증가하여 사일심불란事一心不亂에 이릅니다. 그래서 구마라즙대사의 번역은 틀리지 않았습니다! 일심불란은 임종시 부처님께서 접인할 때 아미타부처님 본원 위신력의 가지입니다. 요즘말로 해서 상대적인 역량입니다. 당신의 공부가 한 덩어리를 이루면 아미타부처님이 가지하여 사일심事一心에 이릅니다. 사일심불란에 이르도록 염불하면 가지하여 이일심理一心으로 바뀝니다. 그래서 일심불란을 못 이룰까 걱정할 필요가 없습니다. 단지 노실하게 염불하면 결정코 성취할 수 있습니다. 앞에서 여러분에게 말씀드린 것처럼 형가법사께서는 파계를 하고 근본적으로 이전에는 아미타부처님을 몰랐지만 다른 사람의 말을 듣고서 비로소 3일간 아미타불을 염하여 6일에 왕생한 것처럼 어렵지 않음을 알 수 있습니다. 우리는 학불하여 아는 것이 그보다 많고, 염불한 시간도 그보다 깁니다. 신원행을 갖추기만 하면 어찌 왕생하지 못할 리가 있겠습니까! 이것이 성불의 인을 믿음(信因)입니다.

「왕생의 과보를 믿음(信果)」이란 정토에 모여 계시는 모든 상선인들은 모두 다 염불삼매로부터 왕생하셨나니, 이는 마치 오이를 심으면 오이를 거두고, 콩을 심으면 콩을 거두는 것과 같으며, 또한 그림자는 반드시 형상을 따르고 메아리는 반드시 소리에 응하는 것과 같아서 결코 헛되이 버려지는 것이 아님을 깊이 믿는 것을 「왕생의 과보를 믿음」이라 한다.

信果者。深信淨土。諸善聚會。皆從念佛三昧得生。如種瓜得瓜。種豆得豆。亦如影

必隨形。響必應聲。決無虛棄。是名信果。

과보는 바로 왕생이니, 반드시 정토왕생을 제일의 과보果報로 삼아야 합니다. 현재 우리 눈앞에 펼쳐져 있는 사회의 생활환경은 일체 인연에 따른 것으로 따질 필요가 없습니다. 왜냐하면 이번 일생에 이것은 업보의 연이기 때문입니다. 우리의 생활환경이 좋든 좋지 않던지 간에 인연에 따라 살면서 일심으로 정토에 태어나길 구하는 것이 맞습니다. 오직 일심으로 전일하게 구하면 현전하는 생활환경도 반드시 바뀌게 됩니다. 서방극락세계에는 "수많은 상선인이 한곳에 모여 산다."고 경에서 매우 똑똑하게 말하고 있습니다. 이들 상선인은 보통 사람이 아닙니다. 상선인은 누구를 가리킵니까? 등각보살을 가리킵니다. 서방극락세계에서는 등각等覺의 과위를 증득한 사람이 너무나 많아 그 수를 헤아릴 수 없다고 말합니다. 그들은 그것을 어떻게 성취하였을까요? 모두 염불삼매로부터 왕생하였습니다. 그래서 염불삼매는 바로 우리가 수행하는 가운데 얻으려고 하는 것입니다. 삼매는 범어로 정수正受라는 뜻으로 번역됩니다. 수受는 향수이고 정正은 정상으로 곧 정상적인 향수를 삼매라고 합니다. 또한 삼매는 선정禪定으로 번역되는데 곧 선정의 다른 이름입니다. 바꾸어 말하면 **염불하는 사람은 마음속에 늘 아미타부처님을 향수합니다. 아미타부처님을 제외하고 다른 잡념 망상이 모두 없으면 염불삼매를 얻은 것입니다.** 염불삼매 공부에서 가장 얕은 것은 곧 한 덩어리를 이루는 것으로 마음속에 아미타부처님만 계시고 아미타부처님을 제외하고는 아무것도 생각하지 않고, 아무것도 집착하지 않아서 하루 종일 마음속에 아미타부처님만이 계시는 경계입니다. 이런 경계에 이른 사람은 즐겁고, 번뇌가 없으며 걱정

근심이 없습니다. 이 사람의 마음은 확실히 대단히 청정하고 대단히 자재합니다.

얕은 삼매 공부는 등급이 매우 많습니다. 《화엄경》에서 말하는 51계급처럼 삼매도 51등급으로 나뉩니다. 염불하는 사람은 이 일을 알아야 하지만 그것을 마음에 새겨둘 필요는 없습니다. 이런 사실이 있는 것은 맞지만, 단지 노실하게 염불하기만 하면 됩니다. 저절로 삼매 공부를 끊임없이 향상시키는 길은 노실老實에 있습니다. "오이를 심으면 오이를 거두고, 콩을 심으면 콩을 거둡니다." 이 비유는 알아듣기 쉽습니다. **염불하면 성불합니다.** 이는 필연적인 **이치입니다.** "그림자는 반드시 형상을 따르고 메아리는 반드시 소리에 응합니다." 계곡에서 길게 소리를 내면 뒤에 메아리가 생깁니다. 이것이 곧 향響입니다. 이는 인과관계가 조금도 거짓이 아님을 설명합니다. 염불을 할 수 있으면 반드시 성불할 수 있습니다. 《관무량수경》에서 말하는 삼복三福 중에서 마지막 항인 "발보리심 심신인과(發菩提心 深信因果)"는 이 일을 말하는 것입니다. 이는 부처님께서 보살에게 말씀하신 것으로 "**염불이 인이고 성불이 과입니다**(念佛是因 成佛是果)." 그래서 염불을 하기만 하면 결정코 왕생합니다.

「일체 현상을 믿음」이란 다만 지금 현전일념이 다함이 없는 까닭에 마음에 의지하여 나타나는 시방세계도 역시 다함이 없으며, 그래서 십만 억 국토 밖에 실제로 극락세계가 있으며 그 세계는 가장 지극히 청정 장엄하여서 장자에 있는 우화와 다름을 깊이 믿는 것을 「일체 현상을 믿음」이라 한다.

信事者。深信只今現前一念不可盡故。依心所現十方世界亦不可盡。實有極樂國,

在十萬億土外，最極清淨莊嚴。不同莊生寓言。是名信事。

다섯째, 일체 현상을 믿음은 매우 중요합니다. 서방극락세계는 가설한 것이 아니라 확실히 존재하는 것입니다. 그것은 이상이 아니라 사실입니다. 「심신지금현전일념불가진고深信只今現前一念不可盡故」, 이체 상에서 말하면 우리들 현재 이 일념진심은 궁진함이 없습니다. 「의심소현시방세계역불가진依心所現十方世界亦不可盡」, 시방의 무량무변한 세계, 요즘말로 무량무변한 행성은 모두 일념진심이 변하여 나타난 물질이기에 저 서방세계도 어찌 가상일 수 있겠습니까? 그 가운데 하나입니다. 그래서 「실유극락국實有極樂國」, 관건은 「실實」에 있습니다. 실제로 극락세계는 존재합니다. 「재십만억토외在十萬億土外 최극청정장엄最極淸淨莊嚴」 우리의 마음은 진심이 있고 망심이 있으며, 선심이 있고 악심이 있으며, 청정심이 있고 염오심染污心이 있어 모두 존재합니다. 우리가 사는 이 세계는 우리의 탐·진·치·교만 이런 생각들이 변하여 나타난 것입니다. 그래서 좋지 않습니다. 서방극락세계는 우리의 청정한 일념이 변하여 나타난 것입니다. 그래서 정토淨土와 예토穢土, 모두 자성이 변하여 나타난 것으로 바깥에서 온 것이 아닙니다. 그래서 이는 우리들 청정심이 변하여 나타난 것이고, 부처님의 청정심이 나타난 것으로 부처님의 마음과 나의 마음은 둘이 아니라 하나입니다. 시방세계 일체 염불인의 마음이 변하여 나타난 것으로 일체중생의 마음과 자신의 마음은 차별이 없습니다. 그래서 순일 청정한 마음이 나타난 경계로 이 세계는 가장 청정장엄하고 다른 세계는 모두 견줄 수가 없습니다. 이것은 진실로 존재하고 확실히 존재함을 믿어야 합니다. 그래서 우익대사께서는 「서유西有」를 별호로 쓰셨는데, 이는 서방극락이 확실히 존재한다는 뜻입니다. 「부동장생우언不同莊生寓言」, 장생莊生은 장자입니다. 《장자莊子》이 책에는 우화가 매우 많은데, 부처님께서 말씀하신 서방극락세계는 우화가 아니라 사실입니다. 우리는 이런 일체 현상을 믿어야 합니다.

「이체를 믿음(信理)」이란 십만 억 불국토가 실제로 나의 현전하는 일찰나의 일념심성에서 벗어나지 않음을 깊이 믿는 것이다. 나의 현전하는 일념의 심성은 실제로 밖이 없는 까닭이다.

> 信理者。深信十萬億土。實不出我今現前介爾一念心外。以吾現前一念心性。實無外故。

마지막 조항은 이체를 믿음입니다. 「심신십만억토深信十萬億土 실불출아금현전개이일념심외實不出我今現前介爾一念心外」, 이 부분에서 특별히 「일념심一念心」에 주의해야 합니다. 이념二念, 두 가지 생각은 거짓이고 망심입니다. 일념一念은 진심입니다. 이념은 망심으로 우리들 진심이 나타난 경계입니다. 「이오현전일념심성실무외고以吾現前一念心性實無外故」, 진심은 안팎이 없습니다. 망심도 실제로 말해서 안팎을 찾을 수 없습니다. 진심은 말할 것도 없습니다. 그래서 《능엄경》에서는 「칠처징심七處徵心」[25]으로 시작합니다. 아

---

25) "칠처징심七處徵心이란 능엄회상에서 부처님께서 아난에게 마음의 소재를 물으시매 아난이 일곱 번에 걸쳐 일곱 군데에 마음이 있다고 내보인 것으로 부처님께서 차례로 망답妄答을 파하시고 오류를 지적하여 마음은 그 어느 곳에도 있지 아니한 상주진여常住眞如이며, 성정명체性淨明體임을 가리키시고 객진번뇌를 설명하여 진견眞見으로 이끌어 가는 과정이다." 《능엄경에 나타난 칠처징심(七處徵心)의 의의》, 혜주 스님.

난이 마음을 언급하자 석가모니부처님께서 그에게 이것이 진심이다, 이것이 망심이다 판별하지 말라고 맨 먼저 말씀하셨습니다. "그대는 마음이 있다고 말한다. 마음이 어디에 있는지 찾아서 나에게 보여 달라." 진심은 당연히 찾을 수 없습니다. 망심도 찾을 수 없습니다. 그래서 진심이든 망심이든 상관없이 모두 한계가 없습니다. 이는 작용을 일으키는 이면에 있습니다. 진심이 작용을 일으킴에는 한계가 없지만, 망심은 작용을 일으키는 한계가 있습니다. 망심은 그것에 분별·집착이 있기 때문입니다. 분별·집착이 그것의 한계입니다. 그러나 여러분은 분별·집착은 단지 추상적 개념에 지나지 않을 뿐이고 결코 진실로 한계가 있는 것이 아님을 알아야 합니다. 그 경계는 가설한 것입니다. 예를 들면 오늘날 지구상에 과학자들이 경도經度와 위도緯度를 그린다고 해서 지구에 정말 경도와 위도가 있습니까? 없습니다. 어찌 경도 위도가 있겠습니까! 이는 당신 자신이 그린 것이고 사람이 그린 것입니다. 그래서 이는 일종의 추상적 개념으로 사실이 아닙니다.

또한 서방극락의 의보와 정보, 스승과 제자들은 모두 나의 현전하는 일념심성에 나타나는 그림자임을 깊이 믿는 것이다. 일체 현상 전체 그대로가 곧 이체이고, 망념으로 나타난 것 전체 그대로가 곧 진심이며, 수행 전체 그대로가 곧 본성이며, 저 부처님 전체 그대로 곧 자기 심성이다. 내 마음이 두루 한 까닭에 부처님의 마음도 역시 두루하고, 일체 중생의 심성도 역시 두루하다. 비유하면 방 한 칸에 천 개의 등불이 있어도 각각의 광명이 두루 비추고 겹겹이 교차하며 거두어들여 서로 방해하지 않는 것과 같다. 이를 「이체를 믿음(信理)」이라 한다.

又深信西方依正主伴。皆吾現前一念心中所現影。全事卽理。全妄卽眞。全修卽性。全他卽自。我心徧故。佛心亦徧。一切衆生心性亦徧。譬如一室千燈。光光互徧。重重交攝。不相妨礙。是名信理.

이 뒤쪽 단락은 잘 말씀하셨습니다. 「우심신서방의정주반又深信西方依正主伴」, 이는 일체 현상(事)을 말합니다. 서방극락세계는 의보의 환경이고, 정보의 이들 중생은 인사환경이며, 의보는 물질환경입니다. 「주主」는 아미타부처님 교화의 주체이십니다. 「반伴」은 제자입니다. 주主는 스승님입니다. 시방세계에 가서 왕생하는 사람들은 모두 아미타부처님을 스승으로 모시고, 모두 아미타부처님의 제자입니다. 그래서 「주반主伴」은 요즘말로 해서 스승과 제자입니다. 「개오현전일념심중소현영皆吾現前一念心中所現影」, 이는 이체를 말합니다. 앞에서 말한 것은 일체 현상입니다. 일체 현상은 어디에서 유래합니까? 모두 자기의 진심이 변하여 나타난 것입니다. 「전사즉리全事卽理」, 현상 전체 그대로가 바로 이체입니다. 「전망즉진全妄卽眞」, 망은 상相을 말하고, 진眞은 성性을 말합니다. 진은 진여본성으로 능변能變, 즉 변화시키는 주체입니다. 망은 소변所變, 즉 변화되는 대상입니다. 예를 들면 꿈을 꾸는 것처럼 꿈속 경계를 변화시키는 주체는 마음이고, 변화되는 대상은 꿈속 경계이므로 "꿈 전체 그대로 곧 마음이고, 마음 전체 그대로가 곧 꿈이다."라고 말할 수 있습니다. 이는 하나의 이치로 자성이 변하여 나타난 것입니다.

전수즉성全修卽性 전타즉자全他卽自

이것은 사실진상을 말합니다. 우리가 닦는 것은 자기의 성품(性)입니다. 정종 수행을 간단히 말하면 집지명호執持名號입니다. 이 한마디 아미타불을 염하는 것의 원래 의미는 「본성에 칭합하여 수행을 일으킴(稱性起修)」이고 「수행 전체 그대로가 본성(全修卽性)」임을 아는 이는 얼마 되지 않습니다. 그러나 어떻게 닦아야 이 한마디 부처님 명호가 진정으로 「수행 전체 그대로가 곧 본성」이겠습니까? 앞에서 말한 것을 의심하지 말고, 뒤섞지 말며, 중단하지 말아야 합니다. 이렇게 염할 수 있으면 우익대사께서 말씀하신 대로 "일념에 부처님의 명호와 상응하면 일념에 부처님이 되고, 염념마다 상응하면 염념마다 부처님이 된다(一念相應一念佛 念念相應念念佛)." 누구와 상응합니까? 성덕과 상응하고 진심과 상응하며 사실진상과 상응합니다. 만약 의심이 있고, 뒤섞음이 있으면 상응하지 못합니다. 그래서 "육근을 모두 거두어 들여 정념을 이어가라(都攝六根 淨念相繼)"는 대세지보살의 가르침도 이 뜻입니다. 정념淨念에서 정淨은 청정입니다. 나에게 의심이 있으면 마음은 청정하지 못하고 생각은 청정하지 못합니다. 나에게 뒤섞음이 있으면 마음도 청정하지 못합니다. 그래서 결코 의심이 없고 뒤섞음이 없어야 정淨이라 합니다. 상속相繼은 바로 중단하지 않음입니다. 대세지보살께서 말씀하신 이 네 글자가 바로 의심하지 않고, 뒤섞지 않으며, 중단하지 않는다는 뜻임을 알 수 있습니다. 이것이 바로 수행 전체 그대로가 곧 본성입니다. 이것은 상상승上上乘의 수법修法으로 이 보다 더 높은 것은 없습니다. 「전타즉자全他卽自」 안에는 의보와 정보, 스승과 제자들을 모두 포함한 것으로, 모두 자성이 변하여 나타난 것입니다.

아심변고我心遍故 불심역변佛心亦遍 일체중생심성역변一切衆生心性亦遍

앞쪽의 네 문구, 「전사즉리全事卽理 전망즉진全妄卽眞 전수즉성全修卽性 전타즉자全他卽自」는 《화엄경》에서 말하는 이사무애理事無礙이고, 뒤쪽의 이 단락은 사사무애事事無礙입니다. 이것은 진실로 어찌 장애가 있겠습니까? 모든 일체 장애는 어떤 부분에서 생깁니까? 사실진상을 알지 못하여 망상 집착에서 무량무변의 장애가 생깁니다. 사실진상을 명백히 알면 어찌 장애가 있겠습니까?

비여일실천등譬如一室千燈 광광호변光光互徧 중중교섭重重交攝 불상방애不相妨礙

이는 비유를 들어 말한 것입니다. 「비여일실천등譬如一室千燈」, 실室은 방 한 칸을 말합니다. 이 방 안에 천 개의 등불이 켜져 있습니다. 우리의 방에는 비록 천 개의 등불이 없고 수십 개의 등이 있어도 비유를 할 수 있습니다. 「광광호변光光互遍」, 등불마다 광명이 두루 이 방을 비추고 있습니다. 광명을 마음먹는 것과 비교하면 나의 마음, 등불의 광명은 방 전체를 비춥니다. 부처님의 마음도 등불 하나로 방 전체를 비추고, 일체 중생의 마음도 이렇게 두루 미칩니다. 「중중교섭重重交攝 불상방애不相妨礙」 나의 마음에 부처님의 마음이 있고, 나의 마음에 중생의 마음이 있습니다. 부처님의 마음 한 가운데 나의 마음이 있고, 부처님의 마음 가운데 중생의 마음이 있습니다. 이는 사사무애事事無礙의 법계입니다. 사무애四無礙는 《화엄경》의 특색으로 기타 경전에는 이런 설법이 없습니다. 《화엄경》은 원만함을 설하였습니다. 그것을 법계를 말함에 있어 네 가지 각도로 관찰하고 설명하여 우리가 그것의 진상을 이해하도록 합니다. 첫째 사事 상에서 말하고, 둘째 이理 상에서 말하며, 셋째 이사무애理事無礙 상에서 말하고, 마지막으로 사사무애事事無礙 상에서 말합니다. 그래야 비로소 진정으로 구경원만한 경계를 말합니다. 《화엄경》은 사법계를 구족하고 있고, 본경도 사법계를 구족하고 있습니다. 그래서 고인이 《아미타경》을 소본小本《화엄》으로 본 것은 일리가 있습니다.

서방정토는 우리가 정념淨念으로 느끼는 것이고, 성취하는 것입니다. 머리를 돌려서 이 세계, 눈앞에 보이는 이 지구를 보면 오늘날 수많은 과학자들이 걱정하고 있습니다. 무엇을 걱정하고 있습니까? 이 지구는 사람에 의한 오염이 대단히 심각합니다. 그래서 모두에게 환경보호에 주목할 것을 호소하고 있습니다. 만약 환경보호를 강화하지 않는다면 과학자들은 50년 후에 이 지구는 인류가 생존하기에 적합하지 않을 것이라 예언하고 있습니다. 이는 실제로 너무나 두려운 일입니다! 50년의 시간은 길지 않습니다. 우리가 50년 동안 생활환경을 개선할 능력이 있습니까? 이는 매우 어렵습니다. 확실히 쉽지 않습니다. 진정으로 환경보호를 생각하고 진정으로 효과 있게 하려면 불법에서 시작해야 합니다. 왜 그렇습니까? 사람 마음이 오염된 것에서 시작하면 방법이 있습니다. 부처님께서는 늘 **"의보는 정보에 따라 바뀐다**(依報隨著正報轉)**."**라고 말씀하셨습니다. 오늘날 이 세계를 자세히 관찰해보면 이 세계 사람들의 마음이 오염되고, 사상이 오염되고, 견해가 오염되고, 정신이 오염된 정도가 매우 심각하여, 물질환경의 오염보다 더 엄중하여 진정으로 두렵다 하겠습니다! 오늘날 이러한 급한 상황에서 사람들을 구하는 일이 매우 시급합니다. 그렇다면 어떻게 사람들의 마음을 정화시키는 효과에 진정으로 도달할 수 있겠습니까? 실제로 말하면 노실하게 염불하는 것이 진실로 효과가 있습니다. 이러한 이치를 알든 모르든 관계없이 진정으로 「육근을 모두 거두어 들여 정념을 이어감」을 실천할 수 있으면 3개월이면 효과를 볼 것입니다. 어떤 효과를 봅니까? 마음바탕이 청정하고, 망상·잡념이 줄어들 것입니다. 이것이 바로 오염이 감소되어 점차 청정함을 회복하는 것입니다.

그래서 3개월에서 6개월이면 진정으로 효과를 볼 수 있습니다. 노력하고 착실하게 실천하기만 하면 됩니다.

그래서 정토와 예토는 실제로 마음속에서 변하여 나타나는 것입니다. 이 세계 사람들 한 사람 한 사람 모두 염불하고 청정심을 닦으면 실로 우리가 사는 이 세계는 극락세계로 변할 수 있습니다. 그러나 **왜 변하는데 실패할까요? 나는 변하고 싶은데 그는 변하지 않고, 그는 변하고 싶은데 나는 변하지 않기 때문입니다.** 의견이 일치하지 않아 문제가 심각합니다. 이와 달리 서방극락세계 사람들은 계산할 수 없을 정도로 사람들이 많아도 그들의 의견은 일치합니다. 실제로 이것에 이르기는 매우 어렵습니다! 왜 그 세계의 사람들은 사상과 견해가 모두 일치할 수 있을까요? 이는 아미타부처님의 훌륭하심에 감탄하지 않을 수 없기 때문입니다. 아미타부처님께서 그곳에 세계를 만드실 때 이 세계에는 원래 사람이 아무도 없었습니다. 사람들은 모두 시방세계에서 이민 온 사람들입니다. 이민 조건은 바로 마음바탕이 청정해야 한다는 것입니다. 그래서 그곳은 청정세계입니다. 미국정부의 이민 조건은 조금도 납득이 되지 않습니다. 납득이 되기만 하면 모든 세계 사람들이 미국으로 이민 올 것입니다. 마음바탕이 청정하기만 하면 미국은 청정국가이고 지구상의 극락세계가 될 것입니다. 그래서 서방극락세계의 이민 조건은 마음 바탕이 청정한 것입니다. 일심으로 전일하게 염하여야 왕생할 수 있습니다. 이 세계에서는 선악이 느끼는 것이 다릅니다. 선한 생각은 삼선도를 느끼고, 악한 생각은 삼악도를 느낍니다. 이것이 육도윤회입니다. 이것이 오염된 현상입니다. 그래서 경에서 오탁악세를 말합니다. 탁濁은 요즘말로 오염으로 마음바탕에서 바깥 환경에 이르기까지 오염된 현상을 말합니다. 서방극락세계는 지극히 청정하여 마음속에서 바깥 환경까지 모두 청정합니다.

　이상과 같이 우익대사께서 화엄 사법계로 네 가지 각도에서 우리를 위해 사실진상을 설명하셨습니다. 이 단락은 뜻이 비교적 깊지만 세심하게 이해해야 합니다. 이것이 우리가 대승을 수학하는 기초입니다. 정종은 대승의 대승으로 이런 기초 위에 건립됩니다. 이로써 염불법문은 얇은《아미타경》한 권이지만, 그것은《화엄》과《법화》와 일체 대승경론과 근거하는 이론이 완전히 같고, 격외格外의 교묘한 말을 구사함을 알 수 있습니다. 이론은 일체 대승, 일승경一乘經과 같고 방법은 그 문을 뛰어넘으니, 이래야 일체 제불여래께서 찬탄하시고 일체보살이 향해 나아가는 것이라 할 수 있습니다. 이치가 여기에 있습니다.

　이미 이와 같이 믿었다면 곧 사바는 곧 자기 심성이 감응하여 나타난 더러운 세계이니 자기 심성의 더러움은 이치상 싫어하여 떠나고 싶어해야 하고, 극락은 자기 심성이 감응하여 나타난 청정한 세계이니 자기 심성의 청정함은 이치상 기쁜 마음으로 구하려고 해야 한다.

　如此信已。則娑婆卽自心所感之穢。而自心穢。理應厭離。極樂卽自心所感之淨。而自心淨。理應欣求。

　이 단락은 두 가지 원이 있으니, 하나는 사바세계를 떠나고자 하는 원이요, 하나는 정토에 태어나길 구하는 원입니다. 이 두 가지 원은 어떻게 생겨나는 것입니까? 대사께서는 여기서 이 일을 일러 주십니다. 앞에서 말씀 드린 것처럼 허공법계는 모두 우리들 자성이 변하여 나타난 물건이고, 현전하는 이 세계도 자기 심성이 변하여 나타난 현상입니다. 시방제불찰토도 이와 같고, 서방극락세계도 예외 없이 모두 자기 심성이 변하여 나타난 것입니다. 우리의 마음, 진심은 매우 단순하여 나타난 것이 상적광정토입니다. 앞에서 네 가지 정토를 말씀드렸듯이 진심본성은 상적광정토를 나툽니다. 그러나 심성이 미혹된 이후에는 바꾸어 말해서 미혹의 깊고 얕음의 차별이 생겨서 마침내 십법계의 몸과 국토가 변하여 나타납니다. 십법계가 변하여 나타나는 것은 자기 미혹의 깊고 얕은 차별에 달려있습니다. 사바세계는 우리의 미혹된 마음·망심이 나타나는 경계이고, 극락세계는 우리의 진심·청정한 마음이 나타난 경계입니다.

앞에서 많이 말했듯이 서방극락세계에는 네 가지 국토가 있고, 매 국토마다 9품이 있으며, 모두 업을 지닌 채 왕생합니다. 실보장엄토에는 문수보살 보현보살 등과 같은 화장회상華藏會上의 등각보살들도 《화엄경》에서 모두 발원하여 정토에 태어나길 구한다고 합니다. 이분들은 일품의 생상무명生相無明을 지니고 있습니다. 이를 대업帶業이라 하고, 모두 다 업을 지닌 채 왕생합니다. 다만 왕생하는 사람이 지닌 업습業習의 가볍고 무거움, 많고 적음만 다를 뿐입니다. 그래서 사토四土·삼배구품三輩九品이 이로부터 유래합니다. 다른 제불찰토에서도 사토·삼배구품이 매우 뚜렷이 나타납니다. 매 계층마다 다른 계층과 장벽이 존재합니다. 우리들 학교교실처럼 한 칸 한 칸 교실마다 모두 장벽이 있어 서로 벽을 두고 생활합니다. 오직 서방세계의 사토·삼배구품만이 장애가 없으니, 매우 불가사의합니다! 그래서 조사 대덕들께서는 우리에게 "일생이 일체 생이다." 말씀하십니다. 우리는 범성동거토凡聖同居土에 이르면 설령 하하품으로 왕생하더라도 사토·삼배구품을 모두 다 볼 수 있고, 모두 다 접촉할 수 있는데 장애가 없기 때문입니다. 문수보살께서 왕생하시는 것처럼 이들 대보살들은 당연히 실보토의 상상품입니다. 그분들은 실보토의 상상품에 태어나고, 동시에 동거토의 하하품으로 왕생한 대중을 볼 수 있어 모두 온종일 한곳에 지냅니다. 그래서 경에서 말한 「수많은 상선인들과 한곳에 모여 산다(諸上善人俱會一處)」고 함은 바로 이 일을 두고 말하는 것입니다. 이러한 이치, 이러한 사실을 똑똑히 이해하면 서방극락세계를 그리워하며 왕생하길 발원하는 마음이 절로 생겨납니다. 그래서 이 단락에서는 믿음과 발원이 생겨나는 이유를 설명합니다.

믿음과 발원은 정토에 왕생하는 관건으로 매우 중요합니다. 고덕들께서는 이 세간의 일반 사람들은 비록 정토법문을 듣고 마음속에 매우 그리워하지만, 여전히 왕생발원을 하지 않는다고 말씀하십니다. 이는 실제로 이른바 업장이 너무 무거워서 깨닫지 못하기 때문입니다. 깨닫지 못한 사람이 다수이고, 깨달은 사람은 확실히 소수입니다. 진정으로 깨달은 사람은 다음 사실을 알아야 합니다.

첫째, 인생은 확실히 괴롭습니다. 사람만 괴로운 것이 아니라 육도의 존재들도 괴롭습니다. 부처님께서 대승·소승 경전에서 모두 우리를 위해 이 사실을 상세하게 설명하고 있습니다. 결론은 삼계가 모두 괴롭습니다. 천인들은 비교적 즐거움은 많고 괴로움이 적은 것에 불과합니다. 사람 사는 세상은 몇 십 년 동안 냉정하게 생각하고 또 생각해보아도 실로 즐거움은 적고 괴로움이 많습니다. 이것이 우리의 현황인데 장래에는 상황이 어떻겠습니까? 장래에는 더욱 괴로워질지 모릅니다. 어떻게 알 수 있습니까? 우리가 현재 짓는 인因에서 관찰해보면 알 수 있습니다. 인因을 짓는 것을 살펴보면,

몸으로 조작하고 입으로 말하며 뜻으로 생각하여 인을 짓습니다. 몸·말·뜻, 삼업으로 조작하여 도대체 얼마나 많은 선, 얼마나 많은 악을 짓습니까? 우리가 지은 악이 선보다 많으면 다음 생의 과보는 반드시 괴로움이 즐거움보다 많을 것입니다. 이것은 미신이 아닙니다. 사람을 속이는 것도 아닙니다. 자신이 냉정하게 사유해보면 이로운지 해로운지 알 것입니다. 그래서 첫째 인생은 괴롭다는 것을 깨달아야 합니다.

둘째, 인생은 공空임을 깨달아야 합니다. 일반인이 임종할 때 마지막 숨이 끊어지면 이때 비로소 한바탕 공임을 알게 됩니다. 그런데 왜 지금은 모릅니까? 사실 총명한 사람, 쉽게 깨닫는 사람은 인생이 공임을 압니다. 날마다 저녁에 잘 때 눈을 감는데, 이것이 죽음과 무엇이 다릅니까? 눈을 감으면 모두가 공입니다. 어떤 것이 당신입니까? 정말 몸조차 당신이 아니거늘 하물며 몸 밖의 물질은 말해 무엇 하겠습니까! 이를 깨달아야 합니다. 이 사실을 분명히 깨닫는다면 정말 지혜가 열리고 자재하게 될 것입니다. 왜 그렇습니까? 이해득실의 생각이 줄어들어 다른 사람에게 손해를 입히고 자신을 이롭게 하는 일은 저절로 하고 싶지 않을 것이고, 또 하지 않을 것입니다. 불조께서는 우리에게 악을 끊고, 선을 닦으며, 공덕을 쌓으라고 가르치셨는데, 우리는 왜 실천하지 않습니까? 바로 깨닫지 못했기 때문입니다. 그래서 경전에서는 "만법은 모두 공이다(萬法皆空)"라고 말합니다. 특히 대승의 반야부 경전에서는 매우 많이 말하고 있습니다. 세존께서 세상에 계시면서 22년 동안 반야를 설하셨습니다. 반야는 바로 우리에게 이것이 진정한 지혜라는 사실을 말합니다.

셋째, 인간은 무상한 존재임을 깨달아야 합니다. 뿐만 아니라 세간

환경은 무상합니다. 큰 차원에서 보면 이른바 푸른 바다가 뽕나무밭이 됩니다(滄海桑田). 요즘말로 하면 지구의 지각변화는 대단히 무상합니다. 작게 보면 그것은 정말 찰나 찰나 매 순간 머물지 않습니다. 물질 환경은 이와 같습니다. 자신의 몸도 이처럼 생로병사가 있습니다. 부처님께서는 식물에는 생주이멸生住異滅이 있고, 광물에서 지구에 이르기까지 성주괴공成住壞空이 있다고 말씀하셨습니다. 이 사실을 모르지 않지만, 우리는 이 사실 안에서 손발이 마비된 것처럼 아무것도 느끼지 못합니다. 진정으로 깨달은 사람은 시시각각 고도의 깨달은 마음이 존재합니다.

넷째, 인생은 무아임을 깨달아야 합니다. 이는 진실입니다. 모든 일체 죄업은 모두 아집 안에서 발생합니다. 진정으로 이 도리, 이 사실을 알 수 있다면 불경에서 말하는 것처럼 우리 몸이 사대가 화합하여 변화된 것임을 알 수 있습니다. 사대四大란 무엇입니까? 사대는 바로 물질입니다. 불경에서는 지수화풍 이 네 글자로 그것을 대표한다고 말합니다. 앞에서 말씀드린 것처럼 《금강경》에서는 이 세계는 일합상一合相이라고 말합니다. 이런 관찰은 너무나 대단합니다. 현재 과학자들도 확실히 일합상임을, 즉 하나의 기본적인 물질이 조합되어 이루어져 있음을 인정합니다. 부처님께서는 이 기본적인 물질에는 사대라고 하는 네 가지 현상이 있다고 말씀하셨습니다.

첫째 성질, 그것은 물질입니다. 비록 매우 작을지라도 그것은 체적(體積 ; 물질이 공간에서 차지하는 크기)이 있습니다. 땅(地)은 체적을 대표하고, 물질을 대표합니다.

둘째 성질은 온도입니다. 경전에서는 화대火大라 합니다. 불은 온도를 대표합니다.

셋째 성질은 습도입니다. 습도는 물(水)로 대표됩니다. 요즘말로 그것은 양전하 음전하로 전기를 가집니다. 음전하가 바로 수대水大입니다. 그래서 이것은 사용하는 명사가 다릅니다.

넷째 성질은 정지된 것이 아니라 움직이는 것으로, 이 움직이는 것은 바람(風)으로 대표됩니다. 그래서 여러분은 사대가 일체물질을 조직하는 기본적인 것임을 알아야 합니다. 불법에서는 미진微塵이라고 하는데, 그것은 매우 작지만, 이 네 가지 특성을 가지고 있습니다. 물질들이 조직되어 모일 때 형상이 나타나고, 분리되어 흩어지면 이 형상은 사라집니다. 그래서 이 몸은 진실한 것이 아니고 단지 모이고 흩어질 뿐입니다. 모이면 존재하고 흩어지면 사라집니다.

분필을 예로 들면 여러분은 쉽게 이해하고 관찰할 수 있습니다. 분필은 수많은 가루분자가 조합된 것입니다. 만약 여러분이 그것을 부수어 흩으면 이분필은 사라질 것입니다. 여기서 이분필의 진상은 단지 가루가 모이고 흩어진 것일 뿐임을 이해할 수 있습니다. 사실대로 말해서 모였을 때 그것은 생한 것이 아니고, 흩어져도 멸한 것이 아닙니다. 그래서 물질은 확실히 생하지도 멸하지도 않습니다. 이러한 이치를 명백히 이해하면 우리의 몸은 생멸이 없음을 알 수 있습니다. 몸도 생멸이 없고, 모든 일체만법도 생멸이 없습니다. 모이고 흩어짐은 무상합니다. 그것은 나타난 상일 뿐으로 이러한 가상에 속아서는 안 되고, 그것의 진상을 똑똑히 알아야 합니다. 그래서 부처님께서는 대천세계가 바로 일합상一合相이라고 말씀하셨습니다. 정말 그것의 진상을 말하면 그것은 일합상입니다. 이것이 물질의 무상함입니다.

　　물질을 제외하고 그 밖에 여전히 정신이라고 하는 부분이 있습니다. 정신은 바로 《반야심경》에서 말하는 오온五蘊 가운데 수受·상想·행行·식識입니다. 수상행식, 이 네 가지는 모두 마음, 즉 심리작용에 속합니다. 우리들 마음속의 생각은 한 생각이 일어나고 한 생각이 멸하여 무상합니다. 그래서 몸과 마음의 진상을 똑똑히 이해한 후에야 비로소 진정으로 부처님께서 경에서 말씀하신 무아無我를 체득할 수 있습니다. 「인무아人無我」란 우리들 자기 본신으로 이 오온의 몸을 말합니다. 부처님께서는 또한 우리는 「법무아法無我」를 말씀하셨습니다. 법法은 오온을 말하는 것으로 오온에는 나란 것이 없습니다. 「나(我)」는 바로 주재한다는 뜻으로 요즘말로 존재한다는 뜻입니다. 그것은 없으므로 찾을 수가 없습니다. 그것은 찰나찰나 그곳에서 변화합니다. 그래서 정말 고苦·공空·무상無常·무아無我입니다. 우리는 항상 부처님의 이 말씀을 기억해야 하고, 항상 생활하는 가운데 이 말을 체험해야 합니다. 이래야 깨달은 사람입니다. 깨달은 사람도 진지하게 정토를 희구합니다. 왜 그렇습니까? 서방정토에는 「고·공·무상·무아」 이 네 가지 현상이 모두 없기 때문입니다. 극락세계에는 괴로움은 없고 즐거움만 있습니다. 극락세계는 진정으로 존재합니다. 그것은 불공不空이고, 확실히 영원합니다. 이는 어떤 이치입니까? 시방세계의 찰토는 팔식八識의 상분相分입니다. 상분은 바로 물질입니다. 그래서 그것은 고·공·무상·무아입니다. 서방극락세계는 우리의 이 세계, 제불의 찰토와 달리 심성心性의 상분입니다. 그래서 근본적으로 말해서 그것은 다릅니다. 심성이 변하여 나타난 상분은 진상眞常·무루無漏에 속합니다.

더러움을 싫어하여 모름지기 버려서 구경에 이르면 바야흐로 버릴 것이 없다. 청정함을 기뻐하여 모름지기 취하여 구경에 이르면 바야흐로 취할 것이 없다. 그러므로 사명지례四明知禮대사께서《관무량수경묘종초觀無量壽經妙宗鈔》에서 이르시길, "버리고 취함이 만약 극에 이르면 버리지도 취하지도 않는 것 또한 같은 경계이다."고 하셨다.

厭穢。須捨至究竟。方無可捨。欣淨。須取至究竟。方無可取。故妙宗云。取捨若極與不取捨。亦非異轍。

염예수사지구경厭穢須捨至究竟　방무가사方無可捨

이 문구는 우리에게 버리고자 한다면 남김없이 깨끗이 버려야 함을 가르쳐 줍니다. 여기서 버림이란 지금 이후로 아무 일도 하지 않고 모두 내려놓고 전심으로 염불하라고 가르치는 것이 아님을 명심해야 합니다. 그러면 당신은 그 뜻을 완전히 잘못 이해한 것입니다. 여기서 당신에게 **버리라고 가르치는 것은 이런 일을 마음에 두지 말라는 것입니다.** 일은 해야 합니까? 해야 합니다. 일마다 따라 하고, 게다가 반드시 버리지 못하는 사람들보다 더 잘 하고, 더 원만하게 해야 합니다. 왜 그렇습니까? 사실진상을 이해하고 있기 때문에 당신은 무슨 일이든 매우 원만하게 할 수 있습니다. 이것을 공덕을 쌓는 것이라 합니다. 이래야 진실한 수행이라 할 수 있습니다. 결코 마음에 두어서는 안 됩니다. 마음에는 아무것도 없어야 맞습니다. 마음에는 단지 한마디 부처님 명호, 아미타불 만덕홍명萬德洪名만 있을 뿐입니다. 이 한마디 아미타불을 제외하고 그 밖에 모든 일체 망상·분별·집착과 걱정근심을 모두 다 남김없이 깨끗이 버려야 합니다. 그래야 당신의 마음이 진정으로 청정하고 진정한 지혜가 비로소 현전할 수 있습니다. 이 문구는 남김없이 깨끗이 버려야 한다고 가르치고 버릴 것이 없는 정도까지 버려야 한다고 가르칩니다.

흔정수취지구경欣淨須取至究竟 방무가취方無可取

우리가 서방극락세계를 취하고자 하는 마음이 대단히 강렬하면 마음에는 단지 서방극락세계 하나만이 있고, 아미타부처님 한 분만이 계시게 됩니다. 취하고 버림이 이와 같을 수 있어야 비로소 진정한 왕생의 대원이라 할 수 있고, 삼자량三資糧 중에서 믿음과 발원이 진정으로 성취됩니다. 고인께서는 "정토가 있다(有淨土)"고 하셨습니다. 당신에게 이런 원이 있고, 이런 믿음이 있으면 당신에게 정말로 정토가 있습니다. 정토가 있는데 어찌 왕생하지 못할 도리가 있겠습니까? 결정코 왕생합니다. 아래에는《묘종초妙宗鈔》에 있는 말 한마디를 인용합니다. "버리고 취함이 만약 극에 이르면 버리지도 취하지도 않는 것 또한 같은 경계이다."《묘종초》는 사명대사께서 저술한 것입니다.《관무량수경소觀無量壽經疏》에서《소疏》는 지자智者대사께서 주석하신 것이고,《초鈔》는 사명四明존자께서 지자대사의 주석을 주해하신 것입니다. 이것은《관무량수경》에 대한 매우 유명한 주해서로 천태종의 전적에 속합니다. 지자대사께서는 임종시 염불하여 정토에 왕생하셨습니다. 천태지자대사께서는 우리와 다르게 정토를 닦으셨습니다. 우리는《무량수경》과《아미타경》에 근거하여 지명염불을 취하지만 지자대사께서 닦으신 것은 관상염불로 16관을 닦아 왕생하셨습니다.

네 가지 종류의 염불은 모두 세존께서《관경》에서 설하신 것입니다. 그래서 어느 종류를 수학하더라도 모두 왕생할 수 있습니다. 그러나 네 가지 중에서 지명염불이 가장 간단하고, 가장 쉬우며,

가장 온당하고, 가장 빠릅니다. 대사께서 이 단락에서 하신 말씀의
뜻은 매우 깊습니다. 대사께서는 다만 부처님께서 우리를 위해
말씀하신 뜻을 잘못 이해하여 진실한 이익을 얻을 수 없을까 두려워
하십니다. 그래서 특히 여기서 우리를 위해 버리고 취함에 진지해야
하고, 극처에 도달해야 한다고 분명히 말씀하십니다. 《묘종초》
에서의 문의問意는 이론 방면에 치우쳐서 사수事修에 대해 소홀히
하면 이는 잘못이라는 것입니다. 답처答處는 사事에 즉하여 이理에
도달하며 이사理事가 둘이 아니고 하나라는 것입니다. 그래서 부처님
께서는 "불법은 세간에 있어도 세간법을 무너뜨리지 않는다(佛法在世
間 不壞世間法)." 말씀하셨습니다. 결코 세간법을 파괴하지 않습니다.
세간법을 원만히 성취해야만 비로소 진정한 불법이라고 할 수 있습
니다. 제불보살께서 우리들 세간에 응화하시어 설하신 법은 가장
좋은 가르침일 뿐만 아니라 하신 일들은 실제로 모두 세상 사람들의
모범입니다. 이 교학教學은 언교言教에 그치지 않고, 모두 모범을
행하여 우리에게 가르쳐 보여주신 신교身教입니다. 특별히 《화엄경》
말미에서는 53참參으로 시현하십니다. 이들 불보살들은 우리들
사회에서 각각 다른 행, 다른 업으로 남녀노소의 모습으로 시현하십
니다. 그들은 어떻게 생활하십니까? 그들은 어떻게 사람을 대하고
사물에 접합니까? 이 사람들은 모두 불보살께서 다시 오신 분으로
우리에게 대단히 좋은 모범이십니다.

우리가 발심하여 수행할 때 가장 중요한 것은 바로 노실하게
염불하는 것입니다. 실제로 남녀노소를 막론하고, 귀한 자나 천한
자, 현명한 자나 어리석은 자를 막론하고 「노실염불老實念佛」이 네
글자를 실천할 수 있으면 결정코 왕생할 수 있습니다. 걱정되는
것은 노실하지 못한 경우입니다. 이 단락에서 말하는 취하고 버림이

극처에 이르는 것이 바로 진정으로 노실한 사람, 노실한 모습입니다. 정토에 태어나길 사실상으로 구하면 이런 모습이 비로소 진정으로 온당하다고 할 것입니다. 「이체에 집착하여 일체 현상을 폐기해서는 (執理廢事)」안 됩니다. 특별히 이 수행방법은 어떠한 일체 현상에도 장애가 없습니다. 다른 법문은 가끔씩 수학하는 경우 세상의 사소한 일들에 장애가 있습니다. 예를 들면 참선 수행의 경우 참선하는 사람은 날마다 반드시 타좌打坐26)를 해야 합니다. 어느 장소에서 몇 시간 타좌를 하면 일을 할 수 없고, 어떤 사람이 그를 방해하기도 합니다. 이는 일체 현상에 대해 방해가 있는 것입니다. 당연히 선종 수학을 처음 배우는 사람에게는 이런 장애가 있습니다. 선종에서 높은 경지의 수행인 경우 장애가 없습니다. 높은 경지의 수행은 날마다 좌선을 하더라도 타좌할 필요는 없습니다. 《화엄경》에서 육향鬻香장자는 참선을 수학하는 사람입니다. 그는 날마다 좌선을 하는데 어디서 좌선을 합니까? 가장 번화하고 가장 시끌벅적한 시장에 가서 합니다. 그가 그곳에서 좌선을 한다고 오해해서는 안 됩니다. 책상다리를 하고 면벽하며 그곳에 앉아 있다면 다른 사람에게 웃음거리가 될 것입니다! 《육조단경六祖壇經》을 읽어보면 명백히 알 것입니다. 육조께서 말씀하신 좌선은 정말로 그곳에서 앉아라고 하지 않습니다. 좌坐는 어떤 뜻입니까? 좌는 움직이지 않음입니다. 그곳에 앉아 있어도 마음이 매우 안정하여 움직이지 않습니다. 「마음이 움직이지 않음(心不動)」을 비유하여 좌坐라고 합니다. 당신이 그곳에 앉아도 마음에 쓸데없는 생각을 하면 좌라고 하지 않습니다. 좌는 부동심不動心을 뜻합니다.

---

26) 두 눈을 감고 책상다리를 하고 앉아서 호흡을 조정(调整)하고 손은 무릎 위에 얹어놓고 아무 생각도 하지 않으며 명상하는 것을 말한다.

그래서 그는 좌선을 시장에서 한다고 말합니다. 육향장자가 표현한 것은 도처에 놀러 다니면서 무엇이든 보고 무엇이든 들어도 다른 사람에게는 참선법입니다. 그래서 선재동자가 그를 참방參訪하러 시장에 가서 그를 찾았는데, 그는 시장에서 한가로이 거닐고 있었습니다. 그것이 바로 그의 공부이고 참선입니다. 그는 시장에서 한가로이 거닐고 있었지만, 그의 마음은 여여如如하여 움직이지 않았습니다. 이것이 바로 선정이고 바로 좌坐입니다. 시장의 모든 것을 그는 또렷이 명백하게 보았습니다. 이것이 바로 지혜입니다. 그래서 시장에 한가로이 거니는 것이 선정과 지혜를 평등하게 닦는 것으로 다른 사람에게는 수행 중인 것입니다. 이는 높은 경지를 말하는 것으로 처음 배우는 이는 할 수 없습니다. 처음 배우는 사람의 마음은 본래 어지럽습니다. 이 번화한 세상을 다시 보면 어떻게 선정을 얻을 수 있습니까? 염불하는 편이 더 좋습니다. 염불은 마음에서 한마디 부처님 명호를 단단히 지키는 것입니다. 일에도 방해를 받지 않습니다. 어떠한 일이든 모두 따라 하면서 부처님 명호를 중단하지 않을 수 있습니다. 이 부분에서는 처음 배우는 단계로 공부가 아직 높은 수준에 이르지 못한 상태를 말합니다. 공부가 높은 수준에 이르지 못하였을 때는 무릇 생각이 필요한 복잡한 일이면 잠시 부처님 명호를 내려놓고 전심을 다해 일을 잘 해내고, 일을 완료한 후 부처님 명호를 다시 듭니다. 이렇게 하면 됩니다. 만약 생각이 필요하지 않는 단순한 일이면 한편으로는 일을 하고 한편으로는 염불을 할 수 있습니다. 앞에서 말한 형주衡州의 대장장이 왕타철王打鐵처럼 그는 염불을 방해하지 않고 쇠를 두드렸습니다. 한번 쇠망치로 치고 한번 부처님 명호를 부를 수 있었습니다. 이 일은 생각이 필요하지 않아서 이 같은 일은 됩니다. 이와 유사한 일들은 할 수 있습니다. 그래서 반드시 사실 상에서 시작해야 합니다.

이 일은 인생에서 가장 중요한 대사大事입니다. 고인께서는 무량겁 동안 희유하여 만나기 어렵다고 말씀하십니다. 이 말은 진실로 조금도 거짓이 아닙니다. 그래서 그것을 가볍게 보지 말고, 진지하게 노력해야 합니다. 이 시대에는 사도師道가 이미 존재하지 않습니다. 스승님의 감독 검사에 기대고 동참도우同參道友가 서로 손잡고 가는 이런 연분은 거의 없습니다. 그래서 이 시대에는 완전히 자기의 발심에 의지하여야 하고, 자기의 경각심에 기대어서 진지하여 노력하며 수학해야 합니다. 일이 다시 바쁘면 조금의 시간을 내어서 전심으로 염불해야 합니다. 아침 식사 시간에 일어나 30분 정도 하고, 저녁에 잠자리 들기 전에 30분 정도 착실하게 염불해야 합니다. 평상시에 틈을 내어 염불하십시오. 다른 일은 모두 가상이고 공이므로 신경 쓸 필요가 없습니다. 한마음 한뜻으로 정토에 태어나길 구하면 됩니다.

설령 일체 현상을 좇아 취하지도 않고 버리지도 않으면서 단지 취하지도 않고 버리지도 않는 의론만 숭상한다면, 곧 이는 이체에 집착하여 일체 현상을 폐기하는 것이다. 이미 일체 현상을 폐기했다면 이체 또한 원만하지 않게 된다. 만약 일체 현상 전체 그대로가 이체라는 것을 명료하게 알면, 취함도 또한 그대로가 이체이고, 버림도 또한 그대로가 이체이다. 한번 취하고 한번 버림이 일진법계 아님이 없다. 그러므로 믿음 다음으로 발원을 밝히는 것이다.

設不從事取捨。但尚不取不捨。卽是執理廢事。旣廢於事。理亦不圓。若達全事卽理。則取亦卽理。捨亦卽理。一取一捨。無非法界。故次信而明願也。

이 단락은 대사께서 정토를 닦는 몇몇 사람들의 편견과 오해를 깨뜨리기 위해서 하신 말씀입니다. 「설設」 설령이란 뜻입니다. 중국 불교에서 선종은 「불립문자不立文字 직지인심直指人心」을 제창하였는데 이른바 상에 집착하지 말라는 말씀입니다. 정토종에서도 또한 버리려고, 또한 취하려고 상에 집착합니다. 맞습니다! 상에 집착함은 바로 사事이고, 상에 집착하지 않음은 이理입니다.

부종사취사不從事取捨

좋습니다. 취하지도 않고 버리지도 않으면, 집착이 없습니까? 그래도 집착합니다. 「취하지도 버리지도 않음」에 집착하는데 어떻게 집착하지 않음이 있단 말입니까! 우리가 매우 세심하게 체득하여 다른 사람의 몇 마디 말에 우리들 신심이 동요된다면 그것은 틀렸습니다. 반드시 사리事理에 대해 똑똑하게 명백하게 분석해야 합니다. 우리는 상에 집착하지 않고는 행할 수 없다고 말합니다. 참선하는 사람도 행할 수 없습니까? 그도 행할 수 없습니다. 그래서 그것을 구두선口頭禪이라 합니다. 진정으로 행할 수 있으려면 어느 누구에게나 평등심으로 대하면 진정으로 행할 수 있습니다. 그는 마음속에서 진정으로 다 버려야 합니다. 그에게 여전히 의견이 있고 비평이 있고 의론이 있다면 그의 마음은 청정하지 못하고, 여전히 망상·집착·분별을 끊지 못하고 있음을 알 수 있습니다.

단상불취불사但尚不取不捨

「단상但尚」, 이는 숭상을 뜻합니다. 「불취불사不取不捨」, 실제로 그는 이미 공에 집착하고 있습니다. 연지대사께서는 정종의 수학을 잘 말씀하셨습니다. 「사에 집착하여(著事)」, 염이 순간순간마다 이어지면 이런 사람은 업을 지닌 채 왕생할 수 있습니다. 그는 진정으로 삼계를 벗어나서 정토에 태어날 수 있습니다. 그러나 「집리執理」, 이론에 치우쳐서 사를 닦는 일을 버리면 자기 심성을 결코 개오할 수 없고 명심견성할 수 없습니다. 바꾸어 말하면 그는 장래에 여전히 육도윤회를 하고 괴로운 과보를 받을 것입니다. 마음을 밝혀 견성할 수 없다면 육도를 뛰어넘을 수 없으니 마음을 밝혀 견성한다는 말이 어찌 쉽겠는가! 이는 연지대사께서 우리에게 가르쳐 주신 것입니다. 우리는 사상事上에서 시작하면 결정코 정확합니다.

더구나 연지대사께서는 뒤쪽에 또 말씀하셨습니다. "곧 이는 이체에 집착하여 일체 현상을 폐기하는 것이다. 이미 일체 현상을 폐기했다면 이체 또한 원만하지 않게 된다." 이 말씀은 정말 좋습니다! 왜냐하면 사와 이는 둘이 아니라 하나이므로 일변一邊에 치우치면 잘못된 것이기 때문입니다. 일변에 치우침에 대해 고덕께서는 우리에게 가르쳐 주셨습니다. "오히려 사에 치우칠지언정 이에 치우쳐서는 안 된다." 바꾸어 말하면 오히려 유에 집착할지언정 공에 집착해서는 안 됩니다. 공에 집착하면 망칩니다. 「약달전사즉리若達全事卽理」, 달達은 통달로서, 명료하게 앎을 뜻합니다. 만약 진정으로 명백히 이해하면 사事는 원래 그대로 이理입니다. "취함도 또한 그대로가 이체이고, 버림도 또한 그대로가 이체이다." 이렇게 취하고 버림이 매우 자재하고, 취하고 버림이 매우 소탈함은 모두 신심입니다. "한번 취하고 한번 버림이 일진법계 아님이 없다. 그러므로 믿음 다음으로 발원을 밝히는 것이다." 이 부분에 이르러 총결론을 내립니다. 염불念佛하면서 사바세계를 버리고 서방극락세계를 취합니다. 이렇게 한번 취하고 한번 버림이 바로 대승의 바른 믿음이고, 바로 앞에서 말한 제불의 진실한 가르침에 수순하는 것입니다. 이 두 마디 말씀은 우익대사께서 실제로 얻기 어려운데 우리를 위해 이 두 마디 말씀을 해주셨습니다. 그가 진정으로 재래인이 아니라면 이 두 마디 말씀은 하실 수 없습니다. 그래서 이 부분에서 정토에 태어나길 구하는 대원을 발해야 합니다. 삼자량三資糧, 신원행 세 가지 왕생 조건 중에서 원은 여기서 말하였고, 아래에서는 행을 말합니다.

「집지명호 일심불란」이라 말씀하신 것은 명호로써 덕을 부르는 것인데, 덕이 불가사의한 까닭에 명호 역시 불가사의하다. 명호의 공덕이 불가사의한 까닭에 설사 산란하게 칭명하더라도 성불의 종자가 되며, 부처님 명호를 집지하면 불퇴전의 자리에 오르게 된다.

言執持名號。一心不亂者。名以召德。德不可思議。故名號亦不可思議。名號功德不可思議。故使散稱爲佛種。執持登不退也。

명호불가사의名號不可思議

정종의 책속에서 명호는 실로 불가사의하다고 늘 말하고 있는 것을 보지만 왕왕 우리는 소홀히 하여 이 말의 진실한 뜻을 알지 못하고 있습니다. 명호는 왜 불가사의합니까? 작년 우리는 이곳에서 《무량수경》을 강연할 때 여러분에게 상세하게 말씀드렸습니다. 황념조 노거사께서는 《무량수경》을 주해하시면서 수당시대 대덕들께서 저술하신 정종의 주소註疏들을 매우 많이 인용하셨습니다. 이것이야말로 불가사의한 감응입니다. 그렇게 열악한 환경에서 어떻게 이렇게 많은 참고서를 찾으셨을까? 수당시대 고승대덕들에 근거하여 그들이 석가모니부처님께서 49년 동안 설하신 일체 경에 대해 하나의 평론을 저술하셨습니다. 부처님께서 49년 동안 말씀하신 이렇게 많은 경 중에서 어느 경이 제일인가? 각 종파의 거의 모든 조사·대덕들은 《화엄경》이 제일이라고 공인하고, 천태종에서는 《법화경》을 존숭하고 있습니다. 이는 고덕의 교판으로 일체경에서 일승원교一乘圓教로 판단되는 것은 오직 삼부경이 있고, 일승원교는 대승의 상입니다. 첫째는 《화엄경》이고, 둘째는 《법화경》이며, 셋째는 《범망경》입니다. 이들을 일승원교의 대경이라 부릅니다. 《화엄경》을, 당연히 《법화경》, 《범망경》을 모두 포괄해서 《무량수경》과 비교하면 《무량수경》이 제일입니다. 왜 그렇습니까? 《화엄경》의 마지막 부분에 보현보살 십대원왕十大願王이 극락으로 인도하여 돌아가야 《화엄경》이 비로소 구경원만하기 때문입니다. 만약 서방극락세계가 없다면 《화엄경》은 원만하지 못할 것입니다.

이로써 《무량수경》은 《화엄경》의 귀숙처歸宿이자 《화엄경》의 총결론임을 알 수 있습니다. 우익대사께서는 앞에서 "화엄의 심오한 법장이고 법화의 비밀스런 정수"라고 잘 말씀하셨습니다. 이는 《화엄》, 《법화》의 정화합니다. 또한 《아미타경》은 《무량수경》의 소본입니다. 이 두 경은 완전히 같습니다. 하나는 대본이고, 하나는 소본입니다. 이 경의 분량은 우리에게 똑똑하게 보여줍니다. 이는 옛 대덕들께서 우리를 위해 가리켜 주신 점입니다. 우리는 이 패턴에 근거하여 자세한 주석에서 깊이 관찰할 수 있습니다. 우리가 경전강설에서 채택한 것은 하련거 거사의 회집본입니다. 하련거 노거사께서는 전체 경전을 48품으로 나누었습니다. 이 48품에서 어느 품이 제일입니까? 이 방식에 비추어 찾아보면 당연히 제6품이 제일입니다. 제6품은 아미타부처님의 48원으로 정종의 중심입니다. 무량수경》 한 권을 보면 모두 48원에서 벗어나지 않습니다. 석가모니부처님께서 어떻게 말씀하셨는지 관계없이 모두 48원을 상세하게 해석한 것 뿐이고, 모두 48원에 위배되지 않습니다. 그래서 48원은 전체 경전의 중심이고, 전체 경전의 정화이며, 가장 중요한 부분으로 경중의 경입니다. 그 48원에는 48조항이 있는데, 어느 조항이 제일인가? 이는 말할 필요도 없이 제18원이 제일이라고 고덕께서 말씀하셨습니다. 진정으로 최고봉을 찾으면 제18원입니다. 제18원은 무엇을 설하는가? 제18원에서는 바로 「십념이면 반드시 왕생한다(十念必生)」를 설합니다. 명호공덕의 불가사의를 원만하게 나타내 보입니다. 이렇게 해야 문득 크게 깨닫습니다. 한마디 부처님 명호를 전개하면 바로 48원이고, 48원은 전부 한마디 명호로 돌아갑니다. 48원을 전개하면 바로 《무량수경》이고, 《무량수경》을 다시 확대하면 《대방광불화엄경大方廣佛華嚴經》입니다. 《화엄경》을 다시 확대하면 바로 《대장경》입니다. 명료하지요?

그래서 이 한마디 「아미타불」은 석가모니부처님께서 49년간 설하신 일체경법의 총강령입니다. 당신이 이 한마디 명호를 염하면 부처님께서 49년간 설한 일체 경 일체법문을 하나도 빠짐없이 전부 다 읽은 것과 같습니다. 명호의 공덕은 실로 불가사의합니다! 염불하는 사람이 명호공덕을 아느냐 모르느냐에 따라 염불의 감응이 다릅니다. 왜 그렇습니까? 명호공덕을 알면 마음이 전일하여 의심하지 않습니다. 그러나 이를 모를 때 한마디 아미타불을 염하면 여전히 《금강경》을 생각해도 괜찮고, 《법화경》을 생각해도 괜찮으며, 여전히 쓸데없는 생각을 합니다. 그래서 그의 공력 효과는 에누리됩니다. 이런 이치를 진정으로 잘 알면 조금도 의심을 품는 일 없이 죽을 때까지 이 한마디 부처님 명호를 염합니다. 그는 압니다. "나의 이 한마디 부처님 명호가 일체 경을 포괄하고 무량무변의 법문을 포괄한다. 나는 하나를 닦아서 일체를 닦고(一修一切修), 전부 다 닦는다." 그에게 아직도 어떤 의심이 있습니까? 사실은 이와 같지 않습니까? 사실 확실히 이와 같습니다. 하나를 닦아서 일체를 닦습니다. 그래서 비로소 진정으로 일심불란에 도달할 수 있습니다. 명호로써 덕을 부릅니다(名以召德). 덕德은 만덕萬德·만능萬能입니다. 그래서 만덕홍명萬德洪名이라 합니다. 그것의 효과는 아래에서 "설사 산란하게 칭명하더라도 성불의 종자가 되며, 부처님 명호를 집지하면 불퇴전의 자리에 오르게 된다."라고 말합니다. 이 두 마디 말은 대단히 중요합니다.

산칭위불종散稱爲佛種

산칭散稱이란 무엇입니까? 당신이 아미타부처님과 극락세계는 믿는지 아직 믿지 않는지, 당신이 정토에 태어나길 구하는 마음이 있는지 마음이 없는지 관계없이 이 한마디 「나무아미타불」을 염하거나 「아미타불」을 염하면 모두 장래에 서방극락세계에 왕생하는 종자가 되는 것을 말합니다. 우리는 이 사실을 알아야 하고, 이 이치를 명백히 이해해야 합니다. 이번 일생에 제도하는 사람은 매우 많고, 당신의 공덕은 매우 큽니다. 당신이 그를 제도하지 않아도 그가 당신이 아미타불을 소리 내어 염하는 모습을 보면 당신은 그를 제도한 것이고 당신은 이 종자를 그에게 심어준 것입니다. 그래서 제가 과거에 타이완전문대 불학 강좌를 할 때 동학들에게 자기 스스로 열심히 염불하여 중생을 널리 제도하라고 가르쳤습니다. 어떻게 제도합니까? 학교에서 염주를 손에 쥐면 됩니다. 동학들이 당신이 「아미타불」 염불하는 모습을 보면 그도 정토에 왕생할 마음이 있든지 없든지 간에 한마디 명호를 염하게 됩니다. 이것이 아미타불 종자를 심는 것입니다. 읽는 책이 있다면 책에 자기 이름을 쓰지 말고 아미타불을 쓰라고 말하였습니다. 동학들은 아미타불을 한번 보게 됩니다! 또 그에게 한마디 명호를 염하도록 가르치는 모습을 봅니다. 이것이 당신이 중생을 제도하는 것입니다.

당신에게 정말로 이런 마음이 있다면 선교방편은 매우 많아서 때와 장소에 따라 사람들에게 염불을 권할 수 있을 것입니다. 부처님을 믿는 사람에게도 염불을 권하고, 부처님을 믿지 않은 사람에게도 염불을 권할 것입니다. 부처님을 좋아하는 사람에게도 염불하고, 부처님을 싫어하는 사람에게도 염불을 권한 것입니다. 어떤 사람들을 말합니까? 불교 이외의 종교를 믿는 사람들, 기독교인들이 부처를 마귀라고 부르는 것처럼 우리도 그에게 염불을 가르칩니다. 이 모두가 부처의 종자를 심는 것입니다. 당신은 비록 경건한 기독교도 일지라도 중요하지 않습니다. 다음 생, 다음 세상에는 불교도가 될 것입니다. 왜 그렇습니까? 아미타불의 종자가 심어져 자기도 모르는 사이에 그가 제도를 받았기 때문입니다.

집지등불퇴執持쯒不退

「집執」은 바로 명호를 집지하는 것입니다. 믿음·발원·행, 이 세 가지 조건을 구족하여 진실한 믿음·간절한 발원·노실염불이 있다면 이런 사람은 결정코 왕생하고 서방극락세계에 태어나 세 가지 불퇴三不退를 원만히 증득합니다.

그러나 여러 경전에서 보이신 정토행법은 천차만별로 관상觀像·관상觀想·예배·공양·오회五悔·육념六念 등 하나하나 행이 성취되면 모두 다 정토에 태어날 수 있다.

然諸經示淨土行。萬別千差。如觀像。觀想。禮拜。供養。五悔。六念等。一一行成。皆生淨土。

이 단락의 경문은 대사께서 우리를 위해 수행방법을 비교설명하신 것입니다. 맨 먼저 일체 경에서 말하는 염불방법이 천차만별이라고 말씀하십니다. 관상觀像은《반주삼매경般舟三昧經》에서 말하는 관상 염불방법과 같습니다. 16관경에서도 소개하지만 특별히《반주삼매경》에서만 관상觀像을 제시합니다. 왜냐하면《십육관경十六觀經》에서는 관상觀想을 가장 많이 설명하기 때문입니다. 16관에서 12관을 차지할 정도로 그것은 관상을 위주로 합니다. 13번째 관에서 비로소 관상觀像을 설명합니다.《관무량수경》의 주해서는 두 종류가 있습니다. 하나는 앞에서 소개한 천태종의《묘종초妙宗鈔》로 지자智者대사께서 주해한 것입니다. 또 하나의 주해서가 있는데, 그것은 선도善導대사께서 주해하신《관경사첩소觀經四帖疏》입니다. 대만에서 이 2종의 판본은 모두 유행하였습니다. 저도 이 2종의 판본을 모두 말한 적이 있습니다. 그러나 제가 가장 많이 활용한 저서는 선도대사의 주석서입니다. 선도대사의《관경사첩소》는 고금의《관무량수경》주해서 중에서 그 가치가《미타요해》가《아미타경》의 모든 주해서에서 차지하는 지위에 필적할 만합니다. 확실히《관경》제일의 주해서입니다. 수많은 견해는 고래의 조사·대덕들께서 말한 적이 없는 것으로 정토를 수행하는 사람은 읽지 않으면 안 됩니다. 중국불교사에서는 선도대사께서 아미타부처님의 화신이라는 말이 있습니다. 황념조 거사께서《무량수경》주해서에서 언급하신 적이 있습니다. 아미타부처님께서 다시 오셔서 이 경을 주해하셨습니다. 바꾸어 말하면,《사첩소》는 바로 아미타부처님 당신께서 우리를 위해 설법하신 것이라 할 수 있습니다. 이는 우리가 중시할 만한 가치가 있습니다.

「예배禮拜·공양供養·오회五悔」는 모두《화엄경》을 하나의 예로 삼을 수 있습니다. 《화엄경》〈보현행원품普賢行願品〉 십대원왕에서 「제불께 예경하고(禮敬諸佛), 여래를 찬탄한다(讚歎如來)」는 것은 바로 예배에 속합니다. 「널리 공양을 닦는다(廣修供養)」는 것은 바로 여기에서 말하는 공양입니다. 오회도 예외가 아닙니다. 오회는 참회懺悔·권청勸請·수희隨喜·회향廻向·발원發願의 다섯 가지 방법을 말합니다. 이것은 모두 염불의 방법이라고 말할 수 있습니다. 참회를 제외하고 그 밖에는 뒤쪽의 권청·수희·회향·발원, 이 네 가지는 참회의 뜻을 가지고 있습니다. 만약 진정한 참회가 아니면 이 네 가지 방법은 닦을 수 없으므로 모두 참회 안에 나열되고, 참회법을 이 다섯 가지로 분류합니다. 이 다섯 가지는 만약 십대원왕으로 관찰하면 네 번째 「업장을 참회한다(懺悔業障)」인데 바로 오회五悔에서 첫 번째에 속합니다. 「공덕에 따라 기뻐한다(隨喜功德)」는 것은 오회에서 세 번째 수희입니다. 「법륜을 굴리시길 청하고(請轉法輪), 부처님께서 세상에 머무시길 청한다(請佛住世)」는 것은 오회에서 권청입니다. 「항상 부처님을 따라 배우고(常隨佛學), 항상 중생에 수순한다(恆順眾生)」, 이 두 원은 발원입니다. 뒤의 「두루 모두 회향한다(普皆廻向)」는 오회의 네 번째 회향입니다. 보현보살께서 스스로 닦으시고 사람들에게 닦으라고 가르치신 것은 정말 염불법문을 닦는 것으로 그 목표는 서방극락세계에 태어나길 구하는 것입니다.

이것 이외에 「육념六念」이 있습니다. 이는 부처님께서 수많은 경에서 말씀하신 적이 있는 것입니다. 육념에서 앞쪽 세 가지는 염불念佛·염법念法·염승念僧으로 곧 삼보를 염하는 것이고, 뒤쪽 세 가지는 염천念天·염계念戒·염시念施입니다. 하늘에 태어나려면 하늘에 태어나는 조건이 있어야 합니다. 하늘은 확실히 있습니다. 불문에서는 천도天道의 상황을 말하고 있는데, 실제로 어느 종교보다

도 또렷하게 말하고 상세하게 말합니다. 하늘에 태어남은 하나님을 믿어서 하늘에 태어나는 것을 말하는 것이 아닙니다. 이 부분에서 염천을 절대로 오해해서는 안 됩니다. 하나님을 염하면 하늘에 태어날 수 있다, 다시 말해 하나님을 염하는 것이 하늘에 태어나는 조건이라고 말하면 틀렸습니다. 부처님께서는 우리에게 말씀하셨습니다. "한평생 오계를 수지하여 오계가 청정해야 내생에 사람 몸을 얻을 수 있다. 하늘에 태어나고 싶으면 십선업도十善業道를 닦아야 한다. 십선업을 성취해야 하늘에 태어날 수 있다." 단지 십선만 닦으면 태어나는 하늘은 높지 않습니다. 어디에 태어납니까? 욕계의 아래에 있는 두 층에 태어나는데, 바로 사왕천四王天과 도리천忉利天입니다. 왜 그렇습니까? 위로 올라가는 조건은 매우 높습니다. 위로 올라가려면 청정심을 닦아야 하고 선정을 닦아야 합니다. 선정이 바로 청정심입니다. 사무량심四無量心을 닦아야 합니다. 사무량심은 자비희사慈悲喜捨입니다. 그래서 십선을 닦고 선정을 닦고 자비희사를 닦으면 비로소 색계천에 태어날 수 있는 능력이 생깁니다. 욕계 위쪽에 있는 4층과 색계의 18층 그곳에 태어날 수 있습니다. 그래서 염천의 덕, 제천의 자비희사를 본받는 것이 염천의 진정한 뜻입니다.

「염계念戒」는 부처님께서 우리를 위해 제정하신 계율을 말합니다. 오계, 팔계, 십계, 부처님께서 일체 경전에서 우리들에 대한 가르침에 이르기까지 이것들은 모두 이 계율의 범위 내에 있습니다. 염계, 그것의 공덕은 우리가 신구의 삼업을 청정히 하도록 돕습니다.

다음은 「염시念施」입니다. 시施는 보시로, 그것의 공덕은 우리가 진정으로 번뇌를 끊게 합니다. 우리의 번뇌는 매우 많아 무량무변합니다. 불보살들께서 매우 자비로우셔서 강해하실 때 무량한 번뇌를

108개로 귀납하여 「108번뇌」라 하였습니다. 경에서는 8만4천 번뇌를 말합니다. 8만4천도 귀납한 것으로 실제로는 무량무변입니다. 8만4천 번뇌는 말할 때 너무 많아서 다시 108가지로 귀납시켰습니다. 강연할 때 108번뇌도 여전히 장황하여 싫습니다. 그래서 천친天親보살께서는 《백법명문론百法明門論》을 지으셨습니다. 《유가사지론瑜伽師地論》에서 말하는 번뇌의 수를 다시 26개로 귀납하였습니다. 6개는 근본번뇌라 하고 20개는 수번뇌隨煩惱라 합니다. 통상 경전을 강설할 때 매우 상세하게 말하는데 바로 이 26개 번뇌에 의거해 말합니다. 일반적으로 26개 번뇌도 많습니다. 그래서 다시 6가지 근본번뇌만 말하나 여전히 많아서 6개 번뇌를 3개로 귀납해서 말합니다. 이 세 가지가 바로 탐·진·치입니다. 이 세 가지 번뇌를 삼독이라 합니다. 모든 일체 번뇌는 모두 이 세 가지 근본에서 생겨납니다. 그래서 마지막에 세 가지로 귀납한 것입니다. 만약 이 세 가지를 다시 하나로 귀납해도 됩니까? 됩니다. 그 하나는 무엇입니까? 바로 탐욕입니다. 그래서 육도六度에서 첫 번째로 보시를 닦습니다. 보시는 무엇입니까? 견탐慳貪을 제도하는 것입니다.

인색함과 탐애는 번뇌의 큰 뿌리이자 큰 바탕임을 알아야 합니다. 번뇌를 끊으려면 어디서부터 시작해야 합니까? 뿌리부터 끊어야 합니다. 이 방법이 가장 빼어납니다. 지엽을 끊어봐야 끊지 못합니다. 근본부터 끊어야 합니다. 어떤 방법으로 끊어야 합니까? 보시로 끊습니다. 그래서 보시는 다른 사람을 이롭게 해줄 뿐만 아니라 자신도 이롭게 함을 알아야 합니다. 어디서 다른 사람을 이롭게 합니까! 다른 사람이 얻는 것은 너무나 미미하고, 자신이 얻는 것은 진정으로 불가사의합니다. 근본번뇌를 계속해 뽑아버립니다. 그래서 반드시 보시를 열심히 노력을 다해 닦아야 합니다. 왜냐하면 병의 뿌리가 너무 깊어서 보시를 닦기가 매우 곤란합니다. 처음 배울 때는 자기 살을 깎는 것처럼 보시하기가 매우 어렵습니다. 내가 보시를 배울 때 자기에게 남은 것이 있어야 남에게 보시할 수 있습니다. 다른 사람에게 줄 때 비교를 해보아야 합니다. 나에게 물건이 두 개 있으면 좋은 것은 자신에게 남겨두고 나쁜 것을 다른 사람에게 보시합니다. 이 부분에서부터 시작하는 것은 나쁜 일이라 할 수 없습니다. 점점 깨닫고 번뇌가 가벼워진 이후에는 나쁜 건 자기에게 남겨두고, 좋은 것을 남에게 줍니다. 이는 진일보한 것입니다. 다시 한발 더 나아가 다른 사람이 필요하면 내가 비록 매우 필요할지라도 나는 미련을 버리고 먼저 그를 돕습니다. 천천히 당신의 번뇌의 뿌리를 점차 제거합니다. 이것이 삼계육도의 생사 근본입니다. 그래서 언제나 염해야 합니다.

보시는 자기에게 없다고 두려워할 필요가 없습니다. 일반인은 왜 기꺼이 보시하지 않으려 할까요? 그의 마음속에 의심이 있고 공포가 있기 때문입니다. 두려워하는 건 내가 보시한 후에 나 자신은 어떻게 하나? 그는 이것을 염려합니다. 그래서 감히 보시하지 못합니다. 그도 보시가 좋다는 건 압니다. 그러나 의심이 있고 걱정이 있어, 감히 하지 못합니다. 사실의 진상에 대해 이해하지 못하고, 이치에 대해 잘 알지 못해서 이런 걱정이 생깁니다. 실제로는 부처님께서는 우리에게 매우 또렷하게 매우 분명하게 말씀하셨지만, 우리는 감히 믿지 못합니다. 관건은 여기에 있습니다. 오늘날 우리는 돈벌이로써 재보시를 말합니다. "우리의 돈벌이가 너무 힘들고 생활이 매우 가난한데 어찌 이렇게 함부로 보시하겠는가?" 설사 우리가 보시를 할지라도 당신의 가족 권속 주변 사람들이 다들 말합니다. "당신은 불교에 미쳤다. 학불學佛하면서 왜 이렇게 배우는

가?" 그들은 말합니다. "이런 것들이 이치가 있는가? 이치가 조금
있겠지. 이치가 없다고 말할 수는 없지만, 완전히 이치가 있는
것도 아니지 않느냐." 그래서 저는 사람들에게 학불할 것을 권하면서
맨 먼저 《요범사훈了凡四訓》을 삼백 번 읽어보라고 합니다. 당신에게
학불의 기초가 됩니다. 당신이 진정으로 인과응보를 명백히 이해하
게 될 것입니다. 《명심보감明心寶鑑》에서는 "물 한 모금 마시고 한번
쪼아 먹는 것도 일은 모두 이미 정해져 있다(一飮一啄 莫非前定)"고
말합니다. 사람은 한 평생 이 세상에서 하루에 얼마나 먹을지 얼마나
마실지 얼마나 쓸지, 이미 운명으로 정해져 있습니다. 이것은 조금도
거짓이 아닙니다. 운명이 어떻게 정해져 있습니까? 당신이 이전
세상에서 닦은 것입니다. 당신이 이번 생에 얻는 재산은 당신이
전생에 재보시한 과보입니다. 당신이 과거에 보시를 많이 하였다면
이번 일생에 큰 재산이 생길 것입니다. 그래서 우리는 크게 부귀한
사람을 보더라도 불법을 알면 부러워하지 않습니다. 왜 그렇습니까?
콩 심으면 콩을 얻고, 팥을 심으면 팥을 얻듯이 그가 좋은 인을
심었으면 당연히 좋은 과보를 얻게 마련입니다. 이는 필연적인
이치입니다.

우리는 명백히 압니다. 오늘 우리가 좋은 인을 심으면 내생에
좋은 과보를 얻습니다. 우리에게 좋은 과보가 있고, 그보다 더
구족할 것입니다. 그래서 인因을 심을 줄 알아야 합니다. 부처님께서
는 우리에게 가르쳐 주십니다. "재산은 과보이고, 재보시財布施가
그 인이다. 총명과 지혜는 과보이고, 법보시는 그 인이다. 당신이
법보시法布施를 닦을 수 있으면 지혜가 저절로 열릴 것이다. 건강과
장수는 과보이고, 무외보시無畏布施는 그 인이다." 우리가 진실한
마음·공경하는 마음·청정한 마음으로 세 가지 보시를 닦는다면

과보는 구하지 않아도 저절로 얻습니다. 당신이 과보를 얻고 더 보시를 할 수 있으면 당신은 장래에 이 과보는 여러 곳을 거쳐서 정말 광대하고 궁진함이 없을 것입니다. 당신은 이를 믿어야 기꺼이 행할 수 있고, 이런 과실을 얻을 수 있습니다. 그래서 불보살께서는 초발심에서 줄곧 성불할 때까지, 그리고 성불한 후에도 자비의 배를 갈아타셨습니다(倒駕慈航).27) 당신은 그에게 묻습니다. "당신은 무엇을 하였습니까?" 불보살께서는 이 세 가지 보시를 원만하게 포괄하여 실천하셨습니다. 제불보살께서는 다른 사업을 하지 않고 바로 보시를 닦습니다. 그는 우리에게 가장 좋은 모범, 가장 좋은 본보기가 되어주십니다. 불보살께서는 우리와 거리가 멀지 않습니다. 가까이는 중국 근대 출가자 가운데 정토종의 인광印光대사와 선종의 허운虛雲노화상이 계십니다. 이 두 분은 중국 불제자들이 근대 출가인 중에서 가장 존경하는 분들입니다. 이 두 분은 한평생

---

27) **도가자항 倒駕慈航** : 수행의 목적은 바로 삼계를 벗어나고 인간세상의 고해를 벗어나 극락정토에 왕생하여 영원한 해탈을 얻고자 하는 것이다. 그러므로 일반적으로 수행자는 속히 이 인간세상의 고해를 벗어나 영원히 다시 오지 않기를 간절히 바라지만, 그러나 불보살께서는 자비하시어 비록 자신이 수행하여 성취하셨을지라도 중생을 불쌍히 여기시기 때문에, 안락한 정토에서 도리어 고난의 인간세상으로 돌아와 모태에 들어가 사람으로 태어난 후에 출가하여 법사가 되어 경전을 강설하고 법을 설하여 중생을 제도한다. 비유하면 자신이 고해를 건넜지만 다시 돌아와 고난의 사람이 고해를 벗어나도록 돕고자 하기 때문에, 불보살의 이러한 행위를 "도가자항倒駕慈航"이라 한다. 관세음보살이나 문수보살 등은 모두 고불古佛이 자비의 배를 갈아타시고 이 인간 세상에 와서 고난을 구제하는 것이다. 간혹 고승대덕을 찬탄할 때, 또한 "도가자항倒駕慈航"을 가지고 형용하기도 한다. 다시 말하면, 이미 정과正果를 증득한 성인이 다시 육도로 돌아와 사람들을 고해에서 벗어나도록 돕는 것을 가리킨다. "도가倒駕"는 그는 과지果地에 있으면서 대원大願에 따라 응당 있어야 하는 극락세계에서 우리가 사는 고해 속으로 와서 "자항慈航(자비로운 배)"이 되는 것을 말한다.

무엇을 하셨습니까? 보십시오. 두 분 다 한평생 그곳에서 보시를 하시지 않았습니까? 자신의 몸을 돌보지 않고, 재보시·법보시·무외보시를 조금도 의심하지 않고, 털끝만큼도 남김없이 원만하게 행하셨습니다. 이것이 근대 우리가 목격한 사례입니다.

《관무량수경》에서도 육념六念을 특별히 언급하고 있습니다. 《관경》에서는 매우 또렷하게 세 가지 종류의 사람이 정토에 왕생한다고 말씀하십니다. 첫 번째 종류의 사람은 「자비심이 깊어서 산목숨을 죽이지 않고 모든 계율을 갖추어 행동이 올바릅니다(慈心不殺 具諸戒行)」. 이는 실제로 「정업삼복淨業三福」 가운데 첫 번째와 두 번째입니다. 이 두 가지를 구족하면 염불하여 정토에 태어나길 구하면 반드시 왕생합니다. 두 번째 종류의 사람은 「대승 방등경전을 독송(讀誦大乘方等經典)」하는 사람입니다. 이는 정업삼복에서 세 번째로 「보리심을 발하고 대승경전을 독송한다(發菩提心 讀誦大乘)」고 말합니다. 그도 염불하여 정토에 태어나길 구하면 반드시 왕생합니다. 세 번째 종류의 사람은 바로 「육념을 수행하고 회향 발원하여 정토에 태어나길 구합니다(修行六念 迴向發願求生淨土).」 이 같은 사람도 왕생합니다. 그의 마음은 청정하여 부처님의 본원과 감응이 있습니다. 이런 사실진상을 또렷하게 명백하게 알았다면 응당 발심을 하고 착실하게 염불하면서 정수正修와 조수助修를 함께 닦아야 합니다. 정수正修는 바로 「믿음·발원·지명행」이고, 조수助修는 바로 「십대원왕十大願王·오회육념五悔六念」입니다. 그것은 모두 사事의 차원으로 일상생활 가운데 우리들 아미타불 제자들이 응당 어떻게 일을 처리하고, 사람을 상대하며, 사물을 접할지, 그리고 응당 어떤 마음으로 현전하는 이 사회에서 생활할 것이지를 가르쳐 줍니다. 이렇게 하면 결정코 틀리지 않고, 이理와 사事가 원융하며, 공空과 유有 이변二邊에 떨어지지 않습니다.

오로지 집지명호 일법만이 근기를 거두는 것이 가장 넓고, 가장 시작하기 쉽다. 그러므로 석가자존께서는 무문자설로 특별히 지혜 제일인 사리불을 향하여 이 법문을 집어 드러내셨다. 가히 방편 중에 제일 방편이며, 요의 중에 위없는 요의이며, 원돈 중에 가장 지극한 원돈이다.

唯持名一法。收機最廣。下手最易。故釋迦慈尊。無問自說。特向大智舍利弗拈出。可謂方便中第一方便。了義中無上了義。圓頓中最極圓頓。

이는 정종의 수많은 경론이 우리를 위해 왕생의 방법을 열어 인도하심을 설명한 것입니다. 경론에서 말하는 것은 모두 이 원칙이고, 모두 이 강령입니다. 세세하게 관찰하면 그것은 확실히 무량한 법문을 포괄합니다. 수많은 법문 가운데 염불법문의 수승함은 우리가 앞에서 매우 많이 말하였습니다. 오늘 이 몇 문구는 실제 우익대사께서 말을 꺼내기가 어려웠을 것입니다. 이것은 상당히 쉽지 않습니다. 만약 진정으로 모든 법문을 모두 철저히 이해한 재래인이 아니라면 이 말을 꺼내기 어렵고, 말할 용기가 없을 것입니다. 이는 바로 왜 제불보살 조사·대덕들께서 모두 우리에게 염불하라고 가르쳐주셨는지, 그 이치가 이 단락에 있습니다.

오직 홀로, 이 모든 일체법에서 오직 홀로 집지명호 일법만이, 집지명호 이 방법만이 근기를 가장 넓게 거두어들일 수 있습니다. 근기는 일반적으로 말해서 상·중·하 세 근기가 서로 다릅니다. 예컨대 선종에서는 우리가 《육조단경》을 읽으면 육조대사께서 접인하는 대상을 매우 또렷하게 매우 분명하게 말씀하셨습니다. 대사께서는 상상근기의 사람만 접인하셨습니다. 바꾸어 말하면 상상근기가 아니면 몫이 없습니다. 신수神秀대사께서는 한 등급을 내려 대승의 근기 성향을 지닌 사람을 접인하셨습니다. 바꾸어 말하면 대승의 근기 성향이 아니면 몫이 없습니다. 교하教下에서 화엄, 곧 현수종賢首宗에서는 우리가 《화엄경》을 읽으면 《화엄경》의 대상이 41위 법신대사임을 알 수 있습니다. 바꾸어 말하면 그것의 표준은 육조 혜능대사의 표준과 같아서 상상근기의 사람입니다. 이로써 일체 경론 법문은 중생의 대상이 결코 원만하지 않음을 알 수 있습니다. 즉 모 경론, 모 법문은 모 부류의 사람만 제도합니다. 그래서 일체 중생은 근기와 성향이 달라서 부처님께서 무량법문을 여신 이유가 여기에 있습니다. 그러나 모든 법문 가운데 오직 홀로 지명 이 법문만이 특별하여 그것은 모든 근기 성향의 사람에게 적합하고 모두 이익을 얻을 수 있으니, 곧 매우 광범위한 근기를 거두어들입니다. 종문이든 교하이든, 현교이든 밀교이든 그 속에는 없습니다. 오직 홀로 이 법문만이 제도하지 못하는 중생이 없습니다. 위로는 등각보살에서 아래로는 지옥중생에 이르기까지 기꺼이 믿기만 하면, 진정으로 발원하여 이 한마디 아미타불을 염하기만 하면, 전부 평등하게 제도 받을 수 있습니다. 이는 불가사의한 것으로 정말로 믿기 어려운 법이라 하겠습니다.

염불법문은 시작하기가 가장 쉽습니다. 모든 일체법문 중에서 어떠한 법문도 지명염불처럼 이렇게 쉽고, 이렇게 간단한 것이 없습니다. 바로 한마디 「나무아미타불」, 누가 이것을 염할 줄 모르겠습니까? 누가 이것을 염할 수 없겠습니까? 문제는 바로 그가 기꺼이 염하는가, 염하지 않는가? 그가 생각하길 원하는가? 원하지 않는가에 있습니다. 이 법문은 제불여래께서 믿기 어려운 법이라고 일컬었습니다. 이는 정말 믿기 어렵습니다. 이렇게 간단하고, 이렇게 쉬우며, 게다가 견줄 수 없을 정도로 원만하게 성취할 수 있습니다. 우리들 일반 사람들만 기꺼이 믿지 못할 뿐만 아니라 종문 교하의 그들 보살과 아라한도 모두 믿지 못합니다. 그것은 색다른 것이 있습니까? 조금도 색다른 것이 없습니다. 그래서 정말로 믿기 어려운 법입니다.

석가모니부처님께서는 중생의 기연이 성숙한지 잘 살펴보십니다. 부처님께서는 근기를 관할 수 있으나, 보살 이하는 근기를 관하는 능력이 부처님만 못합니다. 부처님께서 당시의 이들 학생이 선근과 복덕이 성숙한지 관찰하셨습니다. 「선근」이란 부처님께서 말씀을 꺼내시면 이를 믿고 이해할 수 있음을 말합니다. 「복덕」이란 이 법문을 들은 후에 발원하고 행할 수 있음을 말합니다. 다시 말해 부처님의 말씀을 듣고서 정말로 발원하여 정토에 태어나길 구하고, 진정으로 기꺼이 명호를 집지하면 이런 사람은 복이 있습니다. 선근복덕이 성숙한지 잘 살펴보십시오. 연분이 없으면 이 법문을 듣지 못하고, 이런 법문에 대해 질문할 수 있는 사람은 없습니다. 왜 그렇습니까? 어떻게 질문을 꺼낼지 아는 사람이 없기 때문입니다. 부처님께서는 자비가 극도에 이르러 사람을 기다릴 필요도 없이 자동적으로 이 법문을 선설하셨습니다. 특별히 사리불존자를 향해 선설宣說하셨습니다. 그의 이름을 불러서 그에게 말씀하셨습니다. 왜 다른 사람을 부르지 않았습니까? 제자 가운데 사리불이 표방하는 것은 지혜제일이기 때문입니다. 바꾸어 말하면 이 법문은 지혜제일이어야 받아들일 수 있습니다. 지혜제일이 아니면 그것은 믿기 어려운 법으로 그는 믿을 수 없습니다. 그래서 사리불존자를 불러서 말씀하셨습니다. "성불할 기연이 성숙되었기에 반드시 성불할 방법이 있어야 하고, 성불로 인도하는 경전이 있어야 한다. 그래서 이 경전, 이 방법은 구법계 중생이 일생에 원만히 성불하는 방법이다." 구법계 중생을 말씀하셨기 때문에 우리도 몫이 있습니다. 육조 대사처럼 상상근기만 제도하겠다는 말씀이 아닙니다. 상상근기만 제도한다면 우리에게는 몫이 없습니다. 구법계 중생에는 우리도 포함됩니다. 바꾸어 말해서 우리는 전부 다 몫이 있습니다.

소위방편중 제일방편所謂方便中 第一方便

이 방편은 수행의 방법을 말합니다. 모든 일체 수행방법 중에서 제일 방편으로 이에 견줄 수 있는 방편은 없습니다. 이 한마디 부처님 명호는 그 무엇에도 방해받지 않고 걸어갈 때나 머무를 때나, 앉아있을 때나 누워 있을 때나 언제든지 염불할 수 있습니다. 만약 다른 사람이 염불하는 것을 싫어하면 소리를 내지 않고 마음속으로 염불할 수 있습니다. 다른 사람이 부처님 명호 듣는 것을 좋아하면 그가 들을 수 있도록 큰 소리로 염불할 수 있습니다. 염불수행이 훨씬 자재하다고 말합니다! 염불수행은 형식에도 구애받지 않고, 장소에도 구애받지 않습니다. 어느 장소에서나 염불할 수 있고, 행주좌와 언제든지 염불할 수 있습니다. 즉 길을 걸어갈 때도 염불할 수 있고, 어디에서든 서서 염불할 수 있으며, 어디서든 앉아서 염불할 수 있고, 침대에 드러누워서도 염불할 수 있습니다. 염불수행은 훨씬 자재합니다! 다른 법문처럼 의규가 매우 많아서. 당신의 공부는 쉽게 이어지지 않고 중단되는 일도 없습니다. 오직 홀로 이 염불법문만이 공부가 중단되지 않습니다. 그래서 그것이 제일방편이라고 말씀하십니다.

요의중 무상요의了義中 無上了義

「요의了義」는 경전에 대해 말한 것입니다. (그것은 경전이 분명한 의리, 완전한 교설을 갖추었다는 뜻입니다.) 부처님께서는 사의법四依法에서 우리에게 가르치고, 권하셨습니다. 학불함에 있어 "불요의경不了義經에 의지하지 말고 요의경了義經에 의지하라."[28] 부처님의 일체경은 확실히 요의가 있고, 불요의가 있습니다. 무엇을 「불요의不了義」라고 합니까? 무릇 인천의 복보를 말하는 것으로 불료의로는 생사를 마칠 수 없고, 삼계를 벗어날 수 없습니다. 이런 경전이 많습니까? 매우 많습니다. 《대장경》을 뒤집으면 그 안에 적잖이 있습니다. 수많은 경전은 우리에게 일을 처리하고, 사람을 상대하며, 사물을 접하라고 가르칩니다. 이는 인천의 소법小法으로 불요의입니다. 소승경전은 견사번뇌見思煩惱를 끊음으로써 육도윤회를 벗어나고 아라한과를 증득하는 것으로 이것도 불요의입니다. 왜 그렇습니까? 성불을 할 수 없기 때문입니다. 그것은 요의경이 아닙니다. 대승경전은 비록 삼혹三惑을 끊고, 생사를 끝마치며, 마음을 밝혀 견성하라고 가르쳐서 아라한보다 높을지라도 여전히 구경의 불과에 이르지 못하므로 요의라고 간주할 수 없습니다. **일승요의一乘了義의 대경은 당신에게 일생에 성불하라고 말하는데, 이는 일체경전에서 단지 《화엄》과 《법화》 뿐입니다.** 《화엄》에서 일생에 성불하는 것은 선재동자善財童子입니다. 그가 최후에 이르러 성취하는 것은 보현보살 십대원왕이 극락으로 인도하여 돌아가는 것입니다. 《법화경》에서 일생에 성불하는 것은 **용녀龍女**로 우리가 보는 것은 극소수입니다.

---

28) 용수보살의 《대지도론大智度論》에서 사의四依의 가르침이 나옵니다. 사의(四依)란 "첫째 사람에게 의지 하지 말고 법法에 의지하라. 둘째 불요의경에 의지하지 말고, 요의경에 의지하라. 셋째 말에 의지하지 말고, 그 말의 뜻에 의지하라. 넷째 알음알이(識)에도 의지하지 말고, 지혜에 의지하라."입니다.

그러나 《아미타경》은 일체중생에게 설한 것으로 일생 중에 모두 불도를 원만히 이룰 수 있습니다. 그래서 경전 상으로 말하자면 《아미타경》은 확실히 《화엄경》과 《법화경》을 뛰어넘는다고 할 수 있고, 모든 경전 중에서 진정으로 제일입니다. 「무상요의無上了義」란 바로 제일 경을 뜻합니다. 석가모니부처님께서 구법계 중생을 제도하실 때 이 제일 경을 말씀하셨을 뿐만 아니라 시방삼세 일체제불여래께서 중생을 제도하여 불도를 이루고 싶어도 이 법문, 이 경전입니다. 그것은 석가여래께서 49년 설하신 무상요의일 뿐만 아니라 시방일체제불여래께서 말씀하신 무상요의도 이 경입니다. 무상요의는 바로 이 경으로 다른 경은 없다는 사실을 기억해야 합니다. 그래서 일체제불은 이 경을 반드시 선설해야 합니다. 왜냐하면 이 경은 가장 광범위한 근기의 중생을 거두어들이고, 그것은 무상요의이자 제일방편이기 때문입니다.

원돈중圓頓中

「원돈圓頓」은 이체를 말하는 것입니다. 원圓은 원만을 뜻하고, 돈은 단박에 뛰어넘는다頓超는 뜻으로 차제次第와 관련된 것이 아닙니다. 부처님께서는 일체 경을 설하시면서 수행에는 차제가 있다고 말씀하셨습니다. 대소승 경전에서 모두 성불하는데 3아승지겁阿僧祇劫이란 매우 긴 시간을 거쳐야 한다고 말합니다. 천태종의 말로는 장藏·통通·별別·원圓의 사교四敎를 거쳐야 합니다. 이 안의 보살 등급은 대단히 많아서 매우 긴 시간이 걸리므로 점수漸修라 합니다. 대승불법 안에서 근기가 둔한 보살도菩薩道일지라도 보살에는 51 계급, 즉 초신위初信位·2신信에서 등각보살까지 모두 51 위의 차제가 있습니다. 얼마나 많은 시간을 닦아야 불도를 성취할 수 있습니까? 부처님께서는 《화엄경》에서 우리에게 솔직하게 말씀해 주셨지만, 소승경에서는 말씀하시지 않았습니다. 아마도 사람들이 놀라 불법을 배우려 하지 않을 것이라고 말씀하셨습니다. 그래서 소승경에서는 3대아승지겁이라 하셨고, 《화엄경》에서는 3아승지겁이 아니라 무량대겁, 무량겁이라 말씀하셨습니다. 대승의 보살들은 심량이 크고 인내심이 있어서 시간이 길고 먼 것을 결코 두려워하지 않습니다. 그래서 부처님께서는 대승경전에서 무량겁이라야 성취할 수 있다고 진실하게 말씀하십니다. 어찌 그렇게 쉬울 수가 있겠습니까!

이 법문이면 일생에 성취합니다. 그래서 이 경전·법문은 원교·돈교 중에서 제일입니다. 법상종法相宗의 개산조사開山祖師이신 규기窺基대사께서도 이를 인정하셨습니다. 규기대사는 유식법상종의 제1대 조사로 《아미타경》을 주석하시고, 《통찬소通贊疏》라고 하였습니다. 《통찬소》에서 이 법문은 돈교에 속한다고 말씀하시고, 인정하셨습니다. 왜 그것이 돈교라고 말씀하겠습니까? 경전에서 하루에서 7일 동안 염불하면 성공할 수 있다고 매우 명백하게 말하고 있기 때문입니다. 생각해보십시오. 어떤 법문이 이렇게 쉽습니까? 성공이란 무엇입니까? 성불입니다? 우리는 오늘날 7일 동안 계속해서 염불할 수 없습니다. 왜 성공하지 못합니까? 우리의 염불이 여법하지 않기 때문입니다. 만약 여법하게 염불할 수 있다면 7일이면 결정코 성공할 것입니다. 경전의 말씀은 결코 사람을 속이지 않습니다. 그래서 이 경전은 원돈 중에서 가장 지극한 원돈입니다.

그러므로 "물을 맑히는 구슬을 탁한 물에 넣으면 탁한 물이 맑아지지 않을 수 없듯이 부처님의 명호를 산란한 마음에 넣으면 산란한 마음도 부처님의 마음이 되지 않을 수 없다.” 하셨다.

故云。淸珠投於濁水。濁水不得不淸。佛號投於亂心。亂心不得不佛也。

　대사께서는 이 단락에서 비유를 드십니다. 탁한 물은 우리의 오염된 마음, 뒤섞이고 산란한 마음에 비유하였고, 부처님 명호는 물을 맑히는 구슬에 비유하였습니다. 이 비유가 뜻하는 것은 망상과 잡념에 대처하는 가장 효과적인 것으로 염불만한 것이 없다는 말입니다. 정말로 《아미타경요해》·《무량수경》·《관무량수경》, 이 삼부경을 자세히 깊이 깨달으면 우리는 이 한마디 부처님 명호를 여리여법如理如法하게 염할 수 있습니다. 여리여법하면 한 마디 한 마디 부처님 명호와 전부 상응합니다. 그래서 대사께서는 “일념에 부처님의 명호와 상응하면 일념에 부처님이 되고, 염념마다 상응하면 염념마다 부처님이 된다.”고 하셨습니다.

　이렇게 하면 확실히 효과를 얻습니다. 불법의 도리를 적잖이 보고 매우 많이 들었지만, 번뇌와 습기가 너무나 무거워서 우리는 아직도 불법의 말씀은 너무나 생소하게 느끼고 탐·진·치·교만은 완전히 익숙하게 받아들입니다. 이따금 불법의 말씀을 듣고서 머리를 끄덕이고 일리가 있다고 생각하지만 돌아서면 모두 잊어버립니다. 이것이 너무나 생소함입니다. 그래서 고인은 우리에게 “염불로 반드시 생소한 것을 익숙한 것으로 바꾸고, 익숙한 것을 생소한 것으로 바꾸어야 한다.”고 가르쳐 주셨습니다. 말하자면 염불과 탐·진·치·교만을 맞바꿔 보면 됩니다. 그러면 성공할 것입니다. 그것의 원리는 일체 법은 오직 마음이 나타난 것(唯心所現)이고, 일체 법은 마음에서 생긴다(一切法從心想生)는 이치입니다. 그래서 염불하여 성불하고, 염불하여 부처가 된다고 말합니다.

믿음 · 발원 · 집지명호를 일승의 참된 인으로 삼고, 네 가지 정토를 일승의 미묘한 과로 삼는다. 인을 들면 과는 반드시 인을 따라오는 까닭에 믿음 · 발원 · 집지명호를 이 경의 바른 종지로 삼는다. 이 네 가지 정토의 모습에 대해서는 《묘종초妙宗鈔》와 《범망현의梵網玄義》에 상세히 설명되어 있으므로 여기서는 갖추어 서술하지 않겠다. 나중에 의보와 정보에 대한 경문을 해석할 때 응당 간략히 보일 것이다.

信願持名。以爲一乘眞因。四種淨土。以爲一乘妙果。擧因則果必隨之。故以信願持名。爲經正宗。其四種淨土之相。詳在妙宗鈔。及梵網玄義。玆不具述。俟後釋依正文中。當略示耳。

신원지명信願持名 이위일승진인以爲一乘眞因 사종정토四種淨土 이위일승묘과以爲一乘妙果

「염불이 인이고, 성불이 과인」 인과는 보통의 인과가 아니라 일승의 인과입니다. 대사께서 여기서 사용한 글자, 일승진인一乘眞因은 거짓도 아니고 허망한 것도 아닙니다. 대승은 보살이고 일승은 성불입니다. 그래서 이것이 범부가 부처가 되는 참된 인입니다. 네 가지 정토는 서방극락세계에서 동시에 증득합니다. 하나를 증득하여 일체를 증득하므로 미묘한 과라고 합니다. 이와 달리 다른 법문의 네 가지 정토는 동시가 아닙니다. 서방극락세계에서 만이 하나를 증득하여 일체를 증득합니다.

거인즉과필수지擧因則果必隨之

「인」과 「과」는 떼어놓을 수 없습니다. 그래서 불법에서는 연꽃으로 표법表法합니다. 특히 이 법문은 그러하므로 이 법문을 연종蓮宗이라 하고 극락세계를 연화세계라 부릅니다. 왜 연꽃을 사용할까요? 연꽃은 인과가 동시에 이루어집니다. 다른 식물은 먼저 꽃이 피고 꽃이 핀 후에 다시 앨매가 열려서 꽃과 열매가 동시에 이루어지지 않습니다. 이와 달리 연꽃은 꽃과 열매가 동시에 이루어집니다. 이것을 가지고 와서 정종에서 염불하여 성불하는 것에 견준 것으로 매우 적절합니다.

고이신원지명위경정종故以信願持名爲經正宗

이는 명종(明宗 ; 수행의 종지를 밝힘)에서 말씀하신 것으로 이 경의 진정한 수행강령은 바로 믿음 · 발원 · 집지명호입니다.

기사종정토지상其四種淨土之相 상재묘종초급범망현의詳在妙宗鈔 及梵網玄義 자불구술茲不具述 사후석의정문중俟後釋依正文中 당략시 이當略示耳

이 네 가지 정토에 대해 말한 것은 많지 않습니다. 네 가지 정토는 어디에서 나온 것입니까? 이는 천태대사께서 세우신 이론으로 천태종의 발상입니다. 당연히 대사께서는 경론의 원리에 근거하여 우리를 위해 네 가지 정토를 말씀하셨습니다. 이것에 대해 좀 더 이해하고자 하시면 우익대사께서 제시하신 두 가지 서적을 참고하십시오. 하나는 《묘종초妙宗鈔》 즉 《관무량수불경묘종초觀無量壽佛經妙宗鈔》이고, 둘은 《범망경현의梵網經玄義》입니다. 이 두 가지 책은 네 가지 정토에 대해 매우 상세하게 설명하고 있습니다.

4. 수학 역용(明力用)

넷째, 이 경을 수학하는 역용을 밝힌다. 이 경은 왕생불퇴를 역용으로 삼는다.

第四明力用 , 此經以往生不退爲力用

이 단락에서는 수학의 공덕, 학습의 이익을 설명하십니다. 만약 염불하여 얻는 이익, 즉 좋은 점이 없다면 그것을 배워서 무엇을 하겠습니까? 이 법문에 비추어 믿음·발원·지명행을 닦으면 구경에 어떠한 좋은 점을 얻는지 이 단락에서 상세하게 설명해 주십니다.

「역용力用」에서 역力은 능력이고, 용用은 작용입니다. 고덕께서는 이 경은 왕생을 공功으로 삼고, 불퇴를 용用으로 삼는다고 말씀하셨습니다. 서방극락세계에 태어나면 확실히 퇴전하지 않습니다. 더구나 본경 경문에서 세존께서는 「극락국토에 태어나는 중생들은 모두 불퇴전지 보살이다(衆生生者皆是阿鞞跋致)」 말씀해 주십니다. 아비발치 阿鞞跋致는 범어로 번역하면 불퇴전不退轉이란 뜻입니다. 극락세계에 태어나면 당연히 우리들 현재 이 몸은 사바세계의 보신으로, 이 업보의 몸은 사바세계 최후의 몸입니다. 왜 그렇습니까? 다시 한번 사바세계로 오면 업보의 몸이 아니기 때문입니다. 서방세계 보살이 원을 타고 다시 오는 것은 업보의 몸이 아니라 응화신應化身입니다. 업보는 여기에 이르면 마칩니다. 당신이 "도대체 언제 마치는 겁니까?" 하고 묻는다면 우리가 임종할 때 부처님께서 와서 접인하시면 마친다고 말할 수 있습니다. 그것은 당연합니다. 그러나 실제로 말하면, 현재 당신이 진정으로 발심하여 정토에 태어나길 구하는 때입니다. 우익대사께서 말씀하신 것처럼 우리가 진정으로 믿을 수 있고, 진정으로 제불의 참되고 진실한 가르침에 의지해 결코 의심하지 않고 왕생하길 발원하면, 이런 마음이 한 번 일어나면 최후의 몸을 지금 여기서 보게 될 것입니다. 당신이 이러한 마음을 한 번 발하면 비록 현재 서방극락세계에 있지 않을지라도 극락세계에 이미 이름이 등록되고 반드시 갈 것입니다. 그래서 임종할 때를 기다릴 필요 없이 최후의 몸을 현전에서 증득합니다. 바꾸어 말하면 서방정토는 이 일념의 순간에 얻게 됩니다. 이 법문은 진정으로 매우 귀한 것입니다. 다른 일체 경륜 법문에서는 결코 없습니다.

왕생에는 네 가지 정토가 있는데, 각각 구품으로 논한다. 또한 네 가지 정토에 왕생하는 모습을 간략하게 밝힌다.

往生有四土, 各論九品. 且略明得生四土之相。

대사께서는 이 단락에서 네 가지 정토를 상세하게 말씀하시지 않고 네 가지 정토마다 9품이 있다고 간단하게 언급만 하십니다.

만약 부처님 명호를 집지하여도 아직 견사번뇌를 멸단하지 못하였다면, 그 틈을 내어 염불하는 산념散念이나 빠짐없이 염불하는 정과定課에 따라 (번뇌를 조복하여) 범성동거토에서 태어나고 삼배구품으로 나누어진다.

若執持名號。未斷見思。隨其或散或定。於同居土分三輩九品.

이 단락에서 우리는 천태대사께서 어떻게 네 가지 정토를 말씀하셨는지 체득할 수 있습니다. 이 네 가지 정토는 확실히 대사께서 마음대로 말씀하신 것이 아니고 번뇌의 층차層次에 근거하여 말씀하셨습니다. 첫 번째는 범성동거토凡聖同居土입니다. 「동거토同居土」는 범성동거토를 말합니다. 우리가 사는 지구도 범성동거토입니다. 이 속에는 범부도 있고, 성인도 있습니다. 연분이 없는 사람은 성인을 만날 수 없습니다. 성인을 만난 적이 있는 경우는 옛날 사람도 있고, 지금 사람도 있습니다. 옛날 사람은 전기에서 읽은 사람이고, 지금 사람은 들어본 적이 있습니다. 법조선사法照禪師는 정토종의 제4대 조사로 당나라 때 사람입니다. 그는 오대산에서 문수보살을 친견하였는데, 문수보살을 만날 연분이 있었습니다. 문수보살의 도량은 대성죽림사大聖竹林寺라 하였는데, 이 도량은 매우 화려하고 웅장하였습니다. 그는 여기서 문수보살께서 경전 강설하는 것을 듣고서 문수보살님을 향해 가르침을 청했습니다. "말법시대 중생의 근기와 성품은 모두 하열하여 어떤 법문을 닦아야 쉽게 성취하겠습니까?" 문수보살께서는 염불법문을 가르쳐주고 몇 마디 아미타불을 염하여 들려주었습니다. 그는 이를 습득하였는데, 이후 전해져서 「오회염불五會念佛」이라 하였습니다. 오회염불은 문수보살께서 법조대사에게 가르쳐주신 것입니다.

그러나 이 염불 방법은 현재 실전되었습니다. 현재 녹음기의 오회염불은 어떤 총명한 사람이 상상해낸 것으로 법조선사의 음조가 아닙니다. 왜 우리는 이런 설법을 긍정할 수 있습니까? 저는 「오회염불」을 들은 적이 있습니다. 실제로 저에게 연분이 있었습니다.

1977년에 저는 홍콩에서 담허倓虛 노법사가 창립한 중화불교도서관에서 경전 강설을 하고 있었습니다. 이 도서관에는 마침 오념염불에 관한 소책자가 있었는데 그 안에 악보가 실려 있었습니다. 저는 이 책자를 가지고 타이완으로 돌아왔습니다. 이 판본은 민국 초년에 인쇄된 것입니다. 마침 출가하신 법사 한 분이 음악에 조예가 있어 악보를 가지고 왔습니다. 이 판본은 매우 오래된 것으로 저는 실전이 될까봐 걱정이 되어 대만에서 수천 권을 인쇄하여 도처에 나누어 보냈습니다. 대만의 출가인 중에서 음악에 조예가 있는 한 법사님이 계셔서 중력원광불학원中壢圓光佛學院에 이 악보를 가지고 와서 몇몇 동학들을 찾아 날마다 연습한 이후 테이프에 녹음하여 유통하였습니다. 저에게 녹음테이프를 보내와서 들어보니, 제가 느끼기에 문제가 있었습니다. 문제는 어디에 있었을까요? 마음이 안정되지 못했습니다. 듣기 좋고 즐거워서 그것을 가지고 실연할 수 있지만, 공부하기에는 적당하지 않았습니다. **공부 차원에서 부처님 명호는 반드시 염하였을 때 마음이 청정해지고, 마음이 매우 안정되어야 쓸모가 있습니다.** 그래서 우리는 염불할 때 오회의 방법을 채택하지 않았습니다. 당연히 이 악보는 법조대사께서 전하신 것이 아닙니다. 법조대사께서 전하신 오회염불은 마음이 매우 청정해지고 반드시 염했을 때 공부가 한 덩어리를 이루어 일심불란에 이르러야 합니다. 법조대사께서는 문수보살님의 도량을 볼 기연이 있었던 것입니다. 전기의 기록에 따르면 길을 잃어버릴까 걱정이 되어, 다음 번에 올 때 찾을 수 있기를 바라면서 돌아오는 길에 길을 따라 표시를 해두었습니다. 몇 차례 표시를 하고서 뒤를 돌아보니, 도량이 보이지 않고 황량한 산뿐으로 다시는 찾을 수 없었습니다.

그래서 이 세상에 있는 성인의 도량은 특수한 기연이 없으면 볼 수 없습니다. 미국의 우주인이 달에 올랐을 때 타이베이에 계시는 몇 분 법사께서 저에게 물었습니다. "미국의 우주인들이 달에 갔을 때 아무것도 없었다고 합니다. 저희들은 《약사경藥師經》에서 월광보살을 염하고 있는데, 이후로 염할 필요가 없습니까?" 저는 염해야 한다고 말했습니다. 그는 왜 그렇습니까? 하였습니다. 월광보살은 월궁에 있습니다. 우주인들은 그곳에 가도 그를 보지 못합니다. 이는 문수보살의 도량은 오대산에 있지만, 우리들 범부는 아무리 찾으려 해도 찾을 수 없는 것과 같습니다. 「삼매수참三昧水懺」은 타이완에서 매우 유행하고 있습니다. 이 책에는 오달국사가 가락가迦諾迦존자를 아라한의 도량에서 친견하는 장면이 나옵니다. 그는 특수한 연분이 있어서 만났지만, 범부는 만날 수 없습니다. 이곳도 범부와 성인이 함께 사는 곳임을 알 수 있습니다.

이곳 이외에 도솔천도 범성동거토입니다. 미륵보살께서는 도솔천 내원에 계시고 외원에는 범부가 삽니다. 경에서는 도솔천 사람도 미륵보살을 볼 수 없고 미륵보살은 성인이라고 매우 또렷하게 말하고 있습니다. 우리가 사는 이곳도 성현이 머물고 있으나 우리는 볼 수 없습니다. 또 한 곳이 있는데, 바로 사선四禪입니다. 사선도 범성동거토입니다. 왜냐하면 사선에서는 다섯 불환천不還天이 있습니다. 다섯 불환천은 성인이 수행하는 처소로 사선의 범부천인들은 볼 수 없습니다.[29] 육도 안에는 범성동거토가 세 곳이 있는데, 극락세계의 동거토는 이와는 다릅니다. 왜냐하면 극락세계는 모두 염불하여 이 정토에 왕생한 것이기 때문에 다른 잡된 업이 없습니다.

---

29) "아난아! 이러한 불환천不還天에 대해서는 저 모든 사선천의 천왕들도 유독 공경하고 듣기만 할 뿐 알거나 보지 못하는데, 이는 마치 세간의 넓은 들과 깊은 산의 성스러운 도량에 여러 아라한이 머물러 있을 때 세간의 추악한 눈으로는 볼 수 없는 것과 같다." 수능엄경首楞嚴經.

이 세상에서는 선악의 다른 업보로 염업染業을 짓는 것과 달리 극락세계에 왕생하면 모두 염불하여 정업淨業을 닦습니다. 그래서 극락세계의 동거토는 매우 장엄하여 견줄 수없이 청정합니다. 고덕 께서도 서방세계의 수승함을 말한 적이 있습니다. 실제로 극락세계 는 수승한 동거토입니다. 왜냐하면 네 가지 정토 중에서 세 가지 정토는 모두 수행하여 과위를 증득한 사람들이 머무는 곳으로 타방 세계와 비교하면 서로 차이가 크지 않지만, 오직 범성동거토만이 차이가 매우 큽니다.

「집지명호執持名號」는 수행하는 방법입니다. 집지執持는 반드시 대세지보살께서 우리에게 가르쳐주신 「육근을 모두 거두어 들여 정념을 이어가는(都攝六根 淨念相繼)」 염불원통법을 기억해야 합니다. 이렇게 명호를 집지해야 상응합니다. 그러나 견사번뇌를 끊지 못하 고 서방극락세계 태어나는 것은 범부입니다. 단斷에는 두 가지 종류 가 있는데 여기서 「미단未斷」은 멸단滅斷을 말합니다. 멸단은 확실히 쉽지 않습니다. 만약 멸단하면 현전에서 아라한과를 증득합니다. 우리가 왕생하는 조건은 그렇게 높을 필요가 없고 단지 번뇌를 조복시키는 복단伏斷이면 충분합니다. 복단은 번뇌를 조복시켜 안으 로 머물게 하는 것(伏住)입니다. 번뇌를 끊지 않고 그것을 조복시켜 머물게 하여 번뇌가 작용을 일으키지 않게 하면 결정코 왕생할 수 있습니다. 만약 진실로 견사번뇌를 끊는다면 범성동거토에 왕생 하는 것이 아니라 방편유여토에 왕생합니다. 그래서 우리들 공부는 번뇌를 조복시키려고 하는 것입니다. 어떤 방법으로 조복시킵니까? 한마디 부처님 명호를 집지하는 것입니다. 고인께서 "생각이 일어나 는 것을 두려워하지 말고, 다만 알아차림이 늦는 것만 두려워하라(不 怕念起 只怕覺遲)"라고 하신 말씀에서 념念은 바로 번뇌입니다. 어떤 생각이든 상관이 없습니다. 나쁜 생각도 번뇌이고, 선한 생각도 번뇌입니다. 나쁜 생각이든 선한 생각이든 모두 필요 없습니다. 첫 번째 생각이 일어나면, 두 번째 생각은 바로 「아미타불」이어야 합니다. 이 한마디 아미타불을 불러서 그 생각을 없애어 망념이 이어지지 않도록 해야 합니다. 망념 한 생각 한 생각이 이어지는 것을 망념(번뇌)이 일어나 현행함이라 합니다. 한마디 부처님 명호를 불러서 번뇌(생각)를 억제(壓住)해야 합니다. 고인께서는 이것을 뿌리를 제거하지 않고 돌로 풀을 누르는 것에 비유하였습니다. 단지 염불로 생각을 억제하기만 하면 공부가 득력하고, 염불이 상응합니다. 생각을 억제하지 못하면 방법이 없습니다.

당연히 한 번 생각하기 시작하면 망념이 없기가 쉽지 않습니다. 어떤 분이 저에게 말했습니다. "저는 염불을 할수록 망상이 많아집니다. 어떻게 하면 좋을까요?" 생각이 없을 때 망상이 없는 것처럼 생각을 할수록 망상이 많아집니다. 실제로 이런 상황을 이해할 수 없습니다. 실제 상황은 평상시 망념이 이렇게 많아도 당신이 발견하지 못하고 지내다 염불을 하면 비로소 자신에게 망념이 이렇게 많음을 발견하게 됩니다. 이렇게 무섭습니다. 그러나 발견한 후 무서워할 필요가 없습니다. 부처님명호를 반드시 염하기만 하면 됩니다. 염불하면서 여전히 망상이 일어나더라도 그것에 상관하지도 아랑곳 하지도 마시고 단지 부처님 명호에만 주의를 기울이고 망상에 신경을 쓰지 마십시오. 망상에 주의를 기울이면 망상은 갈수록 많아집니다. 근본적으로 망상에 아랑곳 하지 마시고 단지 생각을 부처님 명호에 관조합니다. 이렇게 하다 보면 망상이 점차적으로 줄어들고 부처님 명호를 불러서 점차 득력합니다. 옛 사람들의 경험으로는 대체로 긴 향이 하나 타는데 1시간 반이 걸립니다.

1시간 반 염불하면 3개 내지 5개의 망상이 일어나면 공부가 괜찮다고 볼 수 있습니다. 만약 향 하나를 태우는 동안 망상이 없으려면 아마 10년 내지 8년이 걸릴지도 모릅니다. 열심히 염불하든 열심히 염불하지 않던 결코 해낼 수 없습니다. 이로써 염불에 망상이 뒤섞여 있을지라도 이런 것에 개의치 말고 반드시 열심히 염불하기만 하면 됩니다.

수기혹산혹정隨其或散或定

이것은 기도일과(功課)를 말합니다. 「정定」은 정과定課로 아침저녁 기도일과를 말합니다. 우리는 매일 1시간을 정해 염불합니다. 산념散念은 평상시 틈을 내어 염불하는 것을 말합니다. 산념은 많고 적음에 구애받지 않습니다. 당연히 많을수록 좋습니다. 그러나 정과는 날마다 빠뜨려서는 안 됩니다. 미국처럼 일반적으로 일하느라 매우 바쁘고 스트레스도 상당히 심한 곳에서는 아침저녁 일과를 빠뜨리지 않도록 아침저녁 일과를 적게 정할 수록 좋습니다. 왜 그렇습니까? 그래야 당신이 빠뜨리지 않을 것이기 때문입니다. "아침에 한 시간 염불하라고 하는데 어떻게 시간을 내겠습니까? 불가능합니다."라고 말합니다. 그래서 아침저녁으로 가장 좋은 것은 「십념법十念法」을 사용해보는 것입니다. 왜냐하면 십념법에 걸리는 시간은 고작 5분이면 충분하기 때문입니다. 이 시간이면 행할 수 있습니다. 그래서 십념법을 사용해 보십시오. 십념법은 한 호흡이 다할 때 한번 염불하여 열 번 호흡하는 것입니다. 집에서 불상에 있으면 불상 앞에서 염불하고, 불상이 없으면 얼굴을 서쪽으로 향하고 염불하면 감응을 얻습니다. 아미타불을 염할 때 아미타불 넉자로 염해도 좋습니다. 아미타불·아미타불·아미타불·아미타불·아미타불 이것을 한 호흡이라고 합니다. 이렇게 열 번 호흡에 따라 염하면 좋습니다. 시간도 짧아서 그리 길지 않습니다. 아침에 세수를 하고서 아침일과를 하고 저녁에 잠들기 전에 저녁일과를 하면 시간을 허비하지 않을 것입니다. 평상시는 산념입니다. 산념은 정과가 아니고 시간이 나면 염불하는 것입니다.

삼배구품은 당연히 번뇌를 조복시키는 공부입니다. 이 공부가 깊어질수록 당신의 품위가 높아집니다. 번뇌를 끊지 않고 조복시켜 머무는 것입니다. 과거에 어떤 사람이 저에게 물었습니다. "일부 염불인이 임종할 때 언제 가는지 알고 또 병에 걸리지 않고 선 채로 가기도 하고 앉은 채로 가기도 하는데 저는 어떻게 공부해야 합니까?" 저는 여러분에게 "번뇌를 조복시키는 공부면 됩니다. 범성동거토는 9품이 아닙니까? 상배 3품이면 됩니다. 우리는 할 수 있습니다. 그도 할 수 있고 나도 있습니다." 이렇게 대답합니다.

진정으로 공부가 덩어리를 이루고 싶으면 번뇌를 조복시키기만 하면 공부가 덩어리를 이룹니다. 앞에서 말한 「기뻐함欣·싫어함厭」 이 두 글자가 있어야 합니다. 「싫어함(厭)」은 바로 우리가 이 세계를 마음속에서 정말 놓아버리는 것입니다. 세간 일체에서 인연에 따르고 집착하지 않으며 따지지 않고, 한마음 한뜻으로 정토에 태어나길 구하고 한마음 한뜻으로 아미타부처님을 친견하고자 하는 마음이 대단히 강렬하면 한마디 부처님 명호는 저절로 상응하고 장래에 왕생합니다. 자기가 선 채로 가는 것, 앉은 채로 가는 것을 희망하여도 만약 우리가 이 세간에 탐욕과 미련이 있고 내려놓지 못하면 이것이 장애가 되어 행할 수 없음을 똑똑히 명백히 알아야 합니다. 세간에서 가장 큰 복보는 재산도 지위도 권세고 아니고 가장 큰 복보는 우리가 갈 때 소탈하게 가고 자재하게 가는 것입니다. 이것이 진정한 복보입니다. 스스로 잘 알아야 합니다. 서방극락세계에 가서 부처가 됩니다. 생각해보십시오. 어떤 사람의 복보가 이보다 더 클 수 있겠습니까? 이것이야말로 진실한 복보입니다 ,

만약 명호를 집지하여 사일심에 이르러 산란하지 않고, 견사번뇌를 임운하여 저절로 끊어지게 하면 곧바로 방편유여토에 왕생하게 된다.

「若持至事一心不亂 , 見思任運先落 , 則生方便有餘淨土。」

　이는 방편유여토를 설명하고 있습니다. 그것은 시방세계 제불이 모두 있는 곳으로 그 조건은 견사번뇌를 끊어야 합니다. 「견사번뇌」란 간단히 설명하면 우주와 인생의 진상에 대해 하나는 잘못 보는 것이고, 하나는 잘못 생각하는 것입니다. 「견見」은 곧 견해로 당신이 잘못 보고 있는 것이고, 「사思」는 사상으로 당신이 잘못 생각하고 있는 것입니다. 이 둘을 합쳐서 견사번뇌라 하고, 이는 곧 잘못된 생각과 잘못된 의견입니다. 서방세계는 우리들 이 지역의 방편토와 또 다릅니다. 왜냐하면 시방 제불세계의 방편토에는 9종의 사람이 이곳에 살고 있습니다. 이 9종의 천태종 설법에서 보면 장교藏教의 성문 연각 2종과 통교通教에서 성문·연각·보살 3종이 있고 합쳐서 5종입니다. 별교에서 3현보살로 곧 십주十住·십행十行·십회향十迴向에다 원교圓教의 십신十信보살을 추가합니다. 왜냐하면 이들은 모두 견사번뇌를 끊은 분들입니다. 여하튼 당신이 견사번뇌를 끊으면 반드시 범성동거토에 있는 것이 아니라 방편유여토에 태어납니다. 이는 육도윤회를 뛰어넘는 것입니다. 그러나 극락세계는 다릅니다. 극락세계는 순수히 대승보살만 있고, 사바세계처럼 이러한 9종이 있어 복잡하지 않습니다.

사일심불란事一心不亂 견사임운선락見思任運先落

이 문구는 매우 중요합니다. 이것은 공부입니다. 염불인은 경전 교법에서 이렇게 많은 명상名相, 이렇게 많은 설법이 필요하지 않고, 단지 한마디 부처님 명호만 노실하게 염해가면 됩니다. 그 과정은 반드시 먼저 견사번뇌를 조복시키는 것입니다. 공부가 깊어지면 임운(任運 : 흐르는 대로 내맡김)하십시오. 임운하면 바로 저절로 끊어집니다. 저절로 끊어져, 끊어 없애려 할 때 당신 스스로 발견되는 것이 없을지도 모릅니다. 견사번뇌가 확실히 끊어져 없습니다. 우리가 날마다 생각한다면 내가 염불을 이렇게 오래 했어도 일심을 얻을 수 없습니다. 수많은 사람들이 저에게 질문하는 것을 듣습니다. "스님, 저는 꽤 오랜 세월 염불했지만, 일심을 얻지 못했습니다." 저는 그에게 말합니다. "이번 한 평생 일심을 얻지 못할 것입니다. 저는 절대로 당신을 속이지 말라고 누누이 말했습니다." 그는 묻습니다. "왜 그렇습니까?" 왜냐하면 당신은 날마다 「일심을 얻겠다(得一心)」는 생각이 있어 다른 샛길로 빠져서 지금 당신을 장애하고 있습니다. 그래서 진실한 염불은 그의 일심에 관여하면 일심이 되지 않습니다. 이러한 사정에 아랑곳 하지 않으면 저절로 염불이 일심에 이릅니다. 마음에 언제나 일심불란을 생각하는 것은 장애입니다. 응당 아미타불을 염하면서 일심불란을 생각해 보지도 않으면 옳습니다. 이들 사토·삼배구품에 대해 생각해 볼 필요가 없습니다. 모두 다 생각하지 말고 한마디 아미타불을 끝까지 염하면 됩니다. 이것이 이 법문의 수승하고 기묘한 점입니다! 그래서 일체 그것이 저절로 이루어지도록 내버려 두어야 합니다.

무엇을 사일심事一心이라 합니까? 간단히 말하면 사事는 완전히 사事 상에서 말한 것이고, 일一은 순일이며, 난亂은 곧 잡난이고 곧 잡된 생각입니다. 우리가 전심으로 한마디 아미타부처님을 염하고, 결코 의심을 품지 말며, 부처님께서 경전에서 말씀하신 문구 문구가 모두 진실이라고 믿어야 합니다. 앞에서 우익대사께서 우리에게 신자信自 · 신타信他 · 신인信因 · 신과信果 · 신사信事 · 신리信理를 가르쳐 주셨는데 우리는 이것으로부터 진정한 신심을 건립하고, 제불의 진실한 가르침에 순종하며, 결코 의심하지 말아야 합니다. 그 다음으로 매우 중요한 것은 바로 결코 뒤섞지 않는 것입니다. 방금 말했듯이 염불에서 잡념이 있어서는 안 됩니다. 처음 염불할 때 뒤섞는 것은 결코 벗어날 수 없습니다. 뒤섞음은 의식이 있든 없든 무의식적으로 우리들 자신이 제어할 수 없습니다. 이것은 대수롭지 않으나 무서운 것은 의식적으로 하는 것입니다. 예를 들면 내가 염불을 하면서 또 참선을 하고 싶어하고 또 주문 염송을 하고 싶다면 그르치게 됩니다. 이는 의식적으로 뒤섞게 되고, 그러면 큰 어려움을 겪게 됩니다. 그래서 **반드시 이 법문을 결택한 후에는 다른 모든 일체 법문을 내려놓고 결코 물들지 말아야 합니다. 마주치면 나는 그것을 공경하지만, 나는 결코 그것의 방해를 받지 말아야 합니다. 이래야 괜찮습니다.**

우리가 작년 여러분에게 강설한 《관경觀經 · 상품상생장上品上生章》에서 말씀드린 것처럼 선도대사께서 가장 무서운 것은 뒤섞는 것이라고 매우 잘 말씀하셨습니다. 설사 보살 · 부처님께서 우리에게 권유하셔서 어떤 법문이 이것과 견주어 더 온당하고, 더 빠르며, 더 친밀하다고 말씀하신다면 우리는 모두 그 부처님께 감사드리며, 저는 이미 아미타부처님 법문을 선택하고 다른 법문을 저는 배울 필요가 없습니다. 이 같은 마음이래야 괜찮습니다. 목숨을 걸고 이 한마디 부처님 명호를 끝까지 염하고 결코 바깥 경계에 흔들리지 않으며, 이렇게 진정으로 뒤섞지 말고 정과定課이든 산과散課이든 관계 없이 공부를 중간에 중단하지 않아야 합니다. 이렇게 염하되, 부처님 명호를 한 글자 한 글자 분명하게, 한 마디 한 마디 또렷하게 염하며, 마음이 부처님과 떠나지 않고 부처님이 마음에서 떠나지 말아야 합니다. 이 한마디 부처님 명호를 염하되, 마음속에 진실로 부처님이 계시면 우리들 마음이 변하여 부처를 이루고, 이 마음이 그대로 부처님 마음입니다. 그래서 **이 한마디 부처님 명호가 자기 마음의 부처님을 불러일으키는 것을 상응相應이라 합니다.** 우리는 언제나 조사들의 이러한 주석서와 해설서에서 모두 "일념에 부처님의 명호와 상응하면 일념이 부처님이 된다.(一念相應一念佛)"라고 말씀하심을 봅니다. 무엇이 상응입니까? 이것이 매우 중요합니다. 상응은 바로 부처님 명호가 마음과 상응하면, 부처님이 그대로 마음이고, 마음이 바로 부처님입니다. 명호는 마음의 명호이고 부처님의 명호입니다. 이른바 「유심정토唯心淨土 자성미타自性彌陀」입니다. 한마디 한마디 부처님 명호가 모두 자성미타를 염하는 것을 「일념상응일념불一念相應一念佛 염념상응염념불念念相應念念佛」이라고 합니다. 이렇게 염하면 견사번뇌를 끊을 뿐만 아니라 계속해서 진사번뇌, 무명번뇌도 모두 다 타파합니다. 방법이 정말 교묘하고 진정으로 원돈합니다!

그래서 공부를 해서 득력한 사람은 두 종류 사람으로 한 부류는 근기가 예리한 사람입니다. 그는 이치를 전부 완전히 명료하게 이해하고 이론·방법·경계가 모두 또렷하여 당연히 문제가 없습니다. 그는 당연히 중간에 중단하지 않고 의심을 품지 않으며 뒤섞지 않을 것입니다. 그래서 그는 일념이 상응하고 염념마다 상응할 것입니다. 두 번째 부류의 사람은 글자를 모르는 할머니들로 그녀는 노실하고 이론에 대해 어떤 경계에 대해 모두 모릅니다. 그들에게 한마디 아미타불을 염하라 가르치면 그녀는 하루 종일 아미타불 아미타불만 할 뿐, 아무것도 모르고 아무것도 생각하지 않으면, 그녀는 최초의 경계에 도달할 수 있으며, 이러면 성공할 수 있습니다. 가장 골칫거리는 불성실한 사람으로 이 부분에서 매우 골치이며 무척 가르치기 어렵습니다. 그래서 공자께서는 "오직 지극히 지혜로운 자와 지극히 어리석은 자만이 변화하지 않는다(唯上智與下愚不移)."라고 말씀하셨습니다. 불리不移는 바로 변화되지 않음입니다. 변화되지 않은 사람은 바로 노실한 사람입니다. 이 두 부류라야 비로소 진정으로 노실한 사람이고 우리가 그를 통해 학습해야 합니다. 이들이 염하면 쉽게 한 덩어리를 이룹니다. 한 덩어리를 이루도록 공부하면 이를 염불삼매를 행한다고 합니다. 염불삼매는 총명칭입니다. 일심불란이 바로 염불삼매입니다. 염불삼매는 공부가 깊으면 이일심불란으로, 얕은 것은 공부가 한 덩어리를 이루는 것으로 이는 결정코 왕생할 수 있습니다.

만약 이일심에 이르러 산란하지 않고, 무명을 일품에서 41품까지 확 트이게 타파하면 곧바로 실보장엄정토에 왕생하게 되고, 또한 상적광토를 부분적으로 증득하게 된다.

「若至理一心不亂，豁破}無明一品，乃至四十一品，則生實報莊嚴淨土，亦分證常寂光土。」

이는 실보장엄토實報莊嚴土의 모습을 간단히 설명한 것입니다. 실보장엄정토는 실보무장애實報無障礙 정토라고도 합니다. 이곳에 왕생하려면 염불이 이일심불란에 이르러야 합니다. 이理는 바로 심성으로 바꾸어 말하면 선종에서 말하는 명심견성明心見性입니다. 선종에서 이 경계에 도달하려면 참구參究의 방법을 사용하고, 정종에서는 한마디 아미타부처님으로 이 경계에 도달할 수 있습니다. 이일심불 란은 선종의 확철대오, 명심견성과 같습니다. 경계는 서로 같지만, 채택한 방법 수단은 서로 다릅니다. 그러나 정종의 집지명호 방법은 참선과 비교하여 실재로 훨씬 편리하고, 훨씬 간단하며, 훨씬 용이하고 게다가 매우 온당합니다.

　정종에서는 염불에는 사념事念이 있고, 이념理念이 있다고 늘 말합 니다. 이 두 가지 방법 중에서 사념이든 이념이든 관계없이 모두 사일심事一心 이일심理一心에 도달할 수 있습니다. 사념으로는 사일심 에도 도달할 수 있고, 이일심에도 도달할 수 있습니다. 이일심에 도달하면 당연히 그때는 바로 이념입니다. 방금 전에 말씀드린 것처럼 상근기의 지혜가 예리한 사람은 일체에 모두 명료하게 통달 합니다. 그는 이론적인 기초가 있어서 아미타불을 노실하게 염불하 면 이념에 속하여, 이치에 명료합니다. 그러나 하근기의 어리석은 사람은 노실하게 염불하면 사념에 속하여 그에게 이치를 물으면 아무것도 모릅니다. 마치 체한諦閑 노법사의 오래전 염불한 제자가 3년을 염불하고 선 채로 왕생한 것과 같습니다. 작년 여러분께 말씀드린 적이 있습니다. 그는 죽은 후 3일간 서 있었습니다. 그의 시체는 넘어지지 않고, 3일간 서 있었는데, 체한 노법사가 그를 위하여 사후 뒤처리를 할 때까지 기다렸습니다. 이것이 아무것도 모르는 것입니다. 체한법사께서는 그에게 한마디 「나무아미타불」 을 노실하게 염하라고 가르치셨습니다. 그는 한마디 부처님명호를 3년간 염하였고, 왕생할 때는 아주 소탈하였고 자재하였습니다. 그는 때가 이르렀음을 미리 알았습니다. 이것이 바로 사념事念입니다. 그의 염불이 어느 정도에 이르렀는지 우리는 모릅니다. 그러나 일심불란은 분명합니다. 그가 도대체 사일심에 이르렀는지 이일심에 이르렀는지 우리는 모릅니다. 이 같은 경계에 이르러 그는 매우 또렷했고 매우 명백하였습니다. 그것은 복단伏斷이 아니라 멸단滅斷임에 분명합니다. 두 가지 념은 모두 최고의 경계에 도달할 수 있습니다. 사념으로 염하여 일품무명을 깨뜨리고 일분 법신을 증득하는 것이 바로 사념에서 이념에 도달하는 것입니다. 이때의 경계는 상근기의 지혜가 예리하고 마음을 밝혀 견성한 사람과 차이가 없습니다. 그래서 사념으로 이념에 도달할 수 있습니다.

만약 무명을 전부 다 깨뜨리면 곧 이것은 최상의 실보장엄토이고, 구경의 상적광토이다.

「若無明斷盡　則是上上實報　究竟寂光也。」

　우리는 이곳을 읽으면 이일심불란에는 41계급이 있는데 이것은 똑같이 이일심理─心임을 알아야 합니다. 마치 우리가 대학에 다니면 모두 대학생인 것과 같습니다. 대학생에는 1학년, 2학년, 3학년, 4학년이 있어 다릅니다. 그래서 한 가지마다 층차, 고하가 다릅니다. 사일심도 이와 같습니다. 사일심불란은 견사번뇌를 끊어야 합니다. 이 안에도 층차가 매우 많습니다. 이일심 안의 41품 무명은 매우 또렷한 41계급으로 《화엄경》에서 말하는 41법신대사입니다. 정종에서 말하면 전부 다 이일심불란입니다. 이 41품 무명을 전부 다 끊으면 이것을 최상의 실보장엄토(上上實報)라 합니다. 이러면 성불한 것입니다. 이 부처는 원교圓教의 부처로 무상보리이고, 구경

열반입니다. 그래서 그것의 과보는 최상의 실보장엄토이고, 이것이 실보토 안에서 가장 원만한 것이고, 적광토 안에서도 가장 구경의 것입니다.[30]

이 세 문구는 네 가지 정토에서 상적광토를 말합니다. 실제로 상적광은 이理이고, 앞의 세 가지 정토는 모두 사事입니다. 앞의 세 가지 정토는 진유眞有이고, 실제로 상相이 있는 것입니다. 상적광은 현상이 없고, 형상이 없습니다. 그것은 이체입니다. 부처님의 삼덕三德에서 「상常」은 바로 법신이고, 「적寂」은 바로 해탈이자 선정이며, 「광光」은 반야이자 지혜입니다. 그래서 상적광은 바로 삼덕에서 법신·해탈·반야입니다. 이것은 일심 안의 세 가지 덕을 말한 것입니다. 우리의 진심본성 안에는 세 가지 덕용德用을 원만히 구족하고 있습니다. 법신은 일체찰토를 능히 나타낼 수 있습니다. 시방세계 유정과 무정은 모두 심성이 변하여 나타난 것입니다. 동거토同居土·방편토方便土·실보토實報土는 모두 심성 안에 본래 구족되어 있고 모두 심성이 인연따라 변하여 나타난 것입니다. 그래서 이것을 「법신덕法身德」이라 합니다. 덕은 바로 그것의 공능功能입니다.

「적寂」은 해탈을 뜻합니다. 해탈은 청정이자 자재입니다. 심성은 본래 청정하고 본래 자재합니다. 우리는 번뇌에 속박되어 있는 것처럼 보입니다. 그렇다면 번뇌는 도대체 어디에 있습니까? 당신은 자재하지 못하다고 느끼지만 어떤 것을 자재하지 못하다고 합니까?

---

30) "초주初住에서 수도진인修道眞人을 체득하여 41품 무명을 진파進破하고, 최후에 미세무명을 끊고 제거하여 불생불멸인 무여열반無餘涅槃을 성취하나니, 이것이 진무생眞無生이다. 그리고 이것이 또한 분단分段과 변역變易의 생사대몽生死大夢을 정각正覺한 묘각妙覺의 진정각眞正覺이며 불조정전佛祖正傳인 상적조常寂照의 견성見性이다."《선문정로》, 성철 스님.

자재하지 못한 것을 찾아보아도 찾지 못합니다! 그래서 "번뇌를 찾아보아도 얻을 수 없습니다(覓煩惱了不可得)." 어떤 번뇌가 있습니까? 당신은 생사가 있다고 말합니다. 실제로는 생사도 얻을 수 없습니다. "무릇 모든 상은 다 허망합니다(凡所有相 皆是虛妄)." 그래서 마음은 본래 청정하고 자재합니다. 이것이 「해탈덕解脫德」입니다.

「광光」은 지혜입니다. 세간과 출세간, 과거 현재 미래, 본래 당신은 청정합니다. 이것이 당신의 본능입니다. 왜 그렇습니까? 그것은 자기 심성이 변하여 나타난 것이기 때문입니다. 자기 자신 어디에도 모르는 것이 없는 것이 당연한 도리입니다! **본래 알고 있는 것이 모르는 것으로 변한 것을 소지장所知障이라 합니다.** 장애는 두 가지가 있는데 하나는 번뇌장이라 하고, 하나는 소지장이라고 합니다. 소지장은 바로 본래 알고 있었는데 현재 모르게 된 것입니다. 당연히 여기에 장애가 있습니다. 이런 장애는 구경에 무엇입니까? 부처님께서는 장애로 그르쳐서 아는 것(知)이 생겼고, 우리는 현재 아는 것을 구하고 있다고 말씀하셨습니다. 이것이 바로 장애입니다. 세존께서 세상에 계시면서 49년 동안 경전을 설하셨습니다. 그 중에서 《반야경》을 설하신 시간이 가장 길어 22년 동안 말씀하셨습니다. 반야에서 무엇을 말씀하셨습니까? 바로 무지無知를 말씀해 주셨습니다. 진정한 지혜는 무지입니다. 만약 당신이 무지의 지혜를 실천할 때, 그것이 작용하면 바로 모르는 것이 없고, 소지장이 사라집니다. 두려운 것은 아는 것이 있는 것입니다. 아는 것이 있으면 모르는 것이 생기고, 그러면 골치가 아파집니다. 아는 것을 구할 수록 한계가 더욱 커져서 정말 큰 바다의 물 한 방울에 불과합니다. 조금의 지혜를 구할 뿐입니다. 구하지 않으면 큰 바다 전체 그대로 원만합니다. 아는 것을 구할 필요가 있겠습니까?

이는 큰 잘못이고 아주 잘못입니다! 그래서 원만한 지혜는 자신의 진심 본성 속에 본래 갖추고 있는 것이지 바깥에서 유래하는 것이 아닙니다.

그래서 불법의 수학은 다른 것이 없습니다. 불교의 수학 전부를 귀납시켜 보면 어느 종이든, 어느 법문이든 상관없이 한마디로 말하자면 모두 선정을 닦는 것이고 청정심을 닦는 것입니다. 선정에는 결정코 하나의 망념도 있을 수 없습니다. 하나의 망념이라도 있으면 장애가 생깁니다. 진정으로 한 생각도 생기지 않는 때에 이르면 우리의 심성 속에 있는 일체 덕능德能이 전부 다 회복되고, 온통 작용하게 됩니다. 《반야심경》을 늘 염송할 때마다 최후의 결론은 「무지역무득無智亦無得」이라는 문구임을 보게 됩니다. 중생은 필사적으로 아는 것을 구하고, 필사적으로 얻을 바가 있어야 한다고 생각합니다. 여기서 「득得」은 바로 모든 번뇌의 근원입니다. 번뇌장은 어디서 유래합니까? 바로 「득」에서 옵니다. 소지장은 어디서 유래합니까? 「지知」에서 유래합니다. 보살은 무지無知로 소지장을 깨뜨리고, 무득無得으로 번뇌장을 깨뜨립니다. 이 두 가지 장애를 깨뜨리면 당신은 다른 사람으로부터 공경과 찬탄을 받을 것입니다. 그리고 41품 무명을 전부 다 말끔히 끊어버리고 원만히 성불할 것입니다. 따라서 우리가 《반야심경》을 늘 염송할 때마다 경각심을 높이지 못하면 이는 공염불에 불과합니다.

불퇴전에는 4가지 의미가 있다. 첫째는 염불퇴念不退이니, 무명을 깨뜨리고 불성이 드러나 곧바로 실보장엄토에 왕생하고, 상적광토를 부분적으로 증득함을 말한다.

不退有四義 , 一念不退 , 破無明 , 顯佛性 , 徑生實報 , 分證寂光。

이 단락 이하에서는 불퇴전의 뜻을 해석해 주십니다. 「불퇴不退」는 통상 세 가지, 즉 세 가지 불퇴三不退를 말합니다. 우익대사께서는 여기서 우리를 위해 네 가지 불퇴를 말씀하십니다. 도대체 네 번째는 어떤 불퇴입니까? 첫 번째는 염念입니다. 그의 순서는 위에서 아래로 가는 수입니다. 이것은 대승법에서 법신보살이고, 원교에서 초주初住 이상이며, 별교에서 초지初地 이상입니다. 이러한 보살들은 단증斷證의 공부 상에서 이미 일품 무명을 깨뜨려서 일분 법신을 증득하였습니다.

파무명破無明 현불성顯佛性

법신과 불성은 같은 뜻으로 즉 일품 무명을 깨뜨려 일분 법신을 증득한다는 말입니다. 서방극락의 네 가지 정토에서 이 보살들이 태어나는 곳은 실보장엄토입니다. 상적광토는 이체에 해당하고, 앞의 세 가지 정토는 사상事相에 해당합니다. 이체는 있지 않은 곳이 없지만, 범성동거토와 방편유여토에서는 이러한 이체를 인식할 방법이 없고, 또한 느낄 수도 없습니다. 즉 있을지라도 알지 못합니다. 실보장엄토에 이르면 관찰할 수 있습니다. 진실로 이사理事가 원용하고, 성상性相이 둘이 아닌 이런 경계를 통달합니다. 대승 경전에서는 늘 몸과 국토가 둘이 아니라고 말합니다. 이 말을 우리는 경에서 읽고, 고래의 조사·대덕들의 저술에서도 더 많이 언급되어 귀에 들어 익숙하지만 이런 경계는 대단히 어렴풋합니다. 원인은 바로 그것은 필경 우리의 경계가 아니어서 우리가 체득할 수 없기 때문입니다. 그러나 실보장엄토에 이른 보살들은 이 한마디 말이 대단히 친근하게 느껴집니다. 왜냐하면 직접 자신들이 본 것이고, 직접 증득한 것이기 때문입니다.

「염불퇴念不退」에서 말하는 념은 바로 정념正念입니다. 염념마다 무상보리로 향해 나아갑니다. 바꾸어 말하면 이때에 이르러 염불은 진순眞純이라 하고, 망념이 없습니다. 우리의 현재 생각은 실제로 정념은 적고, 망념이 많습니다. 설령 염불하여 염하고 염할지라도 또 다른 일을 생각해서, 원교의 초주보살에 이르러야 비로소 잡념이 없습니다. 잡념이 없을 정도로 염불하고 싶다면 상당한 공부가 있어야 합니다. 눈앞에 잡념이 있어도 두려워하지 마십시오. 잡념이 있으면 더욱 염불해야 하고, 잡념이 없어도 염불해야 합니다. 왜 그렇습니까? 잡념이 없으면 무명에 떨어지기 때문입니다. 생각이 있으면 망상이고, 생각이 없으면 무명입니다. 요컨대 모두가 번뇌의 일로 반드시 염불을 잘 해야 합니다.

둘째는 행불퇴行不退이니, 견사번뇌가 이미 떨어져 나가고 진사번뇌까지도 또한 완전히 타파하여 방편유여토에 왕생하고, 궁극적인 불과를 향해 계속 나아감을 말한다.

第二叫「行不退 , 見思旣落 , 塵沙亦破} , 生方便土 , 進趨極果」。

「행불퇴行不退」는 보살이 육도만행을 닦는 것을 가리킵니다. 「행行」은 소리 내어 염하는 것으로 동사로 말한 것입니다. 이승二乘으로 퇴전하지 않음을 「불퇴不退」라고 합니다. 이로써 우리는 권교보살은 어떤 때는 소승으로 퇴전하기도 함을 알 수 있습니다. 그는 왜 소승으로 퇴전합니까? 중생은 제도하기 어렵고, 왕왕 보살을 퇴심退

心하게 합니다. 보살이 중생에 대해 인내심이 모자라면 퇴전합니다. 반드시 대보살에 이르러야 인내심이 있고, 보살도를 닦으면서 일체 중생과 함께 지낼 수 있습니다. 그의 선정력과 지혜력은 높아서 결정코 이승으로 퇴전하지 않습니다. 이것은 방편유여토에 태어남입니다. 부처님께서는 수많은 경론에서 우리에게 이승의 사람은 성불할 수 없다고 말씀하셨습니다. 부처님의 이 말씀에 우리는 동의하고 긍정할 수 있습니다. 왜 그는 성불할 수 없습니까? 성불하려면 반드시 이사가 원융하고 사사가 무애하여야 하는데, 이승은 장애가 있어 원융하지 못하기 때문입니다. 이승二乘은 스스로 매우 잘 닦지만, 대중과 접촉할 수 없어 잘 참지 못한다고 느낍니다. 잘 참지 못하는 것이 바로 장애로 이러면 성불할 수 없습니다. 그래서 그는 원융자재를 통달할 수 없습니다. 이 때문에 우리는 무상보시를 성취하고 싶다면 《화엄경》에서 말하는 무장애법계無障礙法界, 이사무애理事無礙 , 사사무애事事無礙를 증득해야 합니다. 바꾸어 말하면 구법계의 중생과 반드시 접촉해야 합니다.

이들 중생과 접촉하는 것이 바로 수행입니다. 무엇을 닦습니까? 자신에게 익숙하지 않은 것을 익숙해지도록 닦아야 합니다. 자신이 여기서 분별을 일으키고 번뇌를 일으키는 것을 전부 다 연마하여 말끔히 청정하게 하고 연마하여 평평하게 해야 합니다. 이것을 수행이라고 합니다. 그래서 보살은 육도법문을 닦고 중생을 제도하고 자신을 제도하며, 다른 사람을 도와서 자신을 성취하며, 자신의 일체 분별·집착을 경계 안에서 모두 연마하여 말끔히 청정하게 해야 비로소 불도를 이룰 수 있습니다. 수행하는 사람은 어떠한 환경일지라도 이런 환경이 역경이라도 좋고 순경이라도 좋아서 자신에 대해 매우 이익이 있습니다. 그러나 경전의 가르침에서,

사실의 입장에서 관찰하면 실제로 수행은 먼저 고행을 닦아야 합니다. 이것이 바로 역경 안에서 자신을 연마하는 것입니다. 일체가 모두 익숙하지 않은 것이라 보이고, 일체가 모두 눈에 거슬리게 보이는 이런 경계에서 연마해야 합니다. 무엇을 닦습니까? 인욕바라밀을 닦고, 선정바라밀을 닦습니다. 이 안에서 진정으로 공부를 하면 무엇이든 다 인내할 수 있습니다. 마지막으로 순경을 닦습니다. 순경은 바로 여러 가지가 다 마음에 맞고 뜻대로 되는 것입니다. 순경은 역경에 비해 더 힘듭니다. 역경은 사람을 도태시킬 수 있지만 실제로는 전혀 엄중하지 않습니다. 순경에 도태되어서는 안 됩니다. 가지가지 모두 다 마음에 맞고 뜻대로 되면 이런 경계에 만족하고 향상 분발하는 마음이 없습니다.

불문에서 부처님 제자들 가운데 우리에게 표연表演해 주신 분이 계십니다. 수보리須菩提 존자는 금강반야회상에서 고행을 대표합니다. 선종의 초조이신 대가섭大迦葉존자도 고행승을 대표합니다. 이분들은 모두 역경 속에서 연마하신 분들입니다. 그러나 《화엄경》의 선재동자는 순경에서 연마하신 분입니다. 역경에서 무엇을 닦습니까? 인내를 닦고 성내는 마음을 닦아서 바로 성내는 마음을 끊어버리는 것으로, 탐·진·치 중에서 성냄을 깨뜨리는 것입니다. 순경에서는 탐애를 끊는 것으로 이것은 역경보다 더 어렵습니다! 《화엄경》에서는 선재동자가 출생할 때 그의 집에서 초목이 연달아 칠보로 변하여 복보가 매우 많았다고 합니다. 그 속에서 조금의 탐애도 일으키지 않을 수 있다면 이는 공부가 원만 성숙한 것으로 고행보다 몇 배나 더 높아야 함을 알지 못합니다. 요컨대 역경이든 순경이든 모두 우리가 탐·진·치를 끊는 수단으로 불문에서는 선교방편을 말합니다.

셋째는 위불퇴位不退이니, 업을 지닌 채 범성동거토에 왕생하여 극락세계 연꽃에 몸을 의탁해 퇴전하는 인연을 영원히 떠남을 말한다.

三位不退。帶業往生。在同居土。蓮華托質。永離退緣.

「위불퇴位不退」에서 「위位」는 성인의 과위를 말합니다. 범부를 뛰어넘어 성인에 들어간다고 말합니다. 극락세계 대중은 성인의 부류에 들어간 사람으로 결정코 다시는 범부로 퇴전하지 않습니다. 이것은 어떤 지위입니까? 일반적으로 말해서 소승의 초과初果입니다. 소승의 초과이면 위불퇴를 증득합니다. 부처님께서는 경전에서 초과를 증득한 후 수행하는 시간은 천상에서 인간으로 일곱 차례 왕래하여 아라한과를 증득한다고 말씀하십니다. 바꾸어 말하면 과위를 증득하는 시간은 대략 확정할 수 있으니, 그리 멀지 않으면 됩니다. 이는 우리가 책을 읽는 것에 잘 비유될 수 있는데, 초등학교에 등록한 날로부터 계산해서 학교에 가서 수업을 받아 대략 6년을 공부하면 졸업할 수 있습니다. 이렇게 시간을 확정할 수 있습니다. 부처님께서는 경전에서 늘 범부는 발심수행에서 성불하기까지 3아승지겁이 걸린다고 말씀하셨습니다. 이 3아승지겁을 어느 날로부터 계산합니까? 초과를 증득한 날로부터 계산합니다. 만약 이런 경계에 도달할 수 없으면 계산할 수 없습니다. 왜 그렇습니까? 육도로 물러나 다시 윤회하게 되기 때문입니다.

부처님께서 3아승지겁에 성불한다고 말씀하신 것은 실제로 제가 말한 것이 아니라 부처님께서 경전에서 말씀하셨습니다. 《무량수경》에서도 볼 수 있고, 《능엄경》에서도 볼 수 있으며, 《금강경》에서도 볼 수 있습니다. 부처님께서는 우리들 한 사람 한 사람은 부처님과의 연분이 모두 아주 오래 오래입니다. 《무량수경》에서 말씀하신 시간은 더 오래로, 무량겁 동안 세세생생 수행하여 쌓은 선근이라야 이 법문을 만나서 환희심을 일으킬 수 있다고 하셨습니다. 무량겁 동안은 3아승지겁에 그치지 않고 몇 아승지겁인지 알 수 없습니다. 왜 우리는 성불을 하지 못하고 있을까요? 원인은 바로 우리가 무량겁 동안 세세생생 수행하여 지금까지 한 번도 초과를 증득하지 못했기 때문입니다. 이는 마치 유치원에서 책을 읽었지만, 지금까지 1학년을 승급하지 못했기 때문에 계산하지 못하는 것과 같습니다. 만약 소승의 초과인 수다환과를 증득하였다면 그날로부터 시작하여 3아승지겁에 성불합니다. 이 시점부터 계산함을 알아야 합니다. 《화엄경》에서 무량겁이라야 구경의 불과를 증득할 수 있다고 했는데, 그것도 위불퇴를 얻은 날로부터 계산한다는 점을 반드시 알아야 합니다. 위불퇴를 증득한다고 해서 결코 삼계를 벗어나는 것이 아님을 알아야 합니다. 그는 여전히 삼계 안에서 수행하고 있습니다. 우리는 그를 존칭하여 성인이라 합니다. 그는 범부가 아닙니다. 그는 삼계 안에 있지만 인간과 천상을 왕래할 뿐, 결코 삼악도에 떨어지지 않습니다.

어떻게 해야 이 위차位次를 증득할 수 있겠습니까? 부처님께서는 견사번뇌 가운데 삼계, 88품 견혹見惑을 다 끊어야 한다고 말씀하셨습니다. 육도윤회의 원인은 견혹과 사혹입니다. 앞에서 간략히 소개드렸듯이 견혹을 다 끊어도 사혹이 존재하므로 삼계를 벗어날 수 없습니다. 반드시 사혹마저 끊어야 육도윤회를 벗어납니다. 그래서 그는 여전히 육도 가운데 있지만, 삼악도에 떨어지지 않습니다. 이로써 견혹은 삼악도에 떨어지는 업인으로 이것이 없으면 삼악도의 연이 끊어지고, 다만 인간과 천상 두 세계를 왕복할 뿐이라는 사실을 알 수 있습니다.31) 서방극락세계의 수승함은 실제로 삼토에 있는 것이 아닙니다. 가장 수승한 점은 바로 범성동거토로 바꾸어 말하면 업을 지닌 채 왕생한다는 사실입니다.

재동거토在同居土 연화탁질蓮華託質 영리퇴연永離退緣

이는 서방극락세계는 우리가 사는 세계와 다르다고 말합니다.

일심으로 염불하기만 하면 내지 십념에 성공할 수 있습니다. 이 십념은 평상시가 아니라 임종시 십념을 말합니다. 임종시에는 십념으로 왕생할 수 있습니다. 그러나 임종 십념에는 조건이 있습니다. 확실히 사람마다 해낼 수 있는 것이 아닙니다.

첫 번째 조건은 임종시 신지神智가 미혹·전도되지 않고 또렷해야 합니다. 이 조건은 가장 중요합니다.

두 번째 조건은 임종시 어떤 사람, 선저식이 있어 그를 일깨워주어야 합니다.

세 번째 조건은 그가 다른 사람이 한번 일깨우면 정말 내려놓을 수 있고, 정말 왕생을 발원할 수 있어야 합니다.

이 세 가지 조건을 구족한다면 임종시 십념에 모두 왕생할 수 있습니다. 그러나 이 세 가지 조건은 실제 모두 상당히 어렵습니다. 이 때문에 우리는 이 법문은 만나면 반드시 소중히 여기고 꼭 평상시

---

31) "육도六道란 무엇입니까? 경전에서는 우리에게 말합니다. 육도는 견사번뇌見 思煩惱가 변하여 나타난 것으로, 이른바 삼계三界·구지九地·88품 견혹見惑·81 품 사혹思惑입니다. …견혹見惑은 바로 견해의 잘못으로 우리가 잘못 보는 것입니다. 사혹思惑은 바로 우리가 잘못 생각하는 것입니다. 이 두 가지를 합쳐서 「견사번뇌見 思煩惱」라 합니다. 이러한 견사번뇌가 있으면 육도윤회를 벗어나지 못합니다." 《당생성불》(허만항 역, 비움과소통).

에 노력하고 절대로 요행을 바라는 심리가 있어서는 안 됩니다. 이 점이 대단히 중요합니다. 임종시 신지神智가 또렷한 것이 가장 큰 복보입니다. 속된 말로 "사는 것을 좋아하고 죽는 것을 싫어한다(好死好生)"고 합니다. 어떤 사람이 삼악도에 떨어진다면 어떻게 된 일입니까? 그가 미혹·전도되었고, 흐리멍덩하기 때문입니다. 만약 그가 매우 또렷하고 명백하다면 절대로 삼악도에 갈 리가 없습니다. 임종시에 신지가 또렷한 사람은 인생 최대의 복보로 내생에 악도에 떨어지지 않고 괴로운 과보를 받지 않을 것입니다. 이번 생에 이런 복보를 반드시 닦아야만 합니다. 복을 닦지 않은 사람에게 어디서 복이 오겠습니까? 반드시 복을 닦는 것을 알아야 합니다. 일상생활 가운데 언제나 선한 마음을 품고, 언제나 중생을 이롭게 하는 마음을 지녀야 합니다. 이것이 복보의 기반입니다.

우리는 서방극락세계를 갈 수 있을 뿐만 아니라 절대 다수는 모두 업을 지닌 채로 범성동거정토에 왕생하여 위불퇴를 증득합니다. 우리가 사는 이곳은 석가모니부처님의 범성동거토입니다. 우리는 이번 생에 이 동거토에 태어났기 때문에 위불퇴를 증득하지 못하였습니다. 그러나 서방극락세계에 태어나면 결정코 위불퇴를 증득합니다. 이것이 서방 동거토가 사바세계보다 수승한 점입니다. 사바세계의 사토는 시방제불여래의 사토와 차이가 많지 않습니다. 이로써 서방세계의 동거토가 시방제불의 동거토보다 뛰어남을 잘 알 수 있습니다. 더욱 수승한 점은 서방세계에서의 일생이 일체 생이며, 한번 증득함이 일체를 증득함이며, 동거토에 태어남이 상위 세 가지 정토에 태어남이며, 위불토를 증득함과 동시에 염불퇴를 증득하여 세 가지 불퇴를 원만히 증득한다는 것입니다. 이것이야 말로 진정으로 불가사의합니다!

서방극락세계가 이처럼 수승함에는 세 가지 이유가 있습니다.

첫째, 서방극락세계에 가면 날마다 부처님을 친견할 수 있고, 날마다 부처님과 한곳에서 지냅니다.

둘째, 수시로 법을 듣습니다. 서방극락세계에서는 부처님께서 설법하시고 보살도 설법하실 뿐만 아니라 안·이·비·설·신·의 육진六塵도 설법하여 법을 듣는 시간이 중단되지 않습니다.

셋째, 항상 대보살들과 한곳에 지냅니다. 이러한 수학환경에서 생각해보십시오, 어떻게 퇴전할 수 있겠습니까? 이에 반해 눈앞의 이 세계에서는 부처님을 친견할 수도 없고, 정법을 듣기도 매우 어려우며, 우리를 둘러싼 사방 주위로 선지식은 적고 악지식은 많아서 매우 쉽게 퇴전합니다. 이 두 세계의 환경은 서로 다릅니다. 이곳에는 퇴락시키는 인연도, 기회도 너무나 많습니다. 그러나 서방극락세계에서는 퇴전할 수 있는 기회를 찾으려고 해도 찾을 수 없습니다.

넷째는 필경불퇴畢竟不退이니, 지극한 마음으로 염불하든 산란한 마음으로 염불하든, 왕생하겠다는 마음으로 염불하든 그런 마음 없이 염불하든, 혹은 정토법문을 이해하고 염불하든 모르고 염불하든 상관없이, 아미타부처님의 명호이든 육방제불의 명호이든 이 경의 이름이든 상관없이 귀에 한번 스치기만 하면 가령 천만겁 지난 후라도 필경 이 인연으로 해탈하게 된다. 이는 마치 독을 바른 북 소리를 듣게 되면 가까이 있든 멀리 있든 모두 죽게 되며, 금강석을 조금이라도 삼키면 결코 소화되지 않는 것과 같다.

四畢竟不退。不論至心散心。有心無心。或解不解。但彌陀名號。或六方佛名。此經
名字。一經於耳。假使千萬劫後。畢竟因斯度脫。如聞塗毒鼓。遠近皆喪。食少金
剛。決定不消也.

우익대사께서는 네 번째로 필경불퇴가 있다고 말씀하십니다. 이 단락의 말씀은 대단히 좋습니다! 이는 사실입니다. 이른바 **귓전을 한번 스쳐가기만 해도 영원히 도를 이루는 종자가 됩니다**(一歷耳根 永爲道種). 「지심至心」은 일심으로 진실하고 성실한 마음으로 염불하는 것입니다. 「산심散心」은 산란한 마음입니다. 우리는 현재 대부분 산심으로 염불하고 있습니다. 왜냐하면 염불하는 가운데 망상이 뒤섞이기 때문입니다. 지극한 마음으로 염불하든 산란한 마음으로 염불하든, 왕생하겠다는 마음으로 염불하든 그런 마음 없이 염불하든, 혹은 정종법문을 명료하게 이해하고 염불하든 완전히 이해하지 못하고 염불하든 상관이 없습니다. 단지 아미타부처님 육자명호이든 시방제불의 명호이든 어느 부처님이든 상관이 없습니다. 당신은 이번 생에 부처님 명호를 들어 본 적이 있을 겁니다. 그 중 어느 한 분의 부처님 명호이라도 좋습니다. 이 경의 이름, 이 경의 제목은 「불설아미타경佛說阿彌陀經」입니다. 당신은 이 경전의 제목을 들어본 적이 있을 겁니다. 그래서 일본인들은 부처님 명호를 염하고 경의 제목을 염하는 사람들이 매우 많습니다. 우리가 일본인을 접촉해보면 일본에는 교회가 적지 않은데, 그들이 염송하는 것은 「남묘호렌겐교南無妙法蓮華經」입니다. 그들은 경의 제목을 염송합니다. 의도는 같습니다. 귓전을 한번 스치기만 해도 영원히 도를 이루는 종자가 된다고 믿습니다. 이는 그가 알든 모르든 가령 천만겁 지난 후라도 필경 이 인연으로 해탈하게 됨을 말합니다. 다시 말해 그는 불문에 들어갈 수 있고, 수행하여 과위를 증득할 수 있습니다.

《법원주림法苑珠林》에는 이런 고사가 있습니다.

「부처님께서 세상에 계실 적에 한 노인이 부처님을 만나 발심하여 부처님을 따라 출가하고 싶어 했습니다. 출가하려면 반드시 선근이 있어야 하고, 선근이 없으면 출가할 수 없었습니다. 부처님의 제자 중에는 아라한을 증득한 사람이 있었는데, 모두 숙명통, 천안통 등의 신통력이 있었습니다. 그러나 아라한의 신통력으로는 과거 5백세만 볼 수 있고, 5백세 바깥으로는 그의 능력이 도달할 수 없었습니다. 부처님의 제자가 이 노인을 관찰하니, 이 5백세에는 어떠한 선근도 없었습니다. "당신이 어떻게 출가할 수 있겠는가?" 이 노인은 이 말을 듣고서 눈물을 흘리며 몹시 슬퍼했습니다. 부처님께서 보시고 그를 돌아오게 하여서 머리를 깎아 승려가 되게 하였습니다. 제자들은 이상하게 생각하였습니다. 부처님께서는 제자들에게 말씀하셨습니다.

"이 노인은 무량겁 전에 나무꾼이었다. 산에 올라가 나무를 잘라 장작을 패어서 파는 나무꾼이었다. 어느 날 산에 올라가다 늙은 호랑이 한 마리를 만났다. 늙은 호랑이가 그를 물려고 하자 그는 나무 위로 기어 올라가면서 무의식중에 한마디 「나무불」을 소리내어 불렀다. 이 한마디 부처님 명호, 이 종자로 인해 오늘 기연이 성숙하여 이렇게 출가할 수 있게 된 것이니라."

그 노인은 이후 과연 아라한과를 증득하였다. 이것이 바로 《법화경》에서 "나무불 한번 부르기만 하면 모두 불도를 이룬다(一稱南無佛皆已成佛道)."라고 말한 전고典故입니다.

우리는 이 이치를 알았고, 이 사실을 알았습니다. 그렇다면 당신은 주변에 있는 사람들, 가친권속家親眷屬에게 매우 자비로워 그들을 제도시키려고 하면 크나큰 안심을 얻을 것입니다. 왜 그렇습니까? 그들은 모두 제도 받을 것이기 때문입니다. 그에게 왕생할 마음이 있든 없든 상관없이 그가 아미타불의 불상을 보았고 아미타부처님의 명호를 들었기 때문에 무의식중에 한두 번 소리 내어 염할 수도 있습니다. 그러면 되지 않습니까! 심지어 다른 종교의 독실한 신도도 모두 제도 받을 수 있습니다. 이들은 제도 받을 수 있을 뿐만 아니라 천주교의 교황도 제도 받을 수 있습니다. 왜 그렇습니까? 그도 한마디 「나무불」이라고 불렀기 때문입니다. 여러 해 전에 교황은 천주교의 신부들에게 불교와 대화를 나누라고 칙령을 내렸습니다. 그의 마음속에는 부처님이 계셨던 것입니다. 마음에 부처님이 계시면 이 종자로 인해 무량겁 후에 부처님을 만나고 반드시 세존께서 법화회상의 노인처럼 반드시 득도할 것입니다. 이것을 「필경불퇴」라고 합니다.

여문도독고如聞塗毒鼓 원근개상遠近皆喪 식소금강食少金剛 결정불소야決定不消也

이 두 가지 비유는 모두 부처님께서 경전에서 늘 사용하시던 비유입니다. 첫 번째 「독을 바른 북(塗毒鼓)」의 비유입니다. 이는 옛날 전쟁 중에 사용하는 무기입니다. 이 북은 어떤 약물로 제조하는지는 모르지만, 사람이 이 소리를 들으면 받아들이지 못한다고 합니다. 경에서는 심각할 경우 목숨을 잃게 된다고 말합니다. 그렇다면 자기 군대는 어떻게 됩니까? 자기 군대에는 해독약을 배치해 두었습니다. 이는 전쟁시 사용하는 것으로 이를 비유로 삼은 것입니다. 둘째는 「금강석을 조금 삼킴(食少金剛)」의 비유입니다. 이는 무너지지 않는다는 뜻입니다. 앞의 비유는 널리 보급한다는 뜻입니다. 북소리는 멀리까지 들려서 두루 들을 수 있습니다. 두 번째 비유는 금강석은 삼킨 후에 소화시킬 수 없듯이 염불의 종자는 무너지지 않는다는 뜻입니다.

[보충법문 ; 정공법사, 《아미타경요해현의》 1994년 법문]

이 단락의 문장에서 대사께서는 우리에게 이 법문은 구법계 중생을 제도하지 못함이 없이 모두 다 제도함을 말씀하십니다.

불론지심산심不論至心散心

「지심至心」은 일심一心, 전심專心을 말하고 「산심散心」은 산란한 마음을 말합니다. 우리가 현재 일반적으로 염불할 때 대다수 사람은 모두 산란한 마음으로 합니다.

유심무심有心無心

「유심有心」은 염불하여 정토에 태어나길 구하는 마음이 있음을 뜻하고, 「무심無心」은 그런 마음이 없다는 뜻입니다. 한마디 아미타불을 염하되 재미있게 염하는 것을 보면 그는 아미타불이 무엇인지 모르고, 그는 왕생할 의사가 없습니다. 특히 타이완에서 손에 끈으로 꿴 염주를 쥐고 당신이 길을 걸어가면 다른 사람들이 보기에는 당신은 아미타불과 매우 멀어 보입니다. 그는 물론 마음이 없는 것입니다. 그는 염불한다고 생각되지 않습니다.

혹해불해或解不解

「혹或」은 …든지(或者)라는 말입니다. 「해解」는 교의를 이해하는 것입니다. 서방극락세계의 상황에 대해 경전에서 조금은 압니다. 「불해不解」는 완전히 모른다는 뜻입니다.

단미타명호但彌陀名號 혹육방불명或六方佛名 차경명자此經名字 일경어이—經於耳

「단但」은 …하기만 하면(只要)이란 뜻입니다. 한마디 아미타부처님의 명호이든 《아미타경》에서 말하는 「육방불」의 명호이든, 이 경의 「명자名字」인 《불설아미타경》이든 염하기만 하면 됩니다. 경의 제목에는 당연히 대본도 포함됩니다. 대본은 곧 《무량수경》입니다. 이 부처님의 명호, 경의 이름을 「일경어이—經於耳」 즉, 당신이 염하면 어떤 사람은 아직 염하지 않았지만 그는 듣습니다. 다른 사람이 아미타불을 염하고, 《불설무량수경》을 염하는 것을 그는 듣게 됩니다. 이것이 바로 귀에 한번 스침(—經於耳)입니다. 그가 듣게 됩니다. 이런 듣게 됨이 곧 금강종자입니다. 서방극락세계 아미타부처님의 종자가 그의 팔식(아뢰야식) 밭 가운데 심어집니다. 이런 종자는 영원히 무너지지 않습니다. 이런 종자는 소멸되지 않습니다. 이는 필경불퇴畢竟不退를 말합니다. 당연히 반드시 이번 생에 성취되지도, 일체법에 결정되지도 않지만 어느 생, 어느 세에 연緣을 만나게 될 것입니다. 연을 요즘말로 하면 기회입니다. 이들 기회를 만나면 이 선근, 이 종자를 불러일으킵니다. 이런 종자를 불러일으키면 종자가 현행現行하고 작용이 일어납니다. 어떤 작용이 일어납니까? 정토법문에 대해 믿을 수 있고, 발원할 수 있으며, 기꺼이 염불하여 왕생합니다. 우리가 오늘 이 법문을 접촉하여 믿을 수 있고 발원할 수 있으며 기꺼이 염불하여 왕생을 구하는 것은 아뢰야식에 과거 생 동안의 종자가 있었기 때문입니다. 만약 완전히 종자가 없고 선근이 없으면 결정코 이루어지지 않을 것입니다. 《무량수경》에서 부처님께서는 우리에게 염불인은 모두 과거 무량겁 이래의 선근이 성숙된 것이지 절대 우연이 아님을 매우 또렷하게, 매우 명백하게 말씀해주셨습니다.

가사천만겁후假使千萬劫後

이 부분에서 말하는 시간이 길다는 것에 주의해서 보십시오! 서방극락세계에 가면 2겁, 3겁에 등각보살의 과위를 증득합니다. 이 세간에서는 자칫하면 천만 겁입니다. 그래서 윤회가 진실로 괴롭다는 것을 알 수 있습니다. 이런 상황을 이해하면 용맹정진심이 저절로 생기기 시작합니다.

필경인사도탈畢竟因斯度脫

「사斯」는 바로 부처님 명호, 경의 이름이 귀에 한번 스치는 것을 가리킵니다. 이러한 한 번의 인, 이러한 하나의 종자이면 장래에 반드시 득도합니다. 득도란 장래에 결정코 이 종자가 당신을 도와서 왕생하는 것을 말합니다. 서방극락세계에 태어나면 길지 않은 시간에 원만한 보리, 원교의 극과를 증득합니다.

여문도독고如聞塗毒鼓 원근개상遠近皆喪

옛날에 이런 일이 있었는지 없었는지 고증할 필요도 따질 필요도 없습니다. 그것은 비유입니다. 옛날의 전투용 북(戰鼓)은 어떤 것으로 발랐는지 모릅니다. 이 북을 한번 치면 사람들이 이 북소리를 듣고서 목숨을 잃었습니다. 이러한 이치는 제가 알기로는 현재 과학자들이 음파로 사람을 죽이고, 빛으로 사람을 죽일 수 있음을 증명하였다고 봅니다. 옛날에 이런 것이 있었는지 없었는지 모르지만, 있었을 수도 있습니다. 이는 금강종자가 일체번뇌를 조복하였다가 이 독을 바른 북처럼 한번 작용이 일어나기만 하면 모든 일체 번뇌가 다 소멸하는 것과 같습니다.

식소금강食少金剛 결정불소야決定不消也

금강석은 물질 중에서 가장 견고한 것으로 일체금속을 끊을 수 있습니다. 금강석보다 견고한 것은 없어서 모든 금속이 금강을 끊을 수 없습니다. 이는 금강석의 예리함과 견고함을 설명한 것입니다. 따라서 금강석을 먹으려고 해도 당연히 소화할 수 없습니다. 이것은 부처님 명호의 종자가 아뢰야식에 심어지면 영원히 잃어버릴 수 없음을 비유한 것으로 지명염불로 장래에 결정코 왕생함을 비유한 것입니다. 학불하는 사람은 이런 이치를 잘 알아야 합니다. 학불하는 사람은 일체중생이 모두 환희심을 내고 공경심을 내는 모습을 봅니다. 왜 그렇습니까? 일체중생은 모두 제불여래이므로 현재 왕생하여 현재 성불하고 있고, 장래에 왕생하여 장래에 성불할 것입니다. 과거·현재·미래, 범부의 마음 가운데에는 분별이 있고, 집착이 있습니다. 그래서 삼제三際, 즉 과거·현재·미래가 있고, 이 물건이 있습니다. 진정으로 깨달은 사람은 삼제가 불가득임을 압니다. 삼제가 불가득이면 미래불이 바로 현재불입니다. 이번 생 동안에 아미타불 염불하는 소리를 한번 듣기만 하면 그는 성불합니다. 이는 세존께서 《법화경》에서 "나무불 한번 부르기만 하면 모두 불도를 이룬다."라고 말한 것과 같습니다. 선가에서는 늘 "삼제를 그대로 끊어버린다(坐斷三際)" 말합니다. 시간이 사라지고, 미래의 부처님이 현재 당신의 눈앞에 나타남을 봅니다. 그래서 보현행普賢行도 저절로

원만히 닦아집니다. (*보충법문 끝)

또한 업을 지닌 채 동거정토에 왕생하여 위불퇴를 증득하면 모두 다 일생보처 보살들과 함께 하며, 또한 모두 일생에 반드시 부처의 후보 자리에 오르게 된다.

「復次祇帶業生同居淨, 證位不退者, 皆與補處俱, 亦皆一生必補佛位。」

대사께서는 여기에서 우리에게 비교하여 주십니다. 경문에서 「극락국토에 태어나는 중생들은 모두 불퇴전지 보살이다(衆生生者皆是阿鞞跋致)」라고 말하는데, 아비발치阿鞞跋致는 범어로 불퇴전不退轉이라는 뜻입니다. 이 불퇴전은 염불퇴를 가리킵니다. 당연히 행불퇴와 위불퇴도 포함됩니다. 위쪽은 아래쪽을 포함하지만, 아래쪽은 위쪽을 포함하지 못합니다. 우리가 진정으로 닦기만 하면 업을 지닌 채 왕생합니다. 왜냐하면 업을 지닌 채 왕생함은 실로 세상 사람들 한 사람 한 사람마다 해낼 수 있는 것이기 때문입니다. 이것이 고덕께서 늘 하시던 「만인이 닦으면 만인이 간다(萬修萬人去)」는 말씀은 한 사람 한사람마다 해낼 수 있다는 사실을 가리키는 것입니다. 서방극락세계의 동거정토에 태어나는 것은 위불퇴를 증득하는 것입니다.

개여보처구皆與補處俱

「보처補處」는 등각보살입니다. 서방극락세계의 관세음보살·대세지보살과 우리들 세계의 문수보살·보현보살·미륵보살은 모두 서방극락세계에 있습니다. 그들처럼 이들 과위의 보살들은 서방극락세계에 무량무변하여 인간의 숫자로 계산해낼 수 있는 것이 아닙니다. 우리는 그들과 한곳에 지냅니다. 바꾸어 말하면 그들은 실보장엄토에서 염불퇴를 원만히 증득합니다. 우리는 그들과 한곳에 지내고, 바로 그들과 동류로 모르는 사이에 세 가지 불퇴를 원만히 증득합니다.

세 가지 불퇴의 원만한 증득에서 특별히 「원圓」자에 주의해야 합니다. 만약 세 가지 불퇴만을 증득한다면 원교 초주보살은 세 가지 불퇴를 증득하고, 십주十住·십행十行·십회향十迴向·십지十地 보살도 모두 세 가지 불퇴를 증득하면 원만하지 않습니다. 등각보살이라야 세 가지 불퇴를 원만히 증득합니다. 우리는 날마다 그들과 한곳에 지내는데다가 세 가지 불퇴를 원만히 증득합니다. 이는 대단히 불가사의한 일로 서방정토의 견줄 수 없는 수승한 점입니다. 모든 시방 일체제불찰토가 아미타부처님의 서방정토와 견줄 수 없는 것이 바로 이 점입니다. 만약 세계의 장엄을 말한다면 부처님께서 경전에서 매우 많이 말씀하셨습니다. 수많은 제불의 정토는 서방세계에 비해 수승한 점이 너무나 많고, 서방극락세계는 그것과 비교할 수 없습니다. 그러나 일생에 그곳에 이르면 세 가지 불퇴를 원만히 증득한다는 측면에서 말하면 일체제불찰토는 서방극락세계와 견줄 수 없습니다. 그래서 제불여래께서는 모두 우리에게 염불하여 극락세계에 태어나길 구하라고 권하시는데, 그 이치가 여기에 있습니다. 이를 우리는 명료하게 이해해야 합니다. 그렇지 않다고 말하면 여러분이 장래에 수없이 많은 대승경을 읽으면서 부처님께서 서방극락세계보다 더 좋은 다른 제불세계가 있다고 말한다면 왜 우리에게 그곳에 가라고 하지 않겠습니까? 이 안에 이치가 있습니다. 그것이 좋다는 것은 당연히 물질환경이 좋다는 것입니다. 당신이 원만히 수행하고 증득할 수 있다는 측면에서 극락세계와 견줄 수 있는 세계는 없다는 사실을 여러분은 알아야 합니다. 이는 학교와 마찬가지입니다. 당신이 다니는 학교의 교사 자질이 훌륭하고 설비환경도 좋아서 일류라면 당신의 아버지는 당신에게 여기서 공부하라고 권할 것입니다. 다른 학교가 있는데, 그 학교의 건물이 좋고 교정이 크며 자산이 당신의 학교보다 더 풍부할지라도 당신에게 그 학교에 가라고 하지 않을 겁니다. 당신은 알아야 합니다. 이 학교는 저 학교와 비교할 수 없는 좋은 점이 있는데, 그것은 바로 선생님의 자질과 설비환경이 일류라는 것입니다.

무릇 상선인들과 한곳에 모여 산다는 사실로 보아 비록 동거정토에 왕생하긴 했지만, 이는 곧바로 횡으로 상위 세 가지 정토에도 왕생하였음을 알 수 있다. 일생에 부처의 후보에 오르는 보처보살이 된다는 사실로 보아 비록 위불퇴에 해당하지만, 이는 곧바로 세 가지 불퇴를 이미 원만히 증득하였음을 알 수 있다.

> 夫上善一處, 是生同居, 卽已橫生上三土, 一生補佛, 是位不退, 卽已圓證三不退。

이 문구는 대단히 중요하므로 반드시 확실히 기억해두어야 합니다. 자신이 정토에 태어나길 구하는 원망을 진정으로 일으킬 수 있을 뿐만 아니라 적지 않은 사람의 의혹을 풀어주고 답을 줄 수 있습니다. "시방제불께서도 모두 정토가 있는데, 나는 왜 반드시 서방극락세계에 태어나야 하는가?" 서방극락세계에 태어나야 하는 이치가 이 문구에 있습니다. 이는 가장 지극한 원돈(最極圓頓)의 가르침을 말한 것입니다. 우리는 이러한 도리를 잘 알고 이 사실을 잘 알면 배우겠다고 결심하고, 결정코 왕생할 것입니다. 이 이익은 실로 견줄 수 없이 수승합니다. 왜냐하면 당신이 어떠한 곳에서 수학하더라도 이만큼 빠를 수 없기 때문입니다. 정말 대승경과 소승경의 말씀에 따르면 수다원과須陀洹果를 증득한 위불퇴 이후 3아승지겁, 무량 아승지겁이 지나야 이 경지에 도달할 수 있으니, 일생의 매우 짧은 시간에 성취하는 것은 불가능합니다. 서방극락세계의 가장 수승한 점은 여기에 있습니다. 일생에 극락세계에 이르면 이들 보처 지위의 등각보살과 한곳에 지내며 정말로 네 가지 정토가 동시에 있고, 일생에 일체 생으로 세 가지 불퇴를 동시에 증득하여 위불퇴를 증득하고 동시에 염불퇴를 증득하는 것에 해당합니다. 우리가 사는 이 세계에서는 위불퇴를 증득함은 소승의 수다원이고, 행불퇴를 증득함은 대승보살이며, 염불퇴를 증득함은 법신대사法身大士로 이것은 매우 어렵습니다! 서방극락세계에 가면 한번 왕생하여 전부 다 증득하게 됩니다.

이와 같은 불가사의한 역용은 수많은 경전과 논서에서 일찍이 설한 적이 없다. 화두를 참구하여 심성의 정인正因을 단박에 깨닫는다 하더라도 이는 겨우 티끌번뇌를 벗어난 첫 단계일 뿐, 깨닫고 난 후 세세생생 물러나지 않고 끊임없이 닦아야만 비로소 부처님의 계위에 오를 수 있음을 기약할 수 있는 저 참선 수행법과 비교하여 보면 어찌 같은 말로 정종의 수행법과 비교할 수 있겠는가? 종승과 교승의 정사들은 어찌 이를 깊이 생각하지 않을 수 있겠는가?

如斯力用。乃千經萬論所未曾有。較彼頓悟正因。僅爲出塵階漸。生生不

退。始可期於佛階者。不可同日語矣。宗敎之士。如何勿思.

마지막으로 우익대사께서는 고구정녕 노파심에서 우리에게 권하십니다. 「여사력용如斯力用」, 여사如斯는 '이와 같은'이란 뜻으로 이러한 능력과 이러한 작용은 「내천경만론소미증유乃千經萬論所未曾有」. 석가모니부처님께서는 49년 경전을 강설하셨습니다. 49년 설하는 일체경을 찾아보고 또 찾아보아도 이렇게 말씀하신 경전은 없습니다. 경론에서도 말한 적이 없고, 시방제불세계에도 이렇게 되는 일은 없습니다. 오직 홀로 서방세계에만 있는 수승하고 특별한 점입니다.

「화두를 참구하여 심성의 정인正因을 단박에 깨닫는다 하더라도 이는 겨우 티끌번뇌를 벗어난 첫 단계일 뿐, 깨닫고 난후 세세생생 물러나지 않고 끊임없이 닦아야만 비로소 부처님의 계위에 오를 수 있음을 기약할 수 있는 저 참선 수행법과 비교하여 보면 어찌 같은 말로 정종의 수행법과 비교할 수 있겠는가?」

이 단락은 선정과 비교한 것입니다. 왜 다른 법문과 비교할 필요가 없습니까? 왜냐하면 일체법에서 선종은 가장 빠른 법문으로 선종은 돈교頓敎, 돈오頓悟이지만, 다른 각 종파는 점수漸修에 속합니다. 그러나 선종이 쉽지 않고 선정은 심성의 정인을 단박에 깨닫는 것을 개오開悟라 말하고, 개오한 이후에는 결코 곧바로 성불을 할 수 없습니다. 왜냐하면 이체 상에서는 비록 단박 깨닫지만, 사상에서는 점차 제거해야 하기 때문입니다. 다시 말해 이체 상에서는 명백히 깨달았지만, 번뇌습기는 단번에 끊어버리지 못하고 여전히 천천히 제거해 가야 합니다. 그가 끊는 것은 다른 사람에 비해 조금 빠른 것은 맞고, 다른 사람에 비해 조금 순조로운 것도 사실입니다. 그러나 그도 일생 동안 말끔히 제거할 수 없습니다. 그것은 매우 곤란합니다! 그래서 그는 세세생생 물러나지 않아야 합니다.

선종에서 확철대오한 후 세세생생 물러나지 않기란 쉽지 않습니다. 중국불교사에서 확철대오한 사람 중에서 내생에 퇴전한 사람의 예는 매우 많습니다. 선종에서는 「삼생석三生石」이라고 하는 매우 유명한 고사가 있는데, 동학들께서 들어본 적이 있는지 모르겠습니다. 이 고사가 말하는 사람은 원택법사圓澤法師입니다. 그는 비록 자신의 과거와 미래는 환히 알 수 있었지만 여전히 내생에 환생하는 것은 피할 수 없었습니다. 일단 환생하면 그래도 다행인 것은 격음의 미혹(隔陰之迷)32)이 없어서 전생의 일을 또렷하게 기억하였지만, 여전히 윤회하여 내생에 사람이 되어 윤회를 하였습니다. 늙어서 다시 어린아이의 몸을 바꾸고 계속해서 닦아야만 했습니다. 몸을 바꾸는 바람에 그에게는 등각보살과 한곳에 지낼 기회가 없고 세 가지 불퇴를 원만히 증득할 수 없었습니다. 그래서 선종의 대덕들은 두 번째 생에 이르러야 합니다. 왜냐하면 그가 전생에 닦아서 복도 있고 지혜도 있어 두 번째 생에 이르면 복을 누려서 매우 부귀하고, 총명 재주 지혜가 바깥으로 새지 않고 대단히 많습니다. 그러나 그가 다시 죽은 후에는 다시 환생하여서 환생할 수록 더 미혹해지고 상황은 갈수록 나빠져서 점차로 퇴전하게 됩니다. 그래서 보임하고 잘 지녀서 물러나지 않아야 하니 어찌 쉽다고 말하겠습니까! 그래서 부처님께서 3아승지겁이 지나고 무량겁이 지나야 성취할 수 있다고 말씀하신 것입니다. 그래서 어찌 같은 말로 정종에서 업을 지낸 채 왕생하는 것과 비교할 수 있겠습니까? 비교할 수가 없습니다!

---

32) 몸을 바꿔 태어나면서 전생에 공부한 모든 것을 망각하는 미혹을 말한다.

종교지사宗敎之士 여하물사如何勿思

「종宗」은 선종禪宗을 말하고 「교敎」는 교하敎下를 말합니다. 중국불교에는 10개 종파가 있습니다. 이 10개 종파에는 소승이 2개 종파이고, 대승에는 8개 종파가 있습니다. 선종을 제외하고 각 9개 종파를 모두 교하敎下라고 합니다. 그래서 종문교하宗門敎下라고 말하는데, 이것이 불교 전체를 다 포괄하고, 당신이 어느 종, 어느 파를 닦든지 상관없이 함께 학불하는 동수同修를 말하는 것입니다. 그러나 응당잘 생각해 보십시오. 대사께서는 "수많은 경전과 논서에서 일찍이 설한 적이 없다."고 말씀하셨습니다. 일체법문 중에서 염불이 제일입니다. 그래서 고덕께서는 《왕생경往生經》을 찬탄하셨습니다. 《왕생경》은 바로 《무량수경》과 《아미타경》을 가리키고 「여래정설제일경如來正說第一經」이라 부르며, 우리에게 진실한 지혜로 선택해야 한다고 가르쳐 줍니다. 만약 당신의 선택이 옳다면 일체 제불께서 모두 당신에게 삼가 축하할 것입니다. 왜 그렇습니까? 당신은 이번 일생에 성불하고자 하기 때문입니다. 제불의 유일한 소원은 바로 중생이 빨리 성불하길 희망하는 것입니다. 일체법문 중에서 성불하는 법문을 바로 선택하면 어찌 기쁘지 않겠습니까? 그래서 제불께서 기뻐하신다고 말합니다.

5. 경전 위치(教相)

다섯째, 경전의 위치를 밝힌다. 이 경은 대승보살장에 속하며, 또한 무문자설이자 철저한 대자비의 가지를 베풀어 말법시대 장애가 많은 유정들에게 이 지름길에 의지하여 불퇴전에 오르게 하는 가장 좋은 법문이다.

「第五教相，此大乘菩薩藏攝，又是無問自說，徹底大慈之所加持，能令末法 多障有情，依斯徑登不退。」

여기서 우익대사께서는 우리에게 세간의 일부 사람들은 경교經教에 대해 철저하게 연구하지 않고서 염불하여 정토에 태어나길 구하는 것은 소승이고, 서방극락세계에 태어나길 구하는 것은 자기만 아는 사람(自了漢 ; 자신의 생사문제만 해결하려는 사람)이라고 생각한다고 말합니다. 우리는 이 단락을 읽으면 자신은 더 이상 이런 언론의 영향을 더 이상 받을 리 없을 뿐만 아니라 그들에게 사실의 진상을 확실히 알도록 도울 수 있습니다. 이 법문은 일생에 원만히 성불하는 법문인데 어떻게 소승이겠습니까? 어떻게 자기만 아는 사람이겠습니까? 그래서 대사께서는 이것은 대승이고 보살장에 속한다고 첫 구절에서 종지를 밝혀(開宗明義) 우리에게 일러 주십니다. 부처님의 설법은 일체 법에서 대승으로 나뉘고 소승으로 나뉩니다. 후인들은 이를 더욱 상세하게 교판(判教 ; 교상판석)하여 5승 불법으로 판석하였습니다. 5승(五乘)이란 인승人乘・천승天乘・성문승聲聞乘・연각승緣覺乘・보살승菩薩乘입니다. 5승에서 이 경전과 이 법문은 보살승이고 대소승에서 이것은 대승에 속합니다. 12분교에서 부처님께서 설법하신 방식은 무문자설無問自說에 속합니다. 무문자설은 부처님께서 진실로 철저한 자비로 여기서는 "말법시대 장애가 많은 유정들에게 철저한 대자비의 가지를 베푸신 것"이라고 말합니다. 유정有情은 중생이고 번뇌가 무겁고 장애가 많은 사람으로 바로 우리의 처지를 말합니다. 바꾸어 말하면 우리는 부처님께서 설하신 대상에 딱 맞아서 이 경에 의지해 세 가지 불퇴三不退를 원만히 증득할 수 있습니다.

이 몇 마디 말은 우리에게 바로 밀종에서 말하는 위없는 관정灌頂을 명백하게 말해줍니다. 관정은 조금의 물을 가지고 머리 위에 몇 방울을 떨어뜨리는 것이 아닙니다. 당신이 개오하고 과위를 증득하는 것이 그렇게 되는 일이 아님을 분명히 해야 합니다. 「관灌」은 곧 자비의 가지입니다. 《요해》에서는 철저한 대자비의 가지를 말합니다. 「정頂」은 가장 좋은 법문입니다. 「이 지름길에 의지하여 불퇴전에 오르게 하는」 이것이 정법頂法입니다. 이것이 세 가지 불퇴를 원만히 증득시킴이라 합니다. 일생에 성불하는 법문으로 이 법문보다 더 높은 것은 없습니다. 그래서 이것은 위없는 관정입니다. 우리가 집에서 《아미타경》을 머리로 한번 염송하면 이것이 시방제불께서 당신에게 한 번 관정해주시는 것임을 전혀 모르고 있습니다. 당신은 아직도 당신의 머리 위에 물을 쏟아 부어줄 라마나 린포체를 찾아다니고 있고, 그것이 매우 만족스럽다고 생각하니, 얼마나 가련해 보입니까! 억울하지 않습니까! 일체제불께서 당신에게 관정을 해주시는데 감사할 줄 모르니, 당신은 정말로 가련합니다! 불쌍한 자입니다.

그러므로 《무량수경》에 이르길, "오는 세상에는 경전과 도법이 모두 사라진 후에도 특별히 이 경전을 남기어 백 년 동안 머물게 하여 중생을 널리 제도할 것이니라."라 하였다.

「故當來經法滅盡, 特留此經住世百年, 廣度含識。」

　　이 부분에서 우리는 이 경이 전체 불법에서 그것의 지위, 그것의 중요성을 체감할 수 있습니다. 부처님의 법운法運은 1만2천년입니다. 사람에게는 운이 있습니다. 관상 사주에서는 일반인의 명운命運은 5년에 한번 바뀐다고 늘 말합니다. 일생동안 가장 좋은 5년이 있고 가장 나쁜 5년이 있다고 합니다. 사람에게는 망상이 있고, 망상이 있으면 수數가 있어 수량 속에 떨어지는데, 그것이 바로 명운입니다. 그래서 명운은 다른 사람이 지배하는 것이 아니라 자신이 만드는 것입니다. 국가에는 국운國運이 있고, 전체 세계에는 세운世運이 있습니다. 부처님께서는 이 세간에서 중생교화를 위해 시현하십니다. 그 자취에서 말하면 부처님께서도 수량을 벗어날 수 없습니다. 그래서 부처님께서도 법운이 있습니다. 즉 정법正法 1천년, 상법像法 1천년, 말법末法 1만년이 있습니다. 중국 역사의 기록에 근거하면 석가모니부처님께서는 주周 나라 목왕穆王 513년에 원적하셨습니다. 이 기록에 따르면 금년(1993년)은 3천 20년입니다. 이는 서양인의 계산법과 다릅니다. 서양인의 계산법으로 올해는 2천 5백 37년입니다. 동양인에 따르든 서양인에 따르든 요컨대 모두 말법입니다. 정법 1천년과 상법 1천년은 모두 과거이고, 현재는 확실히 말법시대입니다. 불법이 점차 쇠퇴하여 장래 경전도 점차 세간에서 소멸하여 버릴 것입니다.

어떤 분이 저에게 물어 본 적이 있습니다. "옛날 인쇄술이 없어 경전을 모두 손으로 필사하여 전했던 시절에는 사라져 버리고 실전될 가능성이 매우 많았었죠. 그러나 현재 인쇄술이 이렇게 발달하여 이렇게 원가가 저렴하고, 과학기술이 이렇게 발달하였는데, 경전이 어떻게 사라질 수 있겠습니까?" 정말 현재 경전이 세간에서 사라지려면 지구가 괴멸되어야만 합니다. 지구가 괴멸되지 않고서는 경전이 사라질 수 없습니다. 왜 그렇습니까? 그것은 경장經藏이 이미 전 세계 방방곡곡에 모두 있는데, 어떻게 사라질 수 있겠습니까? 부처님께서는 "법이 멸진할 것"이라고 말씀하셨는데, 이 말씀을 어떻게 해석해야 하겠습니까? 경전이 존재할지라도 믿는 사람이 없으면 사라질 것입니다. 이것은 진실입니다. 그것을 믿는 사람이 없고, 그것이 진실이라고 여기는 사람이 없으며, 게다가 현대인의 자기 사상·의견으로 그것을 비평하면 이 경전은 다 없어지고, 멸하였다고 합니다. 《법멸진경法滅盡經》은 《대장경》의 경집부(經集部 ; 涅槃部)에 있는 작은 경으로 경문은 길지 않지만, 부처님께서는 이 경전에서 매우 분명히 말씀하셨습니다. "장래 불법이 사라질 때, 제일 먼저 사라지는 것은 《능엄경楞嚴經》이다."[33] 현대사회를 살펴보면 《능엄경》에 대해 의심하는 태도가 매우 많아지고 《능엄경》을 비평하는 저작이 매우 많아집니다. 《능엄경》이 위조된 것이고 불설이 아니라고 여기면 《능엄경》이 사라질 것입니다. 그래서 불경은 장래 이렇게 사라져서 모든 일체 경을 믿는 사람이 없고, 진지하게

---

33) "사람의 수명이 쉰두 살일 때에 《수능엄경首楞嚴經》과 《반주삼매경般舟三昧經》이 먼저 변화하여 사라지고, 12부경은 찾은 뒤에 다시 없어지며, 없어지고는 다시 나타나지 아니하여 문자를 보지 못하고, 사문의 가사는 저절로 흰색으로 변하리라(五十二歲首楞嚴經、般舟三昧先化滅去 十二部經尋後復滅 盡不復現、不見文字 沙門袈裟自然變白)."

연구 수학하는 사람이 없을 것입니다.

　일체경이 사라지는데 최후에는 《아미타경阿彌陀經》이 사라질 것입니다. 바꾸어 말하면 선근이 있고 복덕이 있는 사람이 염불왕생을 듣고서 믿을 수 있고 받아들일 수 있습니다. 우리는 묻습니다. "왜 그는 받아들일 수 있을까?" 두 가지 원인이 있습니다. 하나는 자신의 선근 복덕이고, 다른 하나는 이 방법에 따라 수행하는 사람이 정말 왕생하는 것을 봅니다. 이는 사람들에게 매우 큰 신심을 일으키는 요소로 우리들에게 적지 않은 격려가 됩니다. 몇 년 동안 중국에서, 대만에서, 싱가포르·말레이시아에서, 홍콩에서, 이는 제가 늘 접촉하는 부분입니다. 심지어 미국에서도 이따금 염불왕생에 갖가지 서상이 있었다고 듣습니다. 적지 않은 이가 때가 이르렀음을 미리 알았는데, 이는 가장 얻기 어렵고 가장 믿을 수 있습니다. 병에 걸리지 않고, 언제 가는지 알며, 서서 가는 이도 있고 앉아서 가는 경우도 있으며 가는 것이 이렇게 자재합니다. 이는 조금도 거짓이 아닙니다.

　타이베이 연우염불단蓮友念佛團 이제화李濟華 노거사께서 왕생하시는 것을 샌프란시스코의 감甘 노부인께서 직접 목격하였습니다. 그날 염불회에 감 노거사께서 참가하셨습니다. 이 노거사께서는 그날 저녁 모두에게 경전을 강연하였습니다. 1시간 반 강연을 하셨는데, 강연을 끝낸 후 모두에게 "집으로 돌아가야 한다"고 말했습니다. 강연대에서 내려와 작은 객실의 소파에서 앉아서 가셨습니다. 그렇게 자재하셨습니다! 그가 왕생하였을 때 감 노거사는 저에게 말했습니다. "그들은 염불하며 그가 왕생하는 것을 배웅하였어요." 그녀는 인경을 치며 직접 현장에서 보았습니다. 이 노거사는 그 당시 80여 세였고, 병에 걸리지 않고 매우 건강하였습니다. 경전을 강연할 때 목소리가 우렁찼고, 간다고 말씀하시고 갔습니다. 그래서 수많은 이론을 알 필요 없이 이런 사실을 보면 '그도 해낼 수 있는데, 나라고 왜 하지 못하겠는가?' 할 것입니다.

그래서 학불하는 사람은 몸을 청정히 하고, 마음을 청정히 하는 것이 매우 중요합니다. 몸과 마음이 청정해야 온갖 병에 걸리지 않습니다. 설사 병이 있더라도 치료할 필요가 없고 얼마 되지 않아 모두 다 좋아질 것입니다. 왜 좋아지겠습니까? 자기 본래 몸에 이런 능력이 있기 때문입니다. 당신의 능력을 완전히 회복해야 몸과 마음이 매우 좋아지고 건강해집니다. 내가 어디에서 왔는지, 어디로 가는지 똑똑하게 명백하게 이해해야 합니다. 이래야 세간에서 최고의 사람이고, 세간에서 진정으로 복보가 있는 사람입니다. 일체 법에서 오직 불법이 진실합니다. 일체 법에서 오직 정종의 효과만이 현저합니다. 확실히 한 사람 한 사람 모두 배울 수 있고, 한 사람 한 사람 모두 얻을 수 있습니다. **이 경전, 이 법문은 줄곧 불법이 멸진될 때까지 계속될 것입니다. 그것은 세간에 1백 년 동안 머물러 최후에 이르게 될 것입니다! 이것이 불교 안에서 그것의 무게이자 중요성임을 알게 될 것입니다.** 장래《아미타경》도 없을 때 마지막에는 한 마디 「나무아미타불」 여섯 글자가 남아서 이 여섯 글자를 염하면 모두 왕생할 수 있고, 명호 공덕의 불가사의가 드러날 것이다!《법멸진경》에서 이렇게 말하고 있습니다.《무량수경》판본 중에서 현재 사용하는 판본인 하련거 노거사의 회집본, 제45품에서도 이런 사정을 말씀하고 있습니다.

이 가르침은 아가타약으로 만병을 다스리는 총지이며, 절대 원융하고 불가사의한 법문이며, 화엄의 심오한 법장이자 법화의 비밀스런 정수이며, 일체 제불의 심요이자 보살만행의 나침반으로 모두 이 경전에서 벗어나지 못한다. 그래서 이를 상세히 찬탄하려고 하여도 겁이 궁진하도록 찬탄해도 다하지 못하나니, 지혜가 있는 사람은 자기 스스로 알아야 한다.

阿伽陀藥。萬病總持。絕待圓融。不可思議。華嚴奧藏。法華祕髓。一切諸佛之心要。菩薩萬行之司南。皆不出於此矣。欲廣歎述。窮劫莫盡。智者自當知之.

아가타약阿伽陀藥 만병총지萬病總持

이것은 비유입니다. 아가타는 범어로 이 같은 약으로 모든 병을 두루 치료할 수 있다는 뜻입니다. 약을 먹으면 병이 낫습니다. 어떠한 병이든 상관없이 이 약으로 모두 다 치료할 수 있습니다. 그래서 만병을 다스리는 총지로 이 경전을 비유하고 이 법문을 비유한 것입니다. 이 비유는 매우 훌륭합니다! 왜냐하면 부처님께서 설하신 일체 경, 일체 법문은 모두 특정 대상이 있지만 일체 근기와 성향에 대해서는 아닙니다. 그것은 특정한 대상이 있어 그것의 대상이 아니면 그 법문으로 이익을 얻기 매우 어렵습니다. 그러나 이 법문은 어떠한 근기 성향이든 누구에게나 다 적합합니다.

절대원융絕待圓融 불가사의不可思議

절대絕待는 바로 절대絕對이고, 원은 원만, 융은 융통으로 털끝만큼도 장애가 없습니다.

화엄오장華嚴奧藏법화비수法華祕髓일체제불지심요一切諸佛之心要

불교의 일체 경전에서 예나 지금이나 국내외 대덕들은 한결같이 《법화경》과 《화엄경》이 불법을 대표한다고 공인하고 있습니다. 특히 《화엄경》은 중국에서 자고이래로 각 종의 대덕들께서 모두 그것을 근본법륜이라 하고 일체경은 화엄의 권속이라 말들 해왔습니다. 이는 나무 한 그루에 잘 비교될 수 있습니다. 즉 《화엄경》은 나무의 뿌리이자 줄기이고 다른 경전은 모두 이 나무의 가지와 잎으로, 모든 가지 잎은 근본과 떨어질 수 없습니다. 그래서 《화엄경》은 근본법륜이라 하고, 일체 경은 모두 《화엄경》으로 돌아갑니다. 이 경은 「화엄의 심오한 법장」입니다. 오奧는 가장 오묘하다는 뜻입니다. 곧 이 경은 《화엄경》의 정화精華입니다. 또한 「법화의 비밀스런 정수」입니다. 천태종은 《법화경》을 바탕으로 확대발전시킨 것입니다. 천태天台대사께서는 《법화경》에서 개오하셨습니다. 천태종은 중국에서 보편적으로 홍양되었을 뿐만 아니라 일본에서도 그것을 바탕으로 확대·발전되었습니다. 그래서 현교顯教 안에서 천태의 번성은 화엄을 넘어섰고, 화엄이 천태보다 못하게 되자 천태의 사람들이 비로소 배출되었습니다. 《법화경》은 일승요의一乘了義라 존칭합니다. 이 경은 일체 대승경에서 최상입니다. 《법화경》과 《아미타경》을 비교하면 본경은 《법화경》의 비밀스런 골수입니다. 수髓는 정수이고, 비祕는 비밀입니다.

일체제불지심요一切諸佛之心要

일체제불이 공동으로 바라는 것은 일체중생이 원만히 불도를 이루는 것입니다. 어떠한 방법으로 일체중생을 도와야 진정으로 원만한 성불에 도달할 수 있겠습니까? 오직 이 방법 뿐입니다.

이 방법으로 일체중생이 일생 중에 평등하게 성불할 수 있습니다. 이것은 얻기 어렵습니다. 다른 법문도 중생이 성불하도록 도울 수 있지만, 일생이 아니라 세세생생 물러나지 않아야 됩니다. 다른 법문은 일생 동안에 해낼 수 없지만, 이 법문은 일생에 성불할 수 있습니다. 화장華藏 회상의 법신대사法身大士도 서방극락세계에 왕생하여 일생에 성불합니다. 지옥중생까지도 연분이 있어 이 법문을 만나면 기꺼이 아미타불을 염하여 일생에 성불합니다. 이 염불법문으로 구법계의 중생이 평등하게 일생에 성불할 수 있습니다. 이는 얻기 어렵고 대단히 용이하지 않습니다. 그래서 일체제불의 심요라고 합니다.

보살만행지사남菩薩萬行之司南 개불출어차의皆不出於此矣

보살은 위로 불도를 구하고 아래로 중생을 교화합니다. 위로 불도를 구함은 자신이 하루속히 원만히 성불하길 희망합니다. 아래로 중생을 교화함은 일체중생을 도와 빨리 성불하게 함입니다. 어떤 방법으로 합니까? 바로 이 염불법문으로 합니다. 보살만행의 나침반으로 모두 이것에서 벗어나지 않습니다. 「이것(此)」는 바로 이 경전, 이 법문으로 지명염불의 법문입니다. 저는 황념조黃念祖 노거사의 《무량수경》 주해서(《대경해》) 서문에서 《무량수경》과 《아미타경》은 완전히 같아서 이 두 경전은 하나의 경전으로 단지 대본과 소본의 차이일 뿐이라고 말씀드린 적이 있습니다. 또 저는 이 경은 시방세계 일체 제불여래께서 중생을 제도하여 불도를 이루게 하는 제일경이라고 말씀드렸습니다. 이는 제가 이렇게 오랜 세월에 걸쳐 스스로 수학하여 체득하여 잘 알고 있는 것으로 절대로 틀림 없는 사실입니다. 과거에 어떤 분이 저에게 질문한 적이 있습니다. "법사님, 《대장경》에서 만약 한 경전만 가질 수 있다고 말한다면 어느 경전을 가지겠습니까?" 저는 《아미타경》을 가지겠다고 말했습니다. 저는 이 경이 일체제불께서 중생을 제도한 제일 법문임을 알고 있기 때문입니다.

욕광탄술欲廣歎述 궁겁막진窮劫莫盡

(이 경의 본체는 곧 법계이고, 법계는 궁진함이 없다.) 이를 상세히 말하자면 무량겁이 다하도록 말해도 다 말할 수 없습니다. 이 말은 진실입니다.

지자자당지지智者自當知之

지혜가 있는 사람은 자기 스스로 명백히 알아야 합니다.

《아미타경요해 현의강기》를 마침.

출판 자금을 내거나

독송 · 수지하는 사람과

여러 사람 여러 장소에

유통시키는 사람들을 위해

두루 회향하는 게송

경을 인쇄한 공덕과 수승한 행과
가없는 수승한 복을 모두 회향하옵나니,

원하옵건대 전생 현생의 업이 다 소멸되고,
업과 미혹이 사라지고 선근이 증장되며,

현생의 권속이 안락하고, 선망 조상들이 극락왕생하며,
시방찰토 미진수 법계, 공존공영하고 화해원만하며,
비바람이 항상 순조롭게 불고 세계가 모두 화평하며,

일체 재난이 없어지고 사람들이 건강 평안하며,
일체 법계 중생들이 함께 정토에 왕생하게 하소서.

아미타경의 이름만 들어도
곧 일승一乘에 들어가 다시는 되돌아오지 않으며,
입으로 아미타부처님의 명호를 염송한 즉
삼계를 벗어나 다시 돌아오지 않는다. 하물며
아미타부처님께 예배하고, 집중하여 염불하고,
찬탄하여 읊조리며, 극락의 불보살님과 장엄을
관觀하는 수행이겠는가.
－ 원효대사 〈아미타경소阿彌陀經疏〉

해동초조원효조사진영

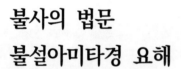

불사의 법문
불설아미타경 요해

1판 1쇄 펴낸 날 2017년 9월 25일
1판 3쇄 펴낸 날 2021년 6월 4일
요해 우익대사 **주석** 원영대사 **강설** 정공법사 **편역** 허만항
발행인 김재경 **편집** 김성우 **디자인** 최정근 **교정·교열** 이유경 **제작** 경희정보인쇄
펴낸곳 도서출판 비움과소통
　　　경경기도 평택시 목천로 65-15 송탄역서희스타힐스 102동 601호
　　　전화 031-667-8739　팩스 0505-115-2068
홈페이지 blog.daum.net/kudoyukjung　**이메일** buddhapia5@daum.net
출판등록 2010년 6월 18일 제318-2010-000092호

© 허만항, 2017
ISBN 979-11-6016-027-7 03220

＊ 책값은 뒤표지에 있습니다.
＊ 잘못된 책은 서점에서 바꾸어 드립니다.